陈寅恪家族
研究论文集

CHEN YINKE JIAZU

YANJIU LUNWENJI

清华大学国学研究院　编

江西高校出版社
JIANGXI UNIVERSITIES AND COLLEGES PRESS

图书在版编目(ＣＩＰ)数据

陈寅恪家族研究论文集/清华大学国学研究院编
.--南昌:江西高校出版社,2021.9(2022.3重印)
ISBN 978 – 7 – 5762 – 1600 – 4

Ⅰ.①陈… Ⅱ.①清… Ⅲ.①陈寅恪(1890—
1969)—家族—文集 Ⅳ.①K820.9 – 53

中国版本图书馆 CIP 数据核字(2021)第 137224 号

出 版 发 行	江西高校出版社	
社　　　　址	江西省南昌市洪都北大道 96 号	
总 编 室 电 话	(0791)88504319	
销 售 电 话	(0791)88522516	
网　　　　址	www.juacp.com	
印　　　　刷	天津画中画印刷有限公司	
经　　　　销	全国新华书店	
开　　　　本	700mm × 1000mm　　1/16	
印　　　　张	23	
彩　　　　页	4 面	
字　　　　数	380 千字	
版　　　　次	2021 年 9 月第 1 版	
	2022 年 3 月第 2 次印刷	
书　　　　号	ISBN 978 – 7 – 5762 – 1600 – 4	
定　　　　价	68.00 元	

赣版权登字 -07 -2021 -896

2020 年 11 月,由清华大学国学研究院、江西省文化和旅游厅主办,九江学院、修水县人民政府承办的纪念义宁陈门五杰暨陈寅恪黄庭坚诞辰学术研讨会在修水隆重举行。图为与会领导、嘉宾合影。

序

谢维和

（本文为纪念陈寅恪先生130周年诞辰暨义宁陈门五杰研究大会上的讲话）

修水是一个山川秀丽、人文渊薮的地方。修水这个美丽的地方，诞生了这样一个文化世家，诞生了陈寅恪先生，这是全修水人、全九江人、全江西人的荣耀。

举办这次活动，是对正确的人做了一件正确的事情。"义宁陈门五杰"值得我们这样做，他们分别在各自领域里做出了杰出的历史性贡献，为中华民族的伟大复兴，为国家的发展、民族的繁荣，从文化的角度做出了积极的充满强大正能量的贡献。我们今天纪念他们，用我们的行动来传承和弘扬中华民族优秀的传统文化，积极建设社会主义现代化国家，是一件很正确的事情。陈寅恪先生的学术思想是清华大学百年来在建设发展中十分珍贵的文化资源，在清华大学有相当大的、积极的影响，他的很多学术观点与成果至今仍然影响着清华的发展。

举办这次活动，是用正确的方式做了一件正确的事情。义宁陈氏不仅是修水的、九江的、江西的，而且是全国的、全人类的重要文化财富，江西省、市、县各级领导用宽大的胸襟来做这样一件事情，让更多的人来参与这样一件事情，为四面八方的朋友和有志之士弘扬中华民族优秀传统文化提供了一个广阔的平台。

举办这次活动，是在正确的时间做了一件正确的事情。前不久，党的十九届五中全会胜利召开，决胜全面建成小康社会取得决定性成就，我国从过去的经济建设高速发展阶段转变为高质量发展的新阶段，这种高质量的发展不单单是 GDP 发展，还包含着更高质量的精神生活、更高的文化品位、更强烈的精神文化追求。从这个意义上来说，我们这次活动，是顺应时势发展的。我相信，修水通过弘扬"陈门五杰"、黄庭坚等历史名人的精神，必将推动经济社会高质量发展。

（谢维和，男，江西上饶人，清华大学首批文科资深教授，博士生导师，著名教育社会学家，国务院参事室特约研究员。现为清华大学校务委员会副主任。）

目 录
CONTENTS

附录

论陈寅恪及其学术思想的当下价值

姚亚平

今年是陈寅恪130周年诞辰。陈寅恪是一位令人景仰的史学大家、文化大师,也是我们江西人的文化骄傲。

陈寅恪具有巨大的学术名声和社会影响,是一个现象级的人物和话题。陈寅恪的研究一直十分火热,也取得了不少成就,但也存在一些不足。

一是有所缺失。现在讲陈寅恪,比较多地讲他的家世身世和名声影响:比如陈家"一门四代五杰",是新《辞海》中唯一有4个独立词条的人才群体,是"中国文化之贵族",是中国近现代史上最耀眼的文化家族之一;比如说他游学日、法、德、美多个国家,通晓英语、德语、法语、日语、梵语、希伯来语等多种语言;比如说他学贯中西,是中国现代最负盛名的历史学家、文化大师,是与王国维、赵元任、梁启超齐名的清华国学院"四大导师",与叶企孙、潘光旦、梅贻琦并称清华百年历史上"四大哲人",与吕思勉、陈垣、钱穆并称"前辈史学四大家";比如说他先后任教于清华大学、西南联大等多所大学,他讲课时,朱自清、吴宓等知名教授都来听,他的学生许多都成了著名教授,他就被称为"公子的公子,教授的教授"……但对陈寅恪究竟有些什么学术研究、学术思想,讲得就比较少。其实这更应该着力研究。

二是有所消极。有些论者多半讲陈寅恪的人生传奇、人生坎坷,最后讲他的人生不幸,字里行间弥漫着一种伤感、哀怨的情绪。而在中国历史上,陈寅恪家族是一个与时俱进的家族,陈寅恪本人是一个与民族共命运的学者。我们现在研究陈寅恪的家世、经历、学术、思想,要更多地发掘、展示陈寅恪积极阳光、坚韧自信、刚健有为的人格魅力、思想学说与学术品格,以反映那个时代的中国人探索中华文化命运的进取精神和奋斗历程,为现在我们实现中华民族伟大复兴提供正能量。

下面,我想从民族立场、精神气象和文化思想等方面来谈谈陈寅恪及其学术思想的当下价值。

一、坚守民族文化本位、关注中国时代问题,这是陈寅恪具有的、也是我们现在应有的人生姿态

有的人认为,陈寅恪是个纯粹的文化人、学者,性格倔强孤僻,学问高深,百事不问。

其实,陈寅恪远离政界,却没有远离政治,他只是不从政、不参政、不议政、不问政,不与政界人物交往,却密切关注政治。他自隐于社会,却不自隐于时代,而是研究时代、紧跟时代,在时代的洪流中始终坚守民族文化本位,研究时代的重大问题,具有鲜明的政治立场。

陈宝箴一家是江西人,是中国现代史上一个文化传奇。他们一家的兴衰荣辱、命运沉浮和中国历史的百年进程紧密相关。陈宝箴父子亲历太平天国、戊戌变法,图强谋变,走在时代的前列。可一夜之间,政局陡转,光绪被囚,新政被废,"六君子"被杀,康、梁出逃,戊戌变法失败。陈宝箴父子黯然回赣。

陈宝箴确实有过"陈家后代,不治产,不问政"的交代。陈三立在戊戌变法失败后,也确实坚守"遗老"身份,"凭栏一片风云气,闲作神州袖手人",但这并不代表他没有民族立场和政治态度。卢沟桥事变后,陈三立老人表示:"我决不逃难!"日军即将侵入北平城时,陈三立绝食五日,不屈而亡。

陈寅恪的一生,与中国时代同沉浮,也一直处于时代的中心,一直关注时代的变化,一直站在时代的前列。他目睹了中国的这段历史,目睹了祖辈、父辈的事迹和结局,感同身受,不但在情感上、立场上,更在学术上始终与中华民族命运相关联。他的游学各国的经历,使他能以一个更大的视野审视中华民族的历史遭遇。无论是远在他国,还是置身书斋,他都时刻密切关注中华民族的历史命运和中国文化的深刻变化。

陈寅恪的学术研究都是紧迫而重大的时代问题,并不是生僻冷门的个人雅好。他研究中国史,就是在回答一个问题:面对"三千年未有之大变局、三千年未有之强敌",中华民族、中国文化的命运将会如何? 我们应该怎么救中国?

陈寅恪对中国人近代以来诸如洋务运动、戊戌变法之类的民族自救,包括

其中的文化自救,都有着深切的认同和体会,他对近现代中国的历史事件和人物,也有直接的论述和深刻的见解。比如怎么看待慈禧、甲午海战为什么会失败、李鸿章应该承担什么责任等问题,他都有很深的研究,陈寅恪的学术研究有着十分坚定和明确的文化使命。当年,面对西方列强的入侵,中国人屡战屡败,连遭败绩,而每一次挽救尝试又常常起到相反的作用。许多人都在痛苦地思考:中国向何处去? 中国文化的命运会怎样?

陈寅恪的学术研究有着十分坚定和明确的民族立场。当时中国的时代任务就是救亡保种,中国仁人志士和知识分子都投身其中。尽管大家选择的路数不尽相同,比如陈独秀和鲁迅始终是从政治上看中国传统,而陈寅恪、王国维则始终从文化上看中国问题。陈寅恪紧跟时代步伐,坚守中国的民族立场,特别强调"民族文化之史",正像他 1935 年在给陈垣的《元西域人华化考》作序时所说:"寅恪不敢观三代两汉之书,而喜谈中古以降民族文化之史。"①陈寅恪的中古历史研究不少是在抗战时期进行的。他 1940 年撰成《隋唐制度渊源略论稿》,1941 年完成《唐代政治史述论稿》。这两部著作既是史学著作,又是思想史著作,也是文化史著作;不仅是陈寅恪的代表作,也是中国中古研究史的丰碑。他坚守新儒家传统的伦理道德规范及其内在的哲学精神的文化本位,且能站在历史与哲学的高度,以人类发展和文化演变的普遍规律来论证继承传统文化的必要性,"强调继承传统不是仅为了延续传统,而是为了重建民族文化,重塑民族精神"②。陈寅恪在中华民族存亡的紧要关头和历史节点,深入进行这样扎实的研究,其立场、其指向、其价值都是非常明确的。

吴宓说:"义宁陈氏一门,实握世运之枢轴,含时代之消息,而为中国文化与学术德教所托命者也。"陈氏一门在历史的重大关头遭遇了这么多重大的历史事件,折射出这一时期中国历史的重大事件和中华民族的艰难探索,表现出江西文人、中国文人、中国人的历史命运。陈寅恪家族,特别是陈寅恪,都没有落于时代之末,也不是旁观于时代之外,而是处在时代的激流之中,走在时代的前列。

---

① 陈寅恪.陈垣《元西域人华化考》序[M]//陈寅恪.陈寅恪集:金明馆丛稿二编.北京:生活·读书·新知三联书店,2001:270.
② 刘克敌.陈寅恪与中国文化[M].上海:上海人民出版社,1999:49.

二、强烈的文化自觉、坚定的文化自信,这是陈寅恪具有的、也是我们现在应有的精神气象

有先生曾问:为何王国维自杀,而陈寅恪却做出了不同的选择?

1927 年,王国维自沉昆明湖。陈寅恪沉哀至痛,先有挽诗"敢将私谊哭斯人,文化神州丧一身",1929 年又为清华大学所立的王国维纪念碑撰写碑文,进一步探究王国维的死因,并阐发中国文化的精义。

王国维为什么自沉?陈寅恪认为王国维"以一死见其独立自由之意志,非所论于一人之恩怨,一姓之兴亡",王国维不是死于清朝的一家一姓,也不是死于个人的恩怨纠葛,也不是死于当时的政局混乱,而是死于对文化精神的追求,当然也是死于对他性命相系、身心钟爱的中国文化的失望和绝望。

自近代以来,西方列强步步紧逼、野蛮入侵,中国人奋起反抗,却屡战屡败。那时,我们经济上落后了,军事上被打败了,制度上不行了,文化上也没招了。这是中华民族几千年没碰到的情况。于是,在那个年代,中国人在不断抗争、反抗的同时,也开始出现一种失望、无望、绝望的情绪。

1918 年 11 月 7 日,梁漱溟的父亲梁济正要出门,遇到梁漱溟,问:"这个世界会好吗?"梁漱溟回答:"我相信世界是一天一天往好里去的。"梁济听罢说:"能好就好啊!"说完,他就离开了家。三天之后,梁济投净业湖(积水潭)自尽。梁济虽然说"能好就好啊",可话语中充满了"无可奈何花落去"的悲凉和无望。

王国维是中国文化的托命人,他对中国传统文化极其钟爱,性命相系,但又意识到中国传统文化内生腐朽、外遇强敌,所以极其脆弱,迅速衰落,且衰亡之势已无可挽回,所以他失望、无望、绝望,才"义无再辱",自沉而死。陈寅恪说:"凡一种文化,值其衰落之时,为此文化所化之人,必感苦痛。其表现此文化之程量愈宏,则其所受之苦痛亦愈甚。迨既达极深之度,殆非出于自杀无以求一己之心安而义尽也。"

陈寅恪说王国维是中国文化的托命人,实际上他也自认为是中国文化的托命人、守望者和传承人,并不是"文化保守主义者"。王国维之后,陈寅恪实系文化命脉于一身。

说起来,陈寅恪的命运更为坎坷。抗战期间,陈寅恪料理完父亲后事之后,随北大、清华等院校南迁,一路颠沛流离,邮寄和随身携带的书籍资料全部

丢失,科研条件几乎丧失。更为严重的是,他先是右眼失明,1944 年 12 月左眼也失明了。半年后的 1945 年农历五月十七,家人为他过 56 岁生日,陈寅恪作《五十六岁生日三绝》,其一曰"去年病目实已死,虽号为人与鬼同。可笑家人作生日,宛如设祭奠亡翁",令人不忍卒读。1945 年秋天,陈寅恪应英国皇家学会的邀请,赴伦敦医治眼疾,手术无效,于 1946 年春天经纽约回国。当时,胡适从美国寄来诊断书,并在日记里写道:"我的心十分悲凉,中国文化的一盏灯熄了。"其实,陈寅恪虽然双目失明,晚年右腿骨折,国运、家运、个人命运都连遭挫折,可他对中国民族、中国文化的信心始终没灭,一直认为中国文化这棵老树必定会发出新芽。他坚信中国文化之花叶虽已凋落,但"本根未死,终必复振"。他说:"华夏民族之文化,历数千载之演进,造极于赵宋之世。后渐衰微,终必复振,譬诸冬季之树木,虽已凋落,而本根未死,阳春气暖,萌芽日长,及至盛夏,枝叶扶疏,亭亭如车盖,又可庇萌百十人矣。"面对封建专制制度和西方列强的入侵,中华民族的自由与独立成为中华民族伟大复兴的首要问题。陈寅恪大声呼吁并始终坚信:"惟此独立之精神,自由之思想,历千万祀,与天壤而同久,共三光而永光。"因此,刘梦溪说此篇"挽词并序可以看作是寅恪先生的文化宣言"。

陈寅恪是"一代文化所托命之人",他把学术研究的终极目标指向文化与人,力图说明人类文化的演变与发展规律,从整体把握中国历史发展进程,理清历史发展的脉络,展示中华民族的文化特点,为中国文化的生存、发展寻找新出路。从 1927 年开始的 50 多年里,他的学术研究始终以弘扬中华民族学术文化为使命,洋溢着"表彰我民族独立之精神,自由之思想"的精神气象。他以自己的学术和学问、研究成果和思想学说,重新唤起国人对传统文化的自信,从而振奋民族精神,拯救中华民族。

正因为有这种使命感、自觉性和自信心,陈寅恪的学问和学说才有一种顶天立地、独立不倚的精神、节操和气节,他"贬斥势利,尊崇气节"(《赠蒋秉南序》),"敢并时贤较重轻",绝不"侮食自矜,曲学阿世",从不随波逐流,跟风追潮,丝毫不为时尚所动。刘梦溪说陈寅恪的"学问充满了稳定的信仰力量",这个评语是十分准确和精到的。

文化自信是一种更基本、更广泛、更深沉、更持久的力量,在中国民族伟大复兴的历史进程中,无论在站起来、富起来、强起来哪个阶段,我们都需要坚定和增强文化自信。在历史发展的节点,我们应该向陈寅恪那样,深刻认识民族文化的价值,增强国人的文化与自信心与社会凝聚力。

三、重视文化作用、推动国家统一,这是陈寅恪具有的、也是我们现在应有的使命担当

中国历来是一个多民族的统一国家。它是靠什么凝聚人心的呢?陈寅恪有两个论断特别深刻。

1. 文化是比种族更重要的因素。

陈寅恪拎出了种族与文化这两大关键因素,这是研究中国历史的两大中心问题,是中国历史舞台上永远的主角。陈寅恪指出:种族与文化相比,种族是第二位的,文化更为重要,文化的作用要高于种族。这在社会动荡的时期,表现得更加明显。

中国的历史证明了这一点。中国从 535 年北魏分裂为东、西两部分,到 589 年隋统一全国。陈寅恪在《隋唐制度渊源略论稿》中分析了其历史进程与原因,指出隋唐制度源出三处:北魏—北齐、南朝梁—陈、西魏—北周。这三者之中,占据关中一隅的西魏—北周实力最弱,但为什么偏偏是这最弱的西魏—北周关陇集团,灭掉北魏—北齐和梁—陈,最终统一了全国?

因为,西魏在建立之初,就针对魏晋南北朝以来的诸多弊政,进行政治、经济、军事的改革,譬如:打破门阀制度,唯贤是举;广募关陇豪右,实施府兵制,将鲜卑军队与关陇豪右乡兵融为一体,增强了战斗力;推行均田制,抑制日益严重的土地兼并;赐汉族将领以鲜卑姓和关中土地,改西迁关陇的山东人郡望为关陇郡望,借此弥合胡汉民族裂隙、增强汉人间互信等。

同时,西魏还在文化上建立文化道统来凝聚人心。西魏为了消除南朝、中原礼制文化的文化挤压,就立足关陇姬周旧土,延续姬周、刘汉传统,借助苏绰等关中经学世家之力,在萧梁、东魏所赓续的汉魏两晋以来的文化传统与礼制制度之外,建立了一个以《周礼》为核心的姬周礼制文化系统。这个文化系统不属于以萧梁为代表的汉魏两晋中原文化体系,是维系西魏胡汉及各地域人群的文化内核,是确立自身立国的文化根本。

陈寅恪说:“必应别有精神上独立有自成一系统之文化政策,其作用既能文饰辅助其物质即整军务农政策之进行,更可以维系其关陇辖境以内之胡汉

诸族之人心,使其融合成为一家,以关陇地域为本位之坚强团体。"①陈寅恪指出,宇文泰的文化策略"有异于高齐的鲜卑化、西胡化,采取汉化的政策。而这种汉化,又须有异于高氏治下洛阳、邺都及萧氏治下建康、江陵的二文化系统"。

陈寅恪反对汉族文化中心论,指出中华文化是汉族文化与少数民族文化融合的结晶,即使在通常人们认为的纯粹的汉族文化中,也能发现其他民族文化成分。②

陈寅恪强调不同民族的融合与同化,主张文化可以超越种族,"全部北朝史中凡关于胡汉之问题,实一胡化汉化之问题,而非胡种汉种之问题,当时之所谓胡人汉人,大抵以胡化汉化而不以胡种汉种为分别,即文化之关系较重而种族之关系较轻,所谓有教无类者是也。"他通过北朝崔浩和南朝王导两大家族之不同命运的分析,有力地证明了胡汉之间的矛盾不仅在于种族,更在于文化。

2.陈寅恪还特别揭示了家族文化在维系中华民族中的独特作用。

中国文化结构的核心是"家",特别是文化名门世家,在中华文化体系的完善与中华文化精神的承袭中,扮演着极其重要的角色。文化名门世家的背后,有学术文化的底蕴,还有文化名人与其家族群体、与其时代文化相关联的历史情境。世家的文脉也许因时代变迁而断尽,但是精神上的世家气、贵族气,却能草蛇灰线,薪火相传。

陈寅恪论述的这种家族现象确实是中国文化的一个特点,就拿陈寅恪家乡修水县来说,除了陈门五杰,黄庭坚那个村在宋朝出了 48 个进士。这种名人成堆成窝、扎堆集群、结伴成长的现象在江西、在中国比比皆是。原因是什么呢?陈寅恪说:"学术文化与大族盛门不可分离。"中国人重家教,所谓"忠厚传家久,诗书继世长"。中华典籍越数千年得以薪火相传、弦歌不绝,究其根底,除了历代盛世政府征编修撰、系统整理研究之外,还得益于诗书望族远绍近继、生生不息的家学渊源。藏书界就有"世乱藏于家,世治藏于国"(《南唐书·鲁崇范传》)的说法。

① 刘梦溪.陈寅恪的学说[M].北京:生活·读书·新知三联书店,2014:68.
② 刘克敌.陈寅恪与中国文化[M].上海:上海人民出版社,1999:31.

四、续命中华文化、实现民族复兴,这是陈寅恪具有的、也是我们现在应有的使命担当

陈寅恪一直研究中华文化的发展,十分重视文化发展的原因,提出了深刻的论断。

1. 在文化与制度的关系中,揭示了文化变迁的制度原因。

陈寅恪认为:一定的社会政治经济制度是一定文化体系的载体,因此,文化当随社会制度的改变而演变。早在 1927 年,陈寅恪在《王观堂先生挽词并序》中说:"吾中国文化之定义,具于《白虎通》三纲六纪之说。"他认为这是"抽象理想最高之境",而这个"理想抽象之物,然不能不有所依托,以为具体表现之用。其所依托表现者,实为有形之社会制度,而经济制度尤其最要者"。如果"所依托者不变易,则依托者亦得因以保存"。但是,"近数十年来,自道光之季,迄乎今日,社会经济之制度,以外族之侵迫,致剧疾之变迁"。中国的社会经济制度在近代受到外族侵略而剧变,这样,抽象理想也就失去了依托,"纲纪之说,无所凭依,不待外来学说之掊击,而已销沉沦丧于不知觉之间",虽有人强聒而力持,"亦终归于不可救疗之局"。① 他认为当时的中国,"值数千年未有之巨劫奇变,劫尽变穷,则此文化精神所凝聚之人,安得不与之共命而同尽"。②

陈寅恪举了个例子:佛教传入中国时,凡佛教中不能适应中国的社会政治经济制度者,均已消亡,只有中国化了的禅宗思想才得以流传。

2. 在传统的家国体制中,揭示了家族在文化传承中的独特作用。

在社会动荡时期,统治者往往会轻视或抛弃传统的伦理道德观念。这时,维护、继承和发展传统文化的责任就落到那些文化传统深厚的名门大族肩上。陈寅恪认为"自汉代学校制度废弛,博士传授之风气窒息以后",公立学校沦废,学术中心遂由官学转移至家族,转移至名门望族,太学博士之传授变成家

---

① 陈寅恪. 王观堂先生挽词并序[M]//陈寅恪. 陈寅恪集:诗集. 北京:生活·读书·新知三联书店,2015:12 – 13.

② 汪荣祖. 唯有认同成气类——陈寅恪及其交往者[M]//郑翔. 陈寅恪学术研究(2013). 北京:清华大学出版社,2014:24.

人父子之世业,也即所谓家学。因此,"魏晋南北朝之学术、宗教皆与家族、地域两点不可分离"①。而家族所起的作用在于:"士族之特点既在其门风之优美,不同于凡庶,而优美之门风实基于学业之因袭。"②魏晋南北朝以后,如果没有家学传统,就没有学术思想的建立。陈寅恪曾以东汉末年的儒家大族为例,论证了"东汉末年政衰世乱,此种家族往往怀抱一种政治理想,以救时弊,虽一时不必期诸实行,而终望其理想得以达到"。他在《天师道与滨海地域之关系》中又说:"家世信仰之至深且固,不易涤除,有如是者。明乎此义,始可与言吾国中古文化史也。"

3. 在对待中西文化关系的问题上,主张"必须一方面吸收外来之学说,一方面不忘本来民族之地位"。

自古以来,中华民族就与外来民族产生纷争,近代以来,更是在一种特殊的状况下和西方外来文化发生遭遇、碰撞和冲突。即便在现在,我们成为世界第二经济体,正在实现民族伟大复兴,中西文化关系这个问题仍然是我们必须面对的。

陈寅恪的态度是:"必须一方面吸收外来之学说,一方面不忘本来民族之地位。此两种相反而适相成之态度,乃道教之真精神,新儒家之旧途径,而二千年吾民族与他民族思想接触史之所昭示者也。"③

他论述过唐朝兴盛的原因。"李唐一族之所以崛兴,盖取塞外野蛮精悍之血,注入中原文化颓废之躯,旧染既除,新机重启,扩大恢张,遂能别创空前之世局。"④

陈寅恪认为,中国文化吸收改造外来文化最成功者,莫过于宋明新儒学对佛教的扬弃,而韩愈开此风气之先,仿效禅宗之举直指华夏之特质,借鉴禅宗"直指人心、见性成佛",阐明了《礼记·大学》"明明德"及修齐治平之旨,使抽

---

① 陈寅恪.崔浩与寇谦之[M]//陈寅恪.陈寅恪集:金明馆丛稿初编.北京:生活·读书·新知三联书店,2001.

② 陈寅恪.陈寅恪文集之五:唐代政治史述论稿[M].上海:上海古籍出版社,1982.

③ 陈寅恪.冯友兰《中国哲学史(下册)》审查报告[M]//陈寅恪.陈寅恪集:金明馆丛稿二编.北京:生活·读书·新知三联书店,2015:284-285.

④ 陈寅恪.李唐氏族之推测后记[M]//陈寅恪.陈寅恪集:金明馆丛稿二编.北京:生活·读书·新知三联书店,2015:344.

象之心性与具体之政治社会组织可以融合无碍。韩愈在应对佛教文化的过程中找到了佛教禅宗与儒家心性之学的融合点，为解决佛教与儒道文化冲突找到了整合的契机，也奠定了宋代新儒家崛起的基础。①

陈寅恪认为对包括佛教文化在内的外来文化既要吸收、改造、融合、同化，又要坚持中华民族的文化本位。佛教只有被改造，才能适应中国社会之特性。扩而言之，在中外文化交流中，我们对外来文化不能抗拒，要吸纳，但必须进行加工改造，不能抛弃传统文化的精华，这样才能使中国文化经久不衰地延续下去。

总而言之，陈寅恪并未过时，陈寅恪并不消极，他坚守文化本位的民族立场、坚定文化自信的精神气象、回应时代问题的精辟思想，都是我们在应对世界百年大变局、实现中华民族伟大复兴的历史进程中，应该倍加珍惜的宝贵财富，都是我们现在应该特别纪念和发扬的。

这就是陈寅恪及其学术思想的当下价值。

（姚亚平，中国人民大学博士，复旦大学博士后，南昌大学特聘教授、博士生导师。）

---

① 曹印双.试析陈寅恪先生视域下的中西文化融合点[M]//郑翔.陈寅恪学术研究(2013).北京:清华大学出版社,2014:144.

在纪念义宁陈门五杰暨陈寅恪 130 周年诞辰学术研讨会上的讲话

刘迎胜

陈氏为客家雍正间移民,其家族兴于清末民初国运衰败、内忧外患、中华民族面临前所未遇的挑战之际。陈氏五杰代表了在当时民族解放洪流中,受教育于中国旧学的士人阶层中那部分身体力行、以一己之力寻求国家复兴之道的有识之士群体。

洋务运动后,中国知识界弥漫着向西方求学的风气。从严复开始,留学海外的中国人开始意识到西方列强除科技先进、船坚炮利之外,其人文社会科学也引领世界之潮流,用陈寅恪先生的话作结,就是建立在"独立之精神,自由之思想"之上。

我自 2009 年清华大学重建国学院受聘,投入较多的精力,专注于王国维、陈寅恪所涉及的元代与西北舆地之学。元史与边疆舆地之学是中国的固有学问,清朝中后期大师辈出,如钱大昕、祁韵士、张穆、徐松与何秋涛等。该领域研究学风在清末民初大变,清同治年间进士洪钧受命出使欧洲,任驻荷、奥、德、俄四国公使。洪钧长于元史,在俄时适逢俄罗斯东方学家别列津(Berezin)将 13—14 世纪波斯史学家拉希德丁(Rashid al-Din Fadl Allah)的《史集》的波斯文本原本进行校勘后,与俄译文和注释一起出版。洪钧还了解到早于拉希德丁的 13 世纪波斯史学家志费尼的《世界征服者史》以及亚美尼亚人多桑的法文著作《多桑蒙古史》,遂请使馆议员金楷利等译介,归国后据以著《元史译文证补》,于光绪二十三年(1897)刊出。该书首次向国内学术界介绍了有关元史的穆斯林史料,使国人认识到边疆舆地之学原始文献的多元性与研究的全球性,可谓是划时代的贡献。

除了在其他的论著中提及边疆族裔之外,在这个领域,陈先生只写过为数不多的几篇文章,但皆为大家手笔。针对日本学者箭内亘的《元代社会之三阶级》，他于 1929 年在清华学校研究院《国学论丛》第 2 卷第 1 号上发表了《元代汉人译名考》。我特别注意到陈先生在驳论中以完全不同于乾嘉前贤的视角切入，通过考察当时汉人的"他称"，即在非汉族人语言中的称谓，并采纳欧美东方学者的意见，兼引蒙古、波斯史料编辑成文。陈先生的文章发表于 90 年前，其所举史料，以今日文献学进展观之，固有改进更新之余地，但他在讨论问题时所显示出的视野之广及东西学术根基之深厚，明显超过当时日本权威学者箭内亘，且立论坚实，至今不破。

从学术史的角度讲，陈寅恪先生此文是元史与边疆舆地研究在洪钧之后的又一个重要里程碑。他引入了欧美东方学的元素和传统方法论与视角，将其与中国传统的乾嘉学术结合起来，开启了边疆舆地之学研究的新潮流，即在研究中国边疆民族历史文化时，既博览汉文原典，也搜罗其他文字史料；在论及前人成果时，既参考国内文献，也关注欧美、日本学界的成果，为中国边疆舆地与元史研究树立了新标杆。

当代中国史学界、元史与西北舆地研究学界，对陈先生的学理与学风高度认可，并在其基础上发扬光大，后学群起而相从，成为学术主流。正是因为陈寅恪先生的倡导，以世界为自己的学术舞台和竞技场的观念蔚然成风，被广为接受。

陈门五杰体现了中华民族精英阶层的家国情怀。陈先生从青葱少年时代起，先后在日本和欧美求学，前后长达 18 年。在长期的游学过程中，他不以追求功名为目标，而是孜孜寻觅学术真谛，终成国人万众景仰的大师级人物。他治史学不是如今常见的凭一技之长、恃一门一派之学，而是精通十八般武艺。而这"十八般武艺"就是在漫长的求学过程中，吸海内外各名家之长练就的。

陈氏一门五杰的话题提示我们，国家的栋梁之材不仅出于庙堂所在的京师重地，或东南沿海的都市巨埠，更产生于内陆如修水这样的传统诗书之乡。这不仅是我个人基于近现代中国学术史的观察，也是今后中国实现现代化的希望所在。

附：2009 年清华大学国学研究院复建以来举行的与陈寅恪先生有关的活动

2010 年 4 月，中华书局出版《陈寅恪年谱长编》。

2010 年 5 月，召开"梁启超、陈寅恪年谱长编"出版学术座谈会。

2010 年 5 月,桑兵教授在清华大学图书馆报告厅做"陈寅恪的西学"演讲。

2011 年 11—12 月,美国宾夕法尼亚大学维克多·梅尔教授来做"陈寅恪纪念讲座——欧亚与世界视野下的传统中国"讲学,为期一个月。

2012 年 5—6 月,美国密歇根大学包华石(Martin Powers)教授做陈寅恪纪念讲座"文化冲突的新解读",为期一个多月。

2015 年 9—10 月,德国波恩大学廉亚明(Ralph Kauz)教授做"中国和伊朗的历史和现状"讲学,为期一个多月。

2019 年 11 月,清华大学国学研究院举办复建十周年暨陈寅恪逝世 50 周年学术研讨会。

2011 年起,清华大学国学研究院创办以书代刊的《清华元史》,由商务印书馆出版,现已出版 6 辑。

(刘迎胜,南京大学历史学院教授、博士生导师、元史研究室主任,中国元史研究会会长。)

在纪念义宁陈门五杰暨陈寅恪 130 周年诞辰学术研讨会上的致辞

陈流求　　陈小彭　　陈美延

尊敬的领导、专家学者、来宾和朋友们，由于我们姐妹年事已高，难以出行，特委托晚辈参会，有幸向各位专家学者学习。

我们曾两次到修水寻根祭祖，望着历尽沧桑的举人旗杆石和进士旗杆礅依然伫立在陈家大屋前，"凤竹堂"墙上的老照片还记录着"耕读传家"的往事，崇敬之情油然而生。尽管先父一生从未来过老家，但祖上的耕读家风伴随了他一生。而今，修葺一新的陈家大屋，让我们感受到江西省对传统文化的重视和保护，同时也看到父老乡亲为"文化强省"做出的贡献。

江西这片人杰地灵的土地上，不仅有我们的祖上老屋，还有先父母的归宿。先父母 1969 年辞世后一直未能入土，经我们多方奔走呼吁未果。2003 年初，大姐陈流求接南昌胡迎建先生电话告知：如果同意将陈先生的骨灰安葬于庐山植物园，可联系郑翔主任。获此信息后，我们姐妹达成共识：一是先父祖籍江西，民国初年得到江西省官费资助继续国外深造，如归葬于此，当属落叶归根；二是庐山植物园隶属江西省和中科院，先父与科学院系统渊源颇深（1944 年被选为英国科学院外籍院士，1948 年被评为首届国民政府中央研究院院士，1955 年任中国科学院学部委员），若安葬于此，似也合乎情理；三是植物园已有三位创始人之墓，其中陈封怀与先父系嫡亲叔侄，二人感情笃深，叔侄二人相依相伴，实为难得。基于此，我们立刻与从未谋面的郑翔主任电话沟通，他当即同意。那一刻，我们深为感动，如释重负，先父母入土为安终于有望。

在整个安葬过程中，历届省、市领导及省科技厅原厅长李国强给予了极大支持！尤其是在墓地修建过程中，郑翔主任带领员工，仅用四个月就完成选址、设计、修建等艰巨任务。如今，我们姐妹看到先父母长眠于"景寅山"苍松翠柏之中,深感欣慰。借此机会,再次向历届省、市领导,向为修建墓地和后期维护辛勤付出的庐山植物园员工致以衷心的感谢和崇高的敬意!

最后,向会议举办方清华大学国学院、江西省文旅厅、修水县人民政府、九江学院及宾客们致谢!向会议工作人员致谢!

陈寅恪先生的精神遗产

景蜀慧

我来自中山大学历史学系，承蒙这次会议主办方的邀请，有幸来到山清水秀的修水县，参与盛会。到修水来看看，是我一直以来的一个愿望。这个人杰地灵的地方，自古文化昌明，人才辈出，从宋代的黄山谷到近代的陈氏五杰，都是我心中的楷模。

我们知道，地处岭南的中山大学康乐园，是陈先生晚年的学术托命之地。陈先生在康乐园里生活了将近二十年，在他最后的学术生涯里，完成了许多重要论著。陈先生已经逝世五十多年了，但他的精神和学术影响，从未消失。陈先生留下的"遗产"很多，除了他的故居，他的很多书捐给了中山大学图书馆，图书馆为他辟有专室，师生们去图书馆时能翻阅这些书。虽然经过几十年的学术发展，陈先生的学术成果，有一些已为后辈学者超越，但陈先生留给我们的那些在学术思想、治史方法乃至精神人格层面的遗产，任时光流逝，仍然具有巨大的现实意义。正如蔡鸿生老师所说："他栖身岭表二十年留下的教泽，至今仍然是康乐园里重要的精神遗产。"我们系的每一届学生，一进入历史系所在的永芳堂的大厅，就能看到陈先生的那尊雕像，旁边镌有陈先生《王观堂先生挽词并序》中的那段名言："士之读书治学，盖将以脱心志于俗谛之桎梏，真理因得以发扬。"几十年来，这段话几乎已经成为本系的系训，由此而培育出中大历史学系求真求实、严谨厚重的优良系风。陈先生提出的"独立之精神，自由之思想"的学术原则，也是本系师生读书治学所追求的理想。先生在《赠蒋秉南序》中自言平生未尝侮食自矜、曲学阿世的为人态度，成为我们在今天这个鱼龙混杂的时代，坚守学者本色，抵御外在诱惑，不趋时，不媚俗的重要精神支撑。而陈先生博学精思、神游冥想的治学风格和深刻的历史感，也潜移默化地影响着我们在学术研究中不仅要详细占有史料，力求通过考证来发掘历史事实及其内在联系，展示出事物发展的全过程，更要在此基础上"神游冥想"，发古人未发之覆，鉴古知今，洞见历史的幽微之处。仍如蔡老师所指出的:陈先生通过其晚年史学研究所揭示的,乃是激楚苍凉的民族心灵之歌,其形式上发思古之幽情,实质上发潜德之幽光,而最为重要的是"留待来者"。他的目光是面向未来的,这也是陈先生留给我们的最重要的学术启示。

我本人作为一个从最初求学时起就受陈先生史学沾溉,精神上视陈先生为学术伟人的后学者,饮水思源,这次有机会来到修水,参拜故居,致敬义宁陈氏,心情很激动。我发自内心地感谢这块人杰地灵的土地,感谢修水人民,同时也感谢会议的主办方,感谢为我们辛苦服务的所有工作人员和志愿者。

谢谢大家。

(景蜀慧,中山大学历史学系教授,博士生导师,著有《魏晋诗人与政治》《中国魏晋南北朝文学史》等。)

陈三立的政治思想与中国近代文化

胡迎建

近代中国是政治制度转轨迅速、社会剧烈动荡的时代,在新旧交织、西学东渐的文学思潮中,近代文化发生了前所未有的变革。

道光年间,国门初开,鸦片战争发生。接踵而来的是太平天国运动、英法联军入侵(第二次鸦片战争)、中法战争,内忧外患丛生,天灾人祸交加,清王朝元气大伤。更因政治体制落后,士习衰恶,人才枯竭,吏治腐败,加剧了时势的衰变。由云龙说:"道、咸以来,国事日非,非讲求经世之学,不足以济时;非主张通变之道,不足以应用。"①同治年间,依靠湘军与皖军的相继崛起,清朝廷挽救了覆灭的命运,史称"同治中兴"。随之而来的甲午战争,中国惨败,给国人以极大刺激,要求变法的呼声越来越强烈。光绪帝谋求变法以图富强,抵御外侮,支持变法的官员与在野的有识之士形成互动之势。其时,尚变维新思潮涌动起伏。

清后期,学术文化为之一大变。从文化背景来看,康熙、雍正时宗法程朱理学,是谓宋学。乾隆至嘉庆间屡兴文字狱,学者多遁入书斋,海内竞尚考据,汉学盛行。于是宗宋学者讥笑汉学为饾饤,为琐屑,而固守汉学者则攻击宋学空疏无用。在越来越严重的社会矛盾和社会危机中,无论是脱离现实的汉学还是空谈义理的宋学都无力去解决面临的危机,此时出现了汉宋调和、汉宋会通的倾向,公羊学说复兴。龚自珍、魏源等人发挥公羊学说,讥议时政,诋毁专制,批判烦琐考据、理学空谈和科举制度,呼吁士人把关注的重点转移到与现

---

① 由云龙.定庵诗话[M]//张寅彭.民国诗话丛编:第三册.上海:上海书店出版社,2002:563.

实社会关系密切的问题上来,成为清后期学术的主流。戊戌前后,龚、魏改造公羊学的思想被维新派康有为等继承,成为变革的思想武器。清初经世致用的学术宗旨重新被找回,学术风气又为之一变。

光绪年间,西学东渐,维系国脉纲常的儒学与礼教也出现了动摇,儒学不再独尊,先进士人积极探索救国之方。瑞金人陈炽为寻求富国之途,著有《续富国策》;文廷式支持光绪帝实行维新变法,与康有为等联络当时的进步人士,成立强学会,大造变法舆论。康有为在《强学会叙言》中惊叹时局为"四千年中二十朝未有之奇变"。梁启超断定,唯有变法,才"可以保国,可以保种,可以保教"(《论不变法之害》)。其时陈三立也是强学会的积极参与者与支持者,后来在长沙,积极辅佐其父、湖南巡抚陈宝箴推行新法。然而,顽固专制的慈禧太后发动戊戌政变,捉拿维新党人。不久,八国联军入京,慈禧挟光绪帝逃往西安。民族危机加剧,中国社会产生了激烈的动荡,士人的不满情绪日益高涨。

陈三立父亲陈宝箴在湖南推行新政的一系列做法,显示出其与时俱进的思想。其学术思想其实早见于在河北道所作的《课士录》中。他认为:"义理为体,经济为用,辞章、考据为文采。"在"明体达用"方面,他认为:"要在随时体认,以古证今,以人证我。经则由训诂以探义理,由平实以诣精微。史则博通古事以求其要,参究事势以穷其变。"他对近代学术弊端有所斥责:"近世汉宋门户之习,专党同伐异、是己非人,以至公至大之事,而存自私自小之见。"后来陈宝箴办时务学堂,所出的题目也多为经世之学。

陈三立因时通变的思想与其父学术思想一脉相承,且更具体,对社会的批判更深刻。他以对传统学术文化的重新评价来为维新服务,但他不赞成过激,而是主张折中,稳健推进改革。他认为,近代以来门户既开,不应将西方科学文化拒之于门外,但又不能全盘输入,而是应该适时求变,变而不失其宗。他主张在实业及政治上做出变革,而在言论上不主张过于开放,以维持社会的稳定。他对国家积弱的原因是持检讨与探讨态度的,在诗中说"国家积弱由,万辙非一轨"。其时,他颇有拯救国家积弱局面的抱负。

陈三立一生的政治理想在富国强兵,但清末民初社会急剧动荡,他的经历也历经三变,所以他的政治思想重心在不同阶段有不同,有"变"与"不变"两种,其发展轨迹具体来说就是从积极研究、重新评估古今学说到批判清朝政治,最后又哀叹纲纪之坏、依恋传统文化,试分为三个阶段简论之:

一、与之无町畦，万派益输灌——通古今之变

博览群书的陈三立，主张折中百家，"与之无町畦，万派益输灌"（《感春五首》之二）。他对王阳明的学说最为赞赏，主张取其长处。王夫之能通古今之变，也是得到他高度肯定的人物，陈三立的通变思想受其影响。早在青年时代，他就努力重新评估先秦诸子典籍，主张会通百家学说，应时变通以救时，通古今之变。

他认为不能盲目独尊孔子，仅倚重儒家学说，而应会通百家学说。他主张将先秦诸子学说放在一个平等的地位上重新评估，比较异同，兼综各家。在《读〈墨子〉》中，他认为孔孟、墨子学说立说虽不同，而其意趣有一致之处："墨子盖睹有国者淫侈用殉之酷，不胜愤嫉，欲以除易其弊，此与孔子棺欲速朽，为桓司马言之，奚以异乎？"所以，他说："孟子言仁义以塞天下之利，墨子言兼爱以矫天下之自私，其趣一也。"① 至于儒家为什么要排斥墨家呢？他认为那是因为儒家对墨家学说中夸大的成分不满。所以他认为应给墨家与儒家同等重要的地位，在《赠黄公度》诗中也说："欲挈颓流还孔墨，可怜此意在埃尘。"

他在《老子注叙》中，比较孔子与老子的异同："儒与道不相兼，道家言道，儒家言礼……孔子周流以明用，老子养晦以观变，其志一也。故老子明其原，而孔子持其流；老子质言之以牖当时，孔子则修其辞以训后世。"孔子向老聃问礼，前人早有此说。但是孔子学说与老子学说具有传承关系，却是陈三立的独到见解。前人对老子的学说多冠以无为消极的色彩，而此文中对老子寄寓深深的理解："老子虽专言道，以自然为宗，而读其辞，俨乎其若畏，栗栗乎始而不安。传曰：作《易》者其有忧患乎？老子盖睹周末之弊，道散礼崩，政俗流亡，莫知其终，于是发愤矫厉，寓之于言，刮磨人心，以冀其寤。"② 陈三立认为《老子》是"忧患"之书，老子能明大道之源，希望人觉悟。他充分肯定老子学说具有积极救世的用意，这种认识在《书韩退之〈柳子厚墓志铭〉后》中也有体现："悲哉！老子之言'不为祸始，不为福先'，而曰'不敢为天下先'也，不独明天人消息之故有然也。"③

① 陈三立.散原精舍诗文集:卷四[M].上海:上海古籍出版社,2003:811-812.
② 陈三立.散原精舍诗文集:卷一[M].上海:上海古籍出版社,2003:753.
③ 陈三立.散原精舍诗文集:卷五[M].上海:上海古籍出版社,2003:843.

陈三立进而认为孔子之说其实是承老子之说,积极用世,垂训后人,"修其辞以训后世"。他认为子思所作《中庸》,主旨言道言性,言无声无臭,与老子之说相通。在《读〈论语〉四首》中,陈三立认为:大道既隐,九流百家学说萌芽其间,并逐渐影响到孔子弟子。孔子道大能博,有教无类,故能容纳众弟子接受不同学说的影响,其语录是为弟子"裁检防制之辞,以理其原而救其弊,所谓明于天人之际者"①。他从《论语》中推断,子路是兵家之流,子张是阴阳家之流,冉有是法家之流,宰予是墨家之流,子贡是纵横家之流,樊须是农家之流。

世人多以为管子改变了周官旧制,发明霸术来治国,陈三立以为这种说法并不正确,因为"成周之初,礼制未定,而太公与周公并封,立国子民,各有制度,不必皆秉周礼"②,不存在改变周制的问题。孔子的理想也就是志在复周,管子继续太公事业,按太公之法推行其政,以图一匡天下。实行"重农贵粟,赏信罚必,同民好恶"的政策以富国强兵,这正是管子的夙愿。

历来认为孟子是孔子的信徒、儒学正统传人,而陈三立在《读〈荀子〉五首》一文中的结论却是荀子才够得上是儒家的集大成者。他比较荀子与孟子学说的分歧,以明道家、儒家源流的不同,认为孟子不过是承道家之余脉:"孟子以意逆志,观大略而已;荀子则诵数以贯之,思索以通之,始乎诵《经》,终乎读《礼》,綦重于章句文学。《孟子》书善言性道之要,为古道家之余;《荀子》书详于法制节奏等,威体国经野,儒家之统会。盖观于孟、荀之言,而道家、儒家之源流正变,略可识矣。"③荀子既"明王道,黜霸功,欲以儒术被之海内,易俗移风,厚民之治",便以儒术屡劝秦国君臣,告诫弟子李斯,用心良苦。但后来秦国并不用儒术,李斯反而建议焚书坑儒,迎合其君主,背其师说,倒行逆施以致国亡,过失在李斯,所以他不同意苏轼归罪于荀子的看法。

荀子之学既不同于孟子,其性恶说可以追溯到告子。告子认为不可以仁义为性,荀子认为人之性恶,两者均认为性好食色。但孟子与荀子之说最终可以趋同,因为孟子言性善,以为"人皆可以为尧舜";荀子言性恶,以性之恶教化,可以使涂人成为禹。他认为:"孟子之道,尽性以至命,以扩充为谊;荀子之

① 陈三立.散原精舍诗文集:卷一[M].上海:上海古籍出版社,2003:755.
② 陈三立.散原精舍诗文集:卷四[M].上海:上海古籍出版社,2003:820.
③ 陈三立.散原精舍诗文集:卷四[M].上海:上海古籍出版社,2003:820.

道,化性而起伪,以变化为本。"孔子说"性相近,习相远也"。"习"即是"习恶"。孔子虽未说性恶,而荀子所说,合于孔子之说。按照孔子言性的说法,孟、荀二子之说就可以得其相通之处。

陈三立对王阳明的学说最为赞赏,并不专宗儒学,对朱子理学不以为然。早年,他与毛庆蕃游衡山,夜宿祝圣寺,倚桌纵论天下古今事,涉及学派,"三立意向阳明、王氏(王夫之),微不满朱子(朱熹)"①。王夫之能通古今之变,也是得到陈三立高度肯定的人物。王夫之号船山,衡阳人,清初大思想家,湘学开创者之一,郭嵩焘、罗正钧与陈三立的通变思想都受到其影响。陈三立曾应罗正钧之请作《〈船山师友录〉叙》云(节选):

> 周衰,七十子之徒既殁,道术坏散。战国之际,纵横怪迂之变,益纷然淆乱,莫可统一。汉兴,表章六艺,儒生朋兴,掇拾大谊。越千年而有宋巨儒出,益究其说,道浸彰显矣。其后颇复督乱,浸失其真。元、明以降,代承其弊。国家肇基,黄氏、顾氏之伦,乃倡言复古,综览百代,廓绝流冗,厥风大醇,然其所明,典章、文献、制作、道法之迹而已。而大道之要、微言之统,未暇明也。于时衡阳船山王先生,并世遗老,抗其孤夐卓荦之心,上契圣典,旁包百氏,蒙者发之,滞者通之,天人之蕴,教化之纪,次第昭列。自孟、荀、朱子以来,道术之备,于斯为盛。顾其书久而后显,越二百有余岁,乡人湘阴郭侍郎嵩焘始尊信而笃好之,以为斯文之传,莫大乎是。②

此叙纵论自周以来学术兴替之脉络,简明扼要,然后重点转论清初学术,先论黄宗羲、顾炎武能挽学术督乱之弊,考核遗典文献,然不过是重在形式和方式,未能阐明大道之精微。而王船山能博通群经百子,发蒙通滞,阐天人之蕴意,教化之纲纪。

陈三立认为,学术要海纳百川,博采众长,方能成其大,人才方能尽其用,这是因为"天有五气,地有五材,人有五性。阴阳不同德,刚柔不同位。故古之治道术者众矣"。他觉得须胸怀宽广,将万物为我所用:"君子之于道也,涵纳淳泓,博综万类,取济吾心之用而已矣。"③他在《〈振绮堂丛书〉序》中谈到后世

---

① 陈三立.散原精舍诗文集:卷十八[M].上海:上海古籍出版社,2003:1077.

② 陈三立.散原精舍诗文集:卷一[M].上海:上海古籍出版社,2003:768-769.

③ 陈三立.散原精舍诗文集:卷一[M].上海:上海古籍出版社,2003:823.

因时而变而创新:"气机之所辟,智力之所极,或反为古所未备。"①这些观点是他为呼唤新政寻求的理论根据。基于此,他认为,近代以来,门户既开,对待西方科学文化,不应拒之于门外,但又不能全盘输入,而是应适时求变,变而不失其宗。序中还说:

> 道、咸之间,泰西诸国始大通互市,由是会约日密,使命往还,视七万里之地如履户阈,然士大夫学术论议亦以殊异。夫习其利害,极其情变,所以自镜也。蔽者为之溺而不返,放离圣法,因损其真。矫俗之士,至欲塞耳闭目,摈不复道。二者皆惑,非所谓明天地之际,通古今之变者。君子之道,莫大乎扩一世之才,天涵地蓄,不竭于用,傲然而上,遂滂然而四达,统伦类师万物而无失其宗。

蔽者即盲目崇洋者,矫俗之士即排外者。两者各惑一端,都不能通古今之变。正确态度应是充分发挥、利用全人类的智慧与才能。天地之蕴蓄,采用不竭,如此方能生气蓬勃。要统驭万类,师从万物,而又不失根本。可见他的胸襟是开放的、宽容的。

天地之变无穷,所以他主张应"达时变,矫孤陋空疏之弊"②,既要矫正排外闭目不视他人之所长的错误,特别是一些靠镇压太平天国起家的"中兴诸功臣"极骄横,"类蔽于海国情势"③,又要防止有人"崖岸矫激之行"。这说明他的清醒与稳健。

陈三立在国势衰微、列强窥伺之际,主张士人要研究实用之学,而非凭意气盲目排外,也不能束手无策。他在《廖笙陔诗序》中说:

> 余尝愤中国士大夫耽究空文而废实用,骤临利害无巨细。及有四夷之变,一以意气议论排捍之,不则瞠目敛手,无以为计。即有负智能而名干济者,探索考验,差切时用,而迹其所效,裨助至眇浅,或反芽祸流毒,偾败相踵,何邪? 盖忠亮不据于其心,而无宁静澹(淡)泊之天怀为之根底,才力之所极,功能之所擅,皆以成乎苟偷巧饰斗捷者之尤,是故本不立而俗不长厚。即果变今之法,矫今之习,欲以诱进天下之人才,弹外侮而匡

① 陈三立.散原精舍诗文集:卷四[M].上海:上海古籍出版社,2003:828.
② 陈三立.散原精舍诗文集:卷九[M].上海:上海古籍出版社,2003:930.
③ 陈三立.散原精舍诗文集:卷五[M].上海:上海古籍出版社,2003:978.

世难,吾知其犹不可必焉。①

他深刻指出,士大夫如果将精力用在苟且偷生、夸饰斗捷等方面,想要消弭外侮、匡救国家,是不可能的,必须"变今之法,矫今之习"。

必须指出的是,陈三立的维新变法思想受郭嵩焘影响极大。陈三立痛惜郭氏虽通"古今之变,得失之宜,数为夷务策讽之,时不能用……沿海疆吏皆得如先生,或先生得行其说而久于其位,条其规制,立自强之基,以时其柔刚之用,十数年以还,政俗风教,当渐以振兴变革,不仅夷事之容有可为者。乃先生既不久罢粤东任去,后使海外,复不得行其志而归,而谤议讪讥,举世同辞,久而不解。至于今,而夷祸益岌岌矣"②。郭嵩焘综贯百家九派,学通中外之变,不为世用,反遭毁谤,如此而列强侵华之祸愈加严重。这也可见陈三立对变革的强烈要求以及忧世之切。当时他有诗赞郭嵩焘:"侍郎峻节摩霄汉,瀛海归来脱羁絷。"(《九月十九日郭侍郎招集碧湖展重阳作》)光绪十七年(1891)六月十三日,郭嵩焘去世,陈三立撰挽联云:"孤愤塞五洲之间,众醉独醒,终古行吟依屈子;抗心在三代以上,高文醇意,一时绝学并船山。"陈三立认为,郭嵩焘孤愤之怀可在屈原之后,其学术之高可与王夫之并列。他主张稳健推进改革,受郭嵩焘影响极大,欲借鉴西方来改革中国政治,从社会基层做起。他认为士子应在"运会"之际,适时变革,敢为天下先。

这一阶段的陈三立是清醒的,力在通古今之变,应时变通以救时。他的不少思想与见识有洞若观火般的透彻,郑孝胥论他的诗是"越世高谈,自开户牖"③,实是可以移来论其政治思想。

二、元气含疮痍,根原究利病——对时政的批判

46岁至58岁,陈三立经历了一生急剧变故的阶段,与其父同被革职,"生涯获谤"。神州大地也发生了一连串的大事:变法失败,八国联军攻占北京,日俄在旅顺爆发战争。维新变法失败之后至辛亥革命前,是他激烈批判时政的阶段,虽也不免有"此意深微俟知者,若论新旧转茫然"的迷惘。他努力反思变法失败的原因,批判清朝弊政,其诗《雪夜张泰州酒坐赠别江叔澥太守赴广西

① 陈三立.散原精舍诗文集:卷五[M].上海:上海古籍出版社,2003:833.
② 陈三立.散原精舍诗文集:卷三[M].上海:上海古籍出版社,2003:793.
③ 陈三立.散原精舍诗文集:附录(中)[M].上海:上海古籍出版社,2003:1216.

巡抚军幕》云:"元气含疮痍,根原究利病。"由于退隐在野,陈三立对社会底层的黑暗有了更深刻的了解,批判锋芒尤为犀利,甚至强烈指斥统治者把中国带入神州陆沉的地步,而当道者仍在横行暴虐:"大陆化鱼鳖,当道犹豺狼。"(《夏剑丞太守见示元旦颂春体次韵奉酬》)

父逝之后,他痛定思痛,在《崝庐记》一文中追溯当年推行新法的动因与经过:"初,吾父为湖南巡抚,痛窥败无以为国,方深观三代教育理人之源,颇采泰西富强所已效相表里者,放行其法。会天子慨然更化,力新政,吾父图之益自喜,竟用此得罪,免归南昌。"①湖南维新变法的艰难与挫折,使他以前车之鉴做反思。在《书韩退之〈柳子厚墓志铭〉后》一文中,他痛心地写道"衰世情伪""忧患观变"。柳子厚佐助王叔文,想要收回宦官兵权,立不世之功,失败后反而承担恶名,连友人韩愈也说他"不自贵重"。如此,"吾恐灰志士之心,塞公尔忘私、国尔忘家之义……兹则为所大惧,而天下万世之所极哀也"。② 这也说明他对官场社会不思进取、习于鄙陋风气的愤懑。

其时友人严复翻译西方学术名著,介绍和传播西方政治、经济与文化思想,尤其是进化论、优胜劣败等学说开始在中国知识界广为传播。陈三立积极接受当时先进的学说,深受影响。他在西山崝庐挑灯夜读严复所译《群己权界论》(今译作《论自由》),此书为英国人约翰·斯图尔特·穆勒所著,鼓吹西方的民主与自由。陈三立对此大加赞扬,并在诗中说"天道劣者败""卓彼穆勒说,倾海挈众派。砭懦而发蒙,为我斧天械。又无过物忧,绳矩极显戒。萌芽新道德,取足持善败"等,也说明他希望引进西方学说以提高国民素质。他虽已退隐,但仍牵挂着苦难的国家与人民,而落后就会遭到挨打、种族就会衰败淘汰的进化观使他更担忧祖国的前途和现实的黑暗,加深了他的民族危机感。他佩服严复能将穆勒的学说介绍到中国来,认为这一学说可以萌生新的道德观。他认为,中国传统道德中有一些糟粕,陈陈相因,世人的见识过于狭隘,一味偏好这些,就会因循守旧、疲惫苟安,乃至束缚社会发展。有严复的雄笔翻译,必能开启民智,如日光照耀,如阳气发舒:"扬为皎日光,吐此大块噫。"

陈三立由此对国民性亦进行检讨,认为"国民如散沙,披离数千岁"(《感春五首》)。他在西山崝庐,冷静而又深刻地思索国家命运与国民性。他作

---

① 陈三立.散原精舍诗文集:卷六[M].上海:上海古籍出版社,2003:858-859.
② 陈三立.散原精舍诗文集:卷五[M].上海:上海古籍出版社,2003:843.

《杂说》五篇,这些《杂说》,都是以具体场景、某一侧面寄托针砭时弊之心。

第一篇反对有人认为国家治政在得人之说,认为重要的是建立法制社会,而不是把希望寄托于一两个能人的出现,否则难免混乱:"亘古以来,治日少而乱日多,非不幸也,无常胜之原,无上下相维之具,贸贸然寄命于不知谁何之人,徒延颈跂踵,从而号呼之曰:'在知人,在得人'。人果易知而易得乎哉?安怪其治乱推移之势不出于此也。"①

第二篇记载光绪二十六年(1900)秋大旱,老农向他诉说"饥且死,而科征不可缓,死益无地也",他由此慨叹"法益弊而吏益巧",制度败坏,官吏诈巧,更使百姓陷于不得喘息的惨境。他把败坏的宪法比作陷阱与毒草:"故弊法之不可守,犹陷阱之不可迹、毒草之不可尝也,其为害至痛也。"一旦有人提出要改革法制,就会有人反对,说是"蔑成宪也""莠言乱政也"。② 由此可见,陈三立对当时社会的批判是极为犀利的。

第五篇记广东十女子结为姐妹,不肯再嫁,有一人嫁而其他人服药自杀。他慨叹习俗移人,夺人天性,这是封建社会"积数十百年官吏之禁防、父老之约束、荐绅先生之讽诫化诲"的结果。他主张从兴办女学开始,输进万国文明,或能有成效。

清末,民权与立宪孰优孰劣,争论极为激烈。当时封疆大吏张之洞极力反对民权说,在《劝学篇》中说:"民权之说一倡,愚民必喜,乱民必作,纪纲不行,大乱四起""无一益而有百害"。③ 而陈三立认为民权说既然在西方有了上千年的历史,必有其得失,因而主张以民权救君主制之弊。光绪二十六年(1900)五月,义和团入京师,清廷对列强宣战,时局扰攘未已。陈三立认为这是君权专制所酿之祸,他说:

> 余尝观泰西民权之制,创行千五六百年,互有得失。近世论者,或传其溢言,痛拒极诋,比之逆叛,诚未免稍失其真,然必谓决可骤行而无后灾余患,亦谁复信之?彼其民权之所由兴,大抵缘国大乱,暴君虐相迫促,国民逃死而自救,而非可高言于平世者也。然顷者吾畿辅之变,义和团之起,猥以一二人恣行胸臆之故,至驱呆竖顽童,张空拳战两洲七八雄国,弃

① 陈三立.散原精舍诗文集:卷六[M].上海:上海古籍出版社,2003:861.

② 陈三立.散原精舍诗文集:卷六[M].上海:上海古籍出版社,2003:862.

③ 龚书铎.中国近代文化探索[M].北京:北京师范大学出版社,1988:7.

宗社、屠人民，莫之少恤，而以朝廷垂拱之明圣，亦且熟视而无如何，其专制为祸之烈，剖判以来，未尝有也。余意民权之说，转当萌芽其间，而并渐以维君权之敝。盖天人相因，穷无复之之大势备于此矣。①

守旧者指斥民权有如叛逆，在陈三立看来，这其实掩盖了事情的真相。他反对诋毁民权，认为民权乃因国乱而国民自救而兴。正因为专制政治的压迫，才造就民权说的兴起。他愤怒地指出，八国联军进攻京城，就是因为朝廷单凭几个人的意愿，让赤手空拳的义和团去抵抗八国联军，造成"弃宗社、屠人民"的结局，而朝廷熟视无睹也无可奈何，这就是专制造成的祸害，造成有史以来从未有过的悲剧。这表明了他对清朝专制统治持强烈的批判态度，对民权的兴起有一定的认识。这是他较许多士大夫高明之处，也与他给夏敬观的诗中对民权说的推崇是一致的："伟哉民学说，虔祷扬馨香。"（《夏剑丞太守见示元旦颂春辞次韵奉酬》）但他也不主张民权行之过速，速则有后患。

这一时期，他仍对数千年来儒家思想定为一尊、排斥百家的道统不以为然。他在《感春五首》其一中说："起孔在今兹，旧说且点窜。撼彼体合论，差协时中赞。吾欲衷百家，一以公例贯。与之无町畦，万派益输灌。"这表明他要公允地重新评价不同学说，广纳百家精华，会通折中，综贯始终。他继续反思康有为企图把孔子"劫为万世师"的做法，认为如此"名实反乖谩"。他推崇孔子，但不赞同独尊，更指出当时之尊孔而又尊文昌帝君（梓潼），有同儿戏。

陈三立对教育始终持关注态度，认为"救国之贫弱，孰有捷且大于兴学者"。清朝末年是近代中国中西学之争非常剧烈的时代，朝野进步人士受西学影响，重视教育的改革，废科举，办学堂。对于当时国内的新式学堂，陈三立一直持积极的赞同态度。早在湖南新政时期，他便协助其父筹办时务学堂，一度回江西办教育。从江宁返南昌期间，他对故乡的教育更是给予极大的留心与关注，诗中多次写到学堂教育。

光绪二十四年（1898），南昌月池人熊季廉（熊元锷）与其堂兄熊育锡、高安邹叔忱、新建夏敬观创办乐群学堂，地址在南昌城内北湖东岸灵应桥附近。学堂有学生一百多人，熊季廉为校长，熊育锡为学监，聘蔡公湛等为教员。乐群学堂首重科学，着力培养理工人才，除国学课外，还有算学、英文、化学、物理以及西洋历史地理课，大多数教材用的是英文原本。乐群学堂是心远中学、心

---

① 陈三立.散原精舍诗文集:卷五[M].上海:上海古籍出版社,2003:844-845.

远大学的前身。陈三立对熊季廉创办乐群学堂的评价很高，说："凡江西学堂历久有名誉，以君所倡为最著。"①季廉堂兄熊育钖（1868—1942）也是严复的弟子，曾在南昌办过书局，辛亥革命后任江西省文事局局长，主管全省教育。陈三立认为他匡时救国，必能大有作为，称赞他为"中国的福泽谕吉"（福泽谕吉为近代日本的著名教育家）。陈宝箴被革职居南昌时，蔡公湛曾来拜谒陈宝箴，颇得陈宝箴赏识。

光绪二十九年（1903）春，陈三立西山扫墓期间作有《崝庐坐雨寄怀城中乐群学舍熊季廉蔡公湛》诗。他断定熊、蔡二人道德修养更为充实，学问更有长进。季廉论学不依傍卢梭、孟德斯鸠诸说，公湛读《老子》写有新著，各自"言志雍容"。不久，他又作有《雪晴放舟题寄南昌乐群学舍诸子》一诗，勉励学生发奋读书："嘉二三子争响濡……寻常不忍问乡国，今瞥英少森阶除。光怪拿腾虎豹气，文采焕烂鸳鸾雏。插架琳琅百国书，旁行文字相于嗝。妙道要指如贯珠，立百世下足起予。自来策邦骋雄图，蠹朽者去荣者扶。汇海浩瀞导涓滴，参天轮囷视根株。万方巨子目睢盱，人极公例可灌输……"嘉将诸子，语重心长。

陈三立认为，教育乃立国之本，况当中国亟待变革、谋求富强之际，必须大力引进日本和西方新式教育的理念与方法。他在江宁积极从事教育，培育人才，出任三江师范学堂的总教习。光绪二十七年（1901），长子陈衡恪进了上海南浔路的法国教会学校。次年春，衡恪、寅恪东渡日本留学。这也可以看出陈三立对子女接受新学教育的支持态度。

光绪二十八年（1902）中秋后，日本教育家嘉纳治五郎来到南京，宴集于江南陆师学堂。陈三立应邀出席，作有《日本嘉纳治五郎以考察中国学务来江南，既宴集陆师学堂感而有赠》五古，诗中沉痛检讨了甲午战败、八国联军入京的局面，并认为国弱民贫，都因教育之不振：

> 四海学校昌，教育在厘正。所恨益纷庞，末由基大命。
> 去圣日久远，终古一陷阱。礼乐坏不修，侈口哆孔孟。
> 譬彼涉汪洋，航筏失导迎。盲童拊驹犊，旷莽欲何骋？
> 陶铸尧舜谁，多算有借镜……

国家之兴，在于学校之昌盛。而清以来的学校与书院教育杂乱无章，远离了圣人之学。古法反而成了陷阱，终究如轮船在汪洋大海而无导航，如盲童在

---

① 陈三立.散原精舍诗文集：卷六［M］.上海：上海古籍出版社,2003:874.

草原而不知方向,怎能培养出圣贤?教育为立国之本,办学的关键在于改进教育方法,须向海外寻求借鉴。日本与中国乃唇齿之邦,日本过去也是弱国,直到引进西方科教,才得以富强,其成功经验定能救治中国弊病。中日两国只有互相学习,才能共同富强。这次日本教育专家来,说明他们也愿意向中国学习。嘉纳治五郎在日本创设了师范章程,办学有方,为此陈三立在诗中说:"觥觥嘉纳君,人伦焕斗柄。创设师范章,捷速日还并。归置游钓地,瞬息变讴咏。起死海外方,抚汝支那病。"末两句表明他为了中国的富强,主张向西方及日本新式教育制度学习的强烈意向,并批判了传统教育的落后性。

友人熊希龄将赴日本,陈三立有诗《闻熊秉三太史抵沪将为日本之游占此寄之》赠他,希望他强咽悲痛血泪,注意观察并客观评估日本这个民族:"嚼血喷天成惨淡,蓄眸观世费评量。"凡此种种,说明陈三立的心与国运相通,其观念在当时的士人中是比较先进的。

三、迷离棋局终难覆——纲纪之坏的哀叹

自59岁之后直至逝世,是陈三立思想转为保守的第三阶段。辛亥革命后,他认为自己在"苟活蒙耻",但他反对袁氏称帝,没有像易实甫、严复等人依附袁世凯,也不赞成张勋复辟,更不会像陈宝琛、郑孝胥等辅弼溥仪,参与复辟。

清朝灭亡,如土崩瓦解,天翻地覆。在他看来,此乃"神器覆"(《瘦唐侍御匡山归隐图》);他亦有感于纲纪崩弛、神州分裂:"羲纽弛解禹甸裂,大盗煽之祸弥烈"(《林蔚文乞题虎口余生图》)、"汹汹地轴翻,汩汩人纲圮"(《江叔澥翁七十寿诗》)。在他看来,也许这是必然的结局,但"海宇骚然,而邪说诡行,摧坏人纪,至有为剖判以来所未睹。奋臂群呼,国亦旋覆"[1]的场面使他震惊,而且对这场革命很不理解。他认为袁世凯趁机窃取了革命果实:"易器乘肘腋",因而"蛟鼍肆出没,豺虎愈充斥"(《清明日上冢》)。他描绘袁世凯统治时期的社会是"龙蛇俄起陆,扬尘到溟渤"(《题庸庵尚书同年水流云在图》)。在他看来,清朝的灭亡不仅是政权的崩溃,而是人伦纲纪的废弛,是古未曾有的"厄难"。他担心维系中国数千年的传统文化随之而灭绝,从这个意义上来说,他可以说是典型的文化遗民。其诗中云:"懿德日陵替,横议剧戈戟。谁能扫凶梗,挽使人纪立"(《雨中午诒招集愚园兼饯郭统将还长沙》)、"维人发杀机,

---

① 陈三立.散原精舍诗文集:卷七[M].上海:上海古籍出版社,2003:887.

殃祸塞坤轴。安获干净土，苏喘庇殊族……坐令神器改，圣法随颠覆。痛定叩百灵，欲以残梦续。窳歌出物表，醉答鬼夜哭"（《潜楼读书图题寄幼云》）。这种矛盾的情结加重了他的悲愤心态，他在《俞觚庵诗集序》中说：

> 余尝以为辛亥之乱兴，绝羲纽，沸禹甸，天维人纪，浸以坏灭，兼兵战连岁不定，劫杀焚荡，烈于率兽。农废于野，贾辍于市，骸骨崇邱山，流血成江河。①

此一悲观的话语有一定的合理性，因为政局在屡被他称为"大憨"的袁世凯以及随后的北洋军阀的把持下，出现无休止的争权夺利、兵连祸结的场面。

民国初年，军阀当道暴横、吏治黑暗、世风日下，陈三立对此持严厉批评态度："数十载之间，更迭变乱，纲维弛坏，迄于崩坼，武夫持权，虎视睢盱，抚字亲民之吏，类以群不逞少年充之，于是循良雅化之遗迹扫地以尽。"②这些状况当然并非虚构，是他以清代的政治与纲纪为尺度来衡量的。

陈三立将铸成亡国之错的责任归咎于当时的执政者、居高位者：

> 窃维国家兴废存亡之数，有其渐焉，非一朝夕之故也，有其几焉，谨而持之，审慎而操纵之，犹可转危而为安，销祸萌而维国是也。吾国自光绪甲午之战毕，始稍言变法，当时昧于天下之大势，怙其私臆，激荡驰骤，爱憎反复，迄于无效，且召大隙，穷无复之。遂益采嚣陵之说，用矫诬之术，以涂饰海内外耳目，于人才风俗之本，先后缓急之程，一不关其虑。而节铖重臣号为负时望预国闻者，亦复奋舌摩掌，扬其澜而张其焰，曲徇下上，狂逞之人心，翘然以自异。于是人纪之防堕，滔天之象成，而大命随之矣。是故今日祸变之极，肇端虽不一辙，而由于高位厚禄士大夫不遏其渐，不审其几，揣摩求合，无特立之节，盖十而六七也，岂不痛哉！③

国家兴亡有一渐变过程，事先就有迹象，如果能好好把握，便可转危为安，消除祸害于萌芽状态之中。甲午战争失败以后，中国开始变法，却遭到不了解世界大势的顽固派反对，不在使用人才、移风易俗等立国之根本上下功夫。一些不明事理的封疆大吏与朝廷重臣也扬澜张焰，迎合上下，任由人心之狂逞，以致天下大乱、纲纪大坏。他将清朝的倾覆归咎于居高位者在人心浮动之时

---

① 陈三立. 散原精舍诗文集：卷十[M]. 上海：上海古籍出版社, 2003：943.
② 陈三立. 散原精舍诗文集：卷十[M]. 上海：上海古籍出版社, 2003：1091.
③ 陈三立. 散原精舍诗文集：卷七[M]. 上海：上海古籍出版社, 2003：885.

没有防范意识,不察征兆,只知把心机用在揣摩迎合方面,无特立独行之节操,而清末这样的大臣十之六七。他也叹息往往贤能俊杰不能为世所用,而当道者不能把握时机,以致民众对朝廷失去希望:"颠倒举错,快所欲为,驯致国家无复缓急可恃之才,俗坏政弛,日趋于危败,所冀幸挽救于其初或支拄于其际者,其人咸失四海之望,卒不可收拾,徒使论世者扼腕太息,伤其摧残善类,甘自取祸而莫之省寤(醒悟),宁非有国者之大戒耶?"①在他看来,这就是清朝衰亡的原因之一。

他的前辈陆续去世,他以文章气节著称于世,前辈后裔纷纷请他作墓志碑铭;同辈请他为诗文集作序。这些碑铭与序中,涉及了不少清末民初著名人物,如刘铭传、刘岘庄(刘坤一)、盛宣怀、沈瑜庆、梁鼎芬、杨守敬,这也说明陈三立在那一代人心目中的地位。在某种意义上,他是清代社会最后的送葬人。他记述了开明官吏的一些事迹,嘉许其忧世救国的方略:赞扬刘铭传在台湾"旁讨海国诸务,思所效法,至是有所借手,欲假一岛基富强,为式于国中,观所设施,亦可谓有非常之人矣"②,又赞扬陈宝璐"究圣哲之蕴,洞中外之故,归于淑己,以脯世阴、引人心风俗为己任"③,评李有棻"生平喜言大略……痛国势之积弱,愤外侮之凭陵,未尝一日忘挽救之术、转移之策也"④,又推许瞿鸿机在当时"为首定官制,一切审先后缓急,持重推施而调护骨肉,正朝廷,维政本,所系益巨"⑤。他也颂扬了一些在清政权崩溃时仍表现得顽固的人,如推美黄泽生在革命军迫他投降时的不屈:"公裂眦叱曰:降耶,有死耳,我降谁耶?"⑥正是由于这些不当之词,他被有的人视为"殷顽"。

他的诗中,表露了他对文化遗民的敬重。如:"已迷灵琐招魂地,余作前儒托命人。"(《余过南昌留一日渡江来山中,适闻胡御史亦至有任刊豫章丛书之议赋此寄怀》)这是他对胡思敬刊刻《豫章丛书》的赞赏。他又作《为高颖生题环翠楼》,诗云:"自世之乱突蛇豕,士夫辍业弃故纸。但扪枯腹剿异说,坟籍不待秦火毁。压海犹悬环翠楼,置藏万卷绵历祀。一老握椠四十载,辛勤遗编考

① 陈三立.散原精舍诗文集:卷十[M].上海:上海古籍出版社,2003:957.
② 陈三立.散原精舍诗文集:卷十三[M].上海:上海古籍出版社,2003:1029.
③ 陈三立.散原精舍诗文集:卷十二[M].上海:上海古籍出版社,2003:1029.
④ 陈三立.散原精舍诗文集:卷七[M].上海:上海古籍出版社,2003:893.
⑤ 陈三立.散原精舍诗文集:卷十[M].上海:上海古籍出版社,2003:961.
⑥ 陈三立.散原精舍诗文集:卷九[M].上海:上海古籍出版社,2003:928.

全史……"在哀叹世局之混乱、士子辍业弃书的同时,他赞扬高颖生潜心整理、校考古籍。

他的一些议论以气节相昭示。他曾应胡思敬之约作《南昌东湖六忠祠记》,寄托了他深沉的忧愤,企图挽救人心于不古:

> 盖人之生也,有羞恶之心,有不甘不屈之气,根于性,立于义,发于诚,明于分,依之则为人,违之甚或自陷于禽兽。当大难临不测,若皆泛泛然拱手委之,君谁与赖? 国谁与捍? 民谁与保? 况一死有系于成败存亡之外者哉……彼环海之国不一,虽法制或歧,教俗或异,然使官吏不死职,将士不死绥,宁有存立盛强可指称者耶? 吾国新进学子,驰观域外,不深察其终始,猥猎一二不根肤说,盛倡于纲纪陵夷、士气萎靡之后,以忠为戒,以死其君为妄,溃名教之大防,绝彝常之系统,势不至人心尽死,导而成蜉蝣之群、奴虏之国不止,为祸之烈,尚忍言哉![1]

他慨叹知羞恶、有气节的人太少了,无怪乎他写到某些遗民,总是充满感情。他称赞徐友梅(徐世光):"顾去就出处之际,不苟有所徇,独矢精诚,搏身命,殷殷援手于颠连酷楚呻吟垂绝之残黎,老死而不舍,所谓抗箕颍之操,践禹墨之迹,道固有并行不悖者与?"[2]实际上,他本人也力求成为这种特立独行之士。

对新文学运动兴起的白话文,陈三立持反对态度,在为陈诗所作《皖雅序》中哀叹这是"盛倡灭古,嬗新体""大势之所趋,大力之所劫"[3]。然而,他自信历来的诗不会失传:"凡托命于文字,其中必有不死之处。"[4]他的看法说明他对当时变革中的社会思潮极为敏感并抱敌视态度,其反对矫激的意识强烈。然而他不理解,二十世纪初,中国社会处于与西方文化的频繁接触之时,必然会出现各种新思想、新思潮,社会发展要求时代先驱们对以往的传统做出更严厉的批判,方能改变人们惯常的思维方式与习惯。当然,新文学运动完全割裂传统、全盘否定传统文化,也是先驱们片面看待事物的毛病。

但是与其他一些遗老如沈曾植、胡思敬等人相比,他对清王朝的复辟不抱任何幻想,虽然认为"帝制民权角两雄"(《周白民曲江楼社友论制义尺牍》),

---

① 陈三立.散原精舍诗文集:卷十二[M].上海:上海古籍出版社,2003:994-995.
② 陈三立.散原精舍诗文集:卷十六[M].上海:上海古籍出版社,2003:1089.
③ 陈三立.散原精舍诗文集:卷十五[M].上海:上海古籍出版社,2003:1065.
④ 陈三立.散原精舍诗文集:卷十六[M].上海:上海古籍出版社,2003:1091.

两者各有所长，但他深刻意识到，"迷离棋局终难覆"（《病山同年开岁有汉上之行江舟来去未及视我既还沪寄诗相讯酬以此篇》），帝制不可能复辟。所以张勋复辟，他并不欢迎，诚如吴宗慈所说，陈三立"洞察一姓难再兴之理，且以民主共和之政体，为中国数千年历史之创局，与历代君主易姓有殊，故与当世英杰有为之士亦常往还，从无崖岸拒人之言行"①。后来二十世纪二三十年代，陈三立与国民党高官谭延闿、李烈钧、胡汉民也有交往，或有赠诗，或有题词，且其婿俞大维亦国民党人。但他与袁世凯政权一向不来往，并鄙视依附袁政权者，尽管依附者中有他过去的友人，这表明他心中有是非之分的准则。

小　结

陈三立早年是一个具有因时通变思想的维新志士，主张稳健推进改革。被革职后，他以旁观者的清醒，无情批判清朝政治的黑暗，并反思变法失败的原因。他晚年的思想转为保守，为清朝的覆灭也为封建纲常的被冲垮写过一些不合时宜的挽歌性的诗文。尽管他那富国强民的模式被摧毁，但他始终不放弃道义责任。他是一位积极探索救国之方、有忧患意识、秉持独立操守的仁人志士，从其作品中可以看到世局激变中的中国近代文化在他身上的投影。

参考文献：

[1]任访秋.中国近代文学史[M].郑州:河南大学出版社,1988.

[2]郭延礼.中国近代文学发展史[M].济南:山东教育出版社,1995.

[3]陈三立.散原精舍诗文集[M].上海:上海古籍出版社,2003.

[4]潘益民,李开军.散原精舍诗文集补编[M].南昌:江西人民出版社,2007.

（胡迎建，1953 年生，祖籍都昌县。历任江西省古籍整理办公室副主任、江西省社科院赣鄱文化研究所所长，二级研究员，江西省文史研究馆馆员，《江西文史》《江西诗词》主编。著有《近代江西诗话》《陈三立与同光体诗派研究》《民国旧体诗史稿》等。）

① 陈三立.散原精舍诗文集:附录（上）[M].上海:上海古籍出版社,2003:1196 – 1197.

陈三立与民国《庐山志》的编修

方 宁

摘 要：陈三立在清末民初诗坛上具有相当重要的地位，而他所倡修并做出"提挈纲领"贡献的民国《庐山志》，历来被评为山志上乘。民国《庐山志》具有十分鲜明的科学性和时代性特征，在由旧志体演变为新志体中起到了承前启后的过渡作用。

关键词：陈三立　庐山志　提挈纲领

陈三立（1853—1937），字伯严，号散原，江西义宁（今修水县）人。他早年襄助其父陈宝箴在湖南维新变法，提倡新学，失败后被革职。他晚年以诗歌自遣，是清末民初"同光体"诗歌的代表人物。[①] 他被后代学者誉为"清末民初旧体诗坛的领袖""中国古典诗歌传统中最后一位重要诗人""最后一位古典诗人""中国古典诗歌的末路英雄"等。陈宝箴、陈三立及陈寅恪一家三世被认为是"中国近世之模范人家"，而其子陈寅恪则更是被誉为"教授之中的教授"，蜚声海内外。学界对陈三立的研究，更多关注的是他的文学成就，且主要在诗歌上，而对其在地方志编纂领域所做的贡献则涉及甚少。本文以陈三立倡修的民国《庐山志》为例，对其方志学成就及理论略述一二。

一、民国《庐山志》的编修过程

民国十八年（1929），陈三立由上海乘舟迁居庐山牯岭新居。次年夏天，著名的方志学家、史学家吴宗慈（字霭林，江西南丰人）也"卜居庐阴牯牛岭"，"相与谈及牯牛岭避暑地为外人租借始末，人罕能道其详"。而作为记载一方掌故的前志又已年久失修，两人十分担心掌故因此失传，文献因此而无征。陈三立在为《庐山志》作的序中说："《庐山志》自康熙时毛德琦编纂后，距今二百

---

① 杨剑锋.陈三立年谱简编[J].中国韵文学刊,2007(1):95.

余年矣。其间,天时、人事之推荡,与夫盛衰存废之迹不可胜原。而牯牛岭一隅为海客赁为避暑地,屋宇骈列,万众辐辏,浸成一都会。尤庐山系世变沿革之大者,不可不综始末备掌故也。"①为避免出现"一方文献,杞宋难征"的情况,他与吴宗慈一道提倡重修《庐山志》,宗慈"慨然以续毛志为己任",三立"亟赞之"。

"因是广征同志,集议重修山志,佥推散原前辈总持其事"。一开始,众人便推荐由陈三立总持志书编修工作。但由于年事已高,他并未从事具体的修志工作,如"征书、募捐、调查诸务"等具体工作都由吴宗慈来承担。不过,在编纂体例和篇目设置上,他应该提供了指导性的意见。吴宗慈在为该志所作的自序中言:"既定议,散原前辈只允提挈纲领,至文字之役,则以年老固辞。"②从这段文字可以看出,志书的整体框架、纲目设置,或是由他主持拟定的,或是在他指导下拟定的,即使未参与拟定,至少是提出了重要的意见。除了在篇目设置中起到"提挈纲领"的作用,他还对编纂体例、文体风格提出了重要的意见。吴宗慈说:"商志例,先生主应注重科学;论撰志文体,先生以风会不同,文体亦异,应旧从其旧,新从其新。"③也就是说,陈三立提出了"篇目体例科学严谨、志书文体新旧结合"等较为成熟的方志学理论。

《庐山志》于民国十九年(1930)夏开始收集资料。民国二十二年(1933)三月,在志书编纂工作即将完成的时候,时年八十一岁的陈三立为《庐山志》作序。当年夏天,《庐山志》完成了编纂任务。同时,三立也随子寅恪离开庐山到了北平。该志直到民国二十三年(1934),才由中国仿古印书局刊印发行,编修过程历时三年多。民国《庐山志》的编修除了邀请陈三立和章太炎作序,还邀请了当时著名的地质学家李四光撰写《地质志略》,邀请植物学家胡先骕撰写"植物目",使得志书编纂更为严谨、科学。

二、民国《庐山志》的篇目特色

民国《庐山志》作为陈三立创议重修,由吴宗慈主持的一部专志,具有比较

① 吴宗慈.庐山志[M].铅印本.上海:中国仿古印书局,1934.
② 吴宗慈.庐山志[M].铅印本.上海:中国仿古印书局,1934.
③ 陈三立.散原精舍诗文集:附录(上)[M].上海:上海古籍出版社,2003.

鲜明的地方特色和时代特征。陈三立不仅为本志编纂"提挈纲领",构建整体的框架,而且志成之后还亲自"点定",做了最后的审定。如按照旧志的角色分工,他是主修官,吴宗慈是编纂者;依据新志的职务划分,他是主编或顾问,吴宗慈是常务副主编。

该志的篇目、框架应该是在陈三立指导下确立的,它主要有以下特色:

一是篇目设置严谨、规范。民国《庐山志》采用的是传统志书的纲目体,"分为七纲,曰地域,曰山川胜迹,曰山政,曰物产,曰人物,曰文艺,曰杂识";纲下设目,如"地域"下设"庐山总图""经纬度与释名""地质志略"等9个目,"山川胜迹"下设"山川胜迹总文""山北第一路""山北第二路""山北第三路"等12个目,"山政"下设"各租借地交涉案汇考""省行政及建设""行政"3个目,"物产"下设"植物""动物"2个目,"艺文"下设"庐山专著书目汇载""历代文存""历代诗存(晋至元)""历代文存(明至近代)""金石目"5个目;目下设以(一)(二)(三)……为序号的分目,如"地域"纲"地质志略"目下设"位置与地形""岩层之类别与次序""庐山之构造""造山运动及其时期"等分目,"山川胜迹"纲"山北第一路"目下设"九江县治""浪井""庾亮楼""天庆观""琵琶亭""甘棠湖""烟水亭"等分目,"山政"纲"各租借地交涉案汇考"目下设"长衡""草地坡""下冲""猴子岭""大林寺冲"等分目;而有些分目下再设以天干地支为序的小条目(子目),如"植物"目的"庐山重要植物志略"分目下设有"佳木类""名葩类""野果类""药品类"4个小条目(子目)。①

篇目为四个层级:纲、目、分目、小条目(子目),犹如现代志书的篇、章、节、目。另外,为了在篇目设置上做到"物以类聚",民国《庐山志》采用"合目"的设置方法。如"地域"纲下目之八,将"疆界""道路""面积"合为一目;"山政"纲下目之二十二,将"行政""商工""生计""礼俗""宗教""方言""本土"等内容合为一目。② 虽然如此合并有牵强之嫌,但将同类事物合在一起,是便于集中叙述的,也有利于纲目之间的平衡。犹如现代志书的"合编""合章""合节"的篇目设置方法,就是根据资料搜集和内容编纂的实际情况,对篇目进行"拆合分并"。

① 吴宗慈.庐山志[M].铅印本.上海:中国仿古印书局,1934.
② 吴宗慈.庐山志[M].铅印本.上海:中国仿古印书局,1934.

清代著名方志学家章学诚曾说过"史体纵看,志体横看",志书的基本要求就是"横分门类,纵述史实"。从民国《庐山志》门类划分来看,纲、目、分目、小条目(子目)四个层级之间,领属得当,分类合理,结构严谨,完全符合志书篇目设置的规范。民国《庐山志》相对于其他旧方志的篇目,有诸多创设与发明,即使与现代许多优秀方志的篇目相比,也毫不逊色。

二是篇目设置科学、合理。民国《庐山志》的篇目设置已具有现代方志的雏形,如其凡例言:

> 地域一纲,其经纬详度为国民政府中央研究院院长特派天文研究所员高平子、助理员李鉴澄二君所测,地质、气候均专门记述,舆图为最新式测绘,略以江西陆军测量局绘制者为准而有所删订及增益,计分庐山全图、牯岭附近形势图、牯岭道路房屋详图及全山山脉水系图、全山道路图、全山山岭高度表,旧志所载星野及绘图均从删略。①

正如陈三立所言:此志"既佐以图表,复参以后起专门之新技术,务在纠阙误、辟矫误,归于详(翔)实,而资利用,此古今山志所未有也"②。该志采用最新的测绘和制图技术,摒弃了旧志篇目中绘制粗疏的舆图和荒诞不经的"星野"。

纲之四"物产"目之二十三"植物"下设"庐山之植物社会""庐山重要植物志略"2个分目,"庐山重要植物志略"下再设"佳木类""名葩类""野果类""药品类"4个条目;目之二十四"动物"下设"鸟类""哺乳类""鱼类""两栖类""爬虫类""昆虫类"6个分目。③ 这种设置方法已经比较符合现代动植物学的分类标准了,如此科学的分类有利于资料的搜集和内容的编纂。纲之五"历代人物"仅列晋至清名人、释、道粗略之分,"不再以隐逸、儒林、寓贤等等分类","一因山志与省县志殊,一因强分门类,早为通识所讥"。④ 这种划分方法是比较合理的,因为强行分类,缺乏一定的标准,会引起许多争议。

三是篇目设置突出时代性特征。该志凡例中言"因者少、创者多,非敢好奇,求合时代需要而已",可以说时代性是该志篇目设置的一个重要特色。"地

---

① 吴宗慈.庐山志[M].铅印本.上海:中国仿古印书局,1934.
② 吴宗慈.庐山志[M].铅印本.上海:中国仿古印书局,1934.
③ 吴宗慈.庐山志[M].铅印本.上海:中国仿古印书局,1934.
④ 吴宗慈.庐山志[M].铅印本.上海:中国仿古印书局,1934.

域"一纲专设一目"庐山总图","地质志略"下附有全山地质图,"山脉"下附全山山脉水系图、庐岳全境山岭高度表,"道路"下附全山道路图,"气候"下附气象概测表。图表均采用最新式测绘技术,而非旧志的手工描绘,经纬度数据也经过专业人员的实测,且摒弃了前代方志"星野"等内容。在自然地理这块内容的篇目设置和编纂方法上,大部分民国时期的志书均有所突破创新,而没有一味沿袭传统旧志的体例。

设"山政"一纲更能体现该志的时代性。如"各租借地交涉案汇考"目下设"收回特区警察行政权"等分目,"省行政及建设"目下设"化星两县争界记""江西省立庐山林场""省立林业学校"等分目,以及设有"行政""地方自治""商工""生计""房屋与人口统计"等目。① 这些内容都是与当地政治、经济和社会发展息息相关的。留心时局,关注现状,注重记载内容的时代性,这是民国时期编纂的志书所具有的共同特色,也是民国以前的志书所欠缺的。

另外,如"动物""植物"等,都是传统旧志中没有的,是民国《庐山志》或者说民国时期志书中特有的篇目。民国《庐山志》的篇目设置不仅包含着对传统旧志的传承和沿袭,而且能体现出新时代方志的创新和突破。正如陈三立所言:"大抵于旧志略沿袭,侈特创。"②

三、民国《庐山志》的学术价值与现实意义

据《中国地方志词典》对该志的评议,《庐山志》有前修和续修(《庐山续志稿》)两种:前修为十二卷,1934 年由中国仿古印书局印刷,共印刷五百部;续修为六卷,附地图一卷、照片一卷,民国三十六年(1947)江西省文献委员会铅印。两种均为吴宗慈撰。前修分为七纲:(一)地域;(二)山川胜迹;(三)山政;(四)物产;(五)人物;(六)艺文;(七)杂识,共计十二卷三十目,由陈三立、章太炎为之作序。抗战胜利后,宗慈又予续修之,在原大纲的基础上略有变通,特载庐山抗战史实与大事记,还增辑其他有关资料若干。《庐山续志稿》于民国三十六年(1947)六月脱稿,八月付印。民国《庐山志》(含《庐山续志稿》)具有鲜明的时代特点。一是科学性,例如山体测绘采用等高线和图例来进行,

---

① 吴宗慈.庐山志[M].铅印本.上海:中国仿古印书局,1934.
② 吴宗慈.庐山志[M].铅印本.上海:中国仿古印书局,1934.

并聘请专家从事这项工作,这在中国山志编纂史上似是首创。二是实用性,考虑到庐山为旅游名胜区,《庐山志》附有精密的《庐山总图》《牯岭附近形势详图》《庐山鸟瞰图》及山南与山北道路图。三是资料性,志书中特设"各国租借地交涉案汇考""庐山抗战史实""大事记"等项目,利于后人参考①。科学性、实用性和资料性是民国《庐山志》三个主要的特征,也是其价值所在。

地方志主要功能为"存史、育人、资政"。一部志书最基本的功能便是保存地方文献资料,为地方历史研究提供帮助。民国《庐山志》"正志十二卷,副刊若干种",据其凡例言:

> 本志参考书为宋陈舜俞《庐山记》,明桑乔《庐山纪事》,清康熙戊申吴炜《续志》,康熙己亥毛德琦重订《庐山志》,明万历、清康熙《白鹿洞志》,乾隆徐鹤龄等辑《庐山古迹诗选》,嘉庆舒白香《游山日记》,蔡瀛《庐山小志》,又自晋代迄近人庐山游记,其觅而不得之书为宋马阡《庐山续记》、戴师愈《庐山文物列传》、孙维信《庐阜纪游》,元鲜于枢《旧志》、黎崱《纪游集》,明宋之盛《匡南所见录》、但宗皋《诗文纪》等,至清光绪《江西通志》,同治南康、九江二府志,星子、德化、德安三县志,虽非庐山专书,皆有特别记载。惜同治前省府县志觅而未得,在参考上尚有遗憾。此外,杂采诸书凡数百种。②

该志网罗旧闻,引用书籍达数百种之多,保存了庐山当地自然、政治、经济、文化和社会等方面大量历史文献资料,有利于推动当地历史文化的深入研究。

而民国《庐山志》特设"山政"一纲,关注时政,体现志书鲜明的时代性和资政功能。据其凡例云:

> 山政一纲为古今各山志之创,其分目中各租借地交涉案汇考,重牯岭始辟也;行政及交通、通信等为国政、省政所由藉也;商工、生计、教育、礼俗、宗教、方言等,一般社会组织之状况也;公共事业、新建设计划及房屋、人口统计等,为人民自治与政治设计之待演进也。凡此皆本志创述,用示与政治、社会息息相关,非漫谈山川、风物比也。③

---

① 黄苇.中国地方志词典[M].合肥:黄山书社,1986:207-208.

② 吴宗慈.庐山志[M].铅印本.上海:中国仿古印书局,1934.

③ 吴宗慈.庐山志[M].铅印本.上海:中国仿古印书局,1934.

"山政"的内容主要记述与政治、社会息息相关的各种事物，归纳总结政务工作的经验教训，对当代地方政府管理庐山、依法施政提供了很好的历史借鉴。

民国《庐山志》编纂虽然采用了很多新方法和新技术，但从篇目体例和文体风格看，仍属于旧方志的范畴。有些学者认为，民国方志基本承袭封建时代方志的旧规，仍属旧志范畴①。不过，该志在篇目设置、编纂方法上的一系列探索，如地域一纲下的"庐山总图""经纬度与释名""地质志略""气候"等目的设置，采用现代测绘技术编制图表，创设"山政"一纲，关注时政，对物产中动植物纲目科学划分，都为现代地方志编纂提供了重要的借鉴作用。

正是在借鉴和吸收民国《庐山志》编纂经验的基础上，中华人民共和国第一部《庐山志》已编纂完成。民国《庐山志》作为一部从旧志书过渡到新志书的专志，起到了承前启后的作用，集中体现了地方志编纂文化的传承和延续，它所产生的现实意义是不言而喻的。

民国《庐山志》的编修，不仅是对历史文献的一种保存，更是对文化精神的一种传承。习近平总书记2014年2月25日在首都博物馆考察调研时曾提出，要"高度重视修史修志，让文物说话、把历史智慧告诉人们，激发我们的民族自豪感和自信心，坚定全体人民振兴中华、实现中国梦的信心和决心"。笔者认为，《庐山志》的历代延续编修，可以激发后代修志者继承前辈的文化精神，"修志问道，以启未来"，推动地方志编纂和方志学理论的进一步发展。

小　结

民国《庐山志》历来深受好评，被称为"山志上乘"。后代志书编纂者认为，它开辟了山政这一个章节，从而使中国的山政志书推向了历史的高峰。通览全志，该志的篇目体例、文体风格及编纂方法都深深打上了陈三立的学术烙印，包含了他的方志学编纂理论。他对该志的成功编纂做出了"提挈纲领"的重要贡献。

（方宁，男，江西武宁人，宁波市史志研究中心助理研究员，历史学博士。研究方向为宁波地方文献、地方志编研。）

---

① 邱新立.民国时期改造旧志的主张[J].江苏地方志,2003.

陈寅恪：文化认同和民族精神

李伏明

一

陈寅恪是中国现代学术史上的一个传奇，他的博大精深的学识和特立独行的风格在获得广泛敬仰的同时也遭到某些过度的解读和宣传。由于陈寅恪所处的时代纷繁复杂、变化多端，而他的学术成就又几乎涵盖了历史、宗教、语言、文化、文学各个领域，这就注定了陈寅恪绝非一般人能真正认识和理解的，以致有人呼吁"劝君莫谈陈寅恪"。

陈寅恪的学识博大精深，真正了解他的学术成就的人不会太多，大多数人敬仰陈寅恪，与其说是基于其实际的学术成就，还不如说基于其对"独立之精神，自由之思想"的顽强信念和不懈追求。陈寅恪为此付出了巨大的代价，并彰显出巨大的人格魅力。他的弟子蒋天枢说：

> 观先生一世，屯蹇之日多，而安舒之日少。远客异国，有断炊之虞。漂泊西南，备颠连之苦。外侮内忧，销魂铄骨。寄家香港，仆仆于滇越道之中。奇疾异遇，困顿于天竺、英伦、纽约之际。虽晚年遭逢盛世，而失明之后，继以膑足，终则被迫害致死。天之困厄斯人抑何酷邪？先生虽有"天其废我是耶非"之慨叹，然而履险如夷，胸怀坦荡，不斤斤于境遇，不戚戚于穷困；而精探力索，超越凡响，"论学论治，迥异时流"。而忧国忧民之思，悲天悯人之怀，郁勃于胸中，壹发之于述作与歌诗，先生之浩气遒矣。①

尽管"先生之浩气遒矣"，但对陈寅恪个人而言，这毫无疑问是一场悲剧。本来，近代中国，民族危机深重，外侮内忧、颠沛流离者不在少数。问题是，中华人民共和国成立后，社会迅速稳定，经济迅速恢复发展，中国不仅摆脱了民族危机，

---

① 蒋天枢.陈寅恪先生传[M]//北京大学中国中古史研究中心.纪念陈寅恪先生诞辰百年学术论文集.北京：北京大学出版社，1989：9.

更让人们看到了复兴的希望,大多数学者,包括不少陈寅恪的同事和学生,欢欣鼓舞,自觉地接受中国共产党的领导,进而接受中国共产党的"思想改造"。陈寅恪秉持自己的信念,一方面不在政治上反对新政权,另一方面依然顽强地坚守"独立之精神,自由之思想",拒不接受"思想改造",坚持认为学术研究必须超越政治,这就与时代的形势和要求不一致。陈寅恪为此自我放逐于岭南,虽然获得党和政府的礼遇,但是在寂寞和磨难中度过了其生命的最后岁月,无法进一步进行学术研究。有理由认为,这对中国现代学术文化的发展,也是一场悲剧。

陈寅恪逝世五十年后的今天,审视和反思这段历史,很有必要也非常有意义。但是,对于历史和历史人物,应当如陈寅恪本人所强调的那样,必须予以"了解之同情",而不仅仅是赞颂陈寅恪的巨大学术成就,讴歌其人格魅力,必须置于历史的视野中认识和理解陈寅恪的价值和意义。

陈寅恪成长于内忧外患、民族危机深重的近代中国。对于中国人民而言,救亡图存,进而实现中华民族及其文化的复兴,具有压倒一切的重要性。中国人民唯有团结起来,共同应对严峻的挑战,才是中华民族的唯一出路。显然,中华民族能够复兴,前提条件是中华民族及其文化依然具有强大的生命力。问题是,要能够团结起来,首先必须具有民族的认同感和凝聚力。这也就意味着一个国家、一个民族,如果其文化丧失了生命力,国民没有了认同感和凝聚力,就不可能团结起来共同应对严峻的挑战,进而完成民族及其文化的复兴大业。随着一次又一次的失败和民族危机的不断加深,不少人因此痛心地认为,在欧风美雨的侵蚀下,中国传统文化相形见绌,已彻底失去了活力,中华民族已失去了凝聚力,人民如一盘散沙,国家和民族前途堪忧。为此,不少人奋起批判中国传统文化,甚至主张全盘西化。

陈寅恪认为,中华民族历经几千年的磨难而屹立不倒,这本身就证明了它拥有强大的生命力。在新的历史条件下,应当重新激发中华民族文化的生机活力,这就需要深入研究中华民族的发展史,努力探究中华民族的精神内涵,发掘中华民族的文化认同的渊源和基础。陈寅恪认为,这是文化学者义不容辞的神圣使命,他自己努力成为"一代文化所托命之人"[1]。

然而,对于处于严重危机之中的中华民族和中国人民而言,救亡图存迫在眉

---

[1] 陈寅恪. 大乘稻芊经随听疏跋[M]//陈寅恪. 陈寅恪集:金明馆丛稿二编. 北京:生活·读书·新知三联书店,2015.

睫,具有压倒一切的重要性。历史没有给陈寅恪们以自由而从容地探讨的时间和空间。中国人民只能首先用武装斗争的方式解决迫在眉睫的民族存亡问题。历史事实证明,正是中国共产党领导中国人民进行了长期的艰苦卓绝的武装斗争,建立了中华人民共和国,才成功地摆脱了中华民族的生存危机,进而开辟了民族复兴之路。中国共产党人的这一方法途径卓有成效,但不可避免地带来了某些特定后果:艰难而严酷的军事斗争要求以胜利为宗旨,以服从为天职,原则上不允许个人有"独立之精神,自由之思想"。况且,收拾长期动荡不安、千疮百孔的中国,确实需要统一思想、统一意志、统一行动。这是历史的必然选择,却也使得矢志追求"独立之精神,自由之思想"的陈寅恪失去了自由地进行学术探讨的氛围与土壤。

随着改革开放的深入,中华民族逐步走上了复兴之路,中华民族文化的传承和创新逐步彰显出其巨大的重要性,这正是近几十年来中国社会上"文化热"和"国学热"兴起的原因。于是,包括陈寅恪在内的近代国学研究的开拓者受到广泛的尊崇,陈寅恪所倡导并践行的"独立之精神,自由之思想"更是受到广泛的赞赏和推崇。但是,陈寅恪的巨大价值和意义显然绝不仅在于此,甚至主要不在于此。

二

陈寅恪出身于一个文化世家。陈寅恪的曾祖父陈伟琳为国子监生,祖父陈宝箴和父亲陈三立乃中国近代史的风云人物。陈宝箴在担任湖南巡抚期间,在陈三立的协助下,将湖南打造成全国维新思想理论的研究、传播中心,维新人才的汇聚地,并取得了显著的成效。尽管他们不接受康有为的托古改制理论,也不赞同激进维新方针,但对由康有为主导的戊戌变法乐观其成,给予了实际的支持。但戊戌变法很快遭到血腥镇压,戊戌变法失败后,陈宝箴父子因"滥保匪人""招引奸邪"而被革职并"永不叙用"。陈氏家族遭到巨大打击。陈宝箴父子"益切忧时爱国之心,往往深夜孤灯,父子相对唏嘘,不能自已。越一年,先生移家江宁,右铭(陈宝箴)中丞暂留西山崝庐,旋以微疾逝。先生于此,家国之痛益深矣"①。陈氏家族可以说是近代中国的一个缩影。著名学者

---

① 吴宗慈.陈三立传略[M]//陈三立.散原精舍诗文集:附录.上海:上海古籍出版社,2003.

吴宓称："义宁陈氏一门,实握世运之枢轴,含时代之消息,而为中国文化与学术德教所托命者也。"①

家族遭遇巨大的不幸,在陈寅恪尚年幼的心灵中留下了深深的烙印,"家国之痛"成为陈寅恪一生的记忆,深刻地影响甚至决定了其思想情怀。不过,陈寅恪尽管遭遇了家族的巨大不幸,但依然拥有较为优越的学习环境和条件。他从小便打下了良好的中学与西学基础。从十三岁起,陈寅恪便长期游学于日本、欧美各国,游学国外的时间总计在十八年以上。

陈寅恪游学期间,国际局势动荡不安,国内形势更是纷乱复杂,中华民族危机更加深重,日本军国主义把中华民族逼到了亡国灭种的边缘。经过中国人民的浴血奋战,抗日战争终于取得了胜利。但此后,国共两党又展开了惨烈的内战。陈寅恪内心充满着"家国旧情"与"兴亡遗恨",既无比忧伤又努力超然于外,坚决拒绝随波逐流。1945年,陈寅恪写道:

> 自戊戌政变后十余年,而中国始开国会,其纷乱妄谬,为天下指笑。新会所尝目睹,亦助当政者发令而解散之矣。自新会殁,又十余年,中日战起,九县三精,飙回雾塞,而所谓民主政治之论,复甚嚣尘上。余少喜临川新法之新,而老同涑水迂叟之迂。盖验以人心之厚薄,民生之荣悴,则知五十年来,如车轮之逆转,似有合于所谓退化论之说者。是以论学论治,迥异时流,而迫于事势,噤不得发。因读此传,略书数语,付稚女美延藏之。美延当知乃翁此时悲往事,思来者,其忧伤苦痛,不仅如陆务观所云,以元祐党家话贞元朝士之感已也。②

在陈寅恪看来,探究中华民族的民族文化和精神,探求历史的教训至关重要,这是中华民族走向复兴的关键所在。他强调:

> 至若天理人事之学,精深博奥者,亘万古,横九垓而不变。凡时凡地,均可用之。而救国经世,尤必以精神之学问(谓形而上之学)为根基。……今人误谓中国过重虚理,专谋以功利机械之事输入,而不图精神之救药,势必至人欲横流、道义沦丧,即求其输诚爱国,且不能得。③

① 吴宓.读散原精舍诗笔记[M]//吴宓.吴宓诗话.北京:商务印书馆,2005:291.
② 陈寅恪.读吴其昌撰梁启超传后[M]//陈寅恪.陈寅恪集:寒柳堂集.北京:生活·读书·新知三联书店,2015:168.
③ 吴学昭.吴宓与陈寅恪[M].增补本.北京:生活·读书·新知三联书店,2014:12.

陈寅恪的表弟、妹夫兼同学俞大维说：

> 他研究的重点是历史，目的是在历史中寻求历史的教训。他常说："在史中求史识。"因是中国历代兴亡的原因，中国与边疆民族的关系，历代典章制度的嬗变，社会风俗、国计民生，与一般经济变动的互为因果，及中国的文化能存在这么久远，原因何在？这些都是他研究的题目。……他平生的志愿是写成一部"中国通史"及"中国历史之教训"。①

在研究方法上，陈寅恪继承并超越乾嘉学派的学术传统，他把掌握语言文字置于突出的地位，认为"读书须先识字"。经过艰苦的努力，陈寅恪不仅熟练掌握了中国传统的训诂之学，还掌握了各种外国的包括多种罕见甚至已经濒临灭绝的文字，如梵文、巴利文、藏文、蒙古文等。在此基础上，陈寅恪博览群书，以诗证史，以文证史，取得诸多有开创性的学术成就，"从西北史地、蒙藏绝学、佛学义理、天竺影响，进而专心治六朝隋唐历史，晚年又从事明清之际思想界之研究"②，均成就斐然。在学术思想上，陈寅恪自称"平生为不古不今之学，思想囿于咸丰同治之世，议论近乎湘乡南皮之间"③。

陈寅恪认为，在中华民族的发展史上，隋、唐两代的地位至关重要，"隋、唐两朝为吾国中古极盛之世"，"其文物制度流传广播"④。有理由相信，在陈寅恪心目中，盛唐气象应当是中华民族复兴的最重要的参照物，而隋唐的文化制度来源于南北朝，因此深入研究魏晋南北朝隋唐史非常重要。他所谓的"不古不今之学"，主要就是指他对魏晋南北朝隋唐历史和文化的研究。

通过对魏晋南北朝隋唐的历史和文化的深入研究，陈寅恪指出，中华民族首先是一个以儒家礼制文化为核心的文化共同体。儒家强调"有教无类"，这就使得中华民族具有巨大的开放性和包容性，拥有强大的同化力。正因为如此，在中国，所谓民族之分其实是文化之分，而不是血缘、种族之分，中华民族身份认同的基础是文化而不是血缘、种族，文化比血缘、种族重要得多。陈寅

① 俞大维. 怀念陈寅恪先生[M]. 抽印本. 台北："中央研究院"历史语言研究所,1970.

② 季羡林. 纪念陈寅恪先生诞辰百年学术论文集序[M]//北京大学中国中古史研究中心. 纪念陈寅恪先生诞辰百年学术论文集. 北京：北京大学出版社,1989.

③ 陈寅恪. 冯友兰《中国哲学史（下册）》审查报告[M]//陈寅恪. 陈寅恪集：金明馆丛稿二编. 北京：生活·读书·新知三联书店,2015:285.

④ 陈寅恪. 隋唐制度渊源略论稿·唐代政治史述论稿[M]. 北京：商务印书馆,2015.

恪晚年梳理回顾自己的学术研究时说：

> 寅恪尝论北朝胡汉之分，在文化而不在种族。论江东少数民族，标举圣人"有教无类"之义。论唐代帝系虽源出北朝文化高门之赵郡李氏，但李虎李渊之先世，则为赵郡李氏中，偏于武勇，文化不深之一支。论河北藩镇，实是一胡化集团，所以长安政府始终不能收复。①

由于中华民族身份认同的基础是文化而不是血缘、种族，这使得中国文化具有巨大的开放性和包容性。在陈寅恪看来，正是这种开放性和包容性，才造就了强大的唐王朝。他以翔实细致的考据证明，强大的唐王朝正是建立在魏晋南北朝以来胡汉互化、文化融合的基础之上的。"李唐一族之所以崛兴，盖取塞外野蛮精悍之血，注入中原文化颓废之躯，旧染既除，新机重启，扩大恢张，遂能别创空前之世局。"②

陈寅恪指出，外来的佛教和本土的道教在中国文化发展史上非常重要。"二千年来华夏民族所受儒家学说之影响最深最巨者，实在制度法律公私生活之方面，而关于学说思想之方面，或转有不如佛道二教者。"③但是，由于中国文化的开放性和包容性，使得佛教传入中国，既改变了中国，更改变了其自身。"盖天竺佛教传入中国时，而吾国文化史已达甚高之程度，故必须改造，以蕲适合吾民族、政治、社会传统之特性。"④"橘迁地而变为枳，吾民族同化之力可谓大矣。"⑤正是佛教的中国化，与中国自身的道教文化一起催生了新儒家，也就是宋明理学。"凡新儒家之学说，似无不有道教，或与道教有关之佛教为之先导。""中国自秦而后，迄于今日，其思想之演变过程，至繁至久。要之，只为一大事因缘，即新儒学之产生及其传衍而已。"⑥

---

① 陈寅恪.柳如是别传：下[M].北京：生活·读书·新知三联书店,2001:1002.

② 陈寅恪.李唐氏族之推测后记[M]//陈寅恪.陈寅恪集：金明馆丛稿二编.北京：生活·读书·新知三联书店,2015:344.

③ 陈寅恪.冯友兰《中国哲学史（下册）》审查报告[M]陈寅恪集：金明馆丛稿二编.北京：生活·读书·新知三联书店,2015:283.

④ 陈寅恪.论韩愈[M]//陈寅恪.陈寅恪集：金明馆丛稿二编.北京：生活·读书·新知三联书店,2015:322.

⑤ 陈寅恪.莲花色尼出家因缘跋[M]//陈寅恪.陈寅恪集：寒柳堂集.北京：生活·读书·新知三联书店,2015:174.

⑥ 陈寅恪.冯友兰《中国哲学史（下册）》审查报告[M]//陈寅恪.陈寅恪集：金明馆丛稿二编.北京：生活·读书·新知三联书店,2015:282-284.

陈寅恪的研究表明，中华民族及其文化具有巨大的开放性和包容性，具有强大的同化力、凝聚力和生命力。在欧风美雨的侵蚀下，中华民族虽然一度陷入巨大的危机之中，但可以而且必然能够摆脱危机，走向复兴。陈寅恪进一步认为，历史的经验和教训昭示人们，中华民族文化复兴的途径必然是以中华民族自身固有的文化主体，充分吸收消化和利用一切外来文化，也就是"中体西用"。"中体西用"说的倡导者和实践者是曾国藩（湘乡人）和张之洞（南皮人），陈寅恪因此自称"思想囿于咸丰同治之世，议论近乎湘乡南皮之间"，他明确指出：

> 窃疑中国自今日以后，即能忠实输入北美或东欧之思想，其结局当亦等于玄奘唯识之学，在吾国思想史上，既不能居最高之地位，且亦终归于歇绝者。其真能于思想上自成系统，有所创获者，必须一方面吸收输入外来之学说，一方面不忘本民族之地位。此两种相反而适相成之态度，乃道教之真精神，新儒家之旧途径，而二千年吾民族与他民族思想接触史之所昭示者也。[①]

这实际上是陈寅恪终生不渝的信念，不曾改变。而这，正是陈寅恪的最大价值和意义所在——他不仅通过历史研究，揭示了中华民族的生命力和凝聚力所在，更指出了中华民族及其文化的复兴方向和途径。中国共产党百年的历史向世人证明，中华民族确实具有相当的凝聚力，中国人民能够团结起来为实现民族的复兴而努力奋斗。近四十年来改革开放的成功实践进一步证明，中国只要坚持理论自信和文化自信，不断加强民族凝聚力，以恢宏的气魄对外开放，广泛地吸收、消化全人类各种文明成果为我所用，也就是"中体西用"，就一定能够实现中华民族的伟大复兴。

三

仅仅论证中华民族具有强大的生命力和凝聚力，中华民族必然走向复兴还不够，这并不是一个自然的过程，更需要具体的个人和组织的努力和担当。这就是说，必须有人承担起传承和传播中华民族文化的责任和使命。陈寅恪

---

① 陈寅恪.冯友兰《中国哲学史（下册）》审查报告[M]//陈寅恪.陈寅恪集：金明馆丛稿二编.北京：生活·读书·新知三联书店,2015:284－285.

指出,中华民族身份认同的基础是文化而不是血缘、种族,民族文化的传承和传播者能够一视同仁地向不同的血缘、种族群体传播自己的文化,做到"有教无类"。陈寅恪指出,儒家学者作为典章学术所寄托之专家,是中国古代制度文化的传承者和诠释者,承担着传承和传播中华民族文化的责任和使命。这使得儒家学说成为民族文化的基础,并融入国家的政治社会制度当中。陈寅恪指出:

> 儒者在古代本为典章学术所寄托之专家。李斯受荀卿之学,佐成秦治。秦之法制实儒家一派学说之所附系。……汉承秦业,其官制法律亦袭用前朝。遗传至晋以后,法律与礼经并称,儒家《周官》之学说,悉采入法典。夫政治社会一切公私行动,莫不与法典相关,而法典为儒家学说具体之实现。①

儒家学者把儒家学说融入国家的政治社会制度之中后,便努力通过政权的力量,即政府主办学校,承担起文化的传承和传播的责任。兴办学校历来被认为是政府的重要使命,学校也历来被认为是政府的重要组成部分。基于"溥天之下,莫非王土,率土之滨,莫非王臣"的传统理念,作为政府组成部分的学校自然不会以血缘、种族区分教育对象。除了培养治国理政的人才外,它们最重要的宗旨是培养人们对政权的忠诚,对国家的认同,因而会"有教无类"。

不过,官办学校是否能承担起文化传承和传播的使命,不仅取决于统治者的意愿,更取决于政府行政权力的有效性。如果政治腐败,甚至天下大乱,官办学校本身难以维持,自然也就无法担负起文化传承和传播的责任与使命。陈寅恪指出,汉代以后,学校制度废弛,丧失了文化的传承和传播的能力。面对域外胡人的强烈冲击,东汉以来形成的有显著地域特征的世家大族也就是士族承担起了文化传承和传播的使命。他们在坚守自身文化传统,并在一定程度上吸收胡人文化的同时,致力于向胡人传播自己的文化,使胡人汉化。"魏晋南北朝之学术、宗教,皆与家族、地域两点不可分离。"②尽管一些基于门阀制度的士族后来存在着腐化问题,但士族确实承担起了文化传承和传播的

---

① 陈寅恪.冯友兰《中国哲学史(下册)》审查报告[M]//陈寅恪.陈寅恪集:金明馆丛稿二编.北京:生活·读书·新知三联书店,2015:283.

② 陈寅恪.隋唐制度渊源略论稿·唐代政治史述论稿[M].北京:商务印书馆,2015.

神圣使命,这也赋予了士族不同寻常的特点。陈寅恪说:"士族之特点既在于其门风之优美,不同于凡庶,而优美之门风实基于学业之因袭。"①

陈寅恪的这一论断虽然是基于其对魏晋南北朝隋唐史的研究,但具有普遍性的意义。唐朝以后,科举制度兴起,门阀士族制度的政治社会基础逐步消失。与此同时,学校日益沦为培养科举人才的基地,文化传承和传播的功能不断弱化。文化传承和传播渐渐成为士大夫个人和家族的使命和担当。也就是说,中华民族的文化传承和传播此后主要是由士大夫个人和家族承担的。他们当然效忠政权,但更应当视文化为自己的生命,甚至高于自己的生命。如果政权和文化基本一致,那么,忠诚文化即意味着忠诚政权;如果政权和文化不一致,那么首先必须无条件捍卫自己的文化。这就是顾炎武"亡国"与"亡天下"之分的含义。全部问题的关键在于,无论是天下太平、政权和文化基本一致时期,还是天下大乱、政权和文化不一致时期,都必须有人挺身而出,担当起文化传承和传播的神圣使命。他们是"文化所托命之人"。承担起这一使命,是必须付出代价的,即便是天下太平时期也有风险。以新儒家即宋明理学为例,这本是士大夫个人和家族在新的历史条件下传承和传播民族文化的自觉担当,但在其兴起之初曾被官方视为异端而遭到压制。天下大乱、政权和文化不一致时期的风险就更大了,往往意味着付出生命的代价。

1927 年,王国维自沉于昆明湖,在社会上尤其在学术文化界引起巨大震动。社会上大多数人认为王国维是作为清朝的遗民而为前朝殉葬。陈寅恪认为,王国维的死绝不是为清王朝殉葬,而是无法接受和面对中国传统文化的巨大危机,无法接受人们对中国传统文化的批判与否定。王国维绝不仅仅是忠于清政权,更多的是忠于自己的文化。陈寅恪强调,在这方面,他与王国维志同道合,"吾侪所学关天意",都追求成为"一代文化所托命之人",他赋挽诗云:

> 敢将私谊哭斯人,文化神州丧一身。越甲未应公独耻,湘累宁与俗同尘。吾侪所学关天意,并世相知妒道真。赢得大清干净水,年年呜咽说灵均。②

---

① 陈寅恪.隋唐制度渊源略论稿·唐代政治史述论稿[M].北京:商务印书馆,2015.

② 陈寅恪.挽王静安先生[M]//陈寅恪.陈寅恪集:诗集.北京:生活·读书·新知三联书店,2015:11.

陈寅恪随后又作《王观堂先生挽词》,挽词前有长篇序文,进一步阐述了自己的观点。他写道:

> 或问观堂先生所以死之故,应之曰:近人有东西文化之说,其区域分划之当否固不必论,即所谓异同优劣亦姑不具言,然而可以得一假定之义焉。其义曰:凡一种文化,值衰落之时,为此文化所化之人,必感苦痛。其表现此文化之程量愈宏,则其所受之苦痛亦愈甚。迨既达极深之度,殆非出于自杀,无以求一己之心安而义尽也。……近数十年来,自道光之季迄乎今日,社会经济之制度,以外族之侵迫,致剧疾之变迁;纲纪之说,无所凭依,不待外来学说之掊击,而已销沉沦丧于不知觉之间。虽有人焉,强聒而力持,亦终归于不可救疗之局。盖今日之赤县神州,值数千年未有之巨劫奇变;劫尽变穷,则经文化精神所凝聚之人,安得不与之共命而同尽?此观堂先生所以不得不死,遂为天下后世所极哀而深惜者也![1]

1934 年,陈寅恪应邀为《王静安先生遗书》作序,再次申述自己的看法,他说:

> 自昔大师巨子,其关系于民族盛衰、学术兴废者,不仅在能承续先哲将坠之业,为其托命之人,而尤在能开拓学术之区宇,补前修所未逮。故其著作,可以转移一时之风气,而示来者以轨则也。[2]

既然中华民族文化超越于朝代更迭和治乱兴衰,这就表明学术文化超越于现实政治,超越于各种具体政治理论学说及治国用兵之术。在陈寅恪看来,那些不过是"俗谛"而已。学术文化研究不应该也不能受制于"俗谛",因此,文化学者必须具有"独立之精神,自由之思想"。这既是学术文化研究的必要条件,也是中华民族及其文化复兴的必要条件,是每一个文化学者所必须无条件坚持和坚守的。他在为清华大学王国维纪念碑撰写的铭文中写道:

> 士之读书治学,盖将以脱心志于俗谛之桎梏,真理因得以发扬。思想而不自由,毋宁死耳。斯古今仁圣所同殉之精义,夫岂庸鄙之敢望?先生以一死见其独立自由之意志,非所论于一人之恩怨,一姓之兴亡。……先

① 陈寅恪.王观堂先生挽词并序[M]//陈寅恪.陈寅恪集:诗集.北京:生活·读书·新知三联书店,2015:12 - 13.

② 陈寅恪.王静安先生遗书序[M]//陈寅恪.陈寅恪集:金明馆丛稿二编.北京:生活·读书·新知三联书店,2015:247.

生之著述,或有时而不章。先生之学说,或有时而可商。惟此独立之精神,自由之思想,历千万祀,与天壤而同久,共三光而永光。①

当中华人民共和国决定完全以西方传来的马克思主义为指导,统一思想、统一意志、统一行动时,陈寅恪完全无法接受,拒不与"俗谛"妥协,于是埋头撰著《柳如是别传》,自称"留命任教加白眼,著书唯剩颂红妆"②。

《柳如是别传》表面上关注的是儿女情事,但陈寅恪以诗证史、以文证史,从细微处着手,生动展示了明清鼎革之际复杂的历史文化面貌,具有巨大的学术价值。陈寅恪自己也声称,撰著此书也是为了"自验所学之深浅"③,更是为了抒发其"家国旧情"与"兴亡遗恨",表明"独立之精神,自由之思想"。

历史的吊诡之处在于,当历史选择了中国共产党,选择了马克思主义并使中华民族摆脱危机、走向复兴之时,一生致力于研究中华民族文化的生命力、同化力和凝聚力,致力于民族文化复兴的陈寅恪却无法接受。他坚信"中体西用"是中华民族复兴的唯一选择。问题在于,"体"和"用"不会自然而然地结合,正如佛教中国化是一个漫长的过程一样,马克思主义也同样需要有一个中国化的历史过程。陈寅恪似乎没有或者不愿意意识到这一点。马克思主义中国化的过程不可能一帆风顺,其间难免有挫折和失误,难免有惊涛骇浪。历史因此注定了陈寅恪个人的悲剧性命运。

历史的吊诡之处还在于,历史注定了陈寅恪个人命运的悲剧性,但在陈寅恪逝世二十年以后,中国共产党和中国人民找到并走上了一条正确的发展之路,这就是把马克思主义与中国实际相结合,建设有中国特色的社会主义。简单地说,就是在坚持理论自信和文化自信,不断加强民族凝聚力的基础上,以恢宏的气魄对外开放,广泛地吸收消化全人类各种文明成果,为我所用,实现中华民族及其文化的复兴。这也恰恰印证了陈寅恪的研究结论:这是"二千年吾民族与他民族思想接触史之所昭示者也",也就是陈寅恪孜孜以求的"中体西用"。实际上,这才是陈寅恪的巨大价值和崇高地位所在,或者说,这正是我们今天纪念和缅怀陈寅恪的意义所在。

---

① 陈寅恪.清华大学王观堂先生纪念碑铭[M]//陈寅恪.陈寅恪集:金明馆丛稿二编.北京:生活·读书·新知三联书店,2015:247.

② 陈寅恪.陈寅恪集:诗集[M].北京:生活·读书·新知三联书店,2015:12 - 13.

③ 陈寅恪.陈寅恪集:柳如是别传[M].3 版.北京:生活·读书·新知三联书店,2015:6.

四

正如前面所指出的,在大多数人的心目中,陈寅恪的崇高地位主要来自他对"独立之精神,自由之思想"的坚守,而不是他对中华民族文化特质及其前途的判断,更不是源于具体的学术成就,如魏晋南北朝隋唐史的卓越的学术研究成果。那么,陈寅恪为什么始终顽强地坚守自己的信念呢? 这显然需要有强大的精神力量做支撑。陈寅恪的精神动力主要来自他的家族文化传承。具体地说,阳明精神和文化给了陈寅恪以强大的精神力量。

前面业已指出,陈寅恪出身于一个文化世家。吴宓称:"先生一家三世,宓夙敬佩,尊之为中国近世之模范人家。盖右铭公(引者注:陈宝箴,号右铭)受知于曾文正,为维新事业之前导及中心人物,而又深湛中国礼教,德行具有根本;故谋国施政,忠而不私,知通知变而不夸诬矜噪,为晚清大吏中之麟凤。先生父子,秉清纯之门风,学问识解,惟取其上;而无锦衣纨绔之习,所谓文化之贵族。"[①]在这一家族文化中,王阳明良知学具有重要的地位,在相当程度上,王阳明良知学构成了这一文化家族的精神基础。

明代的王阳明在百死千难中建立了三大不朽伟业,"破山中贼"成就卓著,而其旨在"破心中贼"的良知学理论在问世后即"倾动朝野",成为明代中后期学术文化的主旋律。由于各种因素,阳明后学滋生出了诸如个人主义、纵欲主义和反智主义等弊病。明末清初,阳明良知学受到猛烈抨击。入清后,官方提倡的是朱子学,朱子学成为社会主流社会意识形态。学术界则沿着顾炎武开创的实学道路走向了考据学,形成了蔚为大观的乾嘉学派。阳明学不仅受到政府的打压,也遭到学术文化界的冷落,只有少数学者坚持。

清代中后期,随着统治者的日趋腐败、社会矛盾的激化和民族危机的加深,时代需要人们像王阳明一样挺身而出,既要致力于"破山中贼",又要致力于"破心中贼",而不是继续沉溺于训诂考据当中。王阳明及其良知学理论的价值因此得到重新证明。包括倭仁、曾国藩等人都对王阳明的良知学予以高度评价,认为良知学对于挽救时弊有着非常积极的意义。王阳明的著作被重新刊行,广泛流传,各地纷纷修复王阳明的纪念设施,修复或兴建阳明书院。

---

① 吴宓.读散原精舍诗笔记[M]//吴宓.吴宓诗话.北京:商务印书馆,2005:291.

官方也没有打压而是予以默认。

王阳明的三不朽伟业主要是在江西建立的,并且在江西形成了蔚为大观的江右王门学派,"阳明一生精神,俱在江右",广泛渗透到江西地方文化之中。清朝前期虽然打压阳明学,但阳明学在江西的深厚基础并没有消失。随着全国阳明学的复兴,阳明学对江西的影响进一步扩大。陈寅恪的曾祖父陈伟琳"得阳明王氏书读之,开发警敏,穷探默证,有如夙契。曰:为学当如是矣。奔驰夫富贵,泛滥夫词(辞)章,今人之学者,皆贼其心者也。惟阳明氏有发聋振聩之功"①。陈伟琳由此绝意功名,致力于办学——他在家乡创办了义宁书院,由此奠定了其家族文化的基础。

在陈伟琳奠定的家族文化的基础上,陈宝箴、陈三立父子同样热衷于办学,同样研习阳明学,践行阳明精神。受曾国藩的影响,陈宝箴"学宗张朱,兼治永嘉叶氏、姚江王氏说"②。他试图调和朱子学和阳明学,认为两者并非水火不容,人们可以而且必须从阳明良知学中汲取营养。他说:

> 究而论之,阳明之学,亦尝从朱子格物入手,故谓"朱子于我,亦有罔极之恩"。其用心之勤苦深至,殊绝于人,如初昏之夕就铁树宫道士讲论达旦,及格庭前竹子七日致疾之类,皆朱子所谓"一棒一条痕,一掴一掌血"者。用力之久,散漫支离,而此心卒无自得之趣。迨谪龙场驿,万山寥寂之中,屏去简编,块然独坐,默证所学,清光大来,遂如子贡然,疑于多学,而识之间倏,闻一贯之旨。此正朱子所云:"真积力久,豁然贯通之一旦尔。"③

陈三立公开表示对朱子学的不满,赏赏并接受王阳明及其良知学,称:"三立意向阳明王氏,微不满朱子。"④

王阳明认为,"心外无理""心外无物",人生活在自己的世界之中,一切取决于"心",人内心世界的信念具有决定性的意义。王阳明指出,每个人都拥有良知,但物欲随时可能蒙蔽良知,进而形成"心中贼","心中贼"比"山中贼"的危害大得多,也更难清除,因此提倡"致良知"。这既是人承担责任和义务的最

---

① 郭嵩焘.陈府君墓碑铭[M]//郭嵩焘.郭嵩焘诗文集.长沙:岳麓书社,1984:437.

② 陈三立.散原精舍诗文集[M].上海:上海古籍出版社,2003.

③ 陈宝箴.说学[M]//汪叔子,张求会.陈宝箴集(下).北京:中华书局,2005:1881.

④ 陈三立.散原精舍诗文集[M].上海:上海古籍出版社,2003.

053

陈寅恪:文化认同和民族精神

重要的基础,也是人的价值和意义所在。进而言之,无论外部的环境条件如何,人都必须无条件地、不惜一切代价地坚持自己的正确信念。就王阳明本人而言,他在百死千难中建立了三大不朽伟业,不断遭遇明枪暗箭,但他始终坚持自己的信念,正如他临终时的遗言:"此心光明,夫复何求?"

陈寅恪本人似乎没有研究甚至没有谈论过阳明学,他研究的是历史,寻求的是历史经验教训,但他一生始终饱含着"家国旧情",以阳明精神为基础的家族文化毫无疑问对他产生了极其重要而深远的影响。有理由相信,正是以阳明精神为基础的家族文化给了陈寅恪以顽强坚持"独立之精神,自由之思想"的强大的精神力量。

(李伏明,1967 年生,国内知名阳明学研究专家,井冈山大学历史系主任,井冈山大学庐陵文化研究中心研究员。)

陈寅恪和他的三位弟子

刘克敌

清华大学国学院成立之初以梁启超和王国维的弟子最多,原因在于彼时梁启超名气最大,无论在政治上还是学术方面,梁启超都当之无愧是四人中的"老大"。其治学领域极为广博,虽然精深方面稍逊,但指导学生绰绰有余。王国维则是四人中学术成就最高、治学也最精者,自然吸引众多好学者拜入其门下。至于赵元任,因所长在于语言研究,对学生外语要求较高,尤其要求能够熟练运用西方现代语言学方法进行方言研究等,故那些致力于传统国学研究的学生对他兴趣不大。但他毕竟是哈佛博士且有海外教学的经历,还是有一定的吸引力。而陈寅恪虽然和赵元任年龄相仿且同样留学海外多年,却没有获得任何学位,而且他到校最晚,到清华时尚未发表真正的学术论文,更遑论有什么专著,名气不仅不如梁、王二人,甚至不如赵元任。更为关键的是,他初到清华为指导学生开列的题目过于冷门,什么"摩尼教经典与回纥文译本研究""蒙古、满洲之书籍及碑志与历史有关系者之研究",都是非常冷僻的研究领域,且对学生外语能力要求极高,让不少学生望而却步。好在这种情况不久即得到改变,一方面因为陈寅恪到校后很快发表了一些论文,并在授课时显示出其渊博的学识,甚至吸引不少教授去旁听,声望自然提高;另一方面是王国维和梁启超的先后去世,使陈寅恪成为唯一的"国学"教授,导致拜入其门下的弟子增加。

对于陈寅恪和弟子的关系,现有的研究大都集中在陈寅恪如何指导和关心学生,以及学生后来是否因各种因素背叛老师方面,具体则以对蒋天枢、刘节、汪篯、金应熙、周一良等人的研究较多。对此,周一良在 1996 年所写之《纪念陈寅恪先生》一文中以补记的方式写道:"陈先生及门众多,影响深远。我以为脑力学力俱臻上乘,堪传衣钵,推想先生亦必目为得意弟子者,厥有三人:徐高阮、汪篯、金应熙也。所可惜者,三人皆未能充分发挥作用。"①

---

① 田玉洪.传灯千载业　立雪几人同:陈寅恪和他的弟子[M].广州:广东教育出版社,2009:250.

本文虽然论述陈寅恪和三位弟子的关系,却并非上面所说的三位,而是被关注较少的朱延丰、姚薇元和吴其昌。前两人入清华后即拜在陈寅恪门下,吴其昌虽系梁启超门下弟子,但他和陈寅恪关系一直较为密切。陈寅恪终其一生为国学院学生著作写序者只有他们三位,这不仅说明这三人学术成就突出,亦可见他们和陈寅恪关系非同一般。

三人中,朱延丰和陈寅恪的关系比较特殊,原因在于朱延丰1933年末1934年初因出国留学事引起了一场风波。当时清华历史系讨论选派优秀毕业生留学人选,彼时符合条件且成绩优秀者为朱延丰和邵循正,但历史系却只批准邵循正。在出国名额还有剩余情况下,此举自然激起朱延丰的不满。他认为历史系主任蒋廷黻处理此事不公,遂向校方申诉。朱延丰认为根据学校有关规定,自己应该被系主任蒋廷黻推荐,但校方认为他误解了章程规定,双方矛盾随之不断激化。1933年12月16日,清华大学评议会经过讨论得出结论:"毕业生成绩均在上等以上者推荐于评议会一条,其在手续上应经系主任之审核,非成绩在上等以上者均必推荐。"这一结论意味着蒋廷黻不推荐朱延丰而只推荐邵循正完全符合规定。对此朱延丰并不认同,同时他的遭遇得到学生的同情,全体学生联名上书校长梅贻琦,希望学校重新考虑,但评议会坚持原先的看法。于是,朱延丰给国民政府教育部递交诉愿书,称自己在清华遭受不公平待遇,认为蒋廷黻是因为"个人感情的原因"打压自己,而校长和评议会又"互相勾结维护"。朱延丰要求蒋廷黻回避(因他兼任文学院院长,是评议会成员),并进而指责他"把持校务,破坏行政"。国民政府教育部对此事给予一定的关注,但并没有直接干涉,只是把朱延丰的诉愿书发还学校,并请校方说明情况。此外,朱延丰还求助于北平(北京)著名的律师张伯烈,准备将这件事诉诸公堂。至此,"朱延丰留学案"就从校内风波演变成社会事件,引起广泛关注,甚至著名的《申报》也做了详尽报道。显然,清华校方必须对此给出一个准确详细的解释,既要说明本校规定并无漏洞或不严谨之处,也要解释为什么选择邵循正而未推荐朱延丰。实事求是地说,校方之前的规定确实有表述不严谨之处,何况并不缺少名额。就在这关键时刻,朱延丰的导师陈寅恪终于表态。显而易见,对于是否推荐朱延丰,导师最有发言权。1934年1月8日,陈寅恪给梅贻琦写信说：

> 月涵吾兄先生执事：朱君不派出洋事,当日教授会议时弟首先发表宜
> 只派邵君一人。廷黻先生时为主席,询问大家意见,盖无主张,迨弟发表
> 意见后,全体赞同,无一异议。弟之主张绝不顾及其他关系。苟朱君可以
> 使弟发生出洋必要之信念者,必已坚持力争无疑也。至谓系主任与之有
> 意见(无论其真有与否,即使有之,亦与弟之主张无关涉),"其他教授亦
> 随同系主任之主张"者,则不独轻视他教授之人格,尤其轻视弟个人人格
> 矣。总之,此次史学系议决只派邵君而不派朱君一事,弟负最大最多之责
> 任。此中情形经过如此,恐外间不明真相,特函陈述。如有来询者,即求
> 代为转述,藉明真相而祛误会为荷。①

陈寅恪此信首先证实选派邵循正而非朱延丰是历史系全体教授的意见而
并非蒋廷黻个人专断,其次说明指派邵而不派朱的人不是蒋廷黻而是导师陈
寅恪,不推荐朱延丰是考虑其学术能力,没有其他因素。陈寅恪表态后,朱延
丰表示尊重导师的意见,风波得以平息。不过,这其中当有隐情。朱延丰为清
华升格为大学后第一批毕业生,比邵循正高一届,曾担任历史系助教一年,后
经陈寅恪严格考核才录取为研究生,陈寅恪对朱延丰的学术水平应该比较满
意。据朱自清日记,朱延丰的毕业考试成绩很好,虽然陈寅恪出的题目不
容易：

> 1933 年 3 月 23 日下午,考朱延丰君,答甚佳,大抵能持论,剖析事理
> 颇佳。陈先生谓其精深处尚少,然亦难能可贵。陈先生问题极佳,录
> 数则：
>
> 一、新旧唐书记载籍贯以《新唐书》为可信,因《旧唐书》据碑志多记
> 郡望也。
>
> 二、唐代人吃饭、分食,多用匙;广东用手,中土僧人游印度者,恒以此
> 相比。又从高丽情形及诗中见之。
>
> 三、玄奘在印,印人称为摩诃衍提婆或摩荼提婆,译之大乘天、解脱天
> 也。天为印人称中土僧人通名。

---

① 卞僧慧.陈寅恪先生年谱长编(初稿)[M].北京:中华书局,2010:159.

四、官职趋势,京官由小而大(如侍中),外官由大而小。①

当时的毕业考试,邵循正和朱延丰是分开单独考的,方式为口试,时间分别为1933年3月16日和3月23日,陈寅恪作为考试委员参加了两人的考试。据卞僧慧《陈寅恪先生年谱长编(初稿)》记载,考试结束后,陈寅恪问朱延丰感觉怎样,朱延丰说自己觉得还不错,陈寅恪笑着说恐怕也不一定,本来还有一道题目,因为觉得可能太难而未出。

而且陈寅恪一向对学生极为关心爱护,怎么会在留学这种大事上主动提出不推荐自己的学生,何况并不缺少留学名额。对此,当代学者梁晨指出,围绕是否选拔朱延丰出国一事,其实透露出彼时清华历史系两位核心人物即陈寅恪和蒋廷黻在办学理念和治学方向选择上的不同(也许还不能说是矛盾)。蒋廷黻认为清华历史系应该要引进年轻学者,同时运用新的研究方法进入新的研究领域例如中国近代史和东南亚历史等,这自然会引起陈寅恪、杨树达等一批老学者的不满——尽管没有公开。② 不过需要说明的是,陈寅恪对邵循正也极为器重,在邵、朱两人中并未有特殊偏爱。邵循正的学习成绩同样出色,而且后来直接介入了陈寅恪的研究工作——1943年陈寅恪的《唐代政治史述论稿》之所以能够出版,就是因为此书是邵循正在陈寅恪草稿的基础上完成的,故该书出版时陈寅恪才会对另一位弟子蒋天枢说:"此书之出版系经邵循正用不完整之草稿拼凑成书,交商务出版。原在香港手写清稿,则寄沪遗失矣。"

总之,无论之前朱延丰如何坚持要求自己留学的合法权益,在陈寅恪出面发声后,他还是默认了暂时不能出国的结果,这既说明陈寅恪的学术威望也说明朱延丰对导师极为尊重。当然,这也和陈寅恪平日对朱延丰的关心照顾有直接关系。之前,朱延丰曾因失恋一度精神萎靡不振,甚至连课也不去上,有人说他回江苏老家了,有人说他可能要自杀。陈寅恪听后非常焦急,动员弟子到处寻找。等到朱延丰回来后,陈寅恪为转移朱延丰的焦虑和失意,马上写信给胡适,请他给朱延丰安排一些翻译工作。胡适收到来信后满口答应,并回信

① 朱乔森.朱自清全集:第九卷[M].南京:江苏教育出版社,1998:209.
② 梁晨.从朱延丰出国案看蒋廷黻对清华历史学系之改造[J].清华大学学报(社会科学版),2006(6).

让陈寅恪放心。

好在朱延丰并未因未被推荐而气馁,很快就实现了出国愿望——半年后他顺利考取庚款赴英留学生,入牛津大学研究近代史,后又入法国巴黎大学研究欧洲史,回国后在东北大学、四川大学和中山大学担任教授和历史系主任等职。他和陈寅恪经过这次风波后依然保持联系,1942年,正在东北大学任教的朱延丰把耗费十年心血写就的专著《突厥通考》寄给陈寅恪,请他作序。同年春,陈寅恪在所写序中特意回顾了有关该书的一段往事:"朱君延丰前肄业清华大学研究院时,成一论文,题曰突厥通考。寅恪语朱君曰,此文资料疑问尚未备,论断或犹可商,请俟十年增改之后,出以与世相见,则如率精锐之卒,摧陷敌阵,可无敌于中原矣。盖当日欲痛矫时俗轻易刊书之弊,虽或过慎,亦有所不顾也。"[①]显然,陈寅恪是有感于当时一些学者治学的浮躁,才吩咐朱延丰把文章修改十年后再发表。朱延丰确实遵照老师的话,对文稿一直进行修改增补,直到十年后才寄给陈寅恪请他作序。彼时陈寅恪刚从香港回到桂林,可能也没有想到朱延丰真把当年的论文修改了整整十年才决定出版。仅就这一点而言,朱延丰没有辜负陈寅恪的厚望。

这大概是陈寅恪欣然为其写序的原因——在动荡的年代,朱延丰这样严谨认真做学问的态度确实值得赞许。因此,陈寅恪对此书的评价很高:"西北史地以较为朴学之故,似不及今文经学流被之深广。惟默察当今大势,吾国将来必循汉唐之轨辙,倾其全力经营西北,则可以无疑。考自古世局之转移,往往起于前人一时学术趋向之细微。迨至后来,遂若惊雷破柱,怒涛振海之不可御遏。然则朱君是书乃此日世局潮流中应有之作。从事补正,既历十年之久,宜其不可更迟刊行,以与世相见。"虽然陈寅恪并未对该书内容做具体评价,原因如他自己所说,是彼时学术研究重心已经转移,故对不太熟悉的领域他不进行评论。这当然是陈寅恪的谦辞,却展示出一位大师严谨的治学态度。不过陈寅恪还是用了一个典故表示对朱延丰此书的赞许,其中还带有一些对弟子成就的羡慕:"转思处身局外,如楚得臣所谓冯轼而观士戏者。"此典出自《左传》,成得臣,字子玉,为楚国令尹。"冯轼而观士戏"是城濮之战时成得臣向晋文公邀战所言:"请与君之士戏,君冯轼而观之,得臣与寓目焉。"大意是说:

---

① 陈寅恪.朱延丰《突厥通考》序[J].读书通讯,1943(58).

"我请求与国君您的将士较量一番，国君您可以在车上扶着车前的横木观看，得臣我也和您一起观看。"陈寅恪引用这一典故的意思是说自己现在专注于研究中原历史，对边疆民族历史已经不敢涉足，朱延丰这部是研究突厥历史的著作，当然就不便妄言得失。这就如同晋文公只是置身于战场之外观看，并不亲自上战场搏杀一样。

此外，这篇序还显示出陈寅恪对彼时学术流变和社会发展趋势的敏锐感觉和"预言"能力，特别是对中国西北地区的发展与整个中华民族振兴之关系，简直是一个"神级"预言。因为今天我们正在从事的就是振兴发展大西北，而陈寅恪早在八十年前就已做出这样的判断。在陈寅恪看来，西北边疆在整个中华民族的发展进程中占有重要的地位，西北少数民族文化也是中国文化的重要组成部分。中华民族如果要振兴，中国文化如果要再现辉煌，就一定要注意研究"塞外殊族"和西北地区的历史、地理和文化。最后，陈寅恪在此序中再次显示出对龚自珍的偏爱，特意在结尾引用龚氏的"但开风气不为师"之句，在表达谦虚的同时也赞扬弟子朱延丰的研究有引领潮流之功，足见他对朱延丰此书的褒赞以及他们的师生情谊并未因时间流逝而变淡。

二

傅斯年曾经对陈寅恪的一篇论文大为赞赏，并在讲课时全文引证，说明如何利用史料考证解决历史疑难问题。他说："我的朋友陈寅恪先生，在汉学上的素养不下钱晓徵（钱大昕），更能通习西方古今语言若干种，尤精梵藏经典。近著《吐蕃彝泰赞普名号年代考》一文，以长庆唐蕃会盟碑为依据，'千年旧史之误书，异国译音之讹读，皆赖以订'。此种异国古文之史料至不多，而能使用此项史料者更属至少，苟其有之，诚学术中之快事也。"[①]这里所提及的长庆唐蕃会盟碑是汉藏两民族团结友好的历史见证，是极为珍贵的现存实物史料。公元 821 年（唐穆宗长庆元年、吐蕃彝泰七年），唐朝和吐蕃双方派使节商谈结盟事宜，先在长安盟誓，次年又在吐蕃逻些（拉萨）重盟。公元 823 年，两国将盟文用汉、藏两种文字刻石立碑，竖于拉萨大昭寺门前，即历史上有名的唐蕃

---

① 傅斯年.史学方法导论[M]//傅斯年.傅斯年全集:第 2 卷.长沙:湖南教育出版社，2003:321.

会盟碑或长庆会盟碑,因碑文以甥舅关系相称,故又称甥舅和盟碑。陈寅恪的这篇论文发表于1930年5月《中央研究院历史语言研究所集刊》第二本的第一分刊,此文综合藏文、蒙文、满文、拉丁文等资料,并利用唐蕃会盟碑这一珍贵文物,考证《蒙古源流》中"达尔玛持松垒"即朗达尔玛与可黎可足(即敦煌写本中的乞里提足,亦即《新唐书·吐蕃传》之彝泰赞普)的合称,堪称发千载之覆。后来,法国汉学家戴密微在《吐蕃僧诤记》中考证唐蕃会盟碑与吐蕃赞普名号时,即大量征引陈寅恪的研究成果,认同陈寅恪将乞里提足比定为彝泰赞普的观点。

四年后也即1934年,陈寅恪的弟子姚薇元在《燕京学报》第15期发表《唐蕃会盟碑跋》,对碑文内容进行了缜密的考证,其中特意提及考证阙文时所用资料有一部分来自导师陈寅恪。在姚氏此文另一处阐述吐蕃赞普名号时再次引用陈寅恪《吐蕃彝泰赞普名号年代考》中的考证:"Khri-gtsug-Lde-brtsan 赞普名号见碑阴,即敦煌中文《八波罗夷经写本》之乞里提足赞,《蒙古源流》卷二之持松垒,《新唐书》卷二百十六《吐蕃传》之可黎可足也(据陈寅恪先生所著《吐蕃彝泰赞普名号年代考》,载国民政府中央研究院历史语言研究所集刊第二本第二分)。"姚氏此文,可以视为他对陈寅恪此前有关研究的回应,并以翔实的考证再次验证了陈寅恪观点的正确,师生二人的此次学术互动可谓精彩。

姚薇元和其师的学术互动或者说在学术观点上的呼应当然不止一次。1931年,陈寅恪在《清华大学二十周年纪念刊》上发表《吾国学术之现状及清华之职责》一文,篇幅虽然不长,但内容极为重要。按说纪念自己任职的学校成立二十周年,应该写一点喜庆之语或给予鼓励赞美,但陈寅恪却反其道而行之,对彼时中国学术发展状况给予几乎全面否定的"苛评",清华大学当时在学术界居于第一流,陈寅恪的否定自然也包括清华在内。他为何在纪念清华成立二十周年这样重要的时刻,对中国学术整体发展状况做出严厉的否定性评价呢?对此,笔者曾撰有《陈寅恪"苛评"中国学术》一文给予阐释,此处不赘述。对于陈寅恪此文中的观点当时是否引起回应,笔者尚未查到这方面的史料,但姚薇元数年后所写一篇文章依然对彼时中国学术的发展状况不满,也是给予几乎全面否定的评价,与其师如出一辙。这就是他1935年发表在《独立评论》上的《大学研究院与学术独立》一文。且看其所言:"我们中国兴办高等教育已有三十余年的历史,较之日本的教育维新,相距并不很远。但我们试看现在的日本,在学术方面,在国际上已达到平等的地位,在医学农学方面,日本犹有很大的贡献。而我们的学术界和日本相比,便不免相形见绌了,在国际上,更无地位可言。"至于原因,姚薇元和陈寅恪一样归因于缺少"学术独立":"试问何以相差到这步田地?关键究竟在哪里?简单地说,便是教育政策的不同。日本的高等教育,起始即以谋本国学术独立为目的。任先生所提议的办法,日本在明治时代就已实行了,而我们的高等教育,虽也标榜着'学术独立',但那只是一个幌子而已,实际上全国所有大学直到现在还全是'留洋预备学校',甚至最近创设的大学研究院也包括在内,进研究院也不过利用环境做投考留学的准备而已,颇有住研究院数年、每年投考留学而始终没动手写论文的。照这样的情形下去,再办十年、二十年大学研究院,也是徒劳无功的。在留学政策之下,大学研究院是办不好的,学术独立是永无希望的!"姚薇元此言不仅和陈寅恪数年前所言几乎相同,更让我们想到陈寅恪另一句抨击当年中国留学政策的话,那就是他认为彼时最误国的政策有两条:一个是袁世凯的小站练兵,一个是派留学生出国学习。袁世凯借小站练兵掌握了军权,遂有其窃国篡位之举,这好理解。至于留学生出国学习国外先进文化和科学技术,为何被陈寅恪斥为误国?也许姚薇元此文的话可以佐证。

看来,陈寅恪所说的"吾国大学之职责,在求本国学术之独立"这一点也是姚薇元要强调的,师生二人的文章虽相隔数年,却不约而同地对彼时中国学术发展状况表示不满,所给出的结论也完全一致,足见姚薇元对老师的学术思想和学术立场不仅熟悉而且赞同。

姚薇元 1926 年高中未毕业即考入清华大学,不过一开始学的是物理,后才转攻历史。他 1931 年考入清华大学国学研究院,在陈寅恪的指导下开始研究魏晋南北朝隋唐史。1933 年,他在《清华学报》上发表《〈宋书·索虏传〉〈南齐书·魏虏传〉北人姓名考证》。1936 年毕业,《北朝胡姓考》就是其毕业论文,后经过修订,成为中国第一部研究胡姓的专著。在该书序言中,姚薇元明确说明该书的撰写是受到陈寅恪的影响:"不学如余,本不敢以蚊负山,率尔操觚。曩年负笈京都,从义宁陈寅恪先生治南北朝史,尝试作《〈宋书·索虏传〉〈南齐书·魏虏传〉北人姓名考证》一文;虽所获甚微,而对此问题,渐生爱好;乃不自揣度,欲进而探求一切胡人之姓氏。"在中国古代史研究中,汉族和周边少数民族的交往史一直是学术界极为关注的领域,因为正是长期以来汉族和少数民族文化的不断交流融合,才促进了中华文明的延续和发展。对此,通过分析汉族和少数民族翻译对方人名、地名等术语的过程中呈现之复杂情况,可以发现其各自社会、政治地位之升降演变以及彼时民族文化交流的实际状况,对于研究汉族和少数民族的文化交流关系具有重要价值。为此,早在1929年陈寅恪就撰写了《元代汉人译名考》等文章,试图从蒙古人对汉人称谓的视角阐释汉族和少数民族的文化交流以及在受到政治影响特别是统治阶级政策制约后,汉族之社会地位的演变过程。此文充分体现了陈寅恪治学中敏锐的问题意识和善于从常见材料中发现论述突破口的能力。他注意到元末明初陶宗仪(九成)所撰《南村辍耕录》在提及元代社会各阶级时收录了蒙古72种、色目31种以及汉人8种。元代社会从整体分为蒙古、色目和汉人三个层次,每个层次其实又包括不同的群体和民族,其中汉人地位最低。值得注意的是,陶氏所收录的汉人分为八种:契丹、高丽、女直(即女真)、竹因歹、术里阔歹、竹温、竹赤歹和渤海,其实都是当时北方的一些少数民族而非真正的汉族。事实上,当时元统治者将原先在金统治下的称为汉人,在南宋统治下的称为南人,据此所谓汉人8种实际上可以称为10种。陈寅恪的疑问是,陶宗仪在撰写其书时为何会漏掉真正的汉人,何况他自己是浙江台州人也就是南人,按理在分类时不会忘记包括自己在内的汉人,其中"必有待发之覆"。陈寅恪根据史料指出,在元初,所谓汉人被蒙古人称为札忽歹(Djavkout),金人被称为囊家歹(Nangias)。此外,蒙古人还称金人为"阿勒谭"(蒙文"金"字的意译)、"主儿扯惕"(即"女真"的音译)、"乞塔惕"(彼时汉人的统称)。至于囊家歹(Nang-ias)的"囊家",陈寅恪同意法国汉学家伯希和的看法,认为就是汉语"南家"的音译,彼时金人称宋人为南家,蒙古人也因袭此说法。总之,经过考证,陈寅恪的结论是:不管上述各名称的原意如何,蒙古都是用来称金人,却没有其他称呼来指金统治下的汉族。所以,在列举氏族分类时,虽然总目有汉人,但因为找不到合适的称呼,所以在子目下不列汉人,说明当时蒙古人的语言水平较低或对此不够重视,作为游牧民族这本来也不足为奇。至于陶宗仪在撰写《南村辍耕录》时漏列汉人一事,陈寅恪推测可能是陶宗仪不过是抄袭了蒙古古籍的原文而没有进行修改之故。此处陈寅恪的论述非常精彩,不赘述。不过由此陈寅恪得出的结论对于后世从事语言学和民族关系研究者很有指导意义:"盖一时代之名词,有一时代之界说。其涵(含)义之广狭,随政治社会之变迁而不同,往往巨大之纠纷伪谬,即因兹细故而起,此尤为治史学者所宜审慎也。"①

此后,陈寅恪接连撰写了"蒙古源流研究"的系列论文,综合运用语言学和其他学科理论,对这一国际汉学研究的热点问题进行了深入探讨,取得令人瞩目的成就。作为陈寅恪的弟子,姚薇元理应熟悉这些论文,这对于他从事考证胡姓显然具有示范作用和鼓励作用。

对于姚薇元能够在少数民族姓氏方面进行研究,陈寅恪当然要给予鼓励,故他在《姚薇元〈北朝胡姓考〉序》的第一段即高度评价姚薇元的学术成果:"寅恪以为姚君之学,固已与时俱进,然其当日所言,迄今犹有他人未能言者。"然后,陈寅恪借题发挥指出不仅胡姓要考证,胡名也要考证;不仅要考证胡人和汉人的交往,也要考证其他少数民族如满族和汉族的交往过程中,其人名、地名等的演变过程。陈寅恪指出,少数民族在本族的姓名称谓比较生活化和本土化,而其汉语姓名则较为雅致。例如北朝的宇文泰,其"泰"即为胡语"獭"的对音,也即"黑獭"的雅译汉名,"黑獭"则是其胡名。此外,陈寅恪还提出一个在清史研究中的疑难问题,即雍正即位后将兄弟更改为带有侮辱性姓名的事情。

雍正的八弟胤禩是其兄弟中最有才能的一位,因此雍正继位后必然视胤禩为眼中钉、肉中刺,终于硬找一个理由削其王爵,并改其名为"阿其那",把另一兄弟胤禟改名为"塞思黑"。"阿其那""塞思黑"两个词过去多认为是"猪""狗"之意,但陈寅恪并不这么认为,因为倘若如此,雍正等于骂自己也为猪狗。对此,其实早在清光绪年间就有翰林院侍讲、祭酒文廷式提出异议,认为塞思黑之意为"猪"不准确,应为"提桶柄"。

陈寅恪则认为:"允禩、允禟之改名阿其那、塞思黑,世俗以为满洲语'猪''狗'之义,其说至为不根。无论阿其那、塞思黑,非满文'猪''狗'之音译,且世宗亦无以猪、狗名其同父之人之理。"陈寅恪指出清末大臣文廷式以塞思黑之义为"提桶柄"之说当改为"腰子筐",虽然他认为"提桶柄"之意也难解释,而"寅恪偶检《清文鉴·器具门》见有满洲语'腰子筐'一词,若缀以系属语尾'衣'字(原注:如包衣之衣,满洲语包为家,衣为的)则适与塞思黑之音符合。

---

① 陈寅恪.元代汉人译名考[M]//陈寅恪.陈寅恪文集之三:金明馆丛稿二编.上海:上海古籍出版社,1980:95.

证以《东华录》所载世宗斥塞思黑'痴肥臃肿,弟兄辈亦将伊戏笑轻贱'之语,岂其改名本取像于形状之陋劣,而'提桶柄'之说,乃传祭酒之语者,记忆有所未确耶?"这里陈寅恪认为"塞思黑"应释为"腰子筐",音既相似,又与允禟"痴肥臃肿"的形象相类。因在满语中,"腰子筐"一词写作 saisaha,音塞沙哈,倘若在语尾加"i",就成了 saisahai,音塞沙海,与塞思黑音非常相似,故陈寅恪有塞思黑释为"腰子筐"之说。对此学术界虽也有不同意见,但都认为阿其那与塞思黑之名不管是否确指"狗"和"猪",都有被蔑视和轻贱的含义,雍正才会把这些称呼"赐给"要侮辱的兄弟。名字与称谓就这样与宫廷秘闻和统治者之间复杂的关系联系起来,成为理解彼时统治者内部矛盾的绝妙视角。

总之,陈寅恪在为姚薇元著作所写序文中提及这些内容的意义不仅在于以此表示对姚薇元研究的肯定,也是为姚薇元等人的继续深入研究指明一条可行的途径。故虽然只是一篇短小的序言,内容却极为丰富,正可谓"以小见大""窥一斑而见全豹"的典范之作。

三

如果说朱延丰和姚薇元是受陈寅恪学术影响较大且学术成就突出者,那么吴其昌是在政治思想或参与社会现实问题上与陈寅恪互动较为频繁且态度一致者,甚至可以说在这方面吴其昌更加主动,他的一些言行甚至影响了陈寅恪。

1931 年底曾有一篇陈寅恪牵头署名的文章引起较大的社会反响,这就是《二十年武力厉行对日经济封锁政策》,而实际执笔者为吴其昌。该文首先发表于 1931 年 10 月 6 日的《晨报》,然后被《斗报》《日本研究》《三民半月刊》《新社会》《精武画报》《决心》等六家报刊转载,有些还加上按语,可见影响之大。此文署名者除他们二人外,还有傅斯年、顾颉刚、冯友兰、蒋廷黻、黄子通,均为彼时著名学者教授。其中黄子通可能读者不太熟悉,他是浙江绍兴人,是著名的哲学家和翻译家,彼时在燕京大学任教。

吴其昌 1925 年考入清华大学国学院,虽然拜在梁启超门下,但和王国维、陈寅恪等也多有交往。特别是在梁氏去世后,陈寅恪不仅为吴其昌撰写的《梁启超传》写序,还向陈垣写信推荐吴其昌,全力为吴其昌担保:"吴君学问必能胜任教职,如其不能胜任,则寅恪甘坐滥保之罪。"由此可见,二人关系非同一般。陈寅恪如此看重之人，必然在学术上极为出色。吴其昌对于自己的学术造诣也极为自负，据周一良在《毕竟是书生》中透露，周一良小时候，其父曾聘请唐兰来家为他讲《说文解字》："当时唐先生在我一位叔祖家里教家馆，每周来我家一次。他在家馆任教之余，还给天津《商报》办过学术性副刊。稿件全部由他一人包办，用不同笔名发表，内容涉及经学、小学、诸子、金石、校勘以及诗词等等。唐先生后来曾告诉我，吴其昌先生曾对他放言：'当今学人中，博极群书者有四个人：梁任公，陈寅恪，一个你，一个我！'我对唐先生的才华横溢和博洽多识深深钦服。"

吴其昌虽为一纯粹学者，却并非两耳不闻窗外事，而是积极参与社会变革。1926年，他参加"三一八"大游行，扛着大旗走在队伍最前面。九一八事变后，他与妻子诸湘、弟吴世昌乘车到南京，在中山陵痛哭绝食，以此呼吁民众抗日，一时传为爱国壮举。所以在国难当头之时，吴其昌撰写此文，并力邀陈寅恪、傅斯年等著名学者签名发表也就不足为奇了。

七位署名者中，陈寅恪虽平日绝少介入社会事件，但爱国主义情怀与其父辈一脉相承，其彼时的诗作即是鲜明体现。顾颉刚现存日记书信中虽然没有记录与此文撰写发表有关的内容，但对九一八事变后国内局势他还是发表了不少议论，爱国之心可鉴。此外，顾颉刚还在1931年11月21日的日记中特意记录了吴其昌一家绝食事："吴其昌全家以绝食请愿，闻不知所往。"由此可知，顾氏对该文署名事当然不会拒绝。至于傅斯年，虽未有彼时他的具体思想情感资料，但在1931年9月22日他写给陈寅恪、罗常培等人的信中，代表史语所同人吁请蔡元培向国民政府建议"对日绝交宣战"，坚决反对不抵抗主义并要求"政府惩戒东北当局坐失疆域之罪"。当时因蔡元培已经赴粤，傅斯年即写信征求大家的意见看下一步如何进行。在傅氏此信下有陈寅恪的签注："时局已与会议时稍不同，而蔡先生又赴粤，故当时所拟稿似不甚适用。姑俟时局之推移如有我辈能尽一分之责处，再酌请蔡先生建议可也。前信似可不发，仍请诸公详审而行之。寅恪，九月二十二早写于卧榻之上。"在陈寅恪此签注后，其他各位如罗常培、李方桂、刘复等均同意陈氏意见，建议缓发。由此可见，吴其昌撰写此文确实得到诸位师友的赞同，绝非仅仅签名了事。

吴其昌这一时期和陈寅恪、顾颉刚等一起参与的社会活动还有不少，例如对故宫文物是否南迁，他们也公开发表了意见。对此，1932年9月2日的《申报》以"北大教授请中央勿迁故宫古物"为题有这样的报道:"(北平)北大教授陈寅恪、顾颉刚、吴其昌等,联名致函中央各要人林、蒋、汪、胡、蔡、于等,请勿迁移故宫古物,为祖宗留成绩,为子孙争光荣,保障古物完整,以息国人惊疑。(一日专电)。"(编者注:陈寅恪当时在北大兼课。)当日的《申报》并为此附加一则相关消息:"(北平)政委会委员因故宫博物院无人负责,今未赴该院调查(一日专电)。"此外,《申报》在9月4日再次在"要闻"栏目报道此事,以表示对此事的关心。其中陈寅恪等所发表电文中的原文予以披露,以下为节选:

> 为子孙争光荣,以保障此故宫古物之完整,诸公诚能受尽言乎? 则请实行下列各项:(一)明令故宫故物,不得迁移,以息国人惊疑,以绝国贼阴谋。(二)努力从速筹划在"迁移政策"以外之种种妥善保全方法。(三)允许全国合法团体,随时有调查实存古物之权。且故宫文物,最足为我中华民族数千年文明之代表,近数十年来,国外人士渐加注意,且颇有人从事研究,则此文化品之完整保存,亦我民族对于全世界文化应尽之义务。敌虽狂妄,未必甘冒全世界之大不韪而加以毁坏。若今日国家失地,尚未收复,而民族文化,先已自毁。恐孝子慈孙,百世不能为诸公恕矣。惟诸公重思之,且有以明示也。

> 专此敬颂勋祺

顾颉刚、陈寅恪、洪业、吴其昌顿首

九月一日

对于此事,顾颉刚在同年8月29日的日记中有"吴子馨来,商改保存故宫古物电稿"一句,可与之互证。故宫文物是否搬迁及如何搬迁,为当时舆论极其关注之大事,在陈寅恪等发表阻止搬迁电文后,故宫博物院也在9月7日的《申报》发表声明,对搬迁文物一事进行解释及辩护:"总之,各界诸公,其爱护古物、勖勉同人之意,敢不拜嘉。而事实所在,国誉所关,浮议之不可尽信。虑危之必宜沉思,则处此疑难之顷,尤同人所愿与君子共勉者耳。敢布区区,即希公鉴,诸维亮察,为幸。北平故宫博物院启。"由此可见,当时陈寅恪等著名学者的意见对故宫博物院还是有相当大的影响力。对此,顾颉刚在其日记中也有记录,可为验证。

至于吴其昌和陈寅恪最直接的学术交往,就是陈寅恪为其所写《梁启超传》写了一篇极为有名的序言,后以《读吴其昌撰〈梁启超传〉书后》收入《寒柳堂集》。吴其昌之所以请陈寅恪为之作序,除了二人关系密切外,也因彼时清华四大导师中只有陈寅恪和赵元任健在,但赵元任专业领域在语言学,何况陈寅恪祖辈、父辈与梁启超有共同在湖南从事维新变法的经历,自然是写序的最佳人选。

陈寅恪常在为他人所写序言中借题发挥,阐释有关的学术问题,此序也不例外。在开头对吴其昌未能完成传记即去世一事深表伤感后,陈寅恪即阐释自己对梁启超的看法,主要是解释梁氏为何终生不能与政治绝缘,对世人认为梁氏热衷于政治是其不幸这一点给予否定:"然则先生不能与近世政治绝缘者,实有不获已之故。此则中国之不幸,非独先生之不幸也。又何病焉?"陈寅恪在写这一段时当想到祖父陈宝箴和父亲陈三立当年在湖南与梁启超、谭嗣同等一起从事维新变法的历史,他知道中国的变革需要有人站出来,也就需要有人牺牲,他的祖父辈和谭嗣同就是如此,而梁启超终生未能与政治绝缘甚至有时做出错误的抉择,也是一种牺牲。

陈寅恪知道吴其昌在为梁启超写传记时必然带有情感倾向,而梁氏自己所撰写的《戊戌政变记》也并未能客观陈述那段历史。据此,他指出对戊戌变法的真相和一些细节,后人有必要进行认真的考订辨析。作为直接参与戊戌变法者的后人,陈寅恪当有资格解释一些疑难问题,而在此序中,他重点解释的就是关于变法的两条路径:一条是以康有为、梁启超为代表的激进路线;一条是以陈宝箴、郭嵩焘为代表的渐进路线。历史选择了前者,戊戌变法遂夭折,至于后者为何没有被选择,则有太多的偶然和必然。对此学术界已有很多研究,此处不赘述。但因为戊戌变法,导致陈宝箴、陈三立父子被清廷废黜,永不叙用,陈氏家族的命运由此被根本改变——这才是陈寅恪一生多有家国命运慨叹的原因所在。

至于民国以来的社会变动,陈寅恪也认为,不能简单地用所谓的进化论观点来理解,不能认为时间越近者就越进步:"自戊戌政变后十余年,而中国始开国会,其纷乱妄谬,为天下指笑,新会所尝目睹,亦助当政者发令而解散之矣。自新会殁,又十余年,中日战起。九县三精,飙回雾塞,而所谓民主政治之论,复甚嚣尘上。余少喜临川新法之新,而老同涑水迂叟之迂。盖验以人心之厚薄,民生之荣悴,则知五十年来,如车轮之逆转,似有合于所谓退化论之说者。"陈寅恪此言当为发自内心的真实感受,也是彼时不少仁人志士的感受,至少我们从鲁迅在五四退潮后的彷徨和迷惘中可以发现和陈寅恪一样的情感抒发。

总之,此序不仅阐述了知识分子如何在从政和治学之间做出抉择的问题,也对戊戌变法以来中国社会动荡不断的原因给出解释,是我们理解陈寅恪有关中国近代史发展观点的重要文章。

(刘克敌,1956 年生,杭州师范大学人文学院教授、浙江省现代文学研究会副会长、中国现代文学与文化研究所副所长。其陈寅恪学术思想研究为国内一流水平。)

君子慎独,学术自重

——陈寅恪文史研究侧议

陈冬根

摘　要:陈寅恪先生是近现代最为著名的学者之一,其研究兴趣涉及历史学、语言学、文学等诸多领域。作为文史名家,陈寅恪一生对魏晋南北朝隋唐史有大量的论述,其中不乏经典之作。但其评价极高的宋代,无论是历史还是文学,陈寅恪先生几乎没有专文论及。本文认为,此现象出现主要有"把宋史看得过重""认为自己宋史方面的资料掌握不够,考虑尚不成熟""特殊的治学及人生态度"和"对民族关系问题十分地小心谨慎"等四个方面的原因。这种种表明,陈寅恪先生作为文史研究者的一生,始终秉持着"君子慎独,学术自重"这样一种原则或精神。

关键词:陈寅恪　宋史　文史研究　学术自重

　　陈寅恪先生毕生从事学术研究,其研究范围非常广泛,涉及领域包括历史学、宗教学、语言学、人类学、校勘学、文字学、文学艺术等诸多学科,其中,尤以对魏晋南北朝隋唐史、蒙古史以及佛教典籍的研究著称于世。陈寅恪先生是近现代历史上最为出色的文史研究专家之一,其学术著作被誉为具有"划时代的意义",他也被尊为一代史学宗师。无论是在历史学研究领域,还是在文学研究领域,他的许多判断和观点都为人们反复引用或借鉴,他的一些说法往往成为人们衡量今人研究价值的重要标尺。因为,陈寅恪先生是人们心中的学术权威。职是之故,陈寅恪及其学术研究本身又成为今人的研究对象,而且正在不断向广处、深处推进。

　　笔者在研读过程中发现,陈寅恪先生的论文和专著,其研究领域主要是在唐代,其次是魏晋南北朝,然后是明清之际。从研究个体来说,主要是文学史中人物,如陶渊明、李白、杜甫、韩愈、白居易、元稹、侯方域等。熟悉宋代文史的研究者都有深刻印象,那就是人们在论述宋代历史文化以及文学艺术时,都习惯于引述陈寅恪先生"华夏民族之文化,历数千载之演进,造极于赵宋之世"①这句话,并以之作为前提条件或背景理论支撑。当下宋代文史研究界,这句话几乎成了人们对宋代文化最经典、最权威的判定,成了不刊之论。

令笔者非常惊讶的是,作为一个文史大家,陈寅恪先生鲜有专门的文章论及宋代。除了《隋唐制度渊源略论稿》《唐代政治史述论稿》《元白诗笺证稿》这几部著作外,陈寅恪先生的学术文章主要收在其《寒柳堂集》《金明馆丛稿初编》《金明馆丛稿二编》《讲义及杂稿》这几部文献中,还有的存于三部文献阅读笔记性质的《读书札记》中。在笔者的阅读印象中,只有两篇为当时学界朋友所作的序、一封给学生蒋天枢的书信和一篇跋共四篇文章,论及宋代文化历史及个别人物,此即《邓广铭〈宋史·职官志〉考证序》《陈述〈辽史补注〉序》《赠蒋秉南序》和《坊本建炎以来系年要录跋》。作为一位学贯中西的史学大师、当世史学界最为博学的学者,竟然对宋代"无视",实在是不可思议的现象。宋代是中国历史上文化辉煌的重要时代,史料又极其丰富,陈寅恪先生宁可用十余年时间写作《柳如是别传》《论再生缘》这样的非史学传统之著作,也不肯为宋代写上几篇文章。这不得不说,这绝不是一个可以忽视的问题,其中必有缘由。

如果人们因为陈寅恪先生鲜有宋代方面的文章和著作,就认为陈先生对宋代持有歧视或偏见的话,那就大错特错了。相反,陈先生对宋代之深爱,可能超过任何其他朝代。这从上文所述及的他仅有的几篇中亦可以看出来。特别是《邓广铭〈宋史·职官志〉考证序》,几乎暴露了他对宋史和宋代文化的全部态度。这里不妨引述其中重要的段落来分析,如其言:

> 吾国近年之学术,如考古历史文艺及思想史等,以世局激荡及外缘薰
> (熏)习之故,咸有显著之变迁。将来所止之境,今固未敢断论。惟可一言
> 蔽之曰,宋代学术之复兴,或新宋学之建立是已。华夏民族之文化,历数
> 千载之演进,造极于赵宋之世。后渐衰微,终必复振。譬诸冬季之树木,
> 虽已凋落,而本根未死,阳春气暖,萌芽日长,及至盛夏,枝叶扶疏,亭亭如

---

① 陈寅恪. 邓广铭《宋史·职官志》考证序[M]//陈寅恪. 陈寅恪集:金明馆丛稿二编. 北京:生活·读书·新知三联书店,2015:277.

车盖,又可庇荫百十人矣。①

　　陈先生不仅在此文中高度称赞宋代文化的辉煌,视之为中国传统文化最为鼎盛之时代,还认为中国当代学术之复兴亦必是从宋学复兴开始。陈先生断言,宋学复兴犹如秋冬之树必遇春阳而发,繁盛于夏。这样的表述充满了文学激情,从某种角度上说,超出了一位历史学家的语言范式。这足以说明陈先生并非无意于宋代,而是十分青睐宋代的,这与其好友王国维先生的观点十分相近。例如,王国维在《宋代之金石学》一文中称:“天水一朝,人智之活动与文化之多方面,前之汉唐,后之元明,皆所不逮也。近世学术多发端于宋人,如金石学,亦宋人所创学术之一。”②这种表述,与陈先生上文中的说法如出一辙,皆视宋代为我国古代文明的制高点。

　　1964 年末,即陈寅恪先生晚年,学生蒋天枢来穗拜访他。临别时,陈寅恪赠文,此即著名的《赠蒋秉南序》。这篇文章被不少人视为陈先生晚年对自己学术生涯的一个小结。在这篇文章中,陈先生又一次表达了对宋代的重视和崇敬。他在书信快结尾时说:“欧阳永叔少学韩昌黎之文,晚撰五代史记,作义儿冯道诸传,贬斥势利,尊崇气节,遂一匡五代之浇漓,返之淳正。故天水一朝之文化,竟为我民族遗留之瑰宝。孰谓空文于治道学术无裨益耶?”③该序从欧阳修撰史“贬斥势利,尊崇气节”说起,得出宋代文化核心是“尚气节而羞势利”的观点,由此做出宋代为我民族遗留之瑰宝的价值判断。至此,我们无须怀疑陈先生对宋朝的态度了。

　　至此,恐怕有人会提出:陈先生如此青睐宋代文化,无论是对宋代历史还是文学,却不撰写相关论文,是不是因为他对宋代史料掌握太少,不敢执笔撰文?这样的问题不仅十分可笑,甚至是对陈先生的侮辱。陈先生的文史功夫举世惊叹。他对史料的熟悉程度,从他晚年失明后的十多年时间里凭记忆通过口述方式撰成诸多传世之作亦可见一斑。从他给邓广铭《〈宋史·职官志〉

---

　　① 陈寅恪. 邓广铭《宋史·职官志》考证序[M]//陈寅恪. 陈寅恪集:金明馆丛稿二编. 北京:生活·读书·新知三联书店,2015:277.

　　② 王国维. 静安文集续编[M]//王国维. 王国维遗书:第五册. 上海:上海书店出版社,1983:70.

　　③ 陈寅恪. 赠蒋秉南序[M]//陈寅恪. 寒柳堂集. 北京:生活·读书·新知三联书店,2001:182.

考证》和陈述《〈辽史〉补注》所作之序文以及他撰写的有关蒙古族的历史考证文章中，亦不难看出陈寅恪先生对宋史是十分熟悉的。如其曰："盖天水一朝之史料，曾汇集于元修之宋史。自来所谓正史者，皆不能无所阙误，而宋史尤甚。若欲补其阙遗，正其伪误，必先精研本书，然后始有增订工事之可言。"《邓广铭〈宋史·职官志〉考证序》又曰："回忆前在绝岛，苍黄逃死之际，取一巾箱坊本《建炎以来系年要录》抱持诵读。其汴京围困屈降诸卷，所述人事利害之回环，国论是非之纷错，殆极世态诡变之至奇。"① 毋庸置疑，陈先生是文献大家，博闻强识。他肯定是熟读宋史的，否则邓广铭等宋代历史研究名家也不可能在书稿撰成之后请其作序。何况，陈寅恪之父陈三立先生是清代晚期宋诗派"同光体"的代表人物，即便是从家学角度，陈寅恪先生也是熟悉宋代文学历史的。

那么问题来了，既然陈寅恪先生既没有对宋代的偏见，也不是对宋代文献史料不熟悉，那为什么极少对宋代的专门问题进行撰文和著述呢？这之中一定有原因。笔者以为，陈寅恪先生不对宋代问题做专门论述，大体有如下几方面原因：

第一，陈寅恪先生把宋代历史文化看得太重。上文已述及，陈寅恪和王国维一样，对宋朝文明极度称赏，可谓是接近顶礼膜拜了。对于这么一个光辉灿烂的朝代，陈寅恪先生绝不可能不想置一词、不作一文，一定有许多要说的。正是因为太看重，所以他不肯轻易著书立说，需要掌握大量文献，考虑非常成熟之后才肯动笔。如同一名高级裁缝，面对一匹珍贵的布料，在未有很好的设计之前，绝不肯轻易动刀剪。又如同一仰慕者对心目中的女神，绝不敢有轻举妄动之行为。陈先生这种态度，与孔子对周代文献采取"述而不作"的做法相近。

第二，陈寅恪先生认为自己对宋史方面的资料掌握得不够，思虑还不成熟。在陈先生看来，宋史内容太庞大、太复杂，历史研究者必须深度掌握第一手资料才好展开论述。虽然旁人认为陈寅恪是文献大家，但他本人不这么认为。他撰写专业文章的态度与胡适等新文化干将不同，他并不采用"大胆假

① 陈寅恪.陈述《辽史补注》序[M]//陈寅恪.陈寅恪集:金明馆丛稿二编.北京:生活·读书·新知三联书店,2015:264.

设,小心求证"的模式,而是必须在熟悉掌握史料之后才动手。从他的《隋唐制度渊源略论稿·唐代政治史述论稿》《元白诗笺证稿》《柳如是别传》等著作中,我们可见其写作态度与风格。如其《隋唐制度渊源略论稿·唐代政治史述论稿》一书是从礼仪、职官、刑律、音乐、兵制、财政诸方面分析构成隋唐制度的历史因素,上溯汉魏南北朝,提纲挈领地说明中古历史演化变迁的脉络。而文史互证之经典《元白诗笺证稿》一书,更是于赏奇析疑之中,寓考史察俗之实,旁征博引,抽丝剥茧,中唐世风、士习、政治、社会,亦于此得以窥其真。这样满纸精辟论述的学术著作,无疑是在充分掌握史料且深思熟虑的情况下才能成就。

在陈寅恪先生看来,宋代史料犹如一座高山,不仅海量,而且庞杂,一个研究者不费数十年之工,是难以动手的。他在《邓广铭〈宋史·职官志〉考证序》中曾经流露出这个意思:"……由是而言之,宋代之史事,乃今日所亟应致力者。此为世人所共知,然亦谈何容易耶?盖天水一朝之史料。曾汇集于元修之宋史。自来所谓正史者,皆不能无所阙误,而宋史尤甚。若欲补其阙遗,正其伪误,必先精研本书,然后始有增订工事之可言。宋史一书,于诸史中,卷帙最为繁多。数百年来,真能熟读之者,实无几人。更何论探索其根据,比较其同异,藉为改创之资乎?"①此文撰于1943年,此时陈先生的学术地位已如日中天,但他对宋代这座高峰仍然是持虔诚而谨慎的态度。与其说是他对宋代历史文化谨慎,不如说陈先生对学术研究严谨。这之中,无疑体现了陈寅恪先生作为学者一生的一个重要原则:学术自重!

第三,陈寅恪先生对宋代历史文化研究超乎寻常的谨慎,还与他特殊的治学及人生态度有关。陈寅恪被誉为近代以来最具风骨的文人。他做学问绝不从流俗,不随大众,始终坚持他的"自由之思想,独立之精神"的学术原则。他在《冯友兰〈中国哲学史〉审查报告》中曾经说:"寅恪平生为不古不今之学,思想囿于咸丰同治之世,议论近乎湘乡南皮之间。"②实际上,陈寅恪先生在给冯友兰这部《中国哲学史》撰写审读报告时,亦多次论及北宋历史、哲学、文化诸

---

① 陈寅恪.陈寅恪集:金明馆丛稿二编[M].北京:生活·读书·新知三联书店,2015:277.

② 陈寅恪.冯友兰《中国哲学史(下册)》审查报告[M]//陈寅恪.陈寅恪集:金明馆丛稿二编.北京:生活·读书·新知三联书店,2015:283.

方面问题,但都是持极为谨慎的态度。如其曰:"以今日之考据学,已足辨别古书之真伪。然真伪者,不过相对问题,而最要在能审定伪材料之时代及其作者而利用之。盖伪材料有时与真材料同一可贵。""然史论之作者,或有意,或无意,其发为言论之时,即已印入作者及其时代之环境背景,实无异于今日新闻纸之社论时评。若善用之,皆有助于考史。故苏子瞻之史论,北宋之政论也;胡致堂之史论,南宋之政论也……"①对于历史研究,陈寅恪先生与清代以来的考据派完全不同,绝不肯停留在故纸堆中,但也与新文化派的大胆随意猜想不同,他需要在掌握丰富材料后深思熟虑,然后才能提笔。他始终不写宋代历史文化方面的专著和论文,就是因为他觉得自己掌握的材料还不够,思虑还不深。

第四,陈寅恪先生对民族关系问题十分小心谨慎。虽然研究历史几乎无法回避民族及其民族关系问题,而且陈先生也有不少著作论及民族问题,甚至对蒙古历史有深入研究,但是,不难发现陈先生多是就民族本身历史展开研究,很少涉及民族关系问题。而宋代恰恰是我国历史上民族关系非常特殊的时代,从元代开始,史学界就出现了如何叙述这段历史的争议,特别是何为正朔问题,比如明代大学士解缙的叔祖曾进入朝廷宋辽金史修撰机构,却因此问题愤而辞职归田。而陈寅恪先生生活的时代又是民族关系特别敏感时期,探讨这类话题一不小心可能就会被扣上某种罪名。因为历史学家的一些学术观点和态度,可能与当下的民众及其氛围不相同,甚至相冲突。他们的某些提法一旦被媒体拎出来放大,那就可能出现不可把控的情形。作为学究天人的陈寅恪,他心里应该是清楚的。

陈寅恪先生曾经有个治史观点:文化超越于政治、经济、民族等。在悼念王国维的有关诗文中,陈先生的这一观点有集中反映。如《挽王静安先生》诗有云:"文化神州丧一身。"②他又在挽词序中云:"凡一种文化值衰落之时,为

① 陈寅恪.冯友兰《中国哲学史(下册)》审查报告[M]//陈寅恪.陈寅恪集:金明馆丛稿二编.北京:生活·读书·新知三联书店,2015:280-281.

② 陈寅恪.诗集:附唐篔诗存[M]//陈寅恪.陈寅恪集.北京:生活·读书·新知三联书店,2015:11.

此文化所化之人，必感苦痛，其表现此文化之程量愈宏，则其所受之苦痛亦愈甚。"①两年以后所撰的《清华大学王观堂先生纪念碑铭》进一步阐述了他文化超越政治、真理必须独立自由的观点："士之读书治学，盖将以脱心志于俗谛之桎梏，真理因得以发扬。思想而不自由，毋宁死耳。斯古今仁圣所同殉之精义，夫岂庸鄙之敢望？先生以一死见其独立自由之意志，非所论于一人之恩怨，一姓之兴亡。"②借对王国维的悼念，陈寅恪比较清晰地阐述了他关于文化超越政治、经济、民族的观点。而这种观点在当时的语境下显然是不被接受的，甚至会给学者带来巨大的罪名。实际上，陈先生的这种文化至上的观点始终未变。在某种意义上，陈寅恪先生秉持了这样一种精神或者原则：君子慎独。所以，笔者认为这是陈寅恪先生鲜谈宋代历史文学的重要原因之一。

  作为历史学家，陈寅恪先生很多时候又带有文人的浪漫气质，甚至有些感伤色彩。很多时候，他来回穿行于历史与现实时空里，以至于迷失了，分不清在何时何地。有时候在特殊的情境下读到某段历史，他会完全变成一个文人，感慨万千，捶胸顿足。例如，在抗战期间逃难于香港路上，陈先生重读南宋建炎初年历史时，产生了剧烈的情感波动："回忆前在绝岛，苍黄逃死之际，取一巾箱坊本《建炎以来系年要录》抱持诵读。其汴京围困屈降诸卷，所述人事利害之回环，国论是非之纷错，殆极世态诡变之至奇。然其中颇复有不甚可解者，乃取当日身历目睹之事，以相印证，则忽豁然心通意会。平生读史凡四十年，从无似此亲切有味之快感，而死亡饥饿之苦，遂亦置诸度量之外矣。由今思之，倘非其书喜聚异同，取材详备，曷足以臻是耶？"③无奈之下，他就借小说人物来寄寓情怀。如陆键东指出："六十岁以后的陈寅恪，将他的生命苦吟，全都倾诉于陈端生、柳如是、李香君这三位不幸但也不凡的女性身上，从而使陈寅恪晚年的诗文多了一份凄婉、清丽。这些都使人相信，陈寅恪的生命中当有

  ① 陈寅恪.诗集：附唐筼诗存［M］//陈寅恪.陈寅恪集.北京：生活·读书·新知三联书店,2015：12.

  ② 陈寅恪.陈寅恪集：金明馆丛稿二编［M］.北京：生活·读书·新知三联书店,2015：246.

  ③ 陈寅恪.陈述《辽史补注》序［M］//陈寅恪.陈寅恪集：金明馆丛稿二编.北京：生活·读书·新知三联书店,2015：264.

一种浪漫与感伤的气质在。"①陆氏所言,揭示了陈先生作为一个具有文人气质的历史学者的问题所在。然而,正是因为陈先生有这种感同身受的文人气质,使得他的文史研究格外深入,也容易让人产生共鸣。

当然,陈寅恪先生鲜有专文专著论述宋代历史文化可能还有其他各种原因,比如曾经计划撰写但因为某事耽误,又比如因为王国维、陈述等好友已用力于宋史自己不便与之争雄,诸如此类。但是这些仅仅是推测。

总之,如上一系列的论述都告诉我们一个事实,那就是陈寅恪先生一生秉持了"君子慎独,学术自重"这样一种原则或精神。不过笔者以为,陈寅恪先生现存文集中少有宋代历史方面的专题研究之现象绝非偶然。这是一个值得学界探讨的有趣问题。

(陈冬根,井冈山大学人文学院中文系副主任、副教授,文学博士,吉安市民间文艺家协会副主席,主要从事唐宋文学、古代文化等方面的教学与研究。)

---

① 陆键东.陈寅恪的最后二十年[M].修订本.北京:生活·读书·新知三联书店,2013:278.

陈寅恪先生的梦想与现实

杨立德

陈寅恪先生曾被他的挚友吴宓称为"全中国最为博学之人"①,历史语言研究所所长傅斯年也称赞说:"陈先生的学问近三百年来一人而已。"②在今天,因为时代和高校学术地位的需要,人们不得不想起这位大师。关于研究他的书籍和文章,不说是汗牛充栋,也可说是浩如烟海了。然而,这些书籍和文章,似乎没有注意到一个问题,那就是:"支持陈寅恪不为名利读书的精神支柱是什么? 支持他不顾双目失明还在著书立说的动力是什么?"换句话说,陈寅恪先生的梦想是什么? 这是一个不可回避的重大问题。

陈寅恪梦想的基础

陈寅恪先生之所以被人们高看,是两个方面的因素成就了他。

第一,有深厚的家学渊源。其祖父陈宝箴出任过湖北按察使以及湖南巡抚,是著名的维新派骨干,在湖南开矿业、建工厂等,做出过重要贡献。其父陈三立中过进士,官居吏部主事,在陈宝箴任上辅佐工作,又是晚清诗坛"同光体"赣派的代表人物。在他们二人的努力下,湖南很快成为"全国最富朝气的一省"③。与此同时,他们对子孙后代的教育是非常重视的。这可以从陈三立赠儿孙的书扇训示中看出:"读书当先正志,志在学为圣贤,则凡所读之书,圣贤言语便当奉为师法,立心行事要依他做法,务求言行无愧为圣贤之徒……如此立志,久暂不移,胸中便有一定趋向,如行路者之有指南针,不致误入旁径,虽未遽是圣贤,亦不失为坦荡之君子矣。"④这些训示,对一个人的成长有着非

---

① 吴宓.吴宓日记:第二册[M].北京:生活·读书·新知三联书店,1998:28.
② 潘剑冰.民国课堂:大先生也挺逗[M].桂林:广西人民出版社,2014:300.
③ 吴定宇.学人魂:陈寅恪传[M].上海:上海文艺出版社,1996:5.
④ 吴定宇.学人魂:陈寅恪传[M].上海:上海文艺出版社,1996:8-9.

常重要的作用。也正因为如此,陈寅恪在童年时期就拥有了向圣贤看齐的信念。例如,在他的诗中,就有"吾侪所学关天意"之句。此外,吴宓1919年9月8日的日记记录了陈寅恪所说过的一段话:"昔贤如诸葛武侯,负经济匡时之才,而其初隐居隆中,啸歌自适,决无用世之志。'苟全性命于乱世,不求闻达于诸侯'。及遇先主,为报答知己,乃愿出山,鞠躬尽瘁。岂若今之插标卖首者,盛服自炫,'Advertisement',事攘权位,本自无才,徒以偾事。"在政局动荡之时,陈寅恪与好友吴宓相谈,表明隐居读书的想法,即怀抱理想,恬然隐退,寄情文章艺术,以自怡悦而有专门之成就,或佳妙之学术著作,待时机。因为"救国经史必以精神学问为根基"。

第二,陈寅恪个人的努力。他自己说过:他家和他舅父家的藏书都十分丰富。"龆龄嗜书,无书不观……有时阅读,爱不释手"①。他六岁入私塾,先后师从湘潭宿儒周大烈、王伯沆、柳翼谋(柳诒徵)。13岁时,他就与长兄陈衡恪赴日本留学,主要是学习日文,并阅读日本学术著作,研究日本历史和文化和制度。侄儿陈封雄回忆说:"六叔在他十几岁以后及后来自日本回国期间,终日埋头于浩如烟海的古籍及佛书等等,无不浏览。"②他的表弟俞大维说:"我们这一代的普通念书的人,不过能背诵'四书'、《诗经》《左传》等书,寅恪先生则不然,他对'十三经'不但大部分能背诵,而且对每字必求正解。因此《皇清经解》及《续皇清经解》成了他经常看的书。""'三通'序文,他都能背诵,其他杂史,他看得很多。"③

"十三经"是儒学的经典,在中国古代思想史上占有重要的地位。《皇清经解》是道光年间云贵总督阮元收集乾隆、嘉庆时期训释儒家经典方面的著作,《皇清经解》有74家、180余种、260册、1412卷。《续皇清经解》(又名《皇清经解续编》)是江苏学政王先谦对《皇清经解》的查缺补漏,有111家、209种、360册、1430卷。

"三通"是三部书的总称,即唐德宗时期宰相杜佑所编,记录古代经济、政治制度沿革和变迁的《通典》;宋人郑樵编的纪传体通史《通志》;宋末元初史

---

① 刘斌,等.寂寞陈寅恪[M].北京:华文出版社,2007:36.

② 吴定宇.学人魂:陈寅恪传[M].上海:上海文艺出版社,1996:10.

③ 蒋天枢.陈寅恪先生编年事辑[M].上海:上海古籍出版社,1997:21.

学家马端临编的记录历代典章制度的《文献通考》。这些书，为陈寅恪的学术生涯打下了坚实的基础。

陈寅恪17岁时考入上海复旦公学，两年后毕业，这是他一生中拿到的唯一文凭，学历相当于高中。后来在亲友的资助下，陈寅恪赴德国柏林大学学习东方语言文字，先后到过挪威、瑞士、法国，后入美国哈佛大学。在留学期间，他节衣缩食苦读，每天去图书馆之前，买好少量便宜的面包，就在图书馆里度过一天。他先后5次出国，在国外留学近18年（不包括回国后在国内停留的时间），既有自费，也有公费。他一门心思求知识，以读书为志，没有功利目的，哪个图书馆有好书，哪个教授学问大，他就到哪里去。他在巴黎结识了东方学家伯希和，在柏林结识了教授路德施，在哈佛结识了新人文大师白璧德。他自己说他"宣统三年（1911）就在瑞士读过《资本论》的原文"。可以说，他是中国第一个读《资本论》的人。可他为什么要读这部书呢？他说："辛亥革命那年，我正在瑞士。从外国报纸上看到这个消息后，我立刻就去图书馆借阅《资本论》。因为要谈革命，最要注意马克思和共产主义，这在欧洲是很明显的。"①

在西方，陈寅恪除了学习语言，还学习了西方的政治经济学，掌握了从政治、经济、社会、文化等方面来了解一个社会的方法，这非常有用。后来，他在魏晋南北朝隋唐史的研究中，就用的是这种方法；他还用这种方法，对佛教、敦煌学、藏学、突厥学、蒙古学进行研究，取得了极其辉煌的成就。要知道陈寅恪学问的基础有多扎实，他去世后发现的64本笔记一目了然。笔记本计有藏文13本，蒙文6本，突厥回鹘文一类14本，吐货罗文（土火罗文）1本，西夏文2本，满文1本，朝鲜文一本，中亚、新疆2本，佉卢文2本，梵文、巴利文、耆那教10本，摩尼教1本，印地文2本，俄文、伊朗1本，希伯来文1本，算学1本，柏拉图（实为东土耳其文）1本，亚里士多德（实为数学）1本，《金瓶梅》1本，《法华经》1本，《天台梵本》1本，《佛所行赞》1本。② 为何藏文及西部民族文字居多，这是因为要研究佛教与中国社会的关系。至于他所涉及的语言，有二十来种，能够熟练运用的有十余种。

中国古代的圣贤主张读书的目的是"修心"，即古之学者为己。故《大学》

陈寅恪家族研究论文集

_____

① 王子舟.陈寅恪读书生涯[M].武汉:长江文艺出版社,1997:24-25.
② 王子舟.陈寅恪读书生涯[M].武汉:长江文艺出版社,1997:121-122.

中强调:大学之道在明明德、亲民和至善。这里所说的"大学",不是今天意义上的大学,"大"是广泛、广博的意思,"学"即是学习。就是说,要通过广泛的学习,才能发现自身潜在的道德,才能从感情上亲近人民,从而完善自己的道德。对于这一点,陈寅恪先生是十分清楚的,他说"读书不肯为人忙",是为了完善自己,让自己离圣贤更近一些,不是为别人读书,也不是为了钱财或当官而读书。这种向圣贤靠近,外在的是具有八维(孝悌忠信礼义廉耻),但不是做给人看的;内在的就是要有精气神,或者说要有浩然之气。因此,他对新知识有一种饥渴感,无论在国外还是在国内,甚至在双目失明后,这种饥渴感都仍然存在。

值得一提的是,陈寅恪的求知是不带任何功利的。他既不是要成为圣贤受人敬仰,也不想成为商人去出卖学问。1919 年在欧洲时,陈寅恪就对吴宓说过一段话,吴宓记了下来:"陈君又谓'孔子尝为委吏乘田,而其事均治,抱关击柝者流,孟子亦盛称之。又如顾亭林,生平极善经商,以致富。凡此皆谋生之正道。我侪虽事学问,而决不可倚学问以谋生,道德尤不济饥寒。要当于学问道德之外,另求谋生之地。经商最妙。Honest means of living(谋生之正道)。若作(做)官以及作(做)教员等,决不能用我所学,只能随人敷衍,自侪于高等流氓,误己误人,问心不安,至若弄权窃柄,敛财称兵,或妄倡邪说,徒言破坏,煽惑众志,教猱升木,卒至颠危宗社,贻害邦家,是更有人心者,所不忍为也'。"①

"续命河汾"是陈寅恪一生的梦想

许多正式出版的书籍,都说书院起源于唐代,这恐怕不准确。比如《现代汉语词典》对书院的解释如下:"旧时地方上设立的供人读书、讲学的处所,有专人主持。从唐代开始,历代都有。清末废科举后,大都改为学校。"②其实,隋朝时候的大儒王通,辞官回乡,就在其家乡著书立说,并招收学生,目的是挽救时运。他所著的书有《太平十二策》《续六经》(《王氏六经》)、《中说》(《文

① 吴学昭. 吴宓与陈寅恪[M]. 北京:清华大学出版社,1992:8 - 9.

② 中国社会科学院语言研究所词典编辑室. 现代汉语词典[M]. 第 7 版. 北京:商务印书馆,2016:1210.

中子》），以此树立了"河汾道统"，宣扬王道仁政。河汾之学，是重建先秦儒家以来失落的人性本善，主张人性平等，主张民本民贵而君轻，主张道高于君，从而扭转了从汉代以来的人性善恶相混淆的局面。王通培养的学生，有不少是唐朝的栋梁，仅宰相就有房玄龄、魏徵、杜如晦等。因此，河汾之地，成为隋末的学术中心。可见，书院并不是从唐朝才开始的。

这里需要介绍一下隋末大儒王通。王通（584—617），隋河东龙门（今山西河津）人，生于世代冠冕之家。他自幼被称为神童，2岁就知书，15岁时在父亲的鼓励下，辞家游学。他在东海李育处学《书》，在会稽夏典处学《诗》，在河东关子明处习《礼》，在北平霍汲处习《乐》，在族父仲华处学《易》，他学习非常刻苦，并帮助人解除了许多难题。王通18岁时成为本州秀才，及第时名动京师，但他辞官不就，隐居于龙门白牛溪旁的一个石洞中。该地在黄河与汾河之间，他每天弹琴著书，布道讲学，也招收学生，培养了上千的人才。当时，河汾地区一直由山东的士族所统治，以汉儒经世致用的文化为主导，士子们都尊儒读经，都希望积极入世以便有所作为。另外，当时河汾地区的家族文学，在全国比较发达，唐代著名的裴氏家族、薛氏家族、王氏家族都在这里，许多人志向远大。在王通的引导下，河汾之学得到了前所未有的发扬。王通的主要活动，就是用这些思想去开课授徒。他在石洞中招收学生，其时并不叫"书院"，而是叫"学馆"。当然，这个"学馆"与后来的"书院"，在形式和本质上都是一样的。

陈寅恪先生在诗中谈到他不为学位读书的目的："招魂初泽心虽在，续命河汾梦亦休。"①"河汾洛社同丘貉，此恨绵绵死未休。"这说明，在隋朝末年，就已经有书院。陈寅恪先生的梦想，就是中国古代的书院。从历史上看，书院延续到宋朝，达到了鼎盛。因为自宋朝建立后，社会逐渐稳定，士子纷纷要求读书，而政府却无暇顾及，于是，一批私人创建的书院就应运而生。正如朱熹在《衡州石鼓书院记》中所说："予惟前代庠序之教不修，士病无所于学，往往相与择胜地，立精舍，以为群居讲习之所。而为政者乃或就而褒表之，若此山，若岳麓，若白鹿洞之类是也。"当然，书院的兴起还与佛教禅林的讲学制度有关。佛教自汉代传入中国后，在隋唐达到鼎盛。"天下名山僧占多"，僧侣们在山林寺庙修道讲习，研习佛法，互相切磋，这也影响了书院的讲习制度。

① 郑翔.陈寅恪学术研究（2013）[M].北京:清华大学出版社,2014:288.

陈寅恪的诗中还用了一个典故"洛社"。唐代中期,白居易、刘禹锡、裴度、牛僧孺等人,常在洛阳聚会。参加聚会的,都是年高德劭、官爵显赫、文采出众的人,即当时的社会精英。白居易在唐武宗会昌五年(845)以"尚齿"之名,举办了两次洛阳70岁以上的老人参加的宴会,后来人们称为"七老会"或"九老会"。两次宴会以及其他的聚会,都没有"洛社"一说。后至宋朝熙宁、元丰年间,文彦博、富弼、司马光、刘几、范纯仁、邵雍等闲退名人,仿效白居易的做法,先后组织了"五老会""同甲会""耆英会";司马光还组织了"直率会",并定有《会约》。然而,同样没有使用"洛社"一词。直到南宋末年,诗人刘克庄在他的著作《后村先生大全集》中,谈到上述聚会,不少地方大量用了"洛社"的称呼,还用了"耆英""洛英""直率"等词汇。刘克庄还在诗中有"礼乐河汾策,衣冠洛社图"之句。洛社从此成为年高德劭的老人、闲散人聚会的一个代名词。

清华国学研究院是陈寅恪实现书院梦想的起步点

在研究陈寅恪家学渊源的时候,有一个非常有趣的现象。他们一家对"书院"似乎有一种特殊的情结。陈寅恪的曾祖父陈伟琳在老家就办过"义宁书院";其祖父陈宝箴在河北道任上创办过"治经书院",并且为"河北精舍"制定过学规①;其父陈三立在金陵办过"散原精舍"。到了陈寅恪,要实现自己的梦想,去哪里找有书院性质的学校呢? 就在他准备再多学一些新知识的时候,收到了吴宓的信。吴宓在信中告诉陈寅恪,清华国学研究院要聘他为导师。陈寅恪回信称"不即就聘",对此事尚犹疑。吴宓只好再次去信,信中一再介绍国学研究院的宗旨,说清华国学研究院创办时,初始名是清华学校(清华大学1912—1928年的称呼)研究院国学门,后来,时任清华校长曹云祥在清华学校决定成立大学部的时候,考虑到今后提升清华在中国高等教育中的学术地位,遂定名为"清华国学研究院"。曹校长还请胡适起草了研究院的制度,胡将中国的旧式书院制和英国的学院制相嫁接,使清华国学研究院不同于"北京大学研究所国学门"。中国的书院,既不同于清末民初的大学,也不同于过去的"私塾",它有三个很突出的特点:其一,在导师的指导下,独立自主地学习,有问题可与导师商量请教,基本上没有多少"大课";其二,书院如家庭,导师如父亲,

① 卞僧慧.陈寅恪先生年谱长编(初稿)[M].北京:中华书局,2010:40-41.

导师"常川住院",与学生生活研究都在一起;其三,导师重言教,更重身教,既教学生"为学之道",更教学生"为人之道"。这三点,可以说是中国书院的根本精神。中国的书院与牛津大学的学院不同,因为西方大学的学院是从教会中独立而出的,学院不管学生的思想,不管学生如何做人,只是让学生学习知识;而中国的书院是为人与为学并重,既教书又育人。胡适将二者结合,正是取长补短。清华国学研究院并没有按照牛津的分科教学,而是采用中国古代书院学科制度和教育制度,所招收的学生都是愿终身从事研究和教学的人,人数虽然不多,但个个都是人才,且没有一个学生在抗日战争中替伪政权效力。

依照清华国学研究院章程的规定:"本院以研究高深学术、造就专门人才为宗旨。"就研究的内容而言,"先开国学一科,其内容为中国语言、历史、文学、哲学等等。其目的专在造就下列两项人才:(一)以著述为毕生事业者;(二)各种学校之国学教师"。从这个规定可以看出,国学研究院是一个研究高深学术的机构,而且只研究国学一种。也就是用科学的方法,对国学进行研究和整理。所招收的学生,除了大学毕业具有相关的知识外,还要定下以著述为毕生事业的志向,或一辈子从事国学教学。为了将上述两类人培养为国学专门人才,就必须慎选师资。担任国学研究院导师,必须要达到下面的要求:一是通晓中国学术文化之全体;二是具正确精密之科学的治学方法;三是稔熟欧美、日本学者研究东方语言及中国文化成绩。要求导师与学生个人接触,亲近讲习之机会,期于短期内获益至多①。章程中还规定了研究的方法,即略仿旧书院及英国大学的制度,注重个人自修研究,导师专任指导,以导师为主,而不以学科分组。为了使研究院具有书院的气息,故规定导师"常川住院"。此举一是方便学生遇到问题时能及时找到教师解决,二是以导师的为学为人去濡染学生。这就很接近旧日的书院了。陈寅恪入住清华国学研究院所在的工字厅,这里环境优雅,树木葱绿,飞檐翘角,很有气势。最让他高兴的是,研究院有独立宽裕的经费,每年可以购大量的图书,包括藏、蒙等文字的书籍,中外经典中的善本书可多购买。据《陈寅恪先生年谱长编》记载,陈寅恪出席研究院教务会议,提出"本校须购置《大藏经》全部,唯价钱甚大,本校如暂时不能购买《正藏》及《续藏》全部,可与京师(北平)图书馆袁同礼先生商量。如清华购

① 刘斌,等.寂寞陈寅恪[M].北京:华文出版社,2007:72.

《正藏》，则袁处购《续藏》；袁处购《续藏》，则清华购《正藏》"。最后，会议议决："可以购买。请陈先生接洽。"在后来的会议上，陈寅恪又提出购买满文书籍，会议议决：可以购买。从此记录看，购买书籍是为了方便教学，亦可看出，陈先生的意见举足轻重，很有见地。

此外，按照研究院章程，研究院的教学形式不是上大课，而是分"讲演"和专题研究。讲演是学生所必需的，每人至少选四种，由导师拟定题目，并由导师择定时间，每周一至两次。专题研究是导师在自己的治学领域内，依据自己的研究兴趣，提出研究课题进行研究。

国学研究院的开学典礼也是中西合璧，既有英国大学的成规，又有中国古代书院的遗风：先由校长介绍各位导师；然后举行拜师礼；仪式完后，导师与学生进行交谈，增进了解。研究院为每位导师配了一间研究室，陈列这位导师指导学生所需要的书籍，让导师和学生随时阅读，学生随时可与导师交谈获益。

昆明靛花巷三号也是个小书院

陈寅恪先生从西南联大蒙自分校迁回昆明后，就一直住在靠近云南大学旁的青云街靛花巷三号。这里原是国民政府中央研究院历史语言研究所租用的一幢带院子的三层楼的住房，因日寇飞机轰炸，该研究所迁往昆明北部的龙头街，此处就由北京大学文科研究所入驻。陈先生既是历史语言研究所历史组的组长，又兼北京大学文科研究所的导师，就在此处住宿。这个院子，一楼是食堂和研究生住处，郑天挺先生住二楼西屋中间，傅斯年住郑的北面，郑房间的南面是学生的读书室，罗常培住郑的对面。三楼住着陈寅恪、汤用彤和姚从吾。陈先生在这里住了8个多月。教授们或是上课，或是看书，课余切磋学问。陈先生的挚友吴宓也时常来此探望，二人多次一同到旁边的翠湖游玩，一同到市区走走。这在吴宓先生的日记中，记述了很多。

陈先生住在这里，有三方面的工作：

一是给西南联大历史系的学生上课，地点就在青云街上的昆华中学南院。从靛花巷到南院，距离不是很远，但要上一个很长很陡的坡。每次去上课，他都要用一块布当包袱皮，包上很多书，这对于身体虚弱的人来说，有点儿不堪重负，他到教室已经一身的汗。当时，教"国史"课的张荫麟先生因故不在昆明，毕业生的论文没有导师指导。他们只好去请陈先生担任论文导师，并分别与先生议定论文题目，陈先生爽快地答应了。但陈先生对学生们说，论文文字务必精简，若太冗长则不愿阅评。根据导师要求，学生们便自己去找书籍资料。因学校图书馆的资料不多，学生们就去翠湖公园内的省立云南图书馆查阅。经过六七个月的时间，学生们完成了论文。论文上交后，有学生不知从哪里打听到，陈先生对论文要求极严，很难得到高分，于是内心很忐忑。等论文发还后，成绩皆不低于80分，学生们皆大欢喜。学生们毕业了，有的搞研究，有的搞教学，陈先生还将徐高阮推荐去国民政府中央研究院历史语言研究所工作。

二是自己的学术研究不能停顿，只能在课余进行。更令人头痛的是，除了阴天，日寇飞机经常来昆明轰炸。为防不测，傅斯年命人在楼下挖了一个洞，上面覆有木板，就成了一个"防空洞"。但昆明雨水很多，洞内常积水。每当空袭警报一响，大家就要钻入洞中。陈先生一般自带一个小凳，坐在水中。虽然苦不堪言，陈先生还很幽默地作了一副对联，就八个字："见机而作，入土为安。"意思是，看见飞机（其实是听到警报声）就必须钻入防空洞中；而一旦钻入地下，就有了安全感。每次警报响起时，傅斯年总是疾步奔上三楼，招呼并搀扶陈先生下楼。傅斯年体胖，陈先生体弱，等钻入洞中，两人都是满身大汗。如果是在南院上课，听到警报，师生们就收拾东西，搀扶陈先生往城外跑。尽管环境恶劣，并且双目几乎失明，陈先生还是在一年左右的时间内，先后完成了《刘复愚遗文中年月及其不祀祖问题》《敦煌本〈心王投陀经〉及〈法句经〉跋尾》《读〈哀江南赋〉》《刘叔雅〈庄子补正〉序》，还完成了《隋唐制度渊源略论稿》。在学生们眼中，陈先生就是全身心治学的榜样，非常值得学习。

三是给住在靛花巷的文科研究所的研究生当导师。陈先生对此感到很惬意，他还给靛花巷取了一个很好听的名字——"青园学舍"①。这个名字，颇有一点书院的味道。从陈先生到靛花巷，到他1940年离开昆明，只有很短的时间。之所以说"青园学舍"有一点书院的味道，是因为师生同住同吃，学生有问题，随时都可以去找先生，得到解答。陈先生在南院，给历史系的学生开设"隋唐制度渊源"和"魏晋南北朝史"两门课程，靛花巷的研究生也到南院去听。学生王明在后来出版的《王明学术自传》中回忆："那时候，不仅同学们同住一

---

① 吴学昭.吴宓与陈寅恪[M].增订本.北京:生活·读书·新知三联书店,2014:207.

个楼里,而且没带家属的导师如陈寅恪先生住在我们工作室隔壁的房间里。陈先生通晓多国文字,对佛、道两教都有深湛研究。每遇什么学术问题,朝夕求教,他无不认真解答,仿佛有古代书院教学的亲切感。"①研究生邓广铭在一篇回忆文章中说:"陈先生兼任北大文科研究所导师,与研究生和其他导师同住(陈先生称之为青园学舍)。这时我刚到昆明不久,也住靛花巷内。陈先生返昆明后,竟先到我的住房中与我相谈,对我《评辛稼轩年谱》的那篇文章奖勉几句。1942 年我写成了《〈宋史·职官志〉考证》之后,请他写一序言。他在序言中既重复了这些奖勉的话,并进而纵论中国文化的变迁,以为'华夏民族之文化,历数千年之演进,造极于赵宋之世',鼓励我专心致力于宋史的研究。我在此后治史方向,基本上就是依照陈先生的指引。"②邓广铭还回忆说,在"青园学舍",常与陈先生同桌吃饭,常听陈先生畅谈史事掌故,谈古说今,天南地北,娓娓道来。对此,郑天挺先生劝邓,应当把陈先生所讲的这些记录下来,像宋人所作的《公是先生弟子记》那样,可以使多人受益。

在岭南大学的家中授课

岭南大学的前身是"格致书院"。格致是格物致知的简称,意思是要穷究事物的原理及规则,并将其上升为理性。书院是两个美国传教士于 1888 年创办的,1921 年才改为大学。1948 年,原西南联大法商学院院长陈序经来此任校长。陈序经上任时,在就职训词中说:"岭南虽是一个基督教大学,但对于学术的发展,它并无宗派之分,而注重于自由讨论的精神。也许是有了这种精神,岭南才愿意去找一位没有受过洗礼的人来主持校务,这又是中国教会大学的创举,这是兄弟所觉荣幸的。"③陈寅恪到岭南的原因很多,主要是看到这所大学有书院的气息,而且有陈序经做校长。对陈寅恪的到来,岭南大学是非常欢迎的,1949 年 1 月 20 日的《岭南大学校报》就刊登了"本校聘请到名教授陈寅恪"的消息,不久又公布了下学期各院系开设科目,其中就有陈寅恪的课程,包括中国文学系的"白居易诗"、历史政治系的"唐史"。从 1949 年到 1952 年,

---

① 王明.王明学术自传[M].成都:巴蜀书社,1993:11.

② 吴学昭.吴宓与陈寅恪[M].增订本.北京:生活·读书·新知三联书店,2014:234.

③ 陆键东.陈寅恪的最后二十年[M].修订本.北京:生活·读书·新知三联书店,2013:10.

陈寅恪在《岭南学报》《南国》等刊物上,连续发表了《从史实论切韵》《白乐天之先祖及后嗣》《白香山琵琶引笺证》《秦妇吟校笺旧稿补正》《崔浩与寇谦之》《元微之古题乐府笺证》《论唐高祖称臣于突厥事》《论隋末唐初所谓"山东豪杰"》《以杜诗证唐史所谓杂种胡之义》等,仅《岭南学报》第十卷第一期就一下刊登了陈寅恪的四篇文章:《白乐天之思想行为与佛道关系》《论元白诗之分类》《元和体诗》《白乐天与刘梦得之诗》。另外,他还完成了《论韩愈》《记唐代之李武韦杨婚姻集团》《述东晋王导之功业》。陈寅恪写出这么多文章并发表,在一定程度上是对陈序经知遇之恩的感谢。

在岭南大学,他的右眼完全失明,左眼仅能看见一点微弱的光线。为此,他开始尝试另一种教书方式:他用手握笔,另一只手摸着纸张试着写字,但笔画及行列常常重叠,令人难以辨认;他又试图在黑板上写字,所写的笔画也难辨认。无奈,他只有放弃这种做法。岭南大学知道后,给他派了助手。他将所要讲的史料让助手书写,上课时发给学生。至于如何讲,如何考证史料的真伪,如何剖析这些史料而不断章取义,则全装在他的脑海中。所以,他不把所讲的内容写成"讲义",即便有自己的观点,也只在史料的后面附上"寅恪按"而已。

陈寅恪在家中开设"元白诗证史"课程,一开始选课的学生多达30多人,可是能坚持到最后的不足半数,原因是陈的课程深奥,旁征博引。能坚持到底的学生,都觉得受益匪浅。此时的陈寅恪已近古稀之年,健康状况已大不如前,但对授课依然一丝不苟。一周两小时的课,他不得不分两次讲授。在开课之前,他问学生:有多少人是第一志愿报北大历史系的,有多少是报中山大学(即岭南大学)历史系的? 在得到学生的回答后,他说:"问题不在于北大还是中大,而在于自己的努力。"

1964年,学生蒋天枢不远千里来看望陈先生,临别之时,陈先生写了《赠蒋秉南序》送给蒋,其中再次道出了陈先生对于书院的情结及失望。序中说:"寅恪亦以求学之故,奔走东西洋数万里,终无所成。凡历数十年,遭逢世界大战者二,内战更不胜计。其后失明膑足,栖身岭表,已奄奄垂死,将就木矣……呜呼,此岂寅恪少时所自待及异日人所望于寅恪者哉? 虽然,欧阳永叔少学韩昌黎之文,晚撰五代史记,作义儿冯道诸传,贬斥势利,尊崇气节,遂一匡五代之浇漓,返之淳正。故天水一朝之文化,竟为我民族遗留之瑰宝。孰谓空文于治道学术无裨益耶?"①

在《赠蒋秉南序》中,陈先生回顾了自己追踪昔贤,希望能实现"续命河汾"的梦想,感叹只是存乎遐想而已。后来,蒋天枢在《陈寅恪先生编年事辑》(增订本)中说:"先生漂泊西南,备历艰困,当流亡逃死之际,犹虚怀若谷,奖掖后学,孜孜不倦。其以文化自肩,河汾自承之情伟矣。"这次蒋天枢到广州,陈寅恪将编辑出版自己著作的事托付给了蒋。蒋不负老师的重托,将自己的著作放在一边,尽心尽力去编辑陈著,很是难得。

陈寅恪先生在《辛丑七月雨僧老友自重庆来广州承询近况赋此答之》中,谈到他对"颂红妆"的心情,是因为"留命任教加白眼,著书唯剩颂红妆"。所谓"颂红妆",是陈寅恪准备写的两部书(即《论再生缘》和《柳如是别传》)中的两位女性,一位是孟丽君,一位是柳如是。这两部书,都是陈寅恪在双目失明后,由他口授,助手或夫人帮助记录整理成书的。之所以动念写《柳如是别传》,在该书的《第一章 缘起》中,他说:"丁丑岁,卢沟桥变起,随校南迁昆明,大病几死。稍愈之后,披览报纸广告,见有鬻旧书者,驱车往观。鬻书主人出所藏书,实皆劣陋之本,无一可购者。当时主人接待殷勤,殊难酬其意,乃询之曰:此诸书外,尚有他物欲售否? 主人踌躇良久,应曰:曩岁旅居常熟白茆港钱氏旧园,拾得园中红豆树所结子一粒,常以自随。今尚在囊中,愿以此豆奉赠。寅恪闻之大喜,遂付重值,藉(借)塞其望……自此遂重读钱集,不仅藉(借)以温旧梦、寄遐思,亦欲自验所学之深浅也。"②所谓"自验所学之深浅",他认为"寅恪平生才识学问固远不逮昔贤,而研治领域,则有约略近似之处"。书中所说的柳如是,先是相府之妾,后沦为青楼女,但其诗文造诣很高,又工书画,心仪陈子龙,却因某种原因嫁给了钱谦益(即钱牧斋)。后牧斋降清,柳便离开钱,为反清复明奔走,充满了崇高的民族气节,后自缢而亡。陈寅恪之所以要写她,是看重她身上的"三户亡秦之志,九章哀郢之辞,即发自当日之士大夫,犹(尤)应珍惜引申,以表彰我民族独立之精神,自由之思想,何况出于婉娈倚门之少女,绸缪鼓瑟小妇,而又为当时迂腐者所深诋,后世轻薄者所厚诬之人哉"。无论是《论再生缘》,抑或是《柳如是别传》,都贯穿着陈寅恪一生的主

① 卞僧慧.陈寅恪先生年谱长编(初稿)[M].北京:中华书局,2010:332.

② 卞僧慧.陈寅恪先生年谱长编(初稿)[M].北京:中华书局,2010:199.

张,那就是坚持"独立之精神,自由之思想"。他所写的孟和柳,无非是承载着这种主张的笔下的人物而已。

由于陈先生对所治学的领域即"不古不今"之学着力最多,认识的深度力透纸背,又有多种言语作为工具,因此能预见别人不能预见的高度。如1930年,陈先生受国民政府中央研究院历史语言研究所的委托,对陈垣先生所著《敦煌劫余录》作序。序中说:"一时代之学术,必有其新材料和新问题。取用此材料,以研究问题,则为此时代学术之新潮流。治学之士,得预于此潮流者,谓之预流(借用佛教初果之名)。其未得预者,谓之未入流。此古今学术史之通义,非彼闭门造车之徒,所能同喻者也。"①那么,陈先生的"预流"对不对呢?这里略举一例。2010年春,中共中央在北京召开了规模空前的"新疆工作座谈会",会上做出"发展新疆"的重大工作部署,包括在新疆喀什设立如当年的深圳、珠海那样的经济特区。会后,来自全国各地的资金及对口援建的规划纷纷启动。全国各大媒体对此做了大量的报道,引发了热议。为此,人们想起了大约70年前陈先生说过的一段话。1942年,陈先生在《朱延丰〈突厥通考〉序》中说:"西北史地以较为朴学之故,似不及今文经学流被之深广。惟默察当今大势,吾国将来必循汉唐之轨辙,倾其全力为经营西北,则可以无疑。考自古世局之转移,往往起于前人一时学术趋向之细微,迫至后来,遂若惊雷破柱,怒涛振海之不可御遏。"②现在,人们会想起"一带一路"倡议,也是紧抓西北这一战略要地,即从这一战略要地开始的丝绸之路。陈先生这篇不足800字的文章,通过中古以降历史演变的学术研究,找到了"经营西北"的重要史实,认定经营西北边疆关系到中华民族的兴衰,有着无与伦比的重要作用,因此呼吁人们关注经营中国西北。这篇文章还有一个闪光点,即朱延丰是陈先生在清华国学研究院时期的学生,朱于1932年写了《突厥通考》一书,交陈先生审阅。陈先生看完后提出"此文资料疑尚未备,论断或犹可商,请俟十年增改之后,出以与世相见",故序中有"从事补正,既历十年之久"的说法。可见,陈先生不因朱延丰是自己的学生,就同意草率出版此书,而是更加严格要求,这就是对待学术文化应有的极严谨的态度,来不得半点"随便"和"马虎"。朱延丰也谨

---

① 卞僧慧.陈寅恪先生年谱长编(初稿)[M].北京:中华书局,2010:199.
② 张杰、杨燕丽.解析陈寅恪[M].北京:社会科学文献出版社,1999:288.

遵师命,随时将书稿带在身边,不断补充,反复修改。完稿后,学生在东北,老师在西南,朱便写信告诉老师,书已补正,愿得老师一言以为序引。为了进一步说明这一点对从事学术文化的学者的启示,需要对"突厥"做些许介绍。突厥,泛指中亚、西亚一带民族的聚居地,全球约有 1.82 亿人使用突厥语言,他们都自认为是突厥人或突厥人的后裔。其分布于土耳其、哈萨克斯坦、塞浦路斯、阿塞拜疆、乌兹别克斯坦、土库曼斯坦、吉尔吉斯斯坦以及中国的新疆,究其人种属于欧罗巴人或混血。可见,突厥不是指具体的一个民族,而是指继承突厥血统的民族。

（杨立德,1945 年生,教授,国内著名西南联大研究者。曾任云南师范大学统战部部长。）

陈寅恪先生征引的佛典文献考录[*]

曹印双

陈寅恪先生一生治学极勤,他对佛典兴趣浓厚,青少年时期深受父亲陈三立熏陶①,留学海外受哈佛大学老师兰曼、白璧德等教授及欧洲、日本近代佛教研究氛围影响②,对日本刻正续藏、藏文正续藏及相关历史等典籍用功颇多③,从留学柏林大学到回国执教清华大学对佛教史研究依旧用功不辍④。1923 年8 月前,陈寅恪先生给妹妹的一封书信《与妹书》中提及,他当时急切地想买商务印书馆重印的日本刻《大藏经》,并且说他久在国外的主要原因就是国外图书馆有藏文正续藏(藏文正藏指《甘珠尔》,藏文续藏指《丹珠尔》),以及日本印中文正续大藏(正藏指 1902—1905 年日本京都藏经书院编辑铅印的《卐正藏经》,续藏指 1905—1912 年印行的《卐续藏经》)。陈先生想买的《大藏经》指的是 1912 年日本新修的《大正新修大藏经》,简称《大正藏》。1928 年陈先生发表的《须达起精舍因缘曲跋》征引《贤愚经》相关内容,检校的佛典版本已经是《大正藏》本。为了考察陈先生对佛典的阅读功力,我检选《陈寅恪文集》中 32 篇文章(《与妹书》《〈有相夫人生天因缘曲〉跋》《〈大乘稻芊经随听疏〉跋》《童受〈喻鬘论〉梵文残本跋》《〈忏悔灭罪金光明经冥报传〉跋》《〈须达起精舍因缘曲〉跋》《敦煌本〈十诵比丘尼波罗提木叉〉跋》《敦煌本〈维摩诘经文殊师利问疾品演义〉跋》《三国志曹冲华佗传与佛教故事》《〈大乘义章〉书后》《陈垣〈敦煌劫余录〉序》《〈西游记〉玄奘弟子故事之演变》《敦煌本唐梵翻对

* 本文是在 2018 年国家出版基金项目《佛教比喻五经诠释集成》、2019 年国家出版基金项目《中阿含经诠释集成》的基础上,撰写《陈寅恪佛教史研究诠释集成》的阶段性成果。

① 张求会.陈寅恪家史[M].北京:东方出版社,2019:292 – 297.

② 陈怀宇.在西方发现陈寅恪:中国近代人文学的东方学与西学背景[M].北京:北京师范大学出版社,2013:198 – 319.

③ 陈寅恪.与妹书[M]//陈寅恪.陈寅恪集:金明馆丛稿二编.北京:生活·读书·新知三联书店,2001:356.

④ 蒋天枢.陈寅恪先生编年事辑[M].上海:上海古籍出版社,1997:92.

字音〈般若波罗蜜多心经〉跋》《〈章所知论〉与〈蒙古源流〉》《〈莲花色尼出家因缘〉跋》《西夏文〈佛母大孔雀明王经夏梵藏汉合璧校释〉序》《敦煌本〈维摩诘经问疾品演义〉书后》《禅宗六祖传法偈之分析》《〈南岳大师立誓愿文〉跋》《斯坦因 Khara-Khoto 所获西夏文〈大般若经〉考》《支愍度学说考》《四声三问》《冯友兰〈中国哲学史〉下册审查报告》《武曌与佛教》《〈逍遥游〉向郭义及支遁义探源》《读〈洛阳伽蓝记〉书后》《敦煌本〈心王投陀经〉及〈法句经〉跋尾》《〈敦煌石室写经题记汇编〉序》《陈垣〈明季滇黔佛教考〉序》《白乐天之思想行为与佛道关系》《梁译〈大乘起信论〉伪智恺序中之真史料》《论韩愈》）所涉及的佛教典籍，与《大正藏》中的经藏、律藏、论藏、杂藏、续藏相关部分进行对比考录，以见其佛典研读功力。现将对比结果说明如下：

一、经藏

《大正藏》中的经藏分为阿含、本缘、般若、法华、华严、宝积、涅槃、大集、经集、密教等十部。陈先生征引提及的文献有：

阿含部提及六部。包括四阿含，即前秦瞿昙僧伽提婆译的《中阿含经》（60卷）、《增一阿含经》（51卷），后秦佛陀耶舍、竺佛念译的《长阿含经》（22卷），南朝宋求那跋陀罗译的《杂阿含经》（50卷）。此外，还有北凉昙无谶译的《佛说文陀竭王经》（1卷），西晋法炬译的《佛说顶生王故事经》（1卷）。陈先生提及《增一阿含经》时，还参阅了巴利文本。

本缘部提及十二部。包括隋阇那崛多译的《佛本行集经》（60卷），三国康僧会译的《六度集经》（8卷），三国维祇难等译的《佛说法句经》（2卷），西晋法炬、法立译的《法句譬喻经》（4卷），北凉昙无谶译的《佛所行赞》（5卷），南朝齐求那毗地译的《百喻经》（4卷），后秦鸠摩罗什译的《大庄严论经》（15卷）及《众经撰杂譬喻经》（2卷），北魏慧觉等编译的《贤愚经》（13卷），北魏吉迦夜、昙曜译的《杂宝藏经》（10卷），宋代施护等译的《顶生王因缘经》（6卷），还有一部《大方便佛报恩经》（7卷），译者不详。这里需要说明的是：康僧会是三国时期比较早融会儒释道思想的僧人。《贤愚经》是汉地僧人听经后于高昌郡合译的汇总本，初本是汉本，藏文《贤愚经》也是从汉地翻译过去的。《大正藏》中的《大庄严论经》，陈先生在《〈有相夫人生天因缘曲〉跋》《〈西游记〉玄奘弟子故事之演变》《童受〈喻鬘论〉梵文残本跋》中都写作《大庄严经论》，是马鸣菩萨造,陈先生考证梵文本童受的《喻鬘论》也指的是此经。而梵文本童受《痴鬘论》是求那毗地译的《百喻经》。昙无谶译的马鸣菩萨造《佛所行赞》,陈先生认为是梵文第一文学作品,但汉译不如藏译。《佛说法句经》在《大正藏》本缘部有两卷本,疑似部有一卷本,陈先生在《敦煌本〈心王投陀经〉及〈法句经〉跋尾》所说的《法句经》不是本缘部的,而是疑似部的,是斯坦因 2021 号敦煌本《佛说法句经》,是一部伪经。本缘部里的《法句经》是北印度人法救尊者编集的,是汉译佛教文学中第一部真正意义上的短篇小说集。

般若部提及十一部。包括比较早的《般若经》,即东汉支娄迦谶译的《道行般若波罗蜜经》(10 卷),西晋无叉罗、竺叔兰等译的《放光般若波罗蜜经》(20 卷),唐代玄奘等译的《大般若经》(600 卷)。般若部提及后秦时期鸠摩罗什译经部数最多,涉及四部般若经,即《小品般若波罗蜜经》(10 卷)、《金刚般若波罗蜜经》(1 卷)、《仁王般若波罗蜜经》(2 卷)、《般若波罗蜜多心经》(1 卷);鸠摩罗什的《心经》与玄奘的《心经》,并驾齐驱。三国支谦译的《大明度无极经》(6 卷),唐代不空译的《仁王护国般若波罗蜜经》(2 卷),前秦昙摩蜱、竺佛念译的《摩诃般若波罗蜜钞经》(5 卷,道安作序),宋代施护译《佛说佛母出生三法藏般若波罗蜜多经》(25 卷),这几部经与经集部的西晋竺法护译的《持心梵天所问经》及藏文、梵文的《八千颂般若波罗蜜经》,就"有心无心"内容可以互勘。

法华部及华严部提及四部。法华部的包括鸠摩罗什译的《妙法莲华经》(7 卷)、《观音经》(《法华经》中的观音菩萨法门品)、西晋竺法护译的《正法华经》(10 卷)。华严部有《华严经》,有三个版本,包括东晋佛驮跋陀罗本(60 卷)、武则天时期实叉难陀本(80 卷)、罽宾国人释般若本(40 卷)。需要说明的是:竺法护译的《正法华经》是最早的大乘经典。华严部的《华严经》,陈先生没有直接提,仅在《支愍度学说考》《梁译〈大乘起信论〉伪智恺序中之真史料》等引文中提及,因陈先生多次提及华严经注疏类经典,在此也视陈先生提及。还有一部《佛说普贤经》,《大正藏》法华部有《佛说观普贤菩萨行法经》,是南朝刘宋元嘉年间昙摩蜜多译的。不知《佛说普贤经》是不是《佛说观普贤菩萨行法经》,不过,陈先生指出该经是南朝齐武帝永明元年(483)译的,似乎与元嘉时的不是一部经。如果指的是一部经,到底是译于"永明"还是"元嘉",待考。

宝积部及涅槃部提及六部。包括唐代菩提流支译的《大宝积经》(120卷)、北凉昙无谶译的《涅槃经》(40卷),这两部经分别是宝积部、涅槃部卷数最多的经典。此外还有:东晋法显译的《佛说大般泥洹经》(6卷)、北凉昙无谶译的《大方等大云经》(6卷)、后秦竺佛念译的《大云无想经》(9卷)。需要说明的是:关于《大宝积经》,陈先生在《〈忏悔灭罪金光明经冥报传〉跋》中关注的日本学者樱部文镜曾撰有《西藏译大宝积经の研》《梵藏对检西藏大藏经目录》,说明陈先生对藏本《大宝积经》是熟悉的。关于涅槃部,陈先生提及了昙无谶译《涅槃经》,实际这是北本《涅槃经》。南本《涅槃经》则是南朝刘宋时期慧严、慧观与谢灵运等改北本及东晋法显的6卷《佛说大般泥洹经》,为36卷本。此外,陈先生在《武曌与佛教》一文纠正王国维《〈大云经疏〉跋》时,将王氏"竺法念"纠正为"竺佛念",与《大正藏》同。但说到昙无谶《大方等无想经》时,他说仅有高丽藏本如此写。笔者实际查阅《大正藏》涅槃部写的是《大方等无想经》(6卷),可能陈先生记忆有误。同时,陈先生说宋、元、明等朝及日本宫内省所藏诸本都写作《大方等大云经》,笔者查阅台湾"CBETA 电子佛典协会"网站未见,待核实。

大集部提及一部。即《大集经》。这是在《武曌与佛教》一文中,引《历代三宝记·十二》"新合大集经",间接提及。"新合大集经",即隋代僧人僧就合编的《大方等大集经》(60卷)。

经集部提及十五部。其中涉及维摩诘居士的有七部,即西晋竺法护译的《佛说大方等顶王经》(1卷,又称《维摩诘子问经》)、三国支谦译的《维摩诘说不思议法门经》(2卷)、后秦鸠摩罗什译的《维摩诘所说经》(3卷)、南朝梁月婆首那译的《大乘顶王经》(1卷)、隋代阇那崛多译的《善思童子经》(2卷)和《佛说月上女经》(2卷)、唐代玄奘译的《说无垢称经》(6卷)。涉及《金光明经》的有三部,即北凉昙无谶译的《金光明经》(4卷)、隋代释宝贵合编的《合部金光明经》(8卷)、唐代义净译的《金光明最胜王经》(10卷)。陈先生谈《金光明经》时,还提及《大正藏》以外的诸多不同语种版本,如西夏文三本(其一为法成译的义净本),还有梵文本、突厥本、蒙古文本、藏文本,按说满文本应有,但他没有见到。此外,还有西晋法炬译的《阿阇世王授决经》(1卷,在《武曌与佛教》一文中,"授"写作"受",不知是《大正藏》对,还是三联书店校对有误),此经异译本有东晋竺昙无兰译的《采花违王上佛授决号妙花经》(1卷)。

还有《楞伽经》(7卷)，此本南朝求那跋陀罗译本最早，流传广、影响大，另外还有北魏菩提流支译本。西晋竺法护译的《持心梵天所问经》是关于"有心无心"的。鸠摩罗什译的《禅秘要法经》(3卷)，是介绍白骨观、不净观的禅观方法。南朝刘宋沮渠京声译的《治禅病秘要经》(2卷)，是针对治身心病魔之法。从后面这两部经的内容，也可以看出陈先生在征引时，对经文教义内容是非常看重的，他关注佛教思想史，当然也关注僧徒修行要点。

密教部提及五部。《诸星母陀罗尼经》(1卷)，是唐代吐蕃高僧法成在甘州修多寺译成中文的。此经还有宋代法天译的《圣曜母陀罗尼经》本。唐代不空译的《佛母大孔雀明王经》(3卷)，此经有六种汉译本。陈先生还曾关注此经的梵文、西夏文本。不空译的《宝箧印陀罗尼经》(1卷)，全称是《一切如来心秘密全身舍利宝箧印陀罗尼经》，敦煌遗书中也发现有残卷本。陈先生提及的《观世音菩萨神咒》，在柏林图书馆见过藏文正藏目录中有123页第5号、124页第1号和5号等三种，《大正藏》有北周耶舍崛多本(1卷)、唐代实叉难陀本(1卷)、唐代智通本(2卷)。《龙树五明论》(2卷)，陈先生在《〈南岳大师立誓愿文〉跋》中引费长房《历代三宝记·十一》提及，说就是北周攘那跋陀罗译的《五明论》，且合成一卷，刊入《大正藏》第21卷，但《大正藏》记是2卷，三联书店版陈先生文集记载1卷，实际是上、下卷，陈先生的说法无误。陈先生根据日本石山寺有写本龙树菩萨《五明论》(1卷)和《隋书·经籍志》以及《丹珠尔》龙树菩萨所造论，推断北周攘那跋陀罗译本是托名龙树所造，《大正藏》未提及翻译者。

二、律藏

《大正藏》律藏包括弥沙塞部、摩诃僧祇部、昙无德部、萨婆多部、解脱戒经(迦叶遗部)和菩萨戒等。陈先生提及有五部：其中武则天时期义净的《根本说一切有部毗奈耶》(50卷)、《根本说一切有部毗奈耶杂事》(40卷)，是律部卷数最多的两部。南朝齐僧伽跋陀罗译的《善见律毗婆沙》(18卷)，又称《善见毗婆沙律》《善见律》等，是注释锡兰(今斯里兰卡)所传律藏的典籍。《十诵比丘波罗提木叉戒本》(1卷)，是后秦时期弗若多罗口诵、鸠摩罗什翻译的，陈先生《敦煌本〈十诵比丘尼波罗提木叉〉跋》一文中记作法颖从《十诵律》大本辑出，但台湾"CBETA电子佛典协会"网站记作"长干寺沙门宋法显集出"，台湾本或许有误。

三、论藏

《大正藏》论藏分为释经论、毗昙、中观、瑜伽、论集等五部。陈先生征引提及的有：

释经论部、毗昙部提及三部。释经论部有龙树菩萨的《大智度论》（鸠摩罗什译，100卷），婆素跋陀撰、鸠摩罗佛提等译的《四阿鋡暮抄解》（2卷）。毗昙部有唐法成译的《萨婆多宗五事论》（1卷）。

中观部、瑜伽部提及两部。中观部的是印度圣天菩萨本、护法菩萨释、玄奘法师译的《广百论》（10卷）。瑜伽部主要提及的是弥勒菩萨说的《瑜伽师地论》（100卷），也是玄奘法师译。

论集部提及两部。一部是《大乘起信论》（2卷），汉地有南朝梁真谛译本、唐代实叉难陀译本，玄奘法师还曾将中文本译为梵文本。另一部是《彰所知论》（2卷），元朝八思巴著、沙罗巴译。

四、杂藏

《大正藏》杂藏分为经疏、律疏、论疏、诸宗、史传、事汇、外教和目录等八类。陈先生征引提及的有：

经疏部提及十一部。其中涉及维摩诘的有：宋代孤山法师智圆的《维摩经略疏垂裕记》（10卷），隋代吉藏的《净名玄论》（8卷）和《维摩诘经义疏》（6卷，注释的是鸠摩罗什译的《维摩诘所说经》）。涉及《法华经》的有隋代智顗的《妙法莲华经玄义》（20卷）、隋代吉藏的《法华玄论》（10卷）和《法华游意》（1卷）、唐代窥基的《妙法莲华经玄赞》（20卷）、唐代湛然的《法华文句记》（30卷）。还有唐代澄观疏释《大方广佛华严经疏》的《大方广佛华严经随疏演义钞》（90卷），隋代智顗的《观无量寿佛经疏》（1卷）及唐代圭峰大师宗密的《佛说盂兰盆经疏》（2卷）。

律疏部、论疏部提及两部。一部是唐代窥基撰的《成唯识论述记》（20卷）；一部是唐代普光法师的《阿毗达摩俱舍论记》（30卷），即印度世亲菩萨的《阿毗达摩俱舍论》，简称《俱舍论》，由玄奘法师译。

诸宗部提及十二部。包括陈先生重点提及的三部通论典籍，其一是隋代慧远的《大乘义章》(26卷)，该书是对慧远以前大乘教义综合的概括；其二是唐代窥基撰的《大乘法苑义林章》(7卷)；其三是五代释延寿撰的《宗镜录》(100卷)，这部经典为清代雍正帝推重，并专门编有《御录宗镜大纲》。元代百丈山的德辉重编《百丈清规》(10卷)，这是在唐代百丈山怀海禅师制定的《禅门规式》基础上重编的。止观类佛典提及三部：其一是南朝陈慧思的《大乘止观法门》(4卷)；其二是隋代智颚的《摩诃止观》(20卷)，这是天台宗详述圆顿止观法门的主要著述；其三是唐代湛然的《止观辅行传弘决》(40卷)，又名《摩诃止观辅行传弘决》《止观辅行》。禅宗要典涉及唐代法海集录的《坛经》(1卷)，唐代圭峰大师宗密撰的《禅源诸诠集都序》(4卷)与《原人论》(1卷)。此外，涉及后秦僧肇《肇论》(1卷)中的一篇《不真空论》，还有唐代元康注疏《肇论》的《肇论疏》(3卷)。

史传部提及十七部。其中书名直接标记"传"的有六部，即北魏吉迦夜与昙曜撰的《付法藏因缘传》(6卷)、南朝梁慧皎撰的《高僧传》(14卷)、唐代道宣撰的《续高僧传》(30卷)、唐代义净撰的《大唐西域求法高僧传》(2卷)、唐代慧立本、彦悰笺注的《大慈恩寺三藏法师传》(10卷)、唐代彦悰撰的《唐护法沙门法琳别传》(3卷)。道宣除了《续高僧传》外，还有《广弘明集》(30卷)、《集古今佛道论衡》(4卷)。道宣撰的《广弘明集》是在南朝梁僧祐《弘明集》的基础上所作，《集古今佛道论衡》则记录了从东汉明帝到唐高宗麟德年间约六百年，在佛道争论中有代表性的事件或言论三十篇。此外，卷数超过15卷的有：隋代费长房的《历代三宝记》(15卷，又名《开皇三宝录》)、南宋志磐撰的《佛祖统纪》(54卷)、宋代道原的《传灯录》(30卷)。其他还有玄奘译、辩机撰的《大唐西域记》(12卷)，北魏杨炫之撰的《洛阳伽蓝记》(5卷)、唐代彦悰纂录的《集沙门不应拜俗等事》(6卷)、唐代复礼撰的《十门辩惑论》(3卷)，唐代法成由藏文译为汉文的《释迦牟尼如来象法灭尽之记》(1卷)。宋代非浊集的《三宝感应要略录》(3卷)。

事汇部、外教部、目录部提及八部。事汇部有唐代道世撰的《法苑珠林》(100卷)，这是道世根据其兄道宣《大唐内典录》《续高僧传》，在唐高宗总章元年(668)编集而成的；唐代义净撰的《南海寄归内法传》(4卷)。目录部有南朝梁僧祐《出三藏记集》(15卷)，这是中国现存最早的佛教文献目录；隋代法经等撰《众经目录》(7卷)，此书记载疑惑及伪妄的经论，倍受重视；隋代还有彦琮撰的《众经目录》(5 卷);唐代律宗开山之祖道宣撰的《大唐内典录》(10卷),智升的《开元释教录》(20 卷),武则天时期明佺等撰的《大周刊定众经目录》(15 卷)。外教部仅提及摩尼教经,但陈先生没有具体说什么经。

五、续藏

《大正藏》续藏 30 册除最后一册为古逸和疑似两部,专收敦煌古逸经、律、论疏和疑伪经外,其余 29 册收入日本著述的续经疏、律疏、论疏、诸宗四类及悉昙。陈先生征引提及的有:

古逸部四部。法成汉译本的代表作《大乘道干经随听疏》(1 卷),此书后在敦煌遗书中发现存本;还有法成的《善恶因果经》(1 卷,敦煌遗书有收藏),《大正藏》没有标记作者;唐代神秀禅师的弟子净觉撰的《楞伽师资记》(1卷);《大乘四法经论广释开决记》,《大正藏》没有标记作者,敦煌遗书可考定为法成撰。

疑似部四部。《法句经疏》(1 卷),敦煌遗书伯希和 2325 号存此卷。《佛说法句经》(1 卷),敦煌遗书斯坦因 2021 号,疑为伪经。《佛为心王菩萨说头陀经上》(1 卷),又名《头陀经》《心王经》,最早见录于《大周刊定众经目录》,疑为伪经,敦煌遗书斯坦因 2474 号存,原《大正藏》存目,"CBETA 电子佛典协会"网站无,代之为方广锠本整理本。《瑜伽师地论分门记》(6 卷),是法成在敦煌讲《瑜伽师地论》时听讲僧的笔录,《大正藏》存目,"CBETA 电子佛典协会"网站未录,敦煌遗书存。

陈先生征引提及《大正藏》文献一百四十七部(2682 卷),其中经藏七十部(1468 卷)、律藏五部(110 卷)、论藏七部(217 卷)、杂藏五十二部(874 卷)、续藏八部(13 卷),这五藏中的具体各部基本覆盖了,尤其是各部类卷数多的文献,绝大多数见录于陈先生的这 32 篇文章中,足见陈先生读书的精博。

六、《大正藏》外的其他佛典

除了《大正藏》内佛典,在 32 篇文章中陈先生征引提及的还有:

敦煌遗书十七部。《敦煌石室写经题记》中的《摄论疏》、《佛说普贤经》(1卷)、《敦煌本古逸经论章疏并古写经目录》,《敦煌劫余录》中《圆明论》《佛说禅门经》《八相成道变》《地狱变》《佛本行集经演义》《佛说孝顺子修行成佛

陈寅恪先生征引的佛典文献考录

经》(伪经)、《首罗比丘见月光童子经》(伪经)、《八婆罗夷经》《龙树论破昏怠法》,还有《佛说诸经杂缘喻因由记》《叹如来无染着功德赞》《敦煌本十诵比丘尼波罗提木叉》《维摩诘经文殊问疾品演义》及北京图书馆藏的《维摩诘经颂》等。

藏文藏经十一部。除提及藏文藏经合集《丹珠尔》外,还提及了庆吉祥等编著的《至元法宝勘同总录》,北宋法戒的《圣无垢称所说大乘经》,法成的《经部深微宗旨确释广大疏》《大乘稻芉经随听疏》,龙树菩萨的《圣稻芉经章句》《稻芉喻经广大演一百二十品》,伱麻刺尸刺的《稻芉喻经广大疏》,《十地论释》《八千颂般若波罗蜜经》《楞严经》等。

其他佛教典籍十八部。其中日本《卍新纂大日本续藏经》里的有:释宝唱撰、宗性抄的《名僧传钞》(1卷),明代受汰集《金光明经科注》(4卷)。《中国佛教史志汇刊》第一册里的有:清代吴若准《洛阳伽蓝记集证》(6卷)、晚清唐晏《洛阳伽蓝记钩沉》(5卷)、民国张宗祥《洛阳伽蓝记合校本》(8卷)。还有北魏昙静的《提谓波利经》(伪经)、法显的《佛国记》、唐代湛然的《神仙传论》、北宋孤山法师智圆《闲居编》、元代一咸的《至大清规》、明代员珂的《楞伽经会译》、清代葛䶵的《般若纲要》、梁启超的《佛家经录在中国目录学上之位置》、汤用彤的《释道安时代之般若学述略》。日本人安澄撰《中论疏记》(日文)、《涕利伽陀》(巴利文)。还有佛经文学作品如宋本《唐三藏取经诗话》、元代抄本《销释真空宝卷》。

佛典逸书二十部。唐代圆测的《解深密经疏》《龙树菩萨药方》《龙树菩萨养性方》、西晋竺叔兰的《毗摩罗诘经》(3卷)、东汉严佛调的《古维摩经》、西晋竺法护的《维摩诘所说法门经》、东晋竺法温的《心无二谛论》、北魏李廓的《众经目录》、三国康僧会的《法镜注解子注》(2卷)、南朝宋昙诜的《维摩诘子注经》(5卷)、南朝齐萧子良的《遗教子注经》(1卷)、南朝梁法朗的《大般涅槃子注经》(72卷)、梁武帝的《摩诃般若波罗蜜子注经》(50卷)、隋代慧远的《楞伽经子注》、道安的《合放光光赞略解》、支遁的《大小品对比要钞》、东晋支愍度的《合首楞严经》(8卷)及《合维摩诘经》(5卷)、支谦的《瑞应本起经》(2卷)、《始兴录》等。

《大正藏》外,陈先生用功最多还有藏文藏经、巴利文佛典,涉及其他佛教典籍近66部,上面仅是统计陈先生32篇文章提及的相关佛教文献,有213部,其中有些文献是引文中间接提的,还有些是逸书,即便除去这些文献,从陈先生征引的文献看,他对佛教文献规模化阅读,恐怕当年仅有汤用彤先生能与其并驾齐驱,但就藏文、巴利文、日文、西夏文、蒙古文、满文等语种的佛教文献来看,也许汤先生也难与其匹敌。1938年,陈先生因战火南迁,不少眉批的佛典已经丢失,后又因眼睛失明,原来计划撰写的《中国历史教训》一书没有写成。实际上,他是想把佛教史研究置于中国历史的一部分内容来考量,王子舟统计《陈寅恪文集》中陈先生引用各类文献达907种①,还没算《再生缘》和《柳如是别传》里的。我这里统计的仅是32篇中提及的相关佛教典籍,并没有统计陈先生眉批的三部《高僧传》、未完成的《高僧传笺证稿本》和《论禅宗与三论宗之关系》②及64本读书笔记③中涉及的其他佛教典籍。通过陈先生佛教史研究征引提及的佛教典籍,我们可以看出他宏大的学术格局和深厚的学术功力,也可体会到他对中华文化之所以充满自信的根源所在。

(曹印双,1970年生,辽宁北镇人,西安电子科技大学副教授、陈寅恪研究院研究员,主要从事儒释道经典、中国中古史、陈寅恪学术等方面的研究。)

① 王子舟.陈寅恪读书生涯[M].武汉:长江文艺出版社,1997:173.
② 陈寅恪集:读书札记三集[M].北京:生活·读书·新知三联书店,2001:295-314.
③ 吴定宇.学人魂:陈寅恪传[M].上海:上海文艺出版社,1996:47-49.

陈寅恪疑题"惠香"考
——钱谦益与吴伟业之间的一段公案

丁功谊

摘　要：陈寅恪作《柳如是别传》时，始终被一个疑问所困扰：惠香到底是谁？惠香为柳如是密友，名带"桃"字，而卞玉京之名也带"桃"字。卞玉京在钱谦益家中对吴伟业避而不见，后又私下拜访；吴伟业作《琴河感旧》感怀在钱家欲见卞氏而不得之事，钱谦益故意把吴诗理解为深含君臣大义，并和诗四首，吴伟业则暗自把钱"题柳看花之句"改为"题柳看桃之作"。卞氏名带"桃"字和钱、吴公案可以相互佐证出惠香之谜：卞玉京当为惠香。

关键词：惠香　卞玉京　钱谦益　吴伟业

一、惠香之谜

陈寅恪晚年作《柳如是别传》时，始终被一个疑问所困扰：惠香到底是谁？是黄媛介还是卞玉京？他多次赋诗长叹："尚托惠香成狡狯，至今疑滞未能消！""怜香伴侣非耶是，留付他时细讨论。"[①]

惠香是钱谦益非常欣赏的女子，钱牧斋（钱谦益）多次有金屋藏柳如是与惠香二娇之意，牧斋建绛云楼，以韩退之自比，把惠香与柳如是分别比作韩愈之二妾：绛桃和柳枝[②]。钱牧斋为惠香写了多首情意绵绵的诗，诗中均带"桃"字，其《留惠香》诗云：

> 并蒂俱栖宿有期，舞衣歌扇且相随。君看陌上秾桃李，处处春深伴

---

① 陈寅恪.陈寅恪集：柳如是别传[M].北京：生活·读书·新知三联书店，2001：5，834.

② 陈寅恪.陈寅恪集：柳如是别传[M].北京：生活·读书·新知三联书店，2001：37，447.

柳枝。

《代惠香答》云：

> 皇鸟高飞与凤期，差池一燕敢追随。桃花自趁东流水，管领春风任柳枝。

牧斋桃柳并举，诗意很明显，"柳"自然是指柳如是，"桃"当为惠香。这样的诗句很多，又如《代惠香别》："春水桃花没定期，柳腰婀娜镇相随。"《别惠香》："池边苑外相思处，多种夭桃膝柳枝。"《春游二首》："日射夭桃含色重，风和弱柳著衣轻。""柳因莺浅低迷绿，花为春深历乱红。璧月半轮无那好，碧桃树下小房栊。"①

读钱牧斋《初学集》，对惠香有几点可以确认：一、擅长唱歌；二、久居苏州；②三、为柳如是密友；四、曾到绛云楼；五、名带"桃"字；六、牧斋极为钟情。陈寅恪猜测惠香很有可能就是卞玉京。卞玉京也符合前四点。

那么，卞玉京究竟是不是惠香，这还得从有关卞玉京的材料入手。吴梅村（吴伟业）诗《过锦树林玉京道人墓》③序中记载了卞玉京的有关生平："年十八，侨虎丘之山塘。"钱牧斋《冬日嘉兴舟中戏示惠香》诗曾提及虎丘："昨日虎丘西畔过，女坟湖水似鸳鸯。"虎丘也是惠香熟悉之地。吴梅村在《过锦树林玉京道人墓》序文中回想起他在牧斋家中欲见卞玉京而不得的故事：

> 久之，有闻其复东下者，主于海虞一故人，生偶过焉。尚书某公者，张具请为生必致之，从客皆停杯不御，已报曰至矣。有顷，回车入内宅，屡呼之终不肯出。生悒怏自失，殆不能为情，归赋四诗以告绝。

《梅村诗话》"女道士卞玉京"条也有同样的记载：

> 后往南中，七年不得消息。忽过尚湖，寓一友家不出。余在牧斋宗伯座，谈及故人。牧斋云力能致之，即呼舆往迎。续报至矣，已而登楼，托以妆点始见，久之云痁疾骤发，请以异日访余山庄。④

卞玉京的言行有些反常，听说吴梅村在，很快就赶了过来。到了牧斋家里，她先到柳如是的房里（钱氏内宅）化妆，就不肯再见面了。对此，吴梅村在《琴河

① 钱谦益.钱牧斋全集：牧斋初学集[M].上海：上海古籍出版社，2003：687,689.
② 陈寅恪.陈寅恪集：柳如是别传[M].北京：生活·读书·新知三联书店，2001：447.
③ 吴伟业.吴梅村全集[M].上海：上海古籍出版社，1999：250.
④ 吴伟业.吴梅村全集[M].上海：上海古籍出版社，1999：1139.

感旧四首》①序文中说:"知其憔悴自伤,亦将委身于人矣。"说卞玉京快要嫁人,不想再与旧情人相见。这种解释不合理,既然自伤,将适他人,卞玉京为何当时要急切赶来? 又为何三个月之后私下见梅村于太仓,同舟共载横塘? 而嫁人却是两年之后的事,所嫁之人为"海虞一故人",怎么变为"东中一诸侯"? 吴梅村的解释很牵强。

三个月之后,卞玉京果真私会吴梅村,梅村写下《琴河感旧四首》,其序文却透露出卞玉京即为惠香的个中消息:

> 相遇则惟看杨柳,我亦何堪;为别已屡见樱桃,君还未嫁。

"杨柳""樱桃"之句既是用典,又可看作是当日宴会之实景:宴席上只见到柳如是,而未能睹卞氏之身影。"柳"当指柳如是,牧斋晚年,常由柳如是出来应酬;"桃"当然指卞玉京,"桃"字正合惠香之名。梅村后来在《梅村诗话》"女道士卞玉京"条中云:"'缘知薄幸逢应恨,恰便多情唤却羞',此当日情景实语也。"吴梅村特意辩白《琴河感旧四首》的真实性,那么,"杨柳""樱桃"之句也该是当日宴会之实景。

卞玉京又名惠香,还可以从吴梅村《过锦树林玉京道人墓》诗中得到佐证:

> 红楼历乱燕支雨,绣岭迷离石镜云。绛树草埋铜雀砚,绿翘泥涴郁金裙。

这几句诗意思曲折,但暗藏"绛云楼"三个字。把名字或重要事物嵌入诗中,明清之际的诗人常用此法暗表心迹,"绛树"为魏文帝时的歌妓名,此处当指卞玉京。又云:

> 相逢尽说东风柳,燕子楼高人在否? 枉抛心力付蛾眉,身去相随复何有。

诗人开始写柳如是,感到人生之虚无:柳氏(即东风柳)生前身后都受人非议,绛云楼再好也毁于大火,一切都烟消云散,不可再寻。诗人紧接着写道:

> 独有潇湘九畹兰,幽香妙结同心友。十色笺翻贝叶文,五条弦拂银钩手。

后两句诗意明显,写的是卞玉京学佛入道的事迹,关键是前两句,点出了卞氏擅画兰花,而引用屈原《离骚》中"余既滋兰之九畹兮,又树蕙之百亩"诗句,

① 吴伟业.吴梅村全集[M].上海:上海古籍出版社,1999:159.

"幽香"是否为"蕙"之幽香,而与"兰"结为同心友呢?此处不能牵强附会。但"香"当指卞玉京无疑。诗人最后写道:

> 紫台一去魂何在,青鸟孤飞信不还。莫唱当年渡江曲,桃根桃叶向
> 谁攀?

诗人回忆卞氏的一生,涌起无限伤感:"桃根桃叶向谁攀?"柳如是为章台攀折之柳,卞氏却是让人攀折之"桃",这与惠香之名正好吻合。也就是说,惠香正是卞玉京。

二、钱、吴公案

"桃"字是解开惠香之谜的关键所在,正因为难言之隐,卞玉京不便在宴会上当着钱牧斋的面与吴梅村互诉衷肠。随着谜底被解开,钱谦益与吴伟业之间的公案变得令人饶有兴趣。吴梅村作《琴河感旧四首》感怀此事,牧斋读后发表了一番高论,其《读梅村宫詹艳诗有感书后四首》[①]序云:

> 余观杨孟载论李义山《无题》诗,以谓音调清婉,虽极秾丽,皆托于臣不忘君之意,因以深悟风人之旨。若韩致尧遭唐末造,流离闽、越,纵浪《香奁》,亦起兴比物,申写托寄,非犹夫小夫浪子沉湎流连之云也。顷读梅村宫詹艳体诗,见其声律妍秀,风怀恻怆,于歌禾赋麦之时,为题柳看花之句。彷徨吟赏,窃有义山、致尧之遗感焉。雨窗无俚,援笔属和。秋蛩寒蝉,吟噪喁唶。岂堪与间关上下之音,希风说响乎?河上之歌,听者将同病相怜,抑或以为同床各梦,而辗尔一笑也。

钱谦益高论梅村此四律深含君臣大义,寄寓《黍离》麦秀之悲,可悟风人之旨。牧斋可谓完全避开了自己与卞玉京之隐情,并因此和诗四首以追念前朝。对于钱牧斋之和诗,吴梅村在《梅村诗话》中说"以其谈故朝事,与玉京不甚切,故不录"。对于钱牧斋之评论,吴梅村哭笑不得,《梅村诗话》云:

> 余有《听女道士弹琴歌》及《西江月》《醉春风》填词,皆为玉京作,未尽如牧斋所引杨孟载语也,此老殆为余解嘲。

那么,钱牧斋是真的从梅村《琴河感旧》中读出了君臣大义和麦秀之悲吗?难道他读不出梅村欲见玉京而不能的深深怅惘吗?非也!《梅村诗话》"女道士

---

① 钱谦益.钱牧斋全集:牧斋有学集[M].上海:上海古籍出版社,2003:116.

卜玉京"条还记载了牧斋和诗后又私下给梅村去了一封书简,在这封书简中,牧斋委婉道出了心曲:

> 小序引杨眉庵论义山臣不忘君语,使骚人词客见之,不免有《兔园》学究之诮。然他日黄阁易名,都堂集议,有弹驳"文正"二字,出余此言为证明,可以杜后生三尺之喙,亦省得梅老自下注脚。

此老可谓狡狯矣!有意把梅村诗中儿女之情上升到君臣大义之道,一方面可塞悠悠众口,另一方面把自己与卜玉京(惠香)之间的隐情抹得一干二净。牧斋曾以"好色不比于淫,怨诽不比于乱"来论诗①,也曾写过"任他疏影蘸寒流"("流"与"柳"音似)②之句,与柳如是曾有浴池之和③,他又为何要担心别人抒发那些并不过分的儿女情长呢?此书简看上去是为梅村着想,实则为了自己。

　　而吴梅村呢,难道他就不知钱牧斋的曲折心事?非也!他《琴河感旧四首》序文中曾有最得意的四句,即上文中所说:

> 相遇则惟看杨柳,我亦何堪;为别已屡见樱桃,君还未嫁。

钱牧斋在《读梅村宫詹艳诗有感书后四首》序中把这四句概括成"题柳看花之句",这样把"桃"省去,让人根本无法察觉有关惠香(卜玉京)的隐情。而吴梅村在《梅村诗话》"女道士卜玉京"条录引《读梅村宫詹艳诗有感书后四首》序文时,把钱牧斋"题柳看花之句"改为"题柳看桃之作",二字之改,还原了故事当时的实际场景。"桃"字牵扯了一段牧斋、梅村、惠香之间不为人知的公案。

　　对于钱牧斋的掩饰,吴梅村并不在意,他说:"余有《听女道士弹琴歌》及《西江月》《醉春风》填词,皆为玉京作,未尽如牧斋所引杨孟载语也,此老殆为余解嘲。"这句话很有意思,《听女道士弹琴歌》证实了卜玉京日后的私下拜访,吴梅村并没有失去面子,《西江月》《醉春风》词则写得极为放纵,现录如下。《西江月·春思》云:

> 娇眼斜回帐底,酥胸紧贴灯前。匆匆归去五更天,小胆怯谁瞧见?
> 臂枕余香犹腻,口脂微印方鲜。云踪雨迹故依然,掉下一床花片。④

---

　　① 钱谦益.季沧苇诗序[M]//钱谦益.钱牧斋全集:牧斋有学集:卷17.上海:上海古籍出版社,2003:759.

　　② 钱谦益.钱牧斋全集:牧斋初学集:卷18[M].上海:上海古籍出版社,2003:618.

　　③ 钱谦益.钱牧斋全集:牧斋初学集:卷19[M].上海:上海古籍出版社,2003:642.

　　④ 吴伟业.吴梅村全集[M].上海:上海古籍出版社,1999:551.

《醉春风·春思》云：

> 眼底桃花媚，罗袜钩人处。四肢红玉软无言，醉、醉、醉。小阁回廊，
> 玉壶茶暖，水沉香细。

> 重整兰膏腻，偷解罗襦系。知心侍女下帘钩，睡、睡、睡。皓腕频移，
> 云鬟低拥，羞眸斜睇。①

这些词写得浓艳而近亵，生性谨饬的吴梅村在这里有意提及过去与卞氏的纵欲生活，其实就是在证实他与卞氏的关系。那么，卞氏在牧斋家避而不见的遗憾连同卞氏与牧斋之间的隐情又算得了什么呢？可怜牧斋一片苦心："出余此言为证明，可以杜后生三尺之喙，亦省得梅老自下注脚。"素日谨饬的吴梅村这时可没顾及钱老的苦心。

本文索隐出惠香之谜，而又颇费笔墨拈出钱、吴公案，实际上也是进一步佐证卞玉京即为惠香之结论。笔者不敏，敬祈通人指正，以共参究。

（丁功谊，1972年生，江西上高人，井冈山大学人文学院教授，主要研究方向为中国文学思想史，先后在《中国诗学》《江汉论坛》《社会科学战线》等刊物上发表论文40篇，出版专著2部。）

---

① 吴伟业.吴梅村全集[M].上海：上海古籍出版社，1999：556.

陈寅恪著作的标点符号

——以《元白诗笺证稿》等为例

高克勤

胡文辉先生近作《陈寅恪与胡适五题》(载澎湃新闻《上海书评》2020 年 6 月 5 日)之三《新式标点问题》提到,胡适 1929 年曾写信给陈寅恪,讨论陈寄去的论文《大乘义章书后》,顺便提了个意见:"鄙意吾兄作述学考据之文,印刷时不可不加标点符号;书名、人名、引书起讫、删节之处,若加标点符号,可省读者精力不少,又可免读者误会误解之危险。此非我的偏见,实治学经济之一法,甚望采纳。"①胡文辉先生又引《胡适日记》的吐槽:"读陈寅恪先生的论文若干篇,寅恪治史学,当然是今日最渊博最有识见最能用材料的人。但他的文章实在写的不高明,标点尤赖,不足为法。"②文辉先生认为:"可惜,陈寅恪似未接受胡的意见。观其论著格式,最基本的标点虽不能不用,'引书起讫、删节之处'则采取另起段并退格的处理方式(不用省略号),但'书名、人名'仍无标识,终不免'标点尤赖'之讥。论者多举出陈氏 1965 年致出版社的信为据。陈在信里有一句:'标点符号请照原稿。'可见在使用标点方面,他还颇有文化自信呢。"

文辉先生的文章引起了我的兴趣。这是因为我长期工作的上海古籍出版社及其前身古典文学出版社和中华书局上海编辑所(以下简称"中华上编")在陈寅恪先生生前身后出版过他的著作,涉及其著作标点符号的处理问题。陈寅恪先生给出版社写信可以不加标点符号③,但他的著作为了适应现代读者的阅读习惯,还是加了标点符号。

---

① 胡适. 胡适论学往来书信选:下册[M]. 石家庄:河北人民出版社,1998:761 – 762.

② 胡适. 胡适日记全编:第六册[M]. 合肥:安徽教育出版社,2001:657.

③ 高克勤. 陈寅恪先生致古典文学出版社/中华书局上海编辑所书信辑注[M]//拙斋书话. 上海:上海辞书出版社,2016.

陈寅恪先生是如何使用标点符号的，可以从 1988 年上海古籍出版社出版的《唐代政治史略稿手写本》一窥究竟。《唐代政治史略稿》即《唐代政治史述论稿》，同书异名，后者为 1943 年 5 月在重庆的商务印书馆出版时所改。陈寅恪先生曾对蒋天枢言："此书之出版，系经邵循正用不完整之最初草稿拼凑成书，交商务出版。原在香港手写清稿，则寄沪遗失矣。"陈寅恪先生的手稿留存下来的不多，极为珍贵，但想不到这份手写清稿尚存天壤。1980 年，上海古籍出版社出版《陈寅恪文集》后，当时保管这份手稿的企业家王兼士先生将此手稿交上海古籍出版社影印出版。蒋天枢先生细读手稿后认为："清写稿系定稿，其中仍有改笔，有红色校笔，即双行注与括弧之增减，亦细密斟酌；其他，一字之去留，一笔画之改错，一语之补充，及行款形式之改正，无不精心酌度，悉予订正。由此可见先生思细如发之精神与忠诚负责之生活态度。先生曾称温公读书之精密，师既已效法之，而更阐发昔贤所未及见到之种种问题，斯先生之所以卓绝于今世也。"①这份手稿，使读者得以清晰地了解陈寅恪先生的行文习惯和如何使用标点符号的。陈先生为文坚持直行繁体，标点符号用了常见的冒号（：）、逗号（，）、句号（。）、叹号（！）、引号（「」）、问号（？）、圆括号［直行（）］七种，还用了专名线（直行＿＿＿）和书名线（直行﹏﹏﹏）。将手稿本与生活·读书·新知三联书店 1956 年版《唐代政治史论述稿》（据此本"出版者说明"称，这次重印根据商务印书馆 1947 年上海版做了校正）对勘，可以发现两本除了文字有一些差异外，标点符号更有不少相异处，手稿本中的个别长句排印本中间加了逗号，方便了阅读；但手稿本中用的专名线和书名线，排印本中不知何故将其删除了，实为不方便读者之举。图书从作者手稿到正式排印出版会经过编辑之手，其间作者会有更改，编辑根据相关出版规范及个人的学养喜好，也会对标点符号做更改。不知道这些更改是出于作者还是编辑之手。为此，我查看了上海古籍出版社所存陈寅恪著作的书稿档案，包括来往书信和责任编辑的审稿记录等，力图找到答案。

一

陈寅恪先生的著作在他生前出版的有三种，即《唐代政治史论述稿》《隋

---

① 高克勤. 拙斋书话［M］. 上海：上海辞书出版社，2016.

唐制度渊源略论稿》《元白诗笺证稿》。陈寅恪先生是如何审定前两种校样，编辑又是如何更改文字和标点符号的，由于没有见到相关书稿档案，无法评述，但从上引蒋天枢序中陈寅恪对他所谈《唐代政治史述论稿》（重庆商务印书馆版）之语看，他对该书的编校不是很满意。由古典文学出版社 1958 年编辑出版的《元白诗笺证稿》，校样由陈寅恪先生审定，编辑对书稿的处理得到了陈先生的认可，我们可以这本书为例，考察一下陈寅恪先生和编辑是如何处理标点符号的。

《元白诗笺证稿》1950 年 11 月由岭南大学文化研究室出版线装本，1955年 9 月由北京文学古籍刊行社出版。陈寅恪先生对后者排印质量不满意，1957 年合同期满后请其弟子陈守实（复旦大学历史系教授）与上海古典文学出版社联系。陈守实先生是陈寅恪先生的忠实弟子，对书稿的文字格式、出版时间乃至稿费都有细致入微的要求，半年之内给古典文学出版社写的信就有十来封之多。古典文学出版社的领导和编辑对陈寅恪先生非常尊重，几乎答应了作者关于出版方面的所有要求。古典文学出版社 1957 年 12 月 25 日［古社（57）字第 1384 号］致陈守实的信中说："陈（寅恪）先生所开列的排书规格，我们付印时，是完全照办的。将来最后一次的校样，当寄请陈先生校阅。封面设计后即寄请陈先生题签，如何规格亦当按照陈先生的指示办理。"1958 年 2月 5 日，古典文学出版社给陈寅恪先生寄上《元白诗笺证稿》原稿及校样，请他审阅，随信［编务（58）字第 160 号］中说："本书排式均照来示说明，唯说明全书标点符号只有八种，但查原稿第五章法曲一节（页 136，行 11）'其器有铙钹、钟、磬……'此处所用（、）符号已不在八种之内，是否需要改正，并请决定。"陈寅恪的回信中未见答复，编辑遂将顿号（、）俱改为逗号（，）。这本书的发排单上注明排式字体均严格按照作者附来规定，即《印元白诗笺证稿一书应注意各点》。由于这一规定当时发给出版科、校对科工作用，未存档，因此不知具体内容。我翻阅了《元白诗笺证稿》，发现该书标点符号确实只有八种，即冒号（：）、逗号（，）、句号（。）、叹号（！）、引号（「」）、问号（？）、圆括号［直行（）］、六角括号（直行〔〕），与信中所说相符，说明编辑对作者的意见确实完全照办。这本书的负责编辑是王勉（1916—2014），毕业于清华大学社会学系，对古代文学尤其是明清文学有深入研究，晚年用笔名鲲西发表了不少论著。

书出版后，其编校质量得到了陈寅恪先生的肯定，也为陈先生与出版社的进一步合作打下了基础。陈先生 1962 年 5 月 14 日在致"中华上编"的信中说:"尊处校对精审。"1958 年,《元白诗笺证稿》甫出版,"中华上编"就约请陈先生将有关古典文学的论著结集出版,得到了陈先生的同意。陈先生拟名为《金明馆丛稿初编》,并于 1963 年交稿。陈先生 1962 年 5 月 26 日在致"中华上编"的信中说:

1. 原稿交付尊处当即付印,不愿由尊处修改增删。

2. 稿中所用人名、地名,前后参错互用,不能统一,以增文学之美感。

3. 引用书未能一一注明版本页数。

又两稿皆系文言,故不欲用简体字。标点符号,自可照《元白诗笺证稿》之例。

信中"笺"误作"签"。陈先生 1965 年 11 月 20 日在致"中华上编"的信中又强调:

(一)标点符号请照原稿。

(二)请不要用简体字。

从信中可见陈先生对《元白诗笺证稿》标点符号的处理是满意的。

二

《金明馆丛稿初编》交稿后未能及时出版,陈寅恪先生也于 1969 年去世。1976 年,陈寅恪先生的弟子、复旦大学中文系教授蒋天枢先生通过老友、原"中华上编"编辑吕贞白转来陈寅恪论文集《金明馆丛稿》目录,建议出版陈寅恪先生的遗文稿,得到出版社和上海市出版局的同意。上海市出版局遂与中山大学联系,得到了中山大学的支持,将陈先生在中山大学的一些稿子移交给 1978 年 1 月更名成立的上海古籍出版社。上海古籍出版社立即重印了《元白诗笺证稿》,并启动《陈寅恪文集》的编辑出版工作。

《陈寅恪文集》凡七种:一、《寒柳堂集》,二、《金明馆丛稿初编》,三、《金明馆丛稿二编》,四、《隋唐制度渊源略论稿》,五、《唐代政治史论述稿》,六、《元白诗笺证稿》,七、《柳如是别传》。其中前三种为陈先生的论文集,后四种是学术专著。《柳如是别传》与前三种论文集都于 1980 年首次出版;《隋唐制度渊源略论稿》依中华书局版纸型印行,《唐代政治史论述稿》依三联书店版纸型重印,新一版均刊行于 1982 年 2 月;《元白诗笺证稿》1978 年 1 月新一版,

1982 年 2 月第二次印刷。至此,《陈寅恪文集》的编辑出版工作始告完成。

《陈寅恪文集》的编辑出版工作是在蒋天枢先生的指导下进行的。蒋先生承担了文集的整理校勘,编辑只做了一些文字标点校订工作,对文字包括引文乃至标点符号都不轻易改动。书稿档案中保存了一纸《金明馆丛稿初编排印时请注意各点》,从笔迹看似出于蒋先生之手:

一、请用老五号字(万莫用新五号)。行间距离稍阔,不可太密。

二、要直行。

三、不要用简体字。

四、句逗(读)符号均照原稿。

五、原稿中书名专名之符号,一概取消。

六、段落开头一律顶格,引文一律低两格。

七、正文另页排,不与全书总目连接。以后每篇均另页不连排。

八、版面大小、尺寸、形式,仍照《元白诗笺证稿》。请尽可能用较好纸张。

作为陈寅恪先生的忠实弟子,蒋先生的这八条应该是体现了陈寅恪先生的意愿,其中多条内容可见于陈先生给出版社的信;至于"原稿中书名专名之符号,一概取消"这条,应该是基于陈先生生前出版的三种著作都不用书名专名之符号的缘故吧。但是也有漏删之处,如《金明馆丛稿二编》中《读通志柳元景沈攸之传书后》"蒙自"旁专名线未删,三联书店版该书的插页正好有这篇文章原稿的书影,原稿也是加专名线和书名线的。

遵照蒋先生的指示,上海古籍出版社的编辑在《陈寅恪文集》编辑工作时虽然只做了一些文字标点校订工作,但这些校订工作并非轻易为之。四种学术专著的标点符号可以照原稿处理。其中《元白诗笺证稿》的编辑情况如上所述。《柳如是别传》据原稿编辑,标点符号一仍其旧,所用的标点符号没有超出《元白诗笺证稿》所用的八种。《隋唐制度渊源略论稿》《唐代政治史论述稿》两书,原出版社编辑已对标点符号做了处理,除了《元白诗笺证稿》已用的八种标点符号外,还用了顿号(、)。但三种论文集的情况比较复杂,因各篇文章撰写、发表的时间和原抄写、原刊发时处理不同,标点符号使用不统一,无法皆按原稿,又不能轻易改动,给编辑工作带来了很大的困惑。

《金明馆丛稿二编》责任编辑沈善钧(1928—2014),毕业于浙江农学院,曾从事园艺工作，擅旧体诗，1978 年 11 月调入上海古籍出版社担任编辑。他是一个审稿很认真的编辑，对书稿中的引文几乎每一条都要核对原文。他记录了该书稿的一些校核情况：

一、本稿引文，凡是我社有书可供参校的，基本上都做了全面校核。校对时一般用几个本子互校，如互校本中有一条和本稿相同，为尊重作者意见，原则上即不予更动。

二、关于《李德裕贬死年月及归葬传说辨证》中有时录同一引文三处而文字稍有出入者，因作者所引文字，系从各不同书中转引而来。例如《祭韦相执谊文》，作者先后征引《李卫公别集》《云溪友议》和王鸣盛《十七史商榷》三书，而此三书引文原来即有不同，并非作者征引错误。类如这种情况，现在也概不改动。

三、在标符方面，本稿因非同时期作品，因此各篇使用出入很大，较难统一，这里做了一些调整，使其保持大体一致。

陈寅恪先生引书版本，随所引书而定，不仅同一书所据版本不一，而且引书时为简要说明问题，或节引，或合数条材料为一。这本不足为怪，但因为不加引号，往往使读者无法判断原文起讫，不免产生误会。所以《金明馆丛稿二编》在《元白诗笺证稿》已用的八种标点符号外，还用了顿号（、）和省略号（直行……）。如《李德裕贬死年月及归葬传说辨证》一文中引义山《摇落》诗："人闲始遥夜，地迥更清砧。……滩激黄牛暮，云屯白帝阴。"因为这四句为节引，中间省略了四句，不加省略号排在一行就会连在一起。这当是编辑所为。

《寒柳堂集》的责任编辑邓韶玉（1930—2015）是二十世纪五十年代华东师范大学中文系毕业生，曾在上海港湾学校任教，1978 年 4 月调入上海古籍出版社担任编辑。他在审稿后专门写了读后感，记录了审稿的一些情况。他抱怨原稿"或一逗到底，或句号连篇。加上刻写油印错讹模糊，校对粗疏，造成标点混乱"。他感叹："本来，标点混乱，照通常用法，纠正过来就是。问题又不这么简单。"原因是"蒋天枢老师在标点上定出许多规矩，要以《元白诗笺证稿》为楷模，不许越雷池一步"。这就使他和沈善钧、王海根（《金明馆丛稿初编》责任编辑，毕业于北京大学中文系）裹足不前，顾虑会改错，就尽量照原稿，没有确凿的理由不做改动，但尽可能做到同一篇文章中保持一致。例如，《韦庄〈秦妇吟〉校笺》一文，原诗与作者校笺部分引文标点不同时，编辑就择善而从,予以统一。"同样,凡大量征引新、旧唐书的标点同中华书局新刊本有矛盾又不及新刊本用法妥帖时,只好以新本为准。"检《寒柳堂集》《金明馆丛稿初编》,在《元白诗笺证稿》已用的八种标点符号外,也用了顿号(、),还用了分号(;)。

综上所述,上海古籍出版社的前辈在处理陈寅恪先生著作的标点符号时,尽量尊重陈先生的习惯,保持原貌;同时根据确凿的理由,在不损害原意的情况下,对其著作中个别使用标点符号不当处加以改正,并尽可能地在同一篇文章中保持一致。

(高克勤,1962年生,著名出版人,上海古籍出版社社长,出版有《王安石与北宋文学研究》《王安石诗文选评》等著作,2020年被表彰为全国劳动模范。)

从陈寅恪的生前身后看"独立之精神，自由之思想"的强大生命力

程宇航

陈寅恪先生辞世已经 51 年了。在中国，有那么多的人仍然在纪念他、怀念他、赞赏他，其中固然因为他的人品与学问，但愚以为，更为重要的是因为他一生所奉行、坚守和践行的"独立之精神、自由之思想"，从中也可以看出"独立之精神，自由之思想"所具有的强大生命力。

一、陈寅恪与"独立之精神，自由之思想"的横空出世

1927 年 6 月 2 日，一代国学大师王国维自沉于北京颐和园昆明湖，死前留下了简短的遗书："五十之年，只欠一死，经此世变，义无再辱。"这短短 16 个字，便是他死因的线索。陈寅恪曾为王国维写过两句诗：一死从容殉大伦，千秋怅望悲遗志。

次日下午，王国维遗体入殓。与参加入殓仪式的清华校长曹云祥、教务长梅贻琦和吴宓、陈达、梁启超、梁漱溟、马衡、容庚等著名教授穿的深色西装不同，陈寅恪身穿玄色长衫，搭配传统的棉柔布鞋。众人庄重默然，神色悲哀，以三次弯腰鞠躬向王国维先生做最后的告别。礼毕，蓦然间，只见陈寅恪先生步履沉重地来到灵前，撩起长衫前摆，双膝跪地，将额头恭敬地磕在地砖上。在场的师生都被这个举动惊呆了，顷刻，众人很快醒悟过来，便不约而同齐刷刷地排在陈寅恪先生的身后，虔诚地跪下叩头。

1929 年，在王国维逝世两周年忌日，王国维纪念碑落成。碑铭即为陈寅恪亲自撰写，其中有句云："先生之学说，或有时而可商。惟此独立之精神，自由之思想，历千万祀，与天壤而同久，共三光而永光。"

"独立之精神，自由之思想"，本是陈寅恪对王国维一生学术气节的褒扬，然经陈寅恪之手予以推崇，竟成为整个中国知识界乃至中华民族最宝贵的精

神财富,历久弥坚,长传不息。

可以说,"独立之精神,自由之思想",正是通过陈寅恪先生的大手笔得以横空出世的。

而且,纵览陈寅恪的一生,可以说他都一直坚守着对"独立之精神,自由之思想"理念的膜拜。从1925年回国起,无论是1949年之前在清华国学院做导师,还是在北京大学、清华大学、西南联大、香港大学、广西大学、中山大学和燕京大学任教,抑或是1949年之后继续在中山大学教书,正如他的女儿所言,陈寅恪先生一生均恪守道德文章准则,治学一贯坚持"独立之精神,自由之思想","未尝侮食自矜,曲学阿世"。①

二、从陈寅恪最后二十年的境遇看"独立之精神,自由之思想"的深入人心

1949年1月,陈寅恪携妻女从上海乘船来到广州,开始了他们在岭南的20年生活。

这一年,曾打算到英国治疗眼疾的陈寅恪,失望归国,任教于清华园,继续从事学术研究。中华人民共和国成立前夕,他来到广州,拒绝了傅斯年要他去台湾、香港的邀聘,任教于广州岭南大学。1952年底,全国院系调整,岭南大学合并于中山大学,陈寅恪遂移教于中山大学。

应该说,在中华人民共和国成立后,陈寅恪是很受人民政府的尊重和重视的。这从政府聘请他为中国科学院学部委员和请他出任拟建立的中科院中古研究所所长一职可以看出。

但是,毋庸讳言,从二十世纪五十年代开始,国内越来越浓烈的政治气候,是崇尚独立精神和自由思想的陈寅恪所不能习惯和接受的。受聘于岭南大学,成为他后半生为数不多的一段泛起一些快乐波澜的岁月。岭南大学的校风以及有些游离于现实政治的环境,很适合陈寅恪,为他提供了一个"世外桃源"。

首先,给予陈寅恪高规格的礼遇。

岭南大学校长陈序经爱才惜才,懂得陈寅恪的价值。把陈寅恪请到岭南

---

① 陈流求,陈美延.喜见父魂归庐山[N].人民日报,2003 - 07 - 03(15).

大学任教,是他"一手抓教授"计划的华彩之章。陈寅恪到达岭大的第二天(1月20日),《岭南大学校报》便登出了"本校聘请到名教授陈寅恪"的消息。报道高度评价陈寅恪的博学多才,评价之高,甚为少见。不仅如此,陈寅恪远在上海时,陈序经已周密地安排了一切,体现了陈序经对陈寅恪的尊重和热情。

其次,给予陈寅恪高薪待遇。

陈序经到底以多少月薪聘请陈寅恪?陈寅恪每月的工薪分一度达到两千七百分,比很多教授高出两至三倍,仅每月所领取的特别津贴就在港币一百元以上。

再次,给陈寅恪配学术助手。

为了让陈寅恪能够安心做学问、出成果,校长陈序经先后给陈寅恪配备了几个助手。1955年9月,由陈寅恪提出、陈序经亲自承办,正式聘任黄萱为陈寅恪教授的专任助教。

更为重要的是,给予陈寅恪尊重、包容、关心与照顾。

学校允许陈寅恪不参加政治学习活动。自从失明后,陈寅恪在清华园便形成了这样的习惯:除了上课,基本上不参加学校的其他活动。陈序经很了解陈寅恪,让他将这个习惯延续到岭南大学。所以,从二十世纪五十年代开始,同样在岭南大学很时兴的政治学习、民主生活会一类的活动,陈寅恪一般都不参加。这在突出政治的年代里是不可想象的。

陈序经很关心陈寅恪的身体。岭南大学下辖有一个医学院,里面有七八位医术一流的专家,他们会定期上门为陈寅恪检查身体。这使陈寅恪享受到了很好的医疗保健服务。

在二十世纪五十年代中期后,作为学界国宝级人物的陈寅恪,得到了广东政府的特别尊重和优待。1963年,中南局第一书记陶铸曾亲临陈寅恪住处——东南区一号二楼看望陈寅恪,劝陈也疏散到"吃住皆一流"的从化温泉招待所。尽管陈寅恪以身体有病暂不宜起行为由谢绝了,但陶铸的关心代表了我党对高级知识分子的尊重和关心。

"士为知己者死",岭南大学相对宽松的环境,为陈寅恪的研究屡出成果创造了条件。从1949年到1952年,陈寅恪先后在《岭南学报》《南国》等岭南大学刊物上发表了《从史实论切韵》《白乐天之先祖及后嗣》《白乐天之思想行为与佛道之关系》《论元白诗之分类》《元和体诗》《白乐天与刘梦得之诗》《白香山琵琶引笺证》《元微之古题乐府笺证》《秦妇吟校笺旧稿补正》《崔浩与寇谦之》《论唐高祖称臣于突厥事》《论隋末唐初所谓"山东豪杰"》《以杜诗证唐史所谓杂种胡之义》等论文,共计十三篇。从《岭南学报》第 9 卷第 2 期开始,几乎每一期都有陈寅恪的论文刊出,直到该学报在 1952 年停刊。与此同时,陈寅恪先后完成《论韩愈》《记唐代之李武韦杨婚姻集团》《述东晋王导之功业》等十篇新论文,以上三篇尤为史界推崇。

在这三年间,陈寅恪先后完成及分别刊行的论文超过十万字。其文思泉涌,见解精妙,笔力尤勤,论史以抒通古今之慨,这些都为后人理解岭南大学期间陈寅恪的生命形态留下了无穷的余韵。这完全可视作是陈寅恪对岭南大学知遇之恩的一种回报。当然,这更是"自由之思想,独立之精神"结出的丰硕学术成果。

三、陈寅恪归葬庐山,彰显"独立之精神, 自由之思想"的强大生命力

1969 年 10 月 7 日,陈寅恪在广州离开人世;11 月 21 日,夫人唐筼辞世。34 年后,跨越无数的曲折坎坷,陈寅恪夫妇终于归葬庐山,入土为安。

用《人民日报》记者、作家李辉的话说,陈寅恪魂归庐山的过程,"是一次起起落落的接力,诸多人——不管什么职业、什么身份——都以不同方式介入其中,最终完成"。

这其中,下面几位人士是不得不提的:

1.陆键东

1995 年,广州作家陆键东撰写的《陈寅恪的最后二十年》出版,使陈寅恪进入大众视野。陆键东以翔实、准确的档案史料,有力地勾勒出一个特立独行的、精神高昂的文人形象。该书一经出版,旋即引起轰动,堪称新时期文学领域最有分量的一部人物传记。可以说,是陆键东让一位曾经只为学术圈敬仰的大师,真正成为许多人向往的偶像。

2.张求会

2000 年,广东行政学院教授张求会撰写的《陈寅恪的家族史》出版。该书写到,陈寅恪的祖父陈宝箴光绪初年曾在凤凰主政,陈寅恪的父亲陈三立随之前往,其长子陈衡恪(即陈师曾)就在凤凰衙门大院里出生。此书将陈寅恪家

族与湖南联系了起来,引起了湖南画家黄永玉的密切关注。

3. 黄永玉

读到《陈寅恪的最后二十年》一书之后,著名画家黄永玉先生与陈寅恪的情感联系便"剪不断,理还乱"了。这位此前对陈寅恪并不了解的湖南画家,对陈寅恪产生了浓厚的兴趣。他以年迈之躯,将大量时间和精力花在让陈寅恪魂归庐山的"事业"中。

2001年,出生于湘西凤凰的黄永玉又读到张求会的《陈寅恪的家族史》。历来乡情浓烈的黄永玉在了解到凤凰与陈家的这一渊源关系后,在敬重、激赏陈寅恪"耐得住寂寞"的人格魅力的同时,自然对陈氏家族演变史有了更多的关注。

2001年春天,黄永玉参照张求会、蒋天枢等人的著述,怀着浓烈乡情奋笔撰写了《华彩世家》和《〈华彩世家〉碑文外记》两篇文章。《华彩世家》是一篇碑文,概括了陈氏家族在一百多年中国文化史上的辉煌,简述了陈氏家族与凤凰的渊源。这一碑文,如今镌刻在凤凰旧衙门(陈先生父子当年任上的道门口衙门)的外墙上。而《〈华彩世家〉碑文外记》一文则寄给了《万象》杂志刊登。

在写《华彩世家》的同时,黄永玉竭力操办着另一件更为具体的事情——让陈寅恪尽快入土为安。他得知陈寅恪的遗愿是归葬杭州西湖,与之前安葬于此的父母相伴永远,但种种限制使之无法实现。陈寅恪的两个女儿陈流求、陈美延提出了归葬庐山的另一方案之后,黄永玉便积极行动了起来。后来,黄永玉先生又泼墨挥毫,为陈寅恪墓地题写了"独立之精神 自由之思想"十个大字。

4. 江西省的党政领导

黄永玉得知陈家有让陈寅恪夫妇归葬庐山的新计划,立即想到曾先后担任过湖南、江西省委书记,彼时仍担任全国政协副主席的友人毛致用,希望毛致用能够亲自过问此事,帮助解决。

黄永玉把陈寅恪先生的历史和成就讲给毛致用听,然后说道:我们中国公认的、全国最有学问的人受了委屈,骨灰都没有地方安置。你曾在江西当过省委书记,现在碰到这个困难,就来找你了。

毛致用对陈寅恪归葬庐山给予了足够的关心,于2002年4月与黄永玉相约成行,从长沙驱车前往南昌,然后上了庐山。这一年,黄永玉七十八岁,毛致用七十三岁。两位老人,长途跋涉,为一个素不相识的前贤亡者,寻找魂归之地。

曾任江西省委书记,时任中央政治局委员的吴官正对陈寅恪归葬庐山做出了睿智而明确的批示:"如陈先生的子女认为可行,即可具体商定实施。"

而时任江西省副省长的胡振鹏则不辞辛劳,不惧艰辛,四方协调,为落实此事竭尽全力。

然而,陈寅恪归葬庐山的构想却被庐山管理局以种种理由否决了。

5. 李国强和郑翔

在一棒又一棒的接力跑极有可能半途而废、前功尽弃之际,庐山植物园的介入,顿使历时两年多的陈寅恪魂归庐山行程,有了关键性、一锤定音的转机,真是"山重水复疑无路,柳暗花明又一村"。

柳暗花明的转机,出现在2003年2月。当胡振鹏副省长正为此事遭遇挫折而苦恼之时,江西省科技厅李国强厅长向他提出可以把陈寅恪骨灰放在庐山植物园的想法。庐山植物园直属中国科学院领导,由江西省科技厅业务管理。植物园虽在庐山,庐山管理局却没有任何管辖权、制约权,这就使这个难题迎刃而解了。这个想法得到庐山植物园园长郑翔的大力支持。

李国强和郑翔,是陈寅恪归葬庐山、入土为安的两大功臣,让几近夭折的接力赛,完美地冲到了终点。

郑翔是一位极为干练、麻利、高效率的人,一俟陈家女儿应允,庐山植物园上上下下,立即紧锣密鼓地开始落实,为一个预料之外的、与他们没有直接关联的大事而忙碌,包括选择合适墓地,在山上选择合适石头,设计墓地风格,物色相关植物与鲜花……

从2003年2月郑翔提出动议,到4月底陈寅恪夫妇骨灰下葬,仅仅两个多月时间。与过去20年的纷纷扰扰相比,这不啻为一个奇迹。

2003年6月16日(农历五月十七),这一天是陈寅恪113岁冥诞。陈氏姐妹在家人的陪同下,出席了庐山植物园举行的墓碑揭幕仪式。至此,陈寅恪夫妇终于入土为安,一代国学大师的身后事终于画上了句号。

陈寅恪先生的女儿陈流求女士十分感慨地说,自己没有想到,竟有那么多与父亲素不相识的人,为父亲的入土为安操心、奔波。她为之感动不已。

是的,从张求会在书中特意写出陈寅恪骨灰久久不能"入土为安"的忧虑,到黄永玉主动提出帮忙并求助毛致用并与他同赴江西试图最后落实;从李国强、郑翔两位局外人适时加入而柳暗花明,到一百多位庐山植物园员工轮流培土;陈寅恪的"入土为安",算得上是一次少有的历史大戏。

笔者以为,这么多的各方人士参与到陈寅恪先生归葬庐山的"接力赛"中,固然出于对陈寅恪先生的人品与学问的崇敬,但更多的应该归于对其所倡导、坚守与践行的"独立之精神,自由之思想"的认可与信奉!

(程宇航,女,江西赣州人,1957年生,研究员,主要研究方向为区域经济学、金融学、乡村社会学。现任江西省社会科学院经济研究所副所长、中国城市社会学研究会理事、江西省生产力学会常务理事、江西省妇女研究会理事。受聘为南昌大学兼职研究员、江西农业大学硕士生导师、江西财经大学人文学院媒体经济学兼职教授。)

论陈三立后期诗歌的政治观照

董俊珏

摘　要：诗歌创作是陈三立在戊戌政变后观照政治与社会的主要方式。借助有显著"诗史"性质的作品，陈三立对庚子国变、日俄战争、预备立宪、辛亥革命以及袁世凯窃国等重大历史事件表达了自己极富洞见的立场与态度，以及试图通过提倡道德人心来挽救乱世的企望。

关键词：陈三立　政治观照　庚子国变　日俄战争　预备立宪　辛亥鼎革　袁氏窃国

作为晚清以降"数千年未有之变局"的亲历者，"以政治活动家而为诗人"的陈三立①，经历戊戌政变后，"改革以致太平"的远大抱负化为泡影，不得已而只能以诗人自处，将满腔的牢愁抑郁"一寓之于诗"②，动荡时局中的重大变故，在他的诗歌里——得以呈现。他以这样的方式，继续表达着自己对国家与民族命运的关注。一个爱国诗人、一个成熟的政治家的那些透露着袖手冷看风云的犀利透彻与愤懑沉痛的诗篇，串联起来，不啻为一部清末民初的政治与社会批判的"诗史"。

一、诗论庚子国变

光绪二十六年（1900），刚刚移家江宁的陈三立遭遇了庚子国变这一近代史上重大事件。在以有限的方式参与其中的同时，他更以诗歌表达了他当时的忧心忡忡和无限愤慨。是年八月，八国联军攻入北京，慈禧太后挟光绪帝仓皇西奔。最终，清王朝签订了使中国彻底沦为半殖民地半封建社会的《辛丑条

① 钱仲联.论同光体［M］//钱仲联.梦苕庵论集.北京：中华书局,2003：422.

② 吴宗慈.陈三立传略［M］//陈三立.散原精舍诗文集：附录（上）.上海：上海古籍出版社,2003：1195.

约》。陈三立在此后写下了他政治诗歌中的名篇《书感》：

> 八骏西游问劫灰，关河中断有余哀。更闻谢敌诛晁错，但觉求贤始郭
> 隗。补衮经纶留草昧，干霄芽蘗满蒿莱。飘零旧日巢堂燕，犹盼花时啄
> 蕊回。①

所谓"八骏西游问劫灰"，指的正是慈禧太后和光绪帝之"西幸"。"关河中断"
则谓八国联军之荼毒京师，亵渎神器，国已不国。至于"谢敌诛晁错"一句，则
反用汉景帝之故事，既极指慈禧之畏敌如虎，又痛斥毓贤、刚毅、赵舒翘等暗藏
祸心之"主战派"的颠顸误国。同样，"求贤始郭隗"之说，也是一针见血地道
破了慈禧在西逃途中下诏求贤并恢复部分维新党人原职的惺惺作态。在陈三
立看来，这只不过是当政者为安定民心、自我粉饰的权宜之计，最终必是一纸
空文。所以，他才在接下来直接地点出了"补衮经纶留草昧，干霄芽蘗满蒿莱"
这一极具讽刺意味的现实，其意即谓真正能救亡图存的"补衮经纶"之才，依然
埋没草昧，而不肖者也仍高跻朝堂。全诗的最后一联，则由辛辣讽刺转为痛极
低回，既是诗人为战乱中流离失所的无辜百姓所发出的哀告，又深寓他本人的
身世飘零之感。

同样题材的作品，还有《孟乐大令出示纪愤旧句和答二首》：

> 九门白日照铜驼，烽火秦关惨淡过。庙社英灵应未泯，亲贤夹辅定如
> 何？早知指鹿为灾祸，转见攀龙尽婵娟。恍惚道旁求豆粥，遗黎犹自泣
> 恩波。

> 八海兵戈仍禹甸，四凶诛殛出虞廷。匹夫匹妇仇谁复，倾国倾城事已
> 经。蚁穴河山他日泪，龙楼钟鼓在天灵。愚儒那有苞桑计，白发疏灯一
> 梦醒。②

这两首诗作于光绪二十七年（1901），彼时兵燹初息，诗人心中河山破碎之痛，
却犹不能已；而战祸过后之民生凋敝，更激起了他的强烈愤慨和深沉反思。前
一首的关键，在指斥戊戌政变之后的朝局。慈禧太后因痛恨光绪帝在康有为
等人的唆使下意欲武力夺权的行为，在将其幽禁的同时，以端王载漪之子溥儁

---

① 陈三立.散原精舍诗集卷上［M］//陈三立.散原精舍诗文集.上海：上海古籍出版
社,2003：1.

② 陈三立.散原精舍诗集卷上［M］//陈三立.散原精舍诗文集.上海：上海古籍出版
社,2003：9.

为大阿哥,欲行废立。虽然此议因为刘坤一等部分大臣的反对和外国公使的阻挠而搁浅,但端王与溥儁在朝堂上却一时风光无两,所谓"亲贤夹辅"与"攀龙媲婳",即指此而言。载漪为把儿子扶上宝座,联络了当时在北方迅速发展的盲目仇外的义和团并大力扶持,从而埋下了八国联军入侵的祸根。陈三立对此看得明明白白,他在诗中运用了和前作《书感》如出一辙的反讽手法,以"恍惚道旁求豆粥,遗黎犹自泣恩波",愤怒地斥责了统治集团钩心斗角、争权夺利而罔顾民生的无耻行径。

与第一首痛斥载漪、溥儁等亲贵朝臣不同,第二首诗以"倾国倾城"一句,将抨击的矛头直接对准了慈禧太后本人。所谓"倾国倾城",貌似言八国联军连克天津与北京,但按其出典,本为妇人所发,故而陈三立此处指慈禧太后为祸首之意,非常明确。虽然身在距京师千里之遥的秦淮河边,但陈三立在之前湖南新政的实际政治经验中,已然练就了极其敏锐的政治洞察力。如果没有慈禧太后出于私怨的默许,载漪、溥儁之辈,如何能够跳梁于皇城?因而"八海兵戈"之祸,慈禧实为其始作俑者。

以上的几首诗作,集中反映了陈三立对危难时局的透辟理解,同时也体现了他极具理性的政治态度和深沉的爱国热情。在此后的重大政治变故中,陈三立继续以诗歌为武器,在对衰世痹政鞭辟入里的批判之中,展现他作为最后一代士大夫之楷模的社会责任感和时代理性。

二、诗论日俄战争

光绪二十九年(1903),日俄战争爆发。这是一场狗咬狗的殖民掠夺战争,新兴的帝国主义国家日本鉴于日俄双方实力对比的变化,为攘夺对朝鲜半岛和中国东北的控制权而向俄国开战。作为交战双方争夺的对象,中国从战争一开始就不可避免地被卷入其中,尤其是中国东北,成为双方鏖兵的主战场。肆虐的战火不仅给身在所谓清朝"龙兴之地"的东北人民带来了深重的灾难,而且在战争以日本的胜利宣告结束以后,中国的领土辽东半岛被俄国以条约形式"转租"给了日本。就是在这样一种主权受到极度蔑视的情况下,清王朝竟然无耻地以"日俄构兵,中国守局外中立例,宣谕臣民"。作为诗人的陈三立,对于此种局面表现得极为沉痛和愤怒。他在的诗作当中,淋漓尽致地表达了这种愤慨的情绪。在《小除后二日闻俄日海战已成作》一诗中,他这样写道:

万怪浮鲸鳄,千门共虎狼。早成鼾卧榻,弥恐祸萧墙。举国死灰色,流言缩地方。终教持鹬蚌,泪海一回望。①

"早成鼾卧榻,弥恐祸萧墙"一联,既有陈三立对既成现实的清醒认识,更有他对未来局势的深深忧虑。毕竟卧榻已成,事无可说,而狼子野心的日本帝国主义者一旦窃据朝鲜和东北,势必直接威胁京师的安全,其祸与萧墙之内无异。三十余载之后,陈三立的这一担忧终于成为事实,而有着远见卓识的老诗人,亦在当日殉国成仁。然而可笑的是,清廷"严守中立",还以"鹬蚌相争,渔翁得利"自欺欺人,这怎不令诗人在备感可笑之余,为之老泪纵横、黯然神伤?所以,在《园馆夜集闻俄罗斯日本战争甚亟感赋作前韵》一诗中,他以"鹬蚌旁观安可幸,豕蛇荐食自相寻"②一句,既对清廷之恬不知耻以辛辣讽刺,又警醒那些为谎言所迷醉的国人。

当时,有相当一部分民众为清政府的谎言所蒙蔽,而陈三立在戊戌政变以后就非常沉痛而直接地感受到当时风俗的颓败和民众的麻木不仁,所以他在同时所作的《短歌寄杨叔玫,时杨为江西巡抚,令入红十字会观日俄战局》一诗中,针对日俄战争,陈三立将批判的矛头指向了怀有不切实际之空想的愚昧国人:

海涎千斛鼍龙语,血浴日月迷处所。吁嗟手持观战旗,红十字会乃虱汝。天帝烧掷坤舆图,黄人白人烹一盂。跃骑腥云但自呼,而忘而国中立乎?归来归来好头颅。③

1904年,中国成立了红十字会,并加入了万国红十字会组织,时任江西巡抚的杨叔玫,受命加入红十字会并赴东北观察日俄战局。陈三立在这样的背景下创作此诗,倒未必有意讥刺杨氏本人,而是愤慨于时人不以外人为攘夺中国权益而在中国领土之内开战为耻,不以同胞之涂炭、领土利权之丧失为忧,反而有对着"黄人白人烹一盂"的残酷战争场面看戏、"跃骑腥云但自呼"的麻木心

---

① 陈三立.散原精舍诗集卷上[M]//陈三立.散原精舍诗文集.上海:上海古籍出版社,2003:96.

② 陈三立.散原精舍诗集卷上[M]//陈三立.散原精舍诗文集.上海:上海古籍出版社,2003:78.

③ 陈三立.散原精舍诗集卷上[M]//陈三立.散原精舍诗文集.上海:上海古籍出版社,2003:106.

态。这使陈三立在愤怒之余，感到悲凉痛心，也与他在文章当中表现出对于末世风俗浇漓的忧虑相呼应。从中，我们可以看到，陈三立对于政治与社会在批判之外，更有一份难得的理性，这也正是他的可贵之处。

三、诗论预备立宪

作于光绪三十年(1904)除夕之夜的《除夕被酒奋笔写所感》，是陈三立对庚子事变以后五年间国家政治情况进行总结和反思的重要作品。其诗曰：

> 纪年三十日已除，儿童鹅鸭相喧呼。高烛照筵杂羹饼，被酒突兀增长吁。国家大事识一二，今夕何夕能追慕。西南寇盗累数载，出没蹂躏骄负隅。东尽黄海北岭徼，蛟鲸搏噬豺虎趋。雌雄彼此迄未决，发祥郡县频见屠。群岛万酋益觊我，阴阳开阖方龃龉。当今事势岂不暸，奈何余气同尸居。自顷五载号变法，卤莽窃剽滋矫诬。中外拱手徇故事，朝暮三四绐众狙。任蒿作柱亦已矣，僵桃代李胡为乎！宏纲巨目那訾省，限权立宪供揶揄。何况疲癃塞钧轴，嗫嚅洇忍别有图。剜肉补疮利眉睫，举国颠倒从嬉娱。公然白日受贿赂，韩愈所愤犹区区。吾属为虏任公等，神明之胄嗟沦胥。极念禹域数万里，久掷身命凭鞭驱。朋兴众说有由致，欲扫歧异归夷涂。士民覆幕出至痛，地方自治营前模。事急即无万一效，终揭此义开群愚。岁时胸臆结垒块，今我不吐诚非夫。闻者慎勿嗤醉语，点滴泪血沾衣襦。①

在一年将尽之夜追怀旧事，是陈三立一个固有的习惯，《散原精舍诗文集》多有他在除日所作的诗篇；而对陈三立这样曾经名士心气颇重的性情中人而言，酒后一吐胸臆为快，乃其本色，他本人亦对此屡有自省。不过就上面这一篇诗作来说，倒是并无多少酒后发狂的味道，反而字字切中时弊，对当时的政治与社会问题之大端条分缕析，极具见识与理性，可知陈三立平日对时事观察之用心与透辟，所以才能有此厚积薄发之作。

在这首诗里，陈三立从西南的盗寇一直说到北部和东部边境的夷患，并对"发祥郡县频见屠"，即旅顺、威海等地屡次遭日寇屠城而万分痛心。这个还只

———————————
① 陈三立.散原精舍诗集卷上［M］//陈三立.散原精舍诗文集.上海:上海古籍出版社,2003:148－149.

是表面的观察，真正展现出陈三立政治洞察力的，是他对清廷所推行的"变法"之欺骗本质的无情披露。陈三立指出，在皇室操持下所谓的"变法"，不过是清王朝为了延续其统治而耍的朝三暮四、李代桃僵的花招，是彻头彻尾的骗局；而作为这场骗局中一时间被搞得轰轰烈烈的"限权立宪"的重头戏，对于洞烛其奸的有识之士而言，亦无非是徒供揶揄的工具而已。陈三立敏锐地点出，是时清政府的改革，只不过是剜肉补疮、苟延残喘而已，民族沦亡之祸已迫在眉睫，而可悲的是，由上至下，竟然还有那么多的人，安心于"颠倒嬉娱"。在这样的由表及里的剖析之后，诗人对于积极的政治建设，亦提出他自己的看法。归根到底，也就是他与陈宝箴之前所推行的以"地方自治"为鹄的的改革。由这一点我们可以发现，陈三立作为一个深具实践理性的改革者，他对于自己的政治理念一直都是非常执着的。他同时很清醒地意识到，这种"地方自治"的政治改革模式在当时当日的现实政治与社会环境中，未必能够取得立竿见影的效果，但他坚信，至少在开启民智方面，是肯定会有所收获的。实际上，依据清末袁世凯在天津、民国时期陈炯明在广东所推行的地方自治试验的现状来看，陈三立的这种政治理念如果得以实施，收效必然要远远大于他的预期。就此而论，陈三立不愧为一个谨慎而极具实干能力的改革者。

四、诗论辛亥鼎革与袁氏窃国

光绪三十四年（1908），光绪与慈禧太后先后去世，小皇帝溥仪即位。这既是一个时代的终结，也是清王朝土崩瓦解的开始。对于国家政治生活中如此重大的政治事件，已"袖手神州"多年的陈三立，也不能无动于衷。在《纪哀答剑丞见寄时将还西山展墓》一诗中，他表达了自己的看法：

> 两宫隔夕弃臣民，地变开荒纪戊申。万古奔腾成创局，五洲震动欲归仁。月中犹暖山河影，剑底难为傀儡身。烦念九原孤愤在，忍看宿草碧磷新。①

相对来说，这一首诗的意思表达得比较隐晦，但不难看出所谓"地变开荒纪戊申"等句，其实没有多少哀伤甚至感叹在其中，相反，倒是可以很明显地感受到

---

① 陈三立.散原精舍诗集卷下［M］//陈三立.散原精舍诗文集.上海：上海古籍出版社,2003:250.

一种淡漠。而且,两宫晏驾,在陈三立心头最直接的反映,是勾起了他对亡父陈宝箴无限思慕。换言之,慈禧太后与光绪皇帝,在此时的陈三立看来,似乎也只是两个普通的逝者。显然,其中透露的,是陈三立对清王朝的本身命运的漠不关心。从这样一个层面来讲,陈三立和所谓"遗民"是完全搭不上边的,虽然他的辫子在清王朝覆灭后,留得比郑孝胥要久,而剪了辫子的陈衡恪兄弟,还收到了他漂洋过海而来的家书的斥责,但这些,完全不能说明什么。

值得注意的是,民国以后,陈三立诗篇中对于国家政治痼病的揭露以及挽救政治危亡的建设性意见,都几乎不复存在了。取而代之的,是对民生的直接关注和对文明教化与伦理秩序的维护。

在《潜楼读书图题寄幼云》一诗中,陈三立这样描述他所理解的辛亥革命:

> 维人发杀机,殃祸塞坤轴。安获干净土,苏喘庇殊族……坐令神器改,圣法随颠覆。痛定叩百灵,欲以残梦续。寱歌出物表,醉答鬼夜哭。怀归白石堂,隔生长在目。①

显然,"神器"之改,并不是陈三立真正关心的,因为他早已预见了清王朝的覆灭;他所痛心疾首的,是这一场翻天覆地的社会动荡之中,所谓"圣法",也就是中国自古以来薪火相传的伦理与道德的沦丧。这无疑宣告了他之后诗歌创作有关政治与社会批判的主题,即以扶树德教为己任。

民国二年(1913),暂避战乱的陈三立由上海回到了他在金陵的旧居。出现在他眼前的,自然是兵燹之后的破败景象。其《由沪还金陵散原别墅杂诗》云:

> 入门成生还,踌躇顾室庐。凝尘扫犹积,阴藓侵阶除。几案未改位,签架稍纷拿。檐间新巢燕,似讶客曳裾。猫犬饥不还,帙落干死鱼。纸堆弃遗札,略辨谁某书。因嗟哄变始,所掠半为墟。长旗巨刃前,守者对唏嘘。就抚手植树,汝留劫烬余。

> 钟山亲我颜,郁怒如不平。青溪绕我足,犹作呜咽声。前年恣杀戮,尸横山下城。妇孺蹈藉死,填委溪水盈。谁云风景佳,惨澹(淡)弄阴晴。檐底半亩园,界画同棋枰。指点女墙角,邻子戕骄兵。买菜忤一语,白刃

① 陈三立.散原精舍诗续集卷上[M]//陈三立.散原精舍诗文集.上海:上海古籍出版社,2003:330.

耀柴荆。侧跽素发母,拿婴哀哭并。叱咤卒不顾,土赤血崩倾。夜楼或来看,月黑磷荧荧。①

诗歌当中所描述的,是诗人亲眼所见而又无比触目惊心的一幕幕炼狱般的景象。诗作中似乎已经找不到原先那种郁勃而热切的激愤,有的只是低回的痛切。然而,就在这样对场景细节的平淡描述中,战争的残酷已显露无遗,而诗人的心,分明看得见在泣血。此种景况促使陈三立将对救亡的认识,全面提升到了从人心和道德立场出发去考虑的高度。

在《俞觚庵诗集序》中,陈三立最直接地表达了他对辛亥革命的看法:

> 余尝以为辛亥之乱兴,绝羲纽,沸禹甸,天维人际浸以坏灭,兼兵战连岁不定,劫杀焚烧荡烈于率兽,农废于野,贾辍于市,骸骨崇邱山,流血成江河,寡妻孤子酸呻号泣之声达万里,其稍稍获偿而荷其赐者,独有海滨流人遗老,成就赋诗数卷耳。②

这显然已经摆脱了具体的政治批判,而是从人性的立场上,表达了陈三立本人对传统价值尺度的迷失的不能言说之痛。在一片人心日非、世衰道丧的慨叹声中,诗人期望挽救伦理文化和传统价值观的沉沦,借以振衰起弊,最终达到救世的目的。

在这样的信念和逃无可逃的强烈的社会责任心的驱使下,陈三立在辛亥革命以后所作的以社会批判为主题的诗歌中,主要反映的是他对风俗颓败、道德沦丧、人心败坏以文化废毁的痛切,以及他挽救这种危亡而做的不懈思索和努力。作为这样一种诗歌主旨的具体体现,陈三立在诗歌创作中反复以道德为标尺,来对时代人物与社会变革做出自己的判断。

陈三立在民国以后首先面对的,就是袁世凯窃国。对陈三立这样一位德高望重的诗坛领袖,袁世凯自然不会不尝试收买笼络。而陈三立不但鲜明地表示了坚决不与袁氏有任何接触的峻洁立场,更通过诗歌表达了对袁世凯的谴责与唾弃。

在《涛园宅超社第六集题听水斋图寄怀弢庵师》一诗中,陈三立这样写道:

---

① 陈三立.散原精舍诗续集卷上[M]//陈三立.散原精舍诗文集.上海:上海古籍出版社,2003:355-356.

② 陈三立.散原精舍文集卷十[M]//陈三立.散原精舍诗文集.上海:上海古籍出版社,2003:943.

循廊睨横流,俄顷移大柄。拍手覆人国,简策斯未信。①

虽然没有直指袁氏之名,但诗作很明显是对袁世凯转移国祚一事的评判,其中指袁氏无"信"的道德谴责的意味之强烈,不言而喻。

在袁世凯意图"帝制自为"而一群宵小之辈甚至包括陈三立老友严复在内的文人们纷纷靦颜"劝进"之际,他再次于诗作中对此乱象痛加挞伐。是时所作《消息》一诗云:

消息迷苍狗,雕龙稷下儒。安知从左祖,争睹效前驱。刺谬三家说,依稀两观诛。狙公几朝暮,面壁掉髭须。②

这首诗由袁氏称帝而发,但作者抨击的矛头却指向的是当时丧失了基本操守的所谓"硕学通儒"。"狙公几朝暮"一句,尤其辛辣。在陈三立眼中,利欲熏心而背离了读书人起码道德的士人,不过是被袁世凯玩弄于股掌之间的狙(猴子)而已。

在《得长沙友人书答所感》中,陈三立还对王闿运于民国三年(1914)应袁世凯之邀去北京不齿。袁氏为了表现自己礼贤下士,以自备车迎送王闿运,并大摆宴席以示优渥。陈三立于此乃曰:

名留倾国与倾城,奇服安车视重轻。已费三年哀此老,向夸泉水在山清。③

他以"佳人"形象借指王闿运,颇契合后者当时之忸怩作态,于深入骨髓之讥讽中,深寓作者对王闿运晚节不保的遗憾。针对王氏门生杨度在袁世凯称帝闹剧中的种种倒行逆施的行为,陈三立亦作《读史偶书》,借古事以嘲之:

蛮夷大长自称戈,行乐余年讵有他。多事陆生通一语,始疑帝号窃臣佗。④

对于末世士大夫抛弃节操而屈膝于权贵,甚而以陆贾式"功狗"沾沾自喜的普

---

① 陈三立.散原精舍诗续集卷上[M]//陈三立.散原精舍诗文集.上海:上海古籍出版社,2003:367.

② 陈三立.散原精舍诗续集卷下[M]//陈三立.散原精舍诗文集.上海:上海古籍出版社,2003:486.

③ 陈三立.散原精舍诗续集卷下[M]//陈三立.散原精舍诗文集.上海:上海古籍出版社,2003:473.

④ 陈三立.散原精舍诗续集卷下[M]//陈三立.散原精舍诗文集.上海:上海古籍出版社,2003:498.

遍现象,陈三立痛恨之余,更多的是失望和困惑。

扶树道德人心,几乎是陈三立面对末世所能想到的唯一出路。因此,在批判的同时,他也对能够坚守节操的士大夫给予了高度赞赏。在《哭于晦若侍郎三首》其一中,陈三立曰:

> 国家昔改制,争尸宪政名。君时使瀛寰,洞视乖背情。移疏列利害,剖抉苏狂醒。秉钧卒不悟,矫厉掩精诚。戏具殉一掷,四海沸飞蚊。乘散发群盗,大命随之倾。迫撄崩坼痛,担簦俟河清。泗鼎鲁阳戈,瘖瘝相逢迎。置身夷惠间,微言表儒生。谁何助张目,今益涕纵横。①

在这一首悼诗中,陈三立高屋建瓴,回顾了自清末宪政以降,国家局势之波诡云谲,并借于式枚(字晦若)在沧海横流之中所展现出的高贵品质和坚定立场,传递了自己对于"三千年未有之变局"笼罩之下,士大夫应当如何自处,以及该承担怎样的社会职责和历史使命的深沉思考。在这种思考中体现出的认识高度,使陈三立诗歌的社会内容以及他反映在文学创作中的人生态度,成为大变局时代的光辉典范,从而也赋予了他的诗歌作品不朽的生命力和崇高的"诗史"价值。

(董俊珏,男,1976年生,江苏常州人,博士,副教授,研究方向为中国近代文学。)

---

① 陈三立.散原精舍诗续集卷下[M]//陈三立.散原精舍诗文集.上海:上海古籍出版社,2003:482.

陈寅恪先生对武则天研究的引领

胡　戟　胡明曌

　　我们分别写过《武则天本传》(三秦出版社 1986 年版)和《武则天的世界》(胡明曌、尹君、胡戟合著,中华书局 2012 年版),陈寅恪先生的相关研究给了我们许多启发和基本的遵循。这里仅以武则天的研究为例,讲我们切身体会的陈寅恪先生对学术的引领。

　　陈寅恪先生把不古不今之学作为自己治学的重点。处在这个历史阶段的武则天,这位"在中国历史上诚为最奇特之人物"①,自然成为陈先生特别关注的历史人物。而研究历史人物,要把握人物所处的历史时代特点、面临的历史任务和机遇,并从相对长的时间段考察历史人物的作为和贡献。陈寅恪先生对于武则天的研究,很好地展现了他的史家眼光,让人们重新审视这位有"真天子"之誉的女政治家。

　　最重要的论述最早见于他 1941 年作于香港、1943 年出版的《唐代政治史述论稿》:

　　　　李唐皇室者,唐代三百年统治之中心也,自高祖、太宗创业至高宗统御之前期,其将相文武大臣大抵承西魏、北周及隋以来之世业,即宇文泰"关中本位政策"下所结集团体之后裔也。自武曌主持中央政权之后,逐渐破坏传统之"关中本位政策",以遂其创业垂统之野心。故"关中本位政策"最主要之府兵制,即于此时开始崩溃,而社会阶级亦在此际起一升降之变动。盖进士之科虽创于隋代,然当日人民致身通显之途径并不必由此。及武后柄政,大崇文章之选,破格用人,于是进士之科为全国干进者竞趋之鹄的。当时山东、江左人民之中,有虽工于为文,但以不预关中团体之故,致遭屏抑者,亦因此政治变革之际会,得以上升朝列,而西魏、

---

　　① 陈寅恪.武曌与佛教[M]//陈寅恪.陈寅恪文集之三:金明馆丛稿二编.上海:上海古籍出版社,1980:137.

北周、杨隋及唐初将相旧家之政权尊位遂不得不为此新兴阶级所攘夺替代。故武周之代李唐，不仅为政治之变迁，实亦社会之革命。若依此义言，则武周之代李唐较李唐之代杨隋其关系人群之演变，尤为重大也。

武周统治时期不久，旋复为唐。然其开始改变"关中本位政策"之趋势，仍继续进行。迄至唐玄宗之世，遂完全破坏无遗。①

陈先生研究武则天的另一篇重要文章是 1954 年发表在《历史研究》上的《记唐代之李武韦杨婚姻集团》。那篇长达 15000 字的著名专论，重点论述武则天和武氏对时局的影响，讲这"牢固之复合团体，李、武为其核心，韦、杨助之黏合，宰制百年之世局，几占唐史前期最大半时间，其政治社会变迁得失莫不与此集团有重要关系"②。最重要的论断，见于该文中对唐高宗永徽六年(655)冬十月乙卯的《立武昭仪为皇后诏》的评论：

此诏之发布在吾国中古史上为一转捩点，盖西魏宇文泰所创立之系统至此而改易，宇文氏当日之狭隘局面已不适应唐代大帝国之情势，太宗以不世出之英杰，犹不免牵制于传统之范围而有所拘忌，武曌则以关陇集团外之山东寒族，一旦攫取政权，久居洛阳，转移全国重心于山东，重进士词科之选举，拔取人才，遂破坏南北朝之贵族阶级，运输东南之财赋，以充实国防之力量诸端，皆吾国社会经济史上重大之措施，而开启后数百年以至千年后之世局者也。③

这段经典的论述，将武则天研究置于历史转折关头的大背景下评论，标志着武则天研究从传统的学术水平，提升到政治、经济、军事、社会、文化全方位的科学水平。

我们把中国封建社会分为前、后两期：前期是指门阀贵族政治，它经历了酝酿、发展、极盛、衰败、没落的过程；后期是指科举官僚政治，同样经历了上述兴衰历程。前、后期中间有一个可以称作后门阀时期的约两百年的转变期，其

---

① 陈寅恪.陈寅恪文集之五：唐代政治史述论稿[M].上海：上海古籍出版社,1982：18－19.

② 陈寅恪.记唐代之李武韦杨婚姻集团[M]//陈寅恪.陈寅恪文集之二：金明馆丛稿初编.上海：上海古籍出版社,1980:237.

③ 陈寅恪.记唐代之李武韦杨婚姻集团[M]//陈寅恪.陈寅恪文集之二：金明馆丛稿初编.上海：上海古籍出版社,1980:248－249.

标志是以武则天为转捩点开始,到唐末黄巢结束。

陈寅恪先生的武则天研究,不再是功过、成败、毁誉的传统政治和道德评价,而是通过人物来观察历史潮流,通过历史潮流来评价人物,以全新的视角分析武则天的社会角色。陈先生把武则天放在那样一个转捩点上去评论,在历史上凸显了这个以前被当作“女祸”,在唾骂声中淹没、被污名化的重要人物。我们将自己研究武则天的任务,自觉地定位在诠释那是怎样的一个“转捩点”上,回答她是怎样“开启后数百年以至千年后之世局”的。武则天研究的“航线已经开通,道路已经指明”,循着陈先生的引导前行就是了。

下面从八个方面简介陈先生武则天研究的成果和启示。

陈先生关于武则天研究的第一个方面,是她的出身。因为武则天生活在一个极看重出身门第的时代,武家的社会地位,决定着她的立场命运。虽然《立武昭仪为皇后诏》称武则天“门著勋庸,地华缨黻”,父亲武士彟是“太原元谋功臣”,官居工部尚书,但按门阀观念,根本上要看姓族高下。陈先生明确指出:“士彟本一商贩寒人,以投机致富,其非高门……武氏非山东士族。”①所以我们也从“寒门新贵”的出身开始,讲武则天的历史。顺便说一下,陈先生也详考了武则天的母亲:“然则武曌母乃隋观王雄之侄女,杨雄虽非隋皇室直系,但位望甚重,武士彟在隋世乃一富商,必无与观王雄家联姻之资格。其娶杨氏在隋亡以后,盖士彟以新朝贵显娶旧日宗室,藉(借)之增高其社会地位,此当时风俗所使然,无足怪也。”②不过,门第是按男性户主身份而论的,母亲杨氏的出身虽然能给武则天加分,但无法从根本上改变武则天的寒门根底。

在豪门世族眼里,武氏门第卑微。褚遂良面折廷争,坚决反对立武后时,说的就是:“陛下必欲易皇后,伏请妙择天下令族,何必要在武氏!”③连后来在圣历元年(698)三月,突厥默啜可汗拒绝其女嫁武承嗣子武延秀时,说的也是:

---

① 陈寅恪.记唐代之李武韦杨婚姻集团[M]//陈寅恪.陈寅恪文集之二:金明馆丛稿初编.上海:上海古籍出版社,1980:241.

② 陈寅恪.记唐代之李武韦杨婚姻集团[M]//陈寅恪.陈寅恪文集之二:金明馆丛稿初编.上海:上海古籍出版社,1980:243.

③ 陈寅恪.记唐代之李武韦杨婚姻集团[M]//陈寅恪.陈寅恪文集之二:金明馆丛稿初编.上海:上海古籍出版社,1980:245.

"武,小姓。"①陈先生说:废王立武"决策之四大臣中,长孙无忌、于志宁、褚遂良三人属于关陇集团,故为反对派;徐世勣一人则为山东地域之代表,故为赞成派"②。双方营垒是如此分明且水火不容,导致废王立武的宫廷事变的最终结果,竟是最后一个代表关陇集团掌握中央权力的长孙无忌集团的覆灭。所以《立武昭仪为皇后诏》有了历史转捩点的象征意义,而武则天以"门阀制度的挽歌手"的姿态,跃上政治舞台。对此,陈寅恪先生概括得很清楚:"至于武曌,其氏族本不在西魏以来关陇集团之内,因欲消灭唐室之势力,遂开始施行破坏此传统集团之工作,如崇尚进士文词之科破格用人及渐毁府兵之制等皆是也。此关陇集团自西魏迄武曌历时既经一百五十年之久,自身本已逐渐衰腐,武氏更加以破坏,遂致分崩堕落不可救止。"③

第二个方面是随着长孙无忌集团覆灭,关陇集团控制政权一百年的局面结束后的社会走向。如上面所说,我们提出历史进入后门阀时期,经过这一时期两百年的过渡,封建社会的历史进入科举官僚政治时代。这个历史潮流的出现,隋炀帝、唐太宗都有开创和推波助澜的贡献,而武则天才是真正的全方位的革新者,贡献巨大。她当政的近半个世纪里,科举制度打破门第观念,拔擢了狄仁杰、张柬之、姚崇、宋璟、张说、苏颋、张九龄等治国重臣,以及陈子昂、刘知几等文坛巨擘,所以陆贽盛赞武后:"当世称知人之明,累朝赖多士之用。"这就是陈寅恪先生所说的:"自武则天专政破格用人后,外廷之显贵多为以文学特见拔擢之人。而玄宗御宇,开元为极盛之世,其名臣大抵为武后所奖用者。"④李武韦杨宰制世局的百年间,政坛、文坛上出现了群星璀璨的景象,是武则天为开元盛世做的"干部储备"。武则天于公元697年处死来俊臣,结束"酷吏政治",我们认为大唐盛世由此开启。盛世的到来,正是历史向后门阀时期转变的标志。

① 王溥.唐会要:卷九十四北突厥[M].北京:中华书局,1955:1692.
② 陈寅恪.记唐代之李武韦杨婚姻集团[M]//陈寅恪.陈寅恪文集之二:金明馆丛稿初编.上海:上海古籍出版社,1980:246.
③ 陈寅恪.陈寅恪文集之五:唐代政治史述论稿[M].上海:上海古籍出版社,1982:48-49.
④ 陈寅恪.陈寅恪文集之五:唐代政治史述论稿[M].上海:上海古籍出版社,1982:21.

第三个方面是相应的社会改革。显庆四年(659),长孙无忌刚被逐出京城两个月,另订《姓氏录》取代《氏族志》的事情就由武则天的心腹许敬宗、李义府提出来,理由就是:"以其书不叙武氏本望。"新的原则是"百官家口,咸与士流"①,《姓氏录》于是被旧族抵制。由此可知,在社会改革上,武则天比下令撰《氏族志》定姓族的唐太宗走得更远。改订《姓氏录》的一个行动,不可能使一场社会变革一蹴而就,但这使长年远离原籍的大族遗老遗少们想再借"冢中枯骨"谋权势就更难了。失去了经济政治特权以后,直至唐后期,旧族遗老遗少们一直靠构筑婚姻圈,以自抬身价,堕落到索取"陪门财"度日的地步。虽然落后的社会意识还默许、认可他们这一套,但门阀余孽的影响也仅仅维持到唐末黄巢时。

第四个方面是劳动者身份的转变。这是意义深刻的社会变化。北魏以来实行的均田制,到武则天时代已有两百年,均田的土地制度设计时,借鉴了门阀地主与其部曲、佃客的关系,均田农民实际是国家的依附人口,对国家有强烈的人身依附关系。均田农民都被登记入籍,被强迫授田,虽然不保证有足够的田地,但是租调要交,徭役兵役要服。隋文帝和唐太宗先后发现土地紧缺的乡,一户才有二三十亩地,并为之深深忧虑。因为这点田地,还需要有一部分休耕轮作,才能保持肥力和产量。于是,生活难以维持的农民,用脱籍逃亡的方式反抗。武则天时,韦嗣立上疏:"今天下户口,亡逃过半,租调既减,国用不足。"汪篯先生估计,稍后的天宝年间"逃户约在三四百万"。② 一般把逃户作为武则天时代经济社会的负面材料,实际上,大多数逃户,只是脱籍,并不脱产。在农业生产力达不到"耕三余一"的水平下,众多逃户如果不另谋出路,是无法存活的。逃户是去新的地方讨生活,许多人成为既摆脱了国家控制,又不受地主管制的"自由人"。武则天下令善待这些"本乡无业""逃逬投诣他州"的"浮户",给予免除租调徭役的优待。唐玄宗时,杨玚和韦处厚反对括客(即通过检查户口,将隐瞒不报和逃亡人口搜出来,或遣送回乡,或就地入籍),认为"浮户"的存在,才避免了饥荒,说明"浮户"在从事农业生产。宇文融括户八十万,"田亦称是",说明逃户没有脱离土地,后来他仿效武则天时李峤的宽

---

① 王溥.唐会要:卷三十二[M].北京:中华书局,1955.

② 汪篯.唐代实际耕地面积[N].光明日报,1962 - 10 - 24.

松政策,括户才比较成功。我们肯定武则天宽容对待的逃户,是生产力向广度发展的生力军,也是促进生产关系改革的主力军,劳动者身份因此从均田农民向自耕农和相对自由的契约佃农转变。当年的"浮户"和改革开放以来进城的农民工有几分相像,都是农民自寻生活出路。武则天的逃户政策与时代变革转捩契合,保护了生产力,是从贞观之治向开元盛世过渡时期,经济保持上升势头的秘诀。这是在陈先生和他的学生汪篯先生、唐长孺先生研究的启示下,我们做的工作。

第五个方面是政治重心的调整。武则天以洛阳为东都,武周时代,她常驻洛阳,和建东都的隋炀帝一样。这意味着国家经济重心东移,东南方粮食财赋的重要性日益显现,这又是影响国家以后千年格局的举措。

第六个方面是礼法的修改。中国封建社会的规矩是皇帝可以改法,不能改礼。按《仪礼·丧服》的规定:"期者……父在为母。传曰:何以期也? 屈也,至尊在,不敢伸其私尊也。"①"期"是一年,母亲去世时,如父亲还在,只服一年丧,因为"至尊在"。武则天在唐高宗上元元年(674)上书《建言十二事》,其中第九条是"父在为母服齐衰三年"(见《新唐书》卷76《则天皇后传》)。武则天大胆提出修改礼法,成功地将为母亲服丧一年的旧制,改为和父亲一样的三年。虽然丧服还有齐缞、斩缞(缉不缉边)的差别,但服丧时间长短一致平等了,提高了妇女的地位。这一修改后来被纳入《开元礼》,李商隐在《宜都内人传》中称武则天为"真天子"。

第七个方面是结束了东北方的大规模对外战争。自开皇十八年(598)隋文帝发兵反击侵扰辽西的高句丽之后,隋炀帝、唐太宗、唐高宗总共十次征辽东。乾封三年(668),李勣率唐军亡高句丽,结束了大规模用兵。数年后,新罗统一半岛,安东都护府从平壤迁徙至辽东故城(今辽宁辽阳)。绵延了70余年的大规模战争在武则天时代终于结束,朝鲜半岛方面再无战事,也是大唐走向盛世的必要条件。

东北方向沉寂下来的原因,陈寅恪先生指出与吐蕃有关:"唐资太宗、高宗两朝全盛之势,历经艰困,始克高丽,既克之后,复不能守。虽天时地势之艰阻

---

① 阮元.十三经注疏附校勘记[M].北京:中华书局,1980:1104.

有以致之,而吐蕃之盛强使唐无余力顾及东北,要为最大原因。"①这句话说的是咸亨元年(670)唐军在大非川之战大败给吐蕃军后的形势。陈先生将吐蕃北上与唐争夺西域从而影响唐军结束在东北的战事联系起来考虑的重要思想,王小甫先生在其《唐吐蕃大食政治关系史》一书中有很好的继承发挥。武则天顺应形势,叫停东北的战事,却在西域取得了很大的成功。长寿元年(692),唐军收复安西四镇,军镇建到碎叶城(今吉尔吉斯斯坦托克马克市附近)。此后,唐控制西域的局面维持了近一百年,对丝绸之路和盛唐的繁荣影响巨大。

我们还不难注意到,武则天治理下,国内形势安定,没有大规模的农民起义爆发。在这一点上,有僚人骚动的唐太宗和有陈硕真起兵的唐高宗,都不如她。

第八个方面便是陈先生的文章《武曌与佛教》,1935 年发表于《中研集刊》,1957 年订正,收入《金明馆丛稿二编》。文章开头引述李商隐的《宜都内人传》后说:"宜都内人之语非夸词,皆事实也。自来论武曌者虽颇多,其实少所发明。"两句话,一句指出唐代笔记小说的史料价值,一句指出武则天研究的问题。这问题无论从 20 世纪 70 年代末出的武则天传记,还是将武则天视为"宫廷奸党"一批到底,都可以看出端倪。在此之前三十多年,陈先生就直言不讳,并且在他很下功夫的佛教研究中,也没有忽略武则天这位"最奇特的人物"。

《武曌与佛教》着重讨论了两个问题:一是"杨隋皇室之佛教信仰";二是"武曌与佛教符谶之关系",讲"其本身政治特殊地位之证明",要阐明武则天"幼小时已服缁服",从小受母氏家世宗教信仰之熏习。陈先生又阐述了儒教经典不许妇人参与国政:"武曌政治上特殊之地位,既不能于儒家经典中得一合理之证明,自不得不转求之于佛教经典……此类政治与符谶关系,前人治史,多不知其重要,故特辩之如此。"②

文中,陈先生历数北周灭佛,隋文帝、隋炀帝佞佛,唐太宗对佛教偶尔褒扬

① 陈寅恪.陈寅恪文集之五:唐代政治史述论稿[M].上海:上海古籍出版社,1982:133.

② 陈寅恪.武曌与佛教[M]//陈寅恪.陈寅恪文集之三:金明馆丛稿二编.上海:上海古籍出版社,1980:150.

但更多是批判，及至武则天才颁布《释教在道教之上制》，通过历代对佛教的不同政策，说"一百年间佛教地位之升降，与当时政治之变易，实有关系……供研求国史中政治与宗教问题者之参证"①。对于正史上人云亦云的薛怀义等伪造《大云经》之事，陈先生精细考证的结论是："观昙无谶译《大方等大云经》之原文，则知不独史籍如《旧唐书》等之伪造说为诬枉，即僧徒如志盘辈之重译说，亦非事实。""薛怀义等无重译或伪撰此经之事。"②读这些文字，我们能够感受到陈先生佛学学养之深厚，令人叹服。曹印双提供给本次会议的论文《陈寅恪先生征引的佛典文献》，统计陈先生的 32 篇文章中提及相关佛教文献 213 部，还有藏文佛经、巴利文佛经等 66 部，可以看出陈先生宏大的学术格局和深厚的学术功力。

我们作为陈寅恪先生的再传弟子、三传弟子，在自己的学术生涯中，尤其是武则天研究中，从陈先生的著作中受益良多。谨以此文，聊表对陈先生的无限敬意和怀念。

（胡戟，1941 年生，曾任陕西师范大学中国古代史博士生导师、中国唐史学会会长，著有《敦煌史话》《胡戟文存》等；胡明曌，1974 年生，华侨大学华文学院副教授，历史学博士。）

① 陈寅恪. 武曌与佛教［M］//陈寅恪. 陈寅恪文集之三：金明馆丛稿二编. 上海：上海古籍出版社,1980:151.

② 陈寅恪. 武曌与佛教［M］//陈寅恪. 陈寅恪文集之三：金明馆丛稿二编. 上海：上海古籍出版社,1980:149,155.

百年来中国文学史书写的陈三立

胡全章

摘 要： 自五四时期中国近现代文学史开山人物胡适基于白话文学正宗观，将陈三立等近代学宋派诗人定为"模仿的诗人""雕琢的诗人"，判入"死文学"行列；到中华人民共和国成立初期，文学史著作将"同光体"定为封建主义文化和形式主义诗歌的典型代表，视之为反动的逆流；再到近年来文学史家对以陈三立为代表的"同光体"诗人表现出更多的了解和同情，肯定其在学古中追求创新的艺术品格，对其部分诗作表现的时代内容乃至现代性予以正面评价，百年来中国文学史书写的陈三立形象发生了显著变化。时至今日，如何在文学史中客观描述和准确定位以陈三立为代表的"同光体"诗人，依然是一个学术难题。

关键词： 陈三立 中国文学史 同光体 现代性

在中国近代史上，与谭嗣同、丁惠康、吴保初并称为"晚清四大公子"的陈三立（1853—1937），是以一部《散原精舍诗》而传世，以"同光体"诗派代表诗人而垂史的。其所留下的精神遗产的精华部分是诗歌，其所赖以传世的典型身份是诗人。1922年，新文学领袖人物胡适在《五十年来中国之文学》中，基于白话文学正宗观和文学进化史观，将包括陈三立在内的近代学宋派诗人定为"模仿的诗人""雕琢的诗人"，将其诗歌判入"死文学"行列。1960年，复旦大学中文系编著的《中国近代文学史稿》，将"同光体"诗派定性为"反动的诗歌逆流"，视之为封建主义文化和形式主义诗歌的典型代表。① 2013年，国内出版的《剑桥中国文学史》第六章执笔人王德威却肯定了同光派诗歌的"现

---

① 复旦大学中文系1956级中国近代文学史编写小组. 中国近代文学史稿［M］. 北京：中华书局，1960:13，122.

代性"。① 从运用"死文字"的"死文学",到僵化的封建主义文学,再到具有"历史性"和某种"现代性"的抒情文学,百年来中国文学史书写的诗人陈三立,随着文学史撰著者的文学观和文学史观的变迁,发生了耐人寻味的显著变化。考察陈三立在中国文学史中的形象与地位的变迁,对于以"同光体"为代表的晚清民国旧派诗人的研究和中国近现代文学史重构,无疑有着重要的学术史意义。

一

20 世纪二三十年代,胡适、陈子展、钱基博撰著的四部中国近现代文学史著作,具有重要的开创性。其对旧派诗人陈三立的描述与评价,在民国时期的学术界具有广泛的代表性,其所做出的定位和定性影响深远。

胡适的《五十年来中国之文学》,以文学进化史观和白话文学正宗观,建构1872—1922 年的中国文学历史,是五四以后第一部新文学(批评)家撰写的文学史类著作。在这部被后世史家公认的中国近现代文学史的开山之作中,胡适用了数千字的篇幅将金和、黄遵宪描述为这五十年来最能反映和代表时代的"有点特别的个性"的诗人,用数百字顺带提及"宋诗运动"和宋诗派,以为"宋诗的特别性质,不在用典,不在做拗句,乃在做诗如说话",说喜欢掉书袋的黄庭坚和"江西诗派"走错了路,断言"近代学宋诗的人,也都犯这个毛病",走进了死胡同。在此语境下,胡适提到了陈三立,只有一句话:"陈三立是近代宋诗的代表作者,但他的《散原精舍诗》里实在很少可以独立的诗。"②在新文学理论批评权威和新学界精神领袖胡适看来,近代学宋诗派充其量是"模仿的诗人,雕琢的诗人",其代表诗人陈三立亦鲜有独立的诗。胡适对近代学宋诗派做了几乎全盘否定的评价,属于他所区分的这五十年中的"死文学",至少也是"半死文学"。

1928 年暑期,上海南国艺术学院开设近代文艺讲座,田汉邀请左翼人士陈子展讲授"中国近代文学之变迁"课程;次年,与这部耗时七八个小时的演讲稿

---

① 孙康宜,宇文所安. 剑桥中国文学史:下卷 1375—1949[M]. 刘倩等,译. 北京:生活·读书·新知三联书店,2013:470.

② 胡适. 五十年来中国之文学[M]. 上海:申报馆,1924:42.

同名的文学史著作在中华书局出版,它是第一部在时代划分意义上使用"近代"这个概念的文学史著作。其所谓"近代",断自"戊戌维新运动",以为"从这时候起,古旧的中国总算有了一点近代的觉悟",也是"中国文学有明显变化的时候"。该著作述及"宋诗运动及其他旧派诗人",指出"宋诗运动"成为同治、光绪年间诗国的一大潮流,这一派的诗被称为"同光体",陈三立、郑孝胥是代表人物。陈子展认为,"直到现在,这个潮流才渐渐会要枯竭",断言"他们('同光体'诗人)在诗国里辛辛苦苦地工作,不过为旧诗姑且做一个结束",认为"他们在近代文学史上的重要即在于此"。① 1930 年,陈子展(陈炳堃)又推出较前著更为详尽、深入的《近三十年中国文学史》,述及"诗界的流别及其共同倾向",称"继承清中兴以来诗国的正统,而仍想握着这个时期诗界的权威的,就是所谓'同光体'",言陈三立的诗是"江西诗派的嫡传"。陈子展指出,这一时期(晚清)的诗界,无论新派、旧派,都有"求新"的倾向,不过陈氏作诗"恶俗恶熟,不肯作一习见语",闹的是"字面问题",走的是一条"歧路","结果要走到绝路"。② 该书肯定近代中国形形色色的学古诗派也有"求新"的倾向和努力,但认定他们走的是一条"绝路";参照旧派诗人自己的诗学主张衡量其诗歌创作,从精神和诗艺上给予有限的肯定和一定的"了解之同情",却在根本方向上对学古诗派做了否定性评价。陈子展对包括陈三立在内的旧派诗人的评价,总体上并未超越胡适定下的"半死文学"的调子,将其文学史意义定位在"为旧诗姑且做一个结束"。

融旧学、新知于一身的文学史家钱基博,于 1932 年正式出版了编撰讲授多年的《现代中国文学史》,1936 年出版了增订四版。该书一反胡适的以白话文学/新文学为中心建构中国近代文学史的模式,探索了一种新旧融合的文学史建构理论,对旧派文学多有维护。该书言陈三立"为诗学韩愈,既而肆力为黄庭坚,避俗避熟,力求生涩",赞"其佳处可以泣鬼神、诉真宰者,未尝不在文从字顺中",至于"荒寒萧索之境,人所不道,写之独觉逼肖,而壹出自然,可谓能参山谷三昧者"。③ 这种文学史评价,几乎都是正面的。钱著言陈三立庚子

---

① 陈子展.中国近代文学之变迁[M].上海:中华书局,1929:34 – 51.
② 陈炳堃.最近三十年中国文学史[M].上海:上海太平洋书店,1930:15 – 30.
③ 钱基博.现代中国文学史[M].北京:商务印书馆,2017:283.

年(1900)移家金陵后"肆力为诗,陶写情性,呼之欲出",谓其《遣兴》《城北道上》《沪上访太夷》诸作"真气磅礴,不假雕饰,沉忧积毁中,乃能吐属闲适如此",赞其《甲辰感春》"皆戛戛生新而绝不为钩棘者",更是报着"了解之同情"的心理和欣赏的眼光,来品评《散原精舍诗》。① 然而,这部文学史著作问世后即遭到新文化阵营的非难,直到改革开放以后才受到学界重视。

二

中华人民共和国成立以来,国内出版的文学史著作,都将陈三立置于"同光体"诗派的代表诗人和领袖人物的位置来描述。然而,无论是基于阶级史观和白话文学正宗观,将"同光体"诗派视为"反动"的"逆流";抑或是基于唯物史观和文学进化史观,对其给予有限的肯定,绝大多数文学史著作对学古诗派的整体评价不高。在此语境下,以陈三立为代表的"同光体"诗派的文学史地位,自然难以与代表时代进步潮流的诗界革命派和南社诗人相提并论,当然也没有"现代性"可言。

20世纪50年代中后期,北京大学中文系1955级和复旦大学中文系1956级各自编著了一套《中国文学史》,后者还推出了一部《中国近代文学史稿》。复旦大学中文系1956级中国近代文学史编写小组编著的《中国近代文学史稿》,将"同光体"定性为属于"封建阶级的旧文化"的文学流派,言其是"继承了'宋诗运动'最不好的一面,在新的现实条件下发展而成的一股反动的诗歌逆流",宣判"他们的诗歌在内容上大都是表现封建没落文人对历史进程所感到的无可奈何的悲伤,以及个人的颓废哀伤的情绪",肯定陈三立"有些诗基于自己的不得意的遭遇,对以慈禧太后为首的旧党流露了一定的不满情绪和忧国伤时的感慨",同时宣称其诗"大部分是表现一种极其狭隘的、脱离现实的感情",言其《由九江之武昌,夜半羁邮亭,待船不至》一诗"正是没落阶级的具有本质意义的心情写照"。在诗歌形式方面,该书言陈三立讲求"镂刻",好用僻典、深典,喜造拗句;对陈三立戊戌变法以后的诗作,该书更是全盘否定,言其

---

① 钱基博.现代中国文学史[M].北京:商务印书馆,2017:282-287.

人成为"历史的渣滓",其诗内容上"出现了更强烈的反动性"。① 该书从阶级史观和文学进化史观出发,将"同光体"诗派置于"逆流"和"反动"的位置来定性。

1988 年,任访秋主编的《中国近代文学史》出版,这是新时期第一部完整的中国近代文学断代史。该书将"启蒙与救亡、反帝与反封建"定为近代文学的主旋律,但对"拟古诗派"表现出较大的宽容性,认为这些诗派在创作上"取得了程度不等的成就,不可一概抹杀",中编设专章讲述"同光体"等拟古诗派。就"同光体"诗派而言,该书将其定位为"后期宋诗派""专宗盛唐诗的反对派""最后一个退出诗坛的古典诗派",言其长期延续,"反映了中国古典诗歌顽强的生命力"。就该派首领陈三立而言,该书指出陈氏论诗"恶俗恶熟,不肯作一习见语",但其诗作"又常于文从字顺中显出佳处","能在平易中含清新淡远",这是他高于"同光体"其他诗人的地方。② 2013 年,关爱和主编的《中国近代文学史》,系同名国家精品资源共享课程的配套教材,主要由河南大学中国近代文学教研团队执笔。在这套教材中,"同光体"诗派作为光、宣时期乃至民国初年诗坛霸主的地位在一定程度上被还原,陈三立诗歌中的家国之悲得到肯定,其崝庐诗背后暗含着的"末代士大夫心理失怙的情感体验"得到正面阐发,并由此解读"陈三立诗歌深受传统士大夫和民国后旧派文人青睐的重要原因"。③ 关著之于任著,犹如后浪之于前浪,持论更为宏通,对旧派作家有了更多的"了解之同情"。

20 世纪 90 年代初,郭延礼先生陆续推出独自撰写的三卷本《中国近代文学发展史》,先后在山东教育出版社、高等教育出版社出版,2017 年又在人民文学出版社推出修订本。该书用一章的篇幅讲述"同光体及其他诗派",设专节讲述"同光体"代表诗人,指出该派的"宗旨是以宗宋为主而溯源于韩杜",将陈三立置于"同光体"诗派领袖和赣派代表诗人的位置来描述和定位。郭著认为:《散原精舍诗集》中最值得珍视的作品,是陈三立反映国事、描写人民疾苦、揭露社会黑暗面的诗作;那些清亡后以遗老自居,在诗中抒发对清室的留

---

① 复旦大学中文系 1956 级中国近代文学史编写小组. 中国近代文学史稿[M]. 北京:中华书局,1960:121 - 123.

② 任访秋. 中国近代文学史[M]. 开封:河南大学出版社,2019:150 - 153.

③ 关爱和. 中国近代文学史[M]. 北京:中华书局,2013:241 - 244.

恋和哀怨绝望之情的诗作，则应当批判。作为江西派的嫡传和"生涩奥衍"一派，陈三立作诗好用奇字，艰涩难懂，郭著认为梁启超推崇其《赠黄公度》诗"不用新异之语，而境界自与时流异""于唐人集中，罕见伦比"为"溢美之辞"，胡先骕评散原诗"如长江下游，烟波浩渺，一望无际，非管窥蠡酌所能测其涯涘者"言过其实。① 总体而言，郭著以"觉醒、蜕变、开放"三个关键词概括近代文学的主要特征，文学思想层面着力发掘近代文学中的爱国主义和民主主义主题，文学形式层面着重勾勒"新变"脉络，对包括陈三立在内的旧派诗人的文学评价不高。

1997年，张炯、邓绍基、樊骏主编的十卷本《中华文学史》问世，2011年更名为《中国文学通史》，是第一部真正意义上的"中国文学通史"。该书《近代文学》卷由王飚先生主编，该卷第十六章设专节讲述"同光体"，以梁启超《饮冰室诗话》中所录陈三立"凭栏一片风云气，来作神州袖手人"残句，来概括陈诗，肯定这位"袖手人"诗中透出的"风云气"，言其崝庐述哀诸作"哀父而兼哀国，寒鸟、零雁、斜阳、乱峰、衰草、落枫、荒庭、昏灯组成荒寒萧索之景"，赞"陈三立的诗，是最后一个封建王朝终将死亡的哀歌和终于死亡的挽歌，也驻留着中国最后一代忧国爱国、然而浸渍着君国观念的士大夫的精魂"。② 该节以诗一般的语言，对陈三立的诗歌予以较高评价。该书以"中国文学的近代化"为中心，建构近代文学史体系，把近代复杂的文学现象和演变趋势综合概括为"新变"和"衰变"两股发展方向不同的文学"潮流"，观念和篇幅上重"新变"潮流而轻"衰变"潮流。毫无疑问，该书对作为"衰变"潮流的"同光体"诗派的肯定性评价，亦难以与作为"新变"潮流的诗界革命派和南社相提并论。

2010年，严家炎主编的三卷本《二十世纪中国文学史》上册第四章讲述"辛亥革命前后的文学"，在七节的总体框架中，用一节（第六节）的篇幅讲述此时的"古体诗文"，"同光体"和桐城派是其核心内容。该书总体上以"现代性"为圭臬，在"现代性"视野下建构和描述二十世纪中国文学史，包括"同光体"在内的以学古为根本方向的"古体诗文"，被置于梁启超倡导的"文学界革

---

① 郭延礼.中国近代文学发展史[M].北京:人民文学出版社,2017:1135－1137.

② 王飚.中国文学通史·近代文学[M]//张炯,邓绍基,郎樱.中国文学通史.南京:江苏文艺出版社,2013:396－397.

命"的对立面来观照,其存在只是"为中国古典文学的结束作凄美而无奈的谢幕"①,而未承认其本身就具有"现代性"。值得注意的是,该书指出"1902年前后陈三立受诗界革命的影响",其诗作中常有诸如"安得神州兴女学,文明世纪汝先声"等新语句出现。② 尽管是肯定性评价,却反映出该书秉持的"现代性"根本方向,其对"同光体"诗派的整体评价依然不高,同样将其视为逆时代潮流而动的守旧派,其主流并无"现代性"可言。

袁行霈主编的《中国文学史》第四卷第九编第三章《近代后期诗歌》一节,由孙静执笔,将"同光体"定格为近代后期颇为活跃的"学古诗派"中诗人最多、影响最大的一派,肯定江西派的陈三立、浙派的沈曾植、闽派的郑孝胥"都同情和拥护变法维新,也都写下一些富有现实内容的诗作",正面评价"被近代宋诗派诗人推为宗师"的陈三立诗歌,言其"追求一种精思刻练、奇崛不俗而又能达于自然不见斧凿痕迹的境界",同时指出"他的诗多数奇奥难读"。③ 该书是在"中国文学史"的整体脉络里,描述和定位近代后期学古诗派中的同光体代表诗人陈三立的,对其诗作的现实内容和艺术努力给予有限的肯定。该书基于"内容是决定文学性质的根本因素"的文学史观,以及"近代历史是资产阶级旧民主主义革命的历史,反帝反封建是其根本任务"这一历史观,认定"反帝反封建的内容才是近代文学性质的根本标志"④,其对包括"同光体"在内的近代学古诗派的肯定,也是极为有限的。

袁世硕主编的马克思主义理论研究和建设工程重点教材《中国古代文学史(第二版)》下册第九编为《晚清文学》,以"传统文学的结穴和新文学的萌芽"概括晚清文学的典型特点。其所谓"结穴",既非"消亡",亦非"新旧过渡",而是"一种收拢、归束、集结"。⑤ 该编第五章设专节讲述光绪、宣统、民国初年的"同光体"及其他诗歌流派,由李开军(撰有《陈三立年谱长编》三卷)执笔。该书以简明的语言,将陈三立定格为最具代表性的"同光体"诗人,言其部

---

① 严家炎.二十世纪中国文学史:上册[M].北京:高等教育出版社,2010:126.

② 严家炎.二十世纪中国文学史:上册[M].北京:高等教育出版社,2010:133.

③ 袁行霈.中国文学史:第四卷[M].北京:高等教育出版社,1999:491-492.

④ 袁行霈.中国文学史:第四卷[M].北京:高等教育出版社,1999:434.

⑤《中国文学史》编写组.中国古代文学史:下册[M].2版.北京:高等教育出版社,2018:256.

分诗作"既有动人的情感力量,还表现出深厚的历史沧桑感",其七律有"散原体"之谓,其五古"也时有佳作,尤其是西山省墓之崝庐诗"。①

近六十年来,国内文学史著作对近代学古诗派的定位和描述,经历了由"末路""消亡"到"结穴""归束",由偏重阶级分析和思想定性到侧重诗学探讨和审美分析的时代变迁。这种变化,既显示了文学史家在如何描述陈三立和"同光体"诗派方面所表现出的灵活性与策略性,也显示出几十年来学术界所取得的历史性进步。

三

近年来,我国出版的中国文学/诗歌史著作,在描述和定位陈三立与"同光体"诗派方面,有三部值得特别注意:一是马亚中著《中国近代诗歌史》,二是袁进主编的《中国近代文学编年史:以文学广告为中心(1872—1914)》,三是孙康宜、宇文所安主编的《剑桥中国文学史》。这三部书,其一为第一部中国近代诗歌分体史和断代史,其二为第一部中国近代文学编年史(以文学广告为中心),其三为第一部具有国际影响力的中国文学文化史。这三部书在著述体例和学术开创等方面,均有诸多可圈可点之处。这三部书的一个共同特点,是对陈三立诗歌在学古中追求创新、独造品格的肯定,对散原老人晚年以死殉国难的崇高的民族气节的褒扬,以及对晚清民国时期学古派诗歌所表现出的现实内容、时代气息和"现代性"的认可。

《中国近代诗歌史》是作者马亚中1988年完成的博士学位论文,曾于1991年在台北学生书局出版,导师钱仲联先生为之作序;2011年由复旦大学出版社推出重校修改本。该书与众不同之处在于将近代诗坛各种诗派和诗人,对于传统文化引力场的挣脱与回归、反叛与变异作为观察透视的焦点,揭示出其在全面的历史反省中表现出的对古雅的迷恋和对未来的拓荒,显示了近代诗歌发展的总的历史风貌。在作者看来,"同光体"诗派属于"全面的历史反省中对新雅的追寻"的一派,其在总的创作方向上要求不断突破,追求新的艺术创造,保持高雅品格,重视学问学养,体现了中国近代诗歌发展"踵事增华"的趋

---

① 《中国文学史》编写组. 中国古代文学史:下册[M]. 2版. 北京:高等教育出版社,2018:309.

向;"学古并不是'同光体'的最终目的,而只是明辨诗歌正变发展,把握艺术传统和艺术规律以臻新雅之境的一种手段"。① 该书设专章评述"同光体",以专节评述"山谷神传,西江杰异"陈三立,言其在戊戌变法时期称得上是"先进的中国人"之一,其人"与顽固不化的封建士大夫并不相同",其部分诗作"不仅有充实的思想内容,而且境界奇崛雄肆,继承了杜韩苏黄的精神";"同光体"诗人在晚清大变局中,"不同程度地表现了时世的严重危机,揭露了清王朝统治的腐败,同时也真实地表现了他们自己心灵中的矛盾和痛苦,抒发了时世动乱激发起的满腔悲伤",他们在诗艺上"都力求在继承中创新,在求雅中创新","他们所创造的艺术境界大多深刻而新颖,具有很强的艺术魅力"。② 这些都是很中肯的评价,揭示了以陈三立为代表的"同光体"诗人新旧杂陈、多声复义的历史面影。

袁进主编的《中国近代文学编年史》,以1910年9月上海《国风报》刊登的《散原精舍诗》广告词为切入点,重估陈三立《散原精舍诗》的历史地位。该书认为:以陈三立为代表的"同光体"诗派,与以黄遵宪、丘逢甲、梁启超为代表的诗界革命派,以柳亚子、陈去病、高旭等南社诗人为主的革命派,在清末民初的中国诗坛三足鼎立。不仅如此,该书还倾向于认为:三派之中,"同光体"诗派影响更大、成就更高,陈三立是清末民初"第一诗人"。③ 清宣统元年(1909),陈三立《散原精舍诗》由上海商务印书馆石印出版,收录光绪末年(1901—1908)诗作七百余首。次年,狄楚青主持的《时报》、梁启超主持的《国风报》等上海报纸刊登推介广告。广告云:"是编为义宁陈伯严先生著。专学宋人,镕铸万有,气象雄浑,意境沉着,有黄河奔流千里一曲之概。诚今时诗中之大家也。"该书以点带面,言《散原精舍诗》学习古人却并非食古不化,而是着力创新,固其诗往往能戛戛独造;其诗歌风格多样,既有生涩之作,也不乏平易之辞;从内容上则肯定其诗主要是抒发家国之痛,赞其中最多的崝庐扫墓诗情感

---

① 马亚中.中国近代诗歌史[M].上海:复旦大学出版社,2011:333-337.

② 马亚中.中国近代诗歌史[M].上海:复旦大学出版社,2011:353-387.

③ 袁进.中国近代文学编年史:以文学广告为中心(1872—1914)[M].北京:北京大学出版社,2013:360.

深挚,最富有艺术感染力。① 这样的作品,自然具有时代气息和"现代性"。

孙康宜、宇文所安主编的《剑桥中国文学史》下卷于 2013 年在中国大陆出版中译本,由王德威执笔相关章节,分别在晚清和民国时期两处述及宋诗派领军人物陈三立,话语之中充满敬意。这部有着国际化视野和后现代理论背景的中国文学史专书,下卷建构的是 1375—1949 年间的中国文学,起于明代前期,迄于国民党败退台湾。王德威撰写的第六章勾勒了"1841—1949 年的中国文学",第一节描述"1841—1894:文学写作与阅读的新论争",首先讲"从龚自珍到黄遵宪:诗学的启示",从预设的"晚清文学代表着早期中国文学对自我革新的吁求"这一现代性视角和文学史主线,将龚自珍和黄遵宪描述为晚清中国诗坛最为杰出的两个代表革新方向的时代歌手,将龚自珍身后的晚清诗坛描述为三个以"拟古"为共同特征的诗派——汉魏六朝派、晚唐派、宋诗派——鼎足而立的时代,言"宋诗派在晚清三家诗派中成就最高",将陈三立定位为宋诗派/同光派首席诗人。② 王德威以着意发掘晚清文学先于甚或超过五四文学的被压抑的现代性,提出"没有晚清,何来五四"的著名口号而名扬天下。在此语境下,王德威断言:晚清三家"复古"诗派致力于通过借助古老典范来复苏真正的诗歌,这一现象本身"已经显示了传统的必然崩溃"。他指出"这些不同诗派的诗人们最为杰出的成就是能够借由传统诗歌的主题和风格表现当下的时代意识,由此产生了或时代错置或似曾相识的效果",在表现"当下的时代意识"层面,对包括同光派在内的"复古"派诗歌微弱的"现代性"给予有限的肯定。③ 在"尾声:现代性与历史性"部分,王德威注意到了 20 世纪二三十年代"在新文学的潮流之中,传统诗人仍然创作不辍"的现象,断言"古体诗作者虽然形似保守,却可能以一种对话方式,展现出他们与时代的关联";1927 年王国维之死和 1937 年陈三立之死,就是两个"充满辩证意义的现代事件";民国时期,以"神州袖手人"自处的清朝遗老、旧诗坛领袖陈三立,在 1937 年日军占

① 袁进.中国近代文学编年史:以文学广告为中心(1872—1914)[M].北京:北京大学出版社,2013:32 – 364.

② 孙康宜,宇文所安.剑桥中国文学史:下卷 1375—1949[M].刘倩等,译.北京:生活·读书·新知三联书店,2013:464 – 472.

③ 孙康宜,宇文所安.剑桥中国文学史:下卷 1375—1949[M].刘倩等,译.北京:生活·读书·新知三联书店,2013:467 – 470.

领北平(北京)后忧愤绝食五日,"为了他宁愿袖手旁观的新中国而身亡",表现出爱国士大夫的凛然风骨和民族气节,"其激进处,可能并不亚于那些自诩为时代先锋的人"。①

中国文学史书写的"同光体"诗派及其代表诗人陈三立,固然并不能完全代表"同光体"和陈三立研究的学术深度和高度,然而却在文学史知识建构和文化传播过程中,有着一般学术论著不可替代的重要的标志性意义。时至今日,要在中国文学史中客观描述和准确定位以陈三立为代表的"同光体"诗派,依然是一个学术难题。1944 年,柳亚子曾言:"从晚清末年到现在,四五十年间的旧诗坛,是比较保守的'同光体'诗人和比较进步的南社派诗人争霸的时代。"②这番话,经由一贯敌视"同光体"的南社盟主柳亚子之口说出,不难想见晚清民国时期"同光体"诗派不可被忽视的诗坛地位。1945 年,柳亚子又说:"辛亥革命总算成功了,但诗界革命是失败的。梁任公、谭复生、黄公度、丘沧海、蒋观云、夏穗卿、林述庵、林秋叶、吴绶卿、赵伯先的新派诗,终于打不倒郑孝胥、陈三立的旧派诗,同光体依然成为诗坛的正统。"③柳亚子承认宣统民国时期"诗界革命"派的失败,承认包括南社部分诗人在内的诗界革命派,不仅未能取代"同光体"的诗坛霸主地位,反而倒向了学宋诗派,民国初年诗坛的正统依然是"同光体"。诗坛常青树柳亚子说出的这段耐人寻味的话,印证了同光体诗派在晚清民国诗坛的声势与地位,值得当今文学史家认真玩味和深刻思考。

(胡全章,1969 年生,河南大学文学院教授、博士生导师,任中国近代文学研究室主任,主要研究方向为中国近代文学。)

---

① 孙康宜,宇文所安.剑桥中国文学史:下卷 1375—1949[M].刘倩等,译.北京:生活·读书·新知三联书店,2013:615-616.

② 柳亚子.介绍一位现代的女诗人[J].当代文艺,1944-5-6.

③ 柳亚子.我的诗和字[N].客观,1945-12-8.

往复论坛早期陈寅恪话题帖子综述(2001—2004)

胡耀飞

前　言

对于近现代史上某位学术大家、文化名人的学术史研究,目前基本围绕该学者的学术著作、私人日记、往来书信、个人档案、他人评价和回忆文章来进行,通过不断发掘其佚文,对与该学者相关的人物(同辈、晚辈、学生、亲友)进行访谈、研究,来进一步丰富对该学者的立体认知。不过,在互联网时代,随着近现代大量史料的电子化,受惠于信息获取渠道的便利,已经很难再有更多佚文可供学者搜罗。因此,相关的研究就会更加集中于对学者的学术本身进行再解读,甚至对研究史进行梳理。在此背景下,对于学术史的研究,就需要另辟蹊径。在此,本文通过文学史研究中文学人物接受史的方法,来关注史学大家陈寅恪先生在当代互联网上的接受史。

本文所使用的材料,来自互联网在我国刚刚兴起时的 BBS(电子公告板,俗称网络论坛)站点"往复论坛",试图从接受史的视角来看陈寅恪如何出现在 BBS 的话题讨论中。目前,学者虽然普遍使用互联网的诸多功能来进行学术研究,比如利用各种联网数据库(知网、万方、维普等)查找学术论文,利用各种史料数据库(四库全书、中国基本古籍库等)查找具体史料,以及通过各种平台(BBS、即时通信软件、视频会议软件)与同行讨论学术话题,但对于互联网学术本身的研究尚未完全展开。因此,本文希望能够通过对往复论坛早年讨论的梳理,抛砖引玉,期待引起学界更多的关注。

往复论坛创办者为北京大学历史系出身的数位教师,以罗新(1963—)等人为核心人物,创办时间在 2000 年左右。论坛延续了罗新在国内最大的 BBS 论坛天涯论坛"关天茶舍"版担任首任版主的风格,集中讨论社会、人文等议题。由于天涯论坛更广的受众面,很多专业话题无法展开讨论,而在以人文、社科领域的老师和学生为主要用户的往复论坛却能得到充分的交流。其中,作为罗新等论坛创始者所处中古史研究领域的祖师爷,以及 20 世纪 90 年代以来大众热衷于讨论的国学大师之一,陈寅恪一直是往复论坛的常年话题。不过,往复论坛在经过十多年的 BBS 黄金时代之后,逐渐冷清,直至 2014 年 5 月 19 日闭站,目前已经无法看到当时的帖子。好在往复论坛主持者在 2004 年时曾经备份过论坛至 2004 年的所有帖子,笔者曾于此后不久下载了这一备份并保存至今。因此,本文所使用的内容也以 2004 年为限。

一　直接以陈寅恪为话题的帖子

首先需要介绍的是笔者保存的往复论坛旧帖之内容,当时是直接下载往复论坛管理者提供的压缩包,内含旧帖整理者根据内容分类的 19 个文件夹,分别是:北大教改、非典、高速铁路、海外传真、李多转何新文、历史与人物、历史资料、乱弹、三峡、社会调查、时讯时评、万柳、往复旧帖、未分类旧帖、文学艺术、学术批评、学术史、娱乐时尚。

其中,标题中有"陈寅恪"三字的共六个帖子,分别是:保存于"学术史"文件夹的"余英时:陈寅恪研究因缘记""陈寅恪师承王国维衣钵""转帖:我不尊敬这样的陈寅恪",保存于"李多转何新文"文件夹的"何新:朴学家的理性与悲沉——读《陈寅恪文集》论陈寅恪",保存于"未分类旧帖"文件夹的"沙健孙:向陈寅恪先生学习什么?""《陈寅恪晚年诗文释证》增订本(书成自述)"。由于"余英时:陈寅恪研究因缘记"和"《陈寅恪晚年诗文释证》增订本(书成自述)"其实是同一篇文章的不同转载,故而事实上可以归纳为五个帖子。

另外,标题中没有"陈寅恪"三字,但实际上转载的是陈寅恪相关帖子的有一个,即保存于"未分类旧帖"的"转一篇比较有争议的学人文章"。因此,一共还是六篇帖子。

关于这六个帖子,按照发帖的时间顺序,可依次分析如下:

(一)"转帖:我不尊敬这样的陈寅恪"(2002 年 12 月 15 日)

该帖为署名"资产重组"的网友写的文章《我不尊敬这样的陈寅恪》,由网友"乱组"在 2002 年 12 月 15 日 9 点 57 分转载于往复论坛,最后编辑于当日 10 点 01 分。在这里,最后编辑指的是 BBS 所具有的帖子修改功能,并且会显示修改时间。经笔者查询,该文内容曾于 2000 年 9 月 30 日出现在清华大学校内 BBS 水木清华站,由网友"SummerSun(狮子)"转帖,时间是 2000 年 9 月 22

日,但网址已经无法打开。水木清华站的原始帖文也没有可以直达的网址,笔者所见为水木社区网站的页面,由网友"summersun"转帖,时间不详,当为水木清华站的"SummerSun(狮子)"。

进一步查询可知,《我不尊敬这样的陈寅恪》一文在 2000 年 10 月 9 日出现于网易文化频道,署名也是"资产重组"。此后,该文正式发表于《文艺理论与批评》2001 年第 1 期,署名"重组",当即"资产重组"。①《文艺理论与批评》杂志创办于 1986 年,由中国艺术研究院主办,目前属于 CSSCI 来源期刊,但 2001 年尚不在 CSSCI 来源期刊之列。该文篇幅仅 2 页,行文并非论文格式,可知当时刊登此文的《文艺理论与批评》应该也不是以学术论文的标准来评判,故而有可能是刊物编辑在网上看到此文,主动联系作者正式刊登。但作者"资产重组"似乎不愿以真名示人,故依然用网名中的"重组"二字署名。此外,笔者怀疑 2002 年在往复论坛贴出此文的"乱组"也可能就是"资产重组"。

该文作者之所以不愿使用真名,与该文立意有关,即对陈寅恪的学术立场大发牢骚。该文先是说陈寅恪"是一个极自负的人,不但老觉得自己怀才不遇,还要替祖上鸣不平";之后又说陈寅恪对于"伪满洲国","从未严词厉斥,仅作诗以耶律大石西辽比之"。在当时"陈寅恪热"的大环境下,此文确实是逆水行舟,不由得让作者多有顾虑,从而隐去真名。

如果"乱组"确实是"资产重组",那么该文的作者也有点儿自鸣得意的心思,故而在往复论坛贴出此文,明显是"偏向虎山行"。果然,此帖贴出后,即有网友表示不满。如网友"长安居"跟帖认为作者是"碍国愤青",此处将"爱国"替换为"碍国",即指责作者的"爱国"其实对国家而言属于障碍。另有网友"行健"指出作者文中一处常识错误,从而引来网友"兰成"怀疑作者所谓"也曾认真看过陈氏的著作"只是说说而已。

(二)"《陈寅恪晚年诗文释证》增订本(书成自述)"(2002 年 12 月 19 日)

此帖为某网友贴于 2002 年 12 月 19 日,被往复论坛旧帖整理者归入"未分类旧帖"文件夹。内容来源于余英时《陈寅恪晚年诗文释证》(增订本)②。至于此自述的文本版,或许为网友根据原书打字录入,或为成书时的原始文

---

① 重组. 我不尊敬这样的陈寅恪[J]. 文艺理论与批评,2001(1):139-140.

② 余英时. 陈寅恪晚年诗文释证[M]. 增订本. 台北:东大图书股份有限公司,1998.

档,已不可考。另外,还有题为"余英时:陈寅恪研究因缘记"的一帖,跟此帖内容一样,被往复论坛旧帖整理者归入"学术史"文件夹。这两个文件,或为一个论坛帖子被重复整理归类,或为一篇文章被贴了两次,亦不可考。

可惜,这两个文件都无跟帖,因此无法介绍余英时此文在往复论坛的反响。

（三）"转一篇比较有争议的学人文章"（2002 年 12 月 31 日）

此帖由网友"莲华生"于 2002 年 12 月 31 日贴于往复论坛之"往复文摘"版,并被往复论坛整理者归入"未分类旧帖"文件夹,内容则是转发葛剑雄《我看陈寅恪现象》一文。此文颇具葛剑雄个人观念,即认为不宜高估民国学术,可与葛剑雄《被高估的民国学术》①一文合而观之。在文章中,葛剑雄认为:"我们不能随便以大师自期,也不必感叹大师之不可期。""到我们这一代,尽管在整体上离先师的水平尚有距离,但又有很多新的领域得到开拓,在这些领域,我们当然应该超过先师这一代。我相信,陈寅恪的学生和这些学生们的学生也是如此。所以希望青年人敬仰大师,学习大师,但不要迷信盲从,更不要将他们当成神。"这里的"先师"指葛剑雄的博士生导师谭其骧（1911—1992）,可见葛剑雄以此为例,劝诫学生不要迷信盲从包括陈寅恪在内的民国学人。

正如此帖标题所示,葛剑雄的看法确实引起了许多网友的热议,正反双方都有其人。甚至到了 2003 年 1 月,回帖集中在了"书生意气""散木"两位网友身上,变成了他们你来我往的独角戏。大体上,网友能理解葛剑雄的用意。其中有代表性的回复是网友"兰成"在 2003 年 1 月 8 日所贴:"老葛这篇文章写得其实还行,老葛人是极聪明的,只是有时候太聪明了。说到史地所（复旦大学中国历史地理研究所）的学生,似乎确实比历史系（复旦大学历史系）的好些。不过史地所里,似乎周振鹤先生水准更高些吧? 不过若论处世之道,他就比老葛差多了。复旦大学历史系中,治元史的姚大力先生水准很高。不过他那几个学生水平可就参差不齐了。"

（四）"何新:朴学家的理性与悲沉——读《陈寅恪文集》论陈寅恪"（2003 年 6 月 15 日）

此帖由网友"李多"于 2003 年 6 月 15 日贴于往复论坛之"往复文摘"版,

---

① 葛剑雄.被高估的民国学术[M]//葛剑雄.天地史谭.上海:上海辞书出版社,2018.

被往复论坛整理者归入"李多转何新文"文件夹,内容为转发何新发表于《读书》1986年第5期的《朴学家的理性与悲沉——读〈陈寅恪文集〉论陈寅恪》一文①。"李多"在往复论坛转了许多帖子,其中转发的11篇关于何新的帖子被集中到"李多转何新文"文件夹。虽然文件夹以此命名,但实际上并非都是何新所撰,有3篇是对何新的批评文章:"驳《诸神的起源》"(2004年3月20日)②、"袁珂:对何新《九歌》十神说质疑"(2003年5月14日)③、"转帖:评何新的'仕途不顺的怨妇情结和计划经济的前朝余孽'"(2003年5月18日)。

进一步翻阅则可看到,在"转帖:评何新的'仕途不顺的怨妇情结和计划经济的前朝余孽'"这个帖子中,"李多"转发时附言:"文中那段何新的感慨甚是有趣,应该是何新先生感到自己五十好几,还没有成为领导,心灰意冷之下的肺腑之言吧,这也可以说明2003年以来,何新先生对仕途已然丧失信心,转而重塑自己'史学家'的伟大形象,并且不惜赤膊上阵,在'往复'这个史学界有影响力的论坛上自吹自擂。"在"何新妙语"(2003年6月13日)这个帖子里,则有"李多"回复道:"仿'何新妙语'一则。记者:请问,李多先生,您怎么评价自己?李多:我生来就是用来嘲笑何新和李多的,当然,他们是一个人。"在"驳《诸神的起源》"这个帖子里,也有"李多"的回复:"何新先生,你还是那样不甘寂寞,继续以'李多'的ID游走于互联网,我查了一下,您每天大部分时间用于在各个论坛上发表吹捧自己的帖子。当然,这篇是1988年驳斥您的文章,您也贴出来了,说明您追求名声已经到了不择手段的地步,只求留名历史,不论香名臭名。"可见,"李多"应该就是何新的网名,所谓"李多转何新文",其实就是何新用网名复制粘贴自己的文章。

因此,"李多"对何新《朴学家的理性与悲沉——读〈陈寅恪文集〉论陈寅恪》一文的转帖,也就是何新本人想要在往复论坛"这个史学界有影响力的论坛上自吹自擂"。不过从效果来看,此帖并无跟帖,"自吹自擂"的目的似未达到。就该文内容而言,何新将陈寅恪视作20世纪走向衰落的朴学三位代表性人物之一,另两位是王国维和章太炎。何新认为:"陈寅恪于三人中最为晚生,

---

① 何新.朴学家的理性与悲沉:读《陈寅恪文集》论陈寅恪[J].读书,1956(5):27-36.

② 王震中.应该怎样研究上古的神话与历史:评《诸神的起源》[J].历史研究,1988(2):3-18.

③ 袁珂.《九歌》十神说质疑[J].读书,1988(7):149-151.

但对朴学传统却恪守最严,学术地位至高,治学成就至大。"随后,何新对陈寅恪的朴学成就进行了梳理。但在结语中,何新又话锋一转,说道:"陈氏在20世纪这样一个大变动的时代中度过了他的一生,留下了一批珍贵的学术成果。但是作为一个在价值观念上恪守儒家传统的人物,他的生活悲剧,并不仅仅是个人性的,这也是中国传统文化和学术的悲剧。就其成就来说,陈寅恪是传统学术理性的化身。而就其不幸来说,他的悲剧更具有一种深刻的文化象征意义。其是非功过,也许还不是我们这一代人所能评定的。"从这一段话来看,何新虽然服膺陈寅恪的朴学成就,但依然认为陈氏属于"传统学术",且正是这一"传统学术"导致了"他的生活悲剧",甚至代表了"中国传统文化和学术的悲剧"。

一般来说,网络论坛的跟帖很多时候是发表异议,好在何新这篇评论陈寅恪的文章虽然对陈寅恪颇有微词,但其行文尚在学术文章的一般水平之上。这大概也是往复论坛上无人对此文进行跟帖的缘故。

(五)"陈寅恪师承王国维衣钵"(2003 年 12 月 2 日)

此帖由网友"bbbb"于 2003 年 12 月 2 日贴于往复论坛之"往复文摘"版,被往复论坛整理者归入"学术史"文件夹。内容为转发一篇署名"刘正成"的文章《看图说话——我与书法二十年(49)》,并摘录其中一句话加以评述。这句话是:"就说一代史学大师陈寅恪,他承自王国维的衣钵,而陈先生之后呢?"对此,"bbbb"表示:"刚刚读了一篇文章,其中有以下一段话,我不是搞历史的,不知此话是否当真,请方家教示。"这里转帖的文章作者刘正成为《中国书法全集》(荣宝斋出版社,1991 年版)主编,内容是刘正成于 2003 年 7 月 15 日在其松竹草堂所撰文章,该文通过延誉日本书法大家中田勇次郎,来感慨中国书法界的乱象。

对于"bbbb"的发问,网友"子方"表示:"陈先生不是承王氏衣钵,他自己的衣钵也没人承继下来,本来公认是周一良先生,可惜物是人非,陈先生也不承认他的弟子有谁能真正承继,即使是蒋秉南(蒋天枢)先生也不能。"网友"若耶"引用了季羡林先生 1988 年在纪念陈寅恪教授国际学术讨论会闭幕式上的话:"陈先生是学术巨人,在他的范围之内,无法超越,原因就是我们今后不可能再有他那样的条件。"[①]"若耶"还说道:"其中'不可能再有他那样的条

---

① 季羡林.纪念陈寅恪教授国际学术讨论会闭幕词[M]//纪念陈寅恪教授国际学术讨论会秘书组.纪念陈寅恪教授国际学术讨论会文集.广州:中山大学出版社,1989:30.

件'一语,值得玩味。"网友"念兹"也认为:"那个时代的陈先生有他无法重现的一些外部条件,现在也有陈先生无法想见的优势,而内在的精神气质才是无人能传的。"可见,大家普遍认为陈寅恪的学问没有完全能够继承的人选,即便是另一位被誉为国学大师的季羡林自己也不敢承认,其余如蒋天枢、周一良等陈寅恪真正的弟子,也没能得到承认。

最后发言的则是网友"箱子",他说道:"各位大师的才智超逸自不必言,但还有一个原因,善其事而不善传其道,郭一直忙碌,陈虽欲传,而'板书多是几种文字混杂一处,讲课一口浓重的江西口音,声音又小'。况且一代又一代之学,当代史学虽不乏浮泛之辈,但怎知不能有开创一代之作家,刘正成把日本汉学吹得神乎其神,事实上日本汉学多是资料编辑功夫,史识、史才都有欠缺。虽云他山之石可以攻玉,国人亦不必妄自菲薄。"这里的"郭"是刘正成原文同时提及的郭沫若,"箱子"认为郭氏亦无传人。所引"板书多是几种文字混杂一处,讲课一口浓重的江西口音,声音又小"这段话不知出自何处。总之,"箱子"的发言属于调和论。

(六)"沙健孙《向陈寅恪先生学习什么?》"(2004 年 3 月 6 日)

此帖亦是转帖,由网友"三老板"于 2004 年 3 月 6 日贴于往复论坛之"往复文摘"版,并被整理者归入"未分类旧帖"文件夹。此文作者为沙健孙,下有括号注明"作者系北京大学原副校长、中共中央党史研究室副主任"。根据检索,有网友"zhugelan"于 2004 年 3 月 5 日在天涯论坛的"关天茶舍"贴过此文。此文最早的出处则是《人民日报》1998 年 6 月 20 日,故往复论坛此帖转载时,文末曰"摘自《人民日报》"。此后,此文大意在《内部文稿》1998 年第 17 期上有过摘登,但改题为《陈寅恪先生的弱点不值得推崇》。①

在此帖中,一楼是沙健孙此文,二楼以下则是网友们就沙健孙的看法发表自己的意见。大体上,作为党史专家,沙健孙的观点是认为陈寅恪对马克思主义的抵制是他的"弱点和局限",而非体现其"崇高的风骨和壮烈的情怀"。此外,沙健孙还引用了周一良的看法,后者曾说:"中华人民共和国成立以后,我粗学马列,感到陈先生虽不承认自己是马克思主义者,但他治学之道却充满朴素的辩证法,善于一分为二和合二为一,这也许是陈先生在史学界能够冠绝群

---

① 沙健孙.陈寅恪先生的弱点不值得推崇[J].内部文稿,1998(17):33-34.

伦的主要原因吧？"①由于周一良是陈寅恪的学生，故而沙健孙的引用即在于表明，马克思主义"是一个开放的体系，不是一种封闭的学说"，即便陈寅恪本人并不推崇马克思主义，但他的学生已经指出，其治学方法有马克思主义的内涵在里面。故而，陈本人对马克思主义本身的拒绝，是一个"弱点和局限"。

网友们则对此表示不同看法，如"老涅"说："至于一分为二、合二为一，好像我们的周易阴阳，也有这个意思吧？周先生的说法有一点道理，问题是这种方法渊源究竟何在？陈先生当年游学，是取自异邦，还是旧邦新命？""老涅"对陈寅恪学术方法中的辩证法到底是源自马克思主义，还是源自中国传统思想中的阴阳学说，提出了怀疑。又有"宾南"表示："这篇文章的关键逻辑错误在于把马克思主义与辩证法完全等同起来了，这是不应该犯的错误。"网友"长安居"驳斥道："呵呵，如此可笑的文章，如此偷换概念的狡辩。"更有"英国军刀"说："三老板，您饶了我吧，今后千万不要把这种文章贴在这里了。"看来他们都对沙健孙的文章有所不满，不过都没有详细的辩驳。

稍微详细的反对意见有两则，一是"忘言室主人"所说："终于有人公开对周一良先生的'辩证唯物'进行推测了。我觉得沙君文章恐怕是不太合适的推论。第一，怎么理解辩证唯物。周本人承认他学辩证唯物不过是中华人民共和国成立初期的那几本苏联教材，我认为周本人认识的辩证唯物是突破思想束缚以后的辩证唯物，和1976年前后的概念根本不同。第二，田余庆先生的学术是对陈、周等人的学术的发展，横向比较不合适，纵向比较才合适，周先生在一本书中已经纠正别人的传言，他的原意是指田在有些方面超过陈。相信读过田著的人自有公论。陈在大家纷纷写教材式的通史时，开始着眼柳如是研究，显然高人一筹，视野不同，境界不同，现在学术潮流显然是和陈契合的。"

二是"念兹"所说："陈先生是极少亲听过列宁演讲，看过原版《资本论》的人。前贤翻译马列原著动过手脚这已经是众所周知的事，陈先生当年不臧否人物，不点破而已。此帖，还有那篇转帖'我民间，但是我科学'，都不知道居心何在？学术乃天下之公器，不是几个机构、一帮人能垄断的。当年王静安先生不肯执教北大，陈先生也不肯北上，不是没有道理的。1966—1976年间，陈先

---

① 周一良.纪念陈寅恪先生[M]//纪念陈寅恪教授国际学术讨论会秘书组.纪念陈寅恪教授国际学术讨论会文集.广州:中山大学出版社,1989:15.

生恪守学统,倒没有听过有哪个达人要承继先生之说。先生身后,却个个争认
义宁后人,还用先生生前摒弃的条条框框去圆先生之说。这难道是先生所说
的'理解之同情'乎?"其中提到的"我民间,但是我科学"指的是往复论坛上的
另一篇帖子,由网友"wahaha"转于2004年2月18日,该文作者为田松,同名
文章最早发表于《社会科学家茶座》2003年第5期。① "念兹"认为沙健孙此
文和田松的文章"都不知道居心何在",笔者倒觉得不必过于看重文章作者的
政治立场,更何况田松的文章与沙健孙的文章立意完全不一样。田松的立场
大体是揶揄民间科学家过于认真的态度,认为他们从事的事情跟真正的科学
研究完全背道而驰,却坚信自己真的在进行科学研究。虽然田松的行文不无
调侃,但指出的是真正的问题所在,也期望民间科学家们能够正视自己。沙健
孙的文章则确实如"念兹"所说,颇有其"居心"在焉。因此,两篇文章立意
有别。

二　其他涉及陈寅恪的帖子

以上所述为帖名中有"陈寅恪"三字者,此处梳理一下内容中涉及陈寅恪
者。根据笔者检索,有50多篇帖子涉及陈寅恪,或多或少提及其名字。但是,
其中部分涉及只是简单提到而已,比如在说到清华国学院时列一下陈寅恪在
内的导师名单。因此,此处仅将比较深入的一些关于陈寅恪的论断征引出来,
便于学界参考。需要说明的是,许多帖子有正式的刊出版本,下文尽量一一注
明;但本文所引内容仅为往复论坛贴出的文字,两者之间或有出入,以刊出版
本为准。

2001年12月3日,网友"nostalgia"发布"朱学勤:从马嘎尔尼访华到中国
加入WTO",转载了朱学勤在"WTO与人文"讲座上发表的演讲,由《南方周
末》刊出文字版。② 此文中涉及陈寅恪的段落为:

中国者,以文学思维问政之卢梭太多,以数学头脑研制宪政之汉密尔
顿太少。走到这个时候,它已经离法国的大门不远了。故而陈寅恪在那
时就说:"西洋各国中,以法人与吾国人习性为最相近。其政治风俗之陈

---

① 田松.我民间,但是我科学[J].社会学家茶座,2003(5):116-122.
② 朱学勤.从马嘎尔尼访华到中国加入WTO[N].南方周末,2001-11-29.

迹,亦多与我同者。美人则与吾国相去最远,境势历史使然也。"(见吴学昭:《吴宓与陈寅恪》,清华大学1992年版第7页)

2001年12月8日,网友"贩子"(陈爽)发布"转帖:再论参考文献著录方式问题",转载了当时《史学月刊》编辑部副编审周祥森发表于学术批评网的《再论参考文献著录方式问题——兼与〈历史研究〉编辑部和任东来先生商榷》一文。此文涉及陈寅恪的内容为:

当然,影响学术论文和论著被引用率的因子不止这两个。某一时期研究热点和研究重心的转移也会对有关的论文和论著的引用率产生重大的影响。例如,无须检索就可以肯定,20世纪90年代以来文化思想界相继出现的"王小波热"和"陈寅恪热",必然会影响到王小波和陈寅恪的作品、著作及相关人士的文章、著作的引用率。在"陈寅恪热"时期,陈寅恪的著作肯定是学人们引用得最多的学术成果,而较早研究陈寅恪的著作(如余英时的《陈寅恪晚年诗文释证》,汪荣祖的《史家陈寅恪传》和《陈寅恪评传》,陆键东的《陈寅恪的最后二十年》,刘以焕的《国学大师陈寅恪》)、对陈寅恪研究具有拓宽学术区域之功的著作(如李玉梅的《陈寅恪之史学》、刘克敌的《陈寅恪与中国文化》)、将关于陈寅恪研究的学术论文裒为一辑的论文集(如北京大学中国中古史研究中心编的《纪念陈寅恪先生诞辰百年学术论文集》、胡守为主编的《〈柳如是别传〉与国学研究——纪念陈寅恪教授学术讨论会文集》和《陈寅恪与二十世纪中国学术》、纪念陈寅恪教授国际学术讨论会秘书组编的《纪念陈寅恪教授国际学术讨论会文集》、王永兴编的《纪念陈寅恪先生百年诞辰学术论文集》等)、具有原创或首创意义的单篇学术研究成果(如胡晓明关于陈寅恪诗学范式和钱锺书诗学范式的比较研究、"陈寅恪现象"与二十世纪九十年代思想界之关系的研究成果、王焱对陈寅恪古典自由主义思想的发掘成果等),也是人们引用得较多的。相反,随笔性的关于陈寅恪其人其事的作品和缺乏创见的研究论文,却很少被人引用(只是说这些随笔作品、论文、论著对于"义宁学"研究没有太大的价值,但对于研究"陈寅恪现象"或曰"陈寅恪热"却正是最有价值的资料)。

2002年7月16日,网友"渚"发布"旧营垒过来的人(转载)",转载了台湾学者逯耀东所撰《旧营垒过来的人》一文。从这位网友行文来看,应是来自台湾,故有逯耀东此文电子文本。此文为逯耀东专写与周一良交往的文章,故而多处涉及周的恩师陈寅恪,遂不再具列其文。

2002 年 7 月 23 日,网友"渚"发布"回归自我,以史为鉴(转载)",转载了署名"宜休"所撰《回归自我,以史为鉴》一文。此文作者"宜休"不知其真名,最初发表情况也不得而知。内容则是对于周一良晚年三本自传《毕竟是书生》《郊叟曝言》《钻石婚杂忆》的评论。由于多处涉及陈寅恪,此处不再转引。

2002 年 7 月 25 日,网友"渚"发布"周一良:毕竟是书生(转载)",转载了当时还没进入高校的谢泳所撰《周一良:毕竟是书生》一文。① 此文为谢泳对周一良的评论文章,自然也是处处涉及陈寅恪,故不再详列。

2002 年 11 月 4 日,网友"小文"发布"旧帖:葛兆光《历史的意义》",转载了葛兆光的《历史的意义——读两种历史教科书和入门书的随想》一文。② 据"小文"按语:"葛兆光兄日前传来几篇文章,征得他同意,转载于此。"可知,此为在葛兆光的同意下,转载于往复论坛。在此文中,涉及陈寅恪的段落为:

> 最近再读陈寅恪的一些材料,很有一些想法和感受。他在给学生讲课时曾经提到,当时坊间的教科书以夏曾佑的《中学历史教科书》为最好,为什么? 因为其他的教材以平庸当公允,把抄撮当著作,而它却有自己的风格和想法,"作者以公羊今文家的眼光评论历史,有独特见解。其书出版已三十年,不必再加批评。其余大学课本,也可参考……但不能作为依据,有些课本内容辗转抄来,涉及的范围也有限"。他举了一个留美考试的中国通史试题,"问金与南宋的学术有无异同",结果很多人目瞪口呆,全不知道,这就是那些被平庸的教科书束缚在通行的历史叙述中,并不能真正把握历史知识的缘故。

2002 年 11 月 11 日,网友"小文"发布"郁明:文化民族主义史学的三大理论",转载了所示来源"世纪沙龙"的署名"郁明"的《文化民族主义史学的三大理论》一文。据查询,此文在 2003 年以《文化民族主义的三大理论——民族史

① 谢泳.周一良:毕竟是书生[M]//谢泳.逝去的年代:中国自由知识分子的命运.北京:文化艺术出版社,1999:86-89.

② 葛兆光.历史的意义:读两种历史教科书和入门书的随想[M]//葛兆光.古代中国的历史、思想与宗教.北京:北京师范大学出版社,2006:227-236.

学的视野》刊登于《江苏社会科学》杂志,署名"盛邦和"。① 往复论坛此帖即盛邦和在正式发表之前,以网名"郁明"贴于网络之早期版本。在此文中,涉及陈寅恪的段落为:

> 阅读陈寅恪史学著作,十分深刻的印象是他用文化民族思想诠释民族问题。他举史例为证,在北朝史中,凡关于胡汉之问题,实一胡化、汉化之问题,而非胡、汉种之问题。当时之所谓胡人、汉人大抵以胡化、汉化而不以胡种、汉种为区别。即文化之关系较重,而种族之关系较轻。《隋唐制度渊源略论稿》列举史例说:"夫源师乃鲜卑秃发氏之后裔,明是胡人无疑,而高阿那肱竟目之为汉儿,此为北朝汉人、胡人之分别,不论其血统,只视其所受之教化为汉抑为胡而定之确证,诚可谓'有教无类'矣。"他接着强调:此点乃治中古史之最要点,"最要关键","若不明乎此,必致无谓之纠纷"。

> 何为民族?民族有以下诸因素:属于同一个种族(血统);属于同一个文化(教化);居住于同一个地域。陈寅恪提出的观点是,在这三大因素中,文化之教化居于首位,无论其属于什么血统,也无论其居住于何处地域,皆以"教化"即文化定其"民族"之属性。陈寅恪此种"文化"至上主义,形成他文化民族主义的基本理论支撑,最终成为他观史、治史的基本理论原则。据此,我们也有理由将他的史学称为"文化民族"的史学。

2003 年 3 月 10 日,某网友发布"转帖:谈谈大学学风",转载了时任中山大学校长黄达人在研究生教育工作会议上的讲话《谈谈大学学风》(2002 年 11 月 4 日,怀士堂)②。其中涉及陈寅恪的段落为:

> 自由的精神是学术研究的题中之义,没有自由也就无所谓学术,没有如陈寅恪先生所说的"自由之精神与独立之意志",也就无所谓大学。

2003 年 3 月 23 日,网友"忘言室主人"发布"史学家眼中的周一良",转载了《南方周末》2003 年 2 月 28 日刊出的《史学家眼中的周一良》一文。根据题记,此文为《南方周末》从当时刚刚出版的《载物集——周一良先生的学术与

———

① 盛邦和.文化民族主义的三大理论:民族史学的视野[J].江苏社会科学,2003(4):148－153.

② 黄达人.谈大学学风[J].国家教育行政学院学报,2003(2):34－39.

人生》①中选取的汪荣祖、田余庆、王永兴三位学者对周一良的回忆文章。"忘言室主人"认为"从他们的叙述中,既可见出一代知识分子所曾经历的坎坷人生,也有助于加深对周一良所师承的陈寅恪学术思想的理解"。由于涉及陈寅恪的篇幅甚多,本文不再转引。

2003 年 4 月 2 日,网友"潜行者"发布"文人圈内的幽微心境——读《吴宓日记》",转载了李廷华《文人圈内的幽微心境——读〈吴宓日记〉》②一文。此文因讨论陈寅恪密友吴宓,故多处涉及陈寅恪,恕不一一列出,读者自可找原文翻看。

2003 年 4 月 9 日,网友"李多"(何新)发布"何新的史学研究",转载了戎骅《何新的史学研究》一文。根据前文梳理,此为何新"吹捧自己的帖子",且"戎骅"这一署名也不知为谁。文中自然多为溢美之词,其中涉及陈寅恪的段落有:

> 何新是"陈寅恪热""顾准热"最早的发动者。早在 20 世纪 80 年代初,当陈寅恪、顾准的名字尚不为学界多数人,特别是中青年一代所知时,何新即在《读书》杂志撰文,阐述了"陈学"与乾嘉朴学的渊源及"陈学"的价值,并与西方现代语言阐释学进行了比较。

2003 年 5 月 29 日,网友"别集"发布"'自宫'之后又如何?——再论北大'癸未改革'",转载了蒋非非《"自宫"之后又如何?——再论北大"癸未改革"》一文。此文为涉及当时北京大学人事制度改革的讨论之一,作者蒋非非为北大历史系教师。由于这次事件发生于北大,故成为媒体的焦点,相关讨论也频见于网络。今仅摘引其中涉及陈寅恪的段落如下:

> 现在正"走红"的学者陈寅恪,12 岁出洋,35 岁应聘清华,历二十多年,足迹涉日、美、法、德、瑞士以求学。心平气静,假以时日,方可神游书海,厚积薄发。如果人人自危,为逃脱丢饭碗的噩运而惶惶不可终日,"著书只为稻粱谋",如此心境下做出的学问,是否经得起时间的考验呢?

2003 年 7 月 4 日,网友"兰成"发布"甘阳华人大学理念与北大改革",转

---

① 周启锐.载物集:周一良先生的学术与人生[M].北京:清华大学出版社,2003.
② 李廷华.文人圈内的幽微心境:读《吴宓日记》[J].红岩,1999(1):104 – 107.

载了甘阳《华人大学理念与北大改革》①一文。其中涉及陈寅恪的段落为：

> 有些人似乎不知道在美国拿个博士只要中人之资就绰绰有余，并不需要什么特别的才华，中规中矩的学生拿个博士最容易。真正难的倒是今天很少再有人像老辈学者陈寅恪、钱锺书那样，留学只问学问，不求学位。

2003 年 7 月 22 日，网友"kyoto"发布"哈佛梵文研究一百年"，转载了陈天襄《哈佛梵文研究一百年》②一文。此"陈天襄"为旅美华人历史学家陈怀宇的笔名。其中涉及陈寅恪的段落为：

> 兰曼的学生很多。其中除了继承他衣钵在哈佛任教的克拉克外，还有诸如文学家爱略特(T. S. Eliot)、白璧德(Irving Babbitt)。除了为北美梵文学界培养了许多人才之外，兰曼也有一些著名的中国学生，这其中包括中国著名的佛教学者陈寅恪和汤用彤。据《吴宓自编年谱》1919 年记载："哈佛大学本有梵文、印度哲学及佛学一系，且有卓出之教授兰曼先生等，然众多不知，中国留学生自俞大维君始探寻、发见，而往受学焉。其后陈寅恪与汤用彤继之。"汤用彤选修了兰曼开设的"印度语文学"(Indic Philology)课程。吴宓在年谱中专门提及："汤用彤君，清末在北京五城中学时，即与同学梁漱溟君同读印度哲学之书及佛教经典。去年到哈佛，与陈寅恪同从兰曼教授学习梵文与巴利文，于是广读深造，互切磋讲论，并成全国此学之翘楚矣。"当时，哈佛中国留学生中有所谓"哈佛三杰"的说法：汤用彤、陈寅恪、吴宓，其中两杰都曾跟兰曼学习过梵文。

2003 年 8 月 7 日，网友"波涛浩渺"发布"薛涌：甘阳与文化民族主义"，转载了薛涌《甘阳与文化民族主义》③一文。该文针对前面网友"兰成"所贴甘阳《华人大学理念与北大改革》一文进行了商榷，其中也对甘阳一文中关于陈寅恪的看法提出了异议：

> 中人之资就能在美国拿博士，并不等于那些拿不到博士的人就一定是陈寅恪、钱锺书。陈寅恪、钱锺书的主要成就在国学。他们那个年代，西方的汉学远无法与今日相比，他们自己知道治学的门径，当然没有必要

---

① 甘阳. 华人大学理念与北大改革[N]. 21 世纪经济报道,2003 – 07 – 03.
② 陈天襄. 哈佛梵文研究一百年[N]. 中华读书报,2001 – 04 – 14.
③ 薛涌. 甘阳与文化民族主义[N]. 21 世纪经济报道,2003 – 08 – 07.

拿哈佛、耶鲁的博士。但要是搞西学，在西方拿不到个学位，大家当然要怀疑你的资格问题。真出去学西学，最不该学的就是不拿博士的陈、钱二位。我不相信陈寅恪、钱锺书能够抛开西方大学的教育体系，自学成为一个如亚里士多德的国际权威。笔者还需奉劝中国学人，不要动不动就是陈寅恪、钱锺书。两位是不得了的学者，但没有必要奉若神灵。以笔者个人之偏见，陈寅恪比钱锺书无论在学术和文化上都更重要些。仅就学术而不是文化意义而言，他（陈寅恪）是在几个领域做出一流贡献的学者。这固然难能可贵，但这样的学者还有许多。动不动就把陈寅恪、钱锺书祭出来，只能说明自己是只知道杜甫、李白的井底之蛙。

2003年9月14日，网友"都教授"发布"余英时：中国人文研究的困境"，转载了余英时《中国人文研究的困境》一文。此文中并无涉及陈寅恪，但网友的回复颇有涉及。首先是网友"光被四表"于9月16日跟帖：

> 即便是文化上的差异，以其大者言之，我也不认为就到了余先生所强调的程度……陈寅恪先生的口味不是据说很西方也很正宗吗？

随后，网友"云中君"（陆扬）于9月21日跟帖，并针对"光被四表"的判断说：

> 如果那个时代人文的生态能持续到今日，则这边光景便会迥然不同。比如陈寅恪的某些史学取向的独创性绝不亚于他那个时代西方史学的新潮。我们固然可以说陈受到西方的影响。但"光被四表"所提到的陈的口味很西方则在学术范围内不符合历史的判断。陈寅恪关注的种族文化、周边民族关联、地域文化等，基本都不是当时西方史学的主流，这是20世纪五六十年代以后的情形。这就说明当时中国最优秀的学人并不完全以当下西方最流行的潮流为归旨。

2004年1月29日，网友"手挥五弦"发布"周启博回忆父亲周一良：毕竟是书生，百般委曲难求全"，转载了周启博回忆其父周一良的文章《百般委曲难求全——一个人文学者的悲哀》。根据周启博附记："家父去世后，北京刊物《群言》向家属征求回忆稿件，我如期交稿后却不能刊登，故而另谋渠道。"由此可知，此文并未正式刊发，似乎是直接贴于网络。此文中涉及陈寅恪的内容自然很多，故不再转引。

2004年5月左右，网友"三老板"发布"最后的士大夫，最后的豪杰——纪念李慎之先生逝世一周年"，转载了许纪霖《最后的士大夫，最后的豪杰——纪念李慎之先生逝世一周年》一文。① 此文虽是许纪霖纪念李慎之的文章，但引用了一段李慎之《独立之精神，自由之思想——论作为思想家的陈寅恪》②中评议陈寅恪的话：

> 整个二十世纪，中国已经有大量的传统文化衰败失落，甚至完全消沉歇绝。其中有许多是陈寅恪所极爱而深惜的，这也就是他所以被目为"文化遗民"的原因。尤其是国人一般认为外患日亟、国运日蹙的同治光绪年间，陈寅恪还咏叹之为"犹是开元全盛日"，最不易为人理解。其实，以义宁陈氏之清门雅望，他从小所接触的那些人物的雍容揖让、文采风流确确实实是中国传统文化最优美的精粹。我比陈先生小三十三岁，德行才情不敢比拟陈先生于万一，然而想象当时的老辈仪表、流风余韵，迄今不能不感到高山仰止，可望而不可即，低回流连，不能自已，何况陈先生是从小沉潜涵泳于其间的人物。

结　　语

根据上文的梳理，可知往复论坛早期(2001—2004)大部分与陈寅恪相关的帖子中，直接以"陈寅恪"三字入标题的有五篇，"陈寅恪"三字未入标题但所转文章是陈寅恪直接相关的有一篇，其余涉及陈寅恪话题的帖子约二十个。这些帖子的主题，大致集中在对陈寅恪文人风骨的赞赏，对陈寅恪学术成就的瞻仰。当然，也有对陈寅恪学术本身的重点商榷，对陈寅恪恪守传统文化的不认同，以及到底谁真正继承了陈寅恪的精神等等。其中与陈寅恪常常被同时提及的是周一良，两人虽是师徒关系，但周一良在中华人民共和国成立后却与陈寅恪渐行渐远。当然，20世纪80年代周一良获得了新生，思维方式也大变，但陈寅恪早已长眠于地下。

（胡耀飞，1986年生，中国唐史学会理事，陕西师范大学历史文化学院副教授。）

---

① 许纪霖.最后的士大夫，最后的豪杰：纪念李慎之先生逝世一周年[J].二十一世纪，2004(4).
② 李慎之.独立之精神，自由之思想：论作为思想家的陈寅恪[J].学术界，2000(5)：54－60.

胡先骕与义宁陈家
——陈三立致胡先骕轶札两通

胡宗刚

陈三立与胡先骕的交往可能始于1918年。是年胡先骕二十五岁,受聘于南京高等师范大学,任农科植物学教授。是年陈三立已六十有五,寓于南京散原精舍。胡先骕于民国初年留学美国,习科学而成为植物学家,但其价值观念乃是受中国文化熏陶而形成,偏向于传统,其诗学则服膺宋诗;陈三立乃纯粹传统中人,为清末民初江西诗派之领袖。两人同在一城,陈三立为前辈乡贤,胡先骕乃持诗稿请益。陈三立阅后题之曰:"摆落浮俗,往往能骋才思于古人清深之境。具此异禀,锲而不舍,成就何可量! 陈三立读,戊午九月。"可见老人对晚辈之奖掖。此乃交往确切记录,其后,胡先骕遂跟随陈三立,一同出游、广交旧耆,收益良多。

笔者近期参与编辑《胡先骕全集》,从胡家后人处见到陈三立致胡先骕轶札两通,为研究义宁陈家重要史料,先公布于此,以飨同好。第一通写于1923年,其函曰:

步曾仁兄大鉴:

示悉。《苍虬阁诗》一册呈上。家信由小儿寅恪自柏灵(柏林)寄其两妹者,并节录附上,中犹多问语可删去,以临时付抄,不及检察(查)也。赵叔雍(赵尊岳)属(嘱)题一图,请转询杨杏佛兄,何日有便人赴沪,当托其带交也。

忽颂

著安

三立 顿首 二月二十四日

　　函文不长,所述之事有三。《苍虬阁诗》乃陈曾寿(字仁先)之诗集。陈曾寿比陈三立稍年轻,但两人阅历相似,都出生于官宦书香之家,均入张之洞幕府,入民国又都以遗老自居,交谊甚笃,作诗彼此唱和亦多。陈曾寿之诗,沿袭宋诗,为清末民初"同光体"重要诗人。其时胡先骕研究清诗,在《学衡》上已发表多篇研究清诗之论述,为学界所重。此时,陈三立向其推荐陈曾寿诗,遂将其诗集假(或送)之。翌年年初,《学衡》即刊出胡先骕所写《评陈仁先苍虬阁诗存》,其云:"近人陈仁先曾寿之《苍虬阁诗》,学黄陈而不为黄陈门户所限者,则以早年得力于汉魏与义山也。其诗严密不下柳河东,而无晦涩之病。处境极逆而出语凄婉,略无剑拔弩张之气,无怪陈散原先生推重之也。"文中还将陈曾寿之诗与陈三立之诗对照,此不具录。此为函文所涉事之一。

　　《学衡》是胡先骕与国立东南大学(今南京大学)文科教授吴宓、梅光迪等创办,因他们所持文化保守主义取向相同,即以此对抗由北京大学兴起之激进思潮。陈寅恪也持《学衡》立场,且与吴宓为哈佛大学同学。1923 年 8 月,陈寅恪在《学衡》发表《与妹书》,为其自述学术思想最早之文字,为重要文献。其时陈寅恪尚在国外,此稿件来源,有人认为是通过吴宓得到。其实不然,乃胡先骕取自陈寅恪父亲陈三立处。此所涉事之二。

杨杏佛也是江西人氏，当时也任教于国立东南大学，为中国科学社重要成员，与胡先骕时有交集。赵叔雍乃赵凤昌之子、杨杏佛之妻弟，当时寓居上海。赵叔雍仰慕陈三立，请陈三立为其画作题字。据李开军先生示之，陈三立题字于《高梧轩图》，后收录在陈三立的诗集里。此所涉事之三。

此函之后不久，胡先骕即再度赴美留学，与陈三立暂无联系。胡先骕两年后回国，继续在国立东南大学任教，而陈三立已移居杭州。胡先骕归国不久便前往杭州拜谒陈三立，当他得悉陈寅恪即将回国，便向国立东南大学校长蒋维乔推荐，请为聘任。而陈寅恪回国就职早经吴宓办理，已被清华大学聘定，因而陈三立作函谢绝。其文曰：

步曾仁兄有道：

　　湖上小聚，稍豁积怀。近承教学相长，撰著益宏，曷胜跂仰。猥辱惠示，述蒋校长之胜意，颇欲寅儿北辙易为南辕，此与本旨近家较为便者相合。惟寅儿屡经清华殷勤招致而后就，雨僧亦费心力不少，忽不践约，似乖情理。寅儿约旧历人日前后可以抵家，当以尊说令其量度，或到清华后与之周旋数月，再定去留，皆可徐图，此时实难预决也。率复，维亮鉴。

　　即颂

道安

三立　顿首　腊五日

此为陈三立致胡先骕轶札第二通，写于1925年腊月初五，即阳历1926年1月18日。胡先骕为人热情，平生推荐友人求学谋职无数，此番见学术良才，又为所在大学张罗，惜未能如愿。此函还可佐证陈寅恪回国之日期。《吴宓日记》中所载"陈寅恪函，十二月十八日由马赛启程"，当为准确；但陈流求言，其听前辈云"先父由欧洲归国时，天气炎热"。炎热乃是夏季，路途不会如此长久。卞僧慧编《陈寅恪年谱》未予以考证。此函"旧历人日前后可以抵家"，人日为正月初七，即2月19日，与吴宓所记相吻合。

此后，胡先骕与陈三立时有交往，但留下的文字记录不多，仅有一些零星的记录。如1925年胡先骕叔祖胡湘林去世，陈三立为之写墓志铭，该文并未收录进《散原精舍文存》（1949年），今所见出处为卞孝萱、唐文权所编《辛亥人物碑传集》。据卞先生生前告知，其1950年自胡先骕处借得抄录。卞孝萱曾问胡先骕为何没有将该文收入《文存》，胡先骕曰："可能是因为陈三立当年年纪大了,没有精力亲自撰写,而是请他的得意弟子袁思亮写的,经过他过目并署名。"卞孝萱言:"过去这种情况很多,一个有名的人因为年纪大了或者其他原因,往往找人代笔。胡先骕并不刻意回避这类事情的真相,颇能体现一种大家风范。如果小家子气,会说这是陈三立漏收。"①2003 年李开军校点的《散原精舍诗文集》收录此文。

1933 年,刘咸整理其父亲诗集,请胡先骕题签,胡先骕自认为其字不好,转请陈三立写就。1938 年,陈三立去世不久后,当时尚在沦陷区北平的胡先骕为温源宁所编英文《天下月刊》写 Chen San-li, The Poet(《诗人陈三立》)一文。1941 年,江西通志馆吴宗慈写陈三立传记,与时任中正大学(今南昌大学)校长的胡先骕通函数次,商榷对陈三立如何评价。此数函现为王咨臣后人收藏,函文曾多次刊布,此不赘述。

胡先骕与陈寅恪因所从事专业不同,未曾有文字之交。但他们同为国民政府中央研究院评议会评议员,每年开会至少晤面一次。胡先骕对陈寅恪的学问甚为钦佩,1950 年他撰写《北京科学化运动与科学家》长文,其中有一段评述陈寅恪:

> 寅恪修水人,诗人陈三立之子,生于一八九〇年,少年治国学与西文。曾留学日本及德国柏林大学、美国哈佛大学。精通东西古今文字近十种,尤擅长印度之巴利文与梵文,又研究满洲文、蒙古文与西藏文,曾校订梵文《金刚经》稿未刊。一九二六年任清华大学国学研究院教授,一九二八年任国民政府中央研究院历史语言研究所研究员兼组主任,一九四八年被举为国民政府中央研究院院士。英国牛津大学曾聘其为中国文学教授,以目疾未能讲学,现任岭南大学教授。寅恪博闻强记,才殆天授。在清华讲学以讲隋唐史著名,每登讲席,辄闭目端坐,口滔滔不绝,从不一检笔记,而某事在某书某页皆能冲口说出。平生治史心得,皆在一部廿四史眉批中。抗战军兴,遂将此书寄往昆明,而中道遗失,后乃凭其记忆撰成《唐代政治史述论稿》及《隋唐制度渊源略论稿》二书。此外曾发表各种零星文凡三十篇,所发表者不能及其学百分之一二。今目已盲,然在其家中讲学如故,学生咸就其家听讲。其门人以史学名家者甚众,然仅能传其

---

① 卞孝萱,赵益.冬青老人口述[M].南京:凤凰出版社,2019.

绪余,其广博深厚之基础,并世罕见其匹,殆鲜能几及之者。

胡先骕对陈寅恪之评论,不曾引起陈寅恪研究者之注意,故摘录在此。

义宁陈家与胡先骕交往最密切者,则属陈封怀。陈封怀为陈三立长男陈衡恪之子。在陈三立寓居金陵散原精舍时,陈封怀就读于金陵大学,后转学于国立东南大学生物系,为胡先骕门生。陈封怀毕业后先在清华大学任助教,胡先骕指导其研究北京西山植物之生态,旋被胡先骕吸收至静生生物调查所,1934年又被选送出国,赴英国爱丁堡皇家植物园专习植物园造园和报春花科植物分类。在陈封怀出国期间,其夫人张梦庄被胡先骕安排在静生所任图书管理员。1936年陈封怀回国,任庐山森林植物园园艺技师。抗战期间,胡先骕任中正大学校长,陈封怀又被吸收到中正大学任教。抗战胜利,陈封怀被派重回庐山,主持植物园。该园在陈封怀的领导下,于20世纪50年代初期已享有盛名。此后,陈封怀还建设有南京中山植物园、武汉植物园、华南植物园。陈封怀得胡先骕提携,乃世交之延续。

(胡宗刚,中国科学院庐山植物园图书馆研究馆员。著有《胡先骕先生年谱长编》《不该遗忘的胡先骕》等。)

九江学院藏《散原诗稿》概述

李勤合

陈三立,字伯严,号散原,江西省义宁州(今九江市修水县)人,"同光体"诗派重要代表人物。散原先生助其父亲陈宝箴实行新政,戊戌政变之后退隐诗坛,"来作神州袖手人"。从此,义宁陈氏不再从政,而在文学、艺术、学术、科学文化方面大放异彩。

散原先生诗、文、书俱佳,尤以诗闻名,当时即在报刊上多有发表。生前曾刊行《散原精舍诗》二卷及其《续集》三卷、《别集》一卷。今有李开军校点《散原精舍诗文集》(增订本,上海古籍出版社 2014 年版)。散原先生诗稿在世间所存不多,故为世所珍。今将九江学院所藏《散原诗稿》一册略加介绍。

一、《散原诗稿》的递藏过程

1929 年,陈三立之女陈新午与时任国民党军政部参事的俞大维结为伉俪,陈三立将手书《散原诗稿》一册和"温柔敦厚诗之教,慈俭劳谦福所基"对联一副送给女儿作为纪念。此后,该诗稿及对联一直由陈新午珍藏在俞家。1961年,台北中华书局曾借得该诗稿予以影印出版。1993 年,俞大维去世之后,诗稿由俞大维与陈新午之子俞小济珍藏。该稿曾由北京大学图书馆短暂保存,今犹有"北京大学图书馆藏书"印章。2013 年,九江学院成立陈寅恪研究院,大力开展义宁陈氏研究,得到了社会各界及陈三立、陈寅恪后人的积极支持。陈三立外孙俞小济及陈寅恪之女陈流求、陈美延向九江学院表达了捐赠《散原诗稿》这一珍贵文物的意愿。2013 年 4 月 23 日,九江学院庐山文化研究中心副主任吴国富教授代表九江学院专程赶赴成都,接受了这一意义重大的捐赠。

陈寅恪之女陈流求、陈美延向九江学院捐赠《散原诗稿》

二、《散原诗稿》的版本形态

就目前所知,散原先生诗稿存世者有两种,一是南京图书馆所藏,题为《诗录》。该诗录共四卷,装订成两册,全部抄录在一种每半页十行、每行二十一格、版心上部有单鱼尾的套格纸上。诗稿每卷的卷端题"诗录第几",然后另起一行于中部偏下处署"陈三立撰"。正文每首诗的题目顶格书写,转行后再书诗歌正文,亦顶格。版心未标页码。该诗稿的原收藏者为陈三立之子、陈寅恪之弟陈方恪。陈方恪曾供职于南京图书馆,包括本稿在内的书籍文稿,在陈方恪身后由南京图书馆收藏。从《诗录》的笔迹看,大部分以工整的楷书誊清,其中一部分誊清稿上又有一种较草的修订笔迹,还有一小部分与修订笔迹类似的手书。经与传世陈三立手迹核对,参以诗稿曾经由陈三立之子长期收藏的史实,可以判定该诗集为散原老人诗集稿本。①

九江学院所藏诗稿共一册,然而封面题署《散原诗稿一》,揆之以理,似应当尚有《散原诗稿二》等。从内容来看,全稿"起民国八年己未(1919),讫十五年丙寅(1926)"。南京图书馆藏《诗录》时间上起光绪六年庚辰(1880),下迄光绪二十一年乙未(1895),两者并无重合。从已知的公开出版的诗集来看,《散原精舍诗》二卷所收诗起于光绪二十七年辛丑(1901),迄于光绪三十四年戊申(1908);而《散原精舍诗续集》收陈三立1909—1921年诗,《散原精舍诗

---

① 陈正宏.新发现的陈三立早年诗稿及黄遵宪手书批语[J].文学遗产,2007(2):109.

别集》收 1921—1930 之作，时间与《散原诗稿》基本吻合。

　　扉页有散原老人亲题"此手稿付新午收藏散原老人"十二字。诗稿内容不标页码，今有后人用白色打印的页码粘贴。

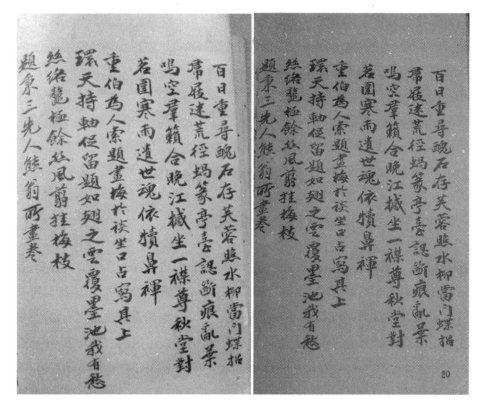

九江学院藏（左）及台北中华书局影印《散原诗稿》

　　近又见网上"搜韵诗词书店"出售慕宋阁影印台北中华书局本，并称："此册《陈散原手书诗稿》据台湾中华书局本影印，包括散原手书诗稿、目次与俞大纲手书序言，一共 69 页，138 面。原书上有藏家手批若干，用红笔写成，主要为标点句读、标志篇题、记录诗中所涉地名的地理沿革，或于读者读诗、解诗稍有助益，因此影印时也保留下来，并且双色套印以做区别。"读者须知，这些朱笔所添加的序号、句读、专名号、眉批等所谓的"藏家"是台湾中华书局本影印本的藏家，并非原稿的藏家。换言之，这些朱笔印迹在原稿上均不见。

陈寅恪家族研究论文集

174

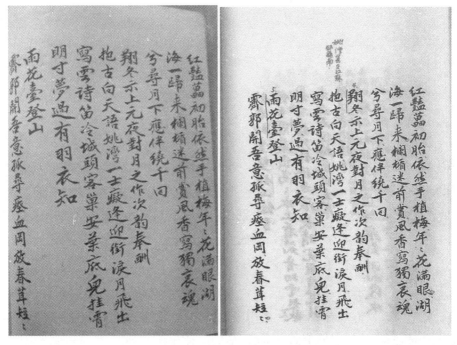

九江学院藏（左）及慕宋阁影印《散原诗稿》

诗稿第一首诗为《始春初台望钟山余雪》，题下留有"北京大学图书馆藏书"印章，显示该稿曾短暂保存于北京大学。书页上犹有北京大学图书馆藏书的编号。

三、《散原诗稿》的修改痕迹

南京图书馆所藏《诗录》共收诗 265 题 375 首，九江学院所藏《散原诗稿》共录诗 163 题。

《散原诗稿》中保留了不少散原老人修改诗稿的痕迹，直观展现了散原老人炼诗的过程，最为珍贵。正式印行的诗作为一种"定稿"只是向人们呈现散原老人作为"同光体"诗人的"标准像"，而对于散原老人之所以为散原老人这种标准像的原因和经过却是人们所好奇的。钱锺书曾戏称某些读者看到了鸡蛋，总想再看看下蛋的母鸡是什么样子。殊不知，这正是读者的普遍心理。诗人"吟安一个字，捻断数茎须"，读者关心诗人捻须、推敲的过程是很正常的，也是许多诗人揣摩提高自己诗歌写作的一个途径。探寻散原老人写诗的秘密，这是已经发生的事实。有人曾记载：

> 陈散原老作诗，有换字秘本，新诗做成，必取秘本中相等相似之字，择其合格最新颖者，评量而出之，故其诗多有他家所未发之言。予与鹤亭在庐山松门别墅久坐，散原老他去，而秘本未检，视之，则易字秘本也，如"骑"字下，缕列"驾""乘"等字类。予等亟掩卷而出，惧其见也。①

阅读《散原诗稿》，可以直观欣赏散原老人作诗时"换字"的过程，可谓纤毫毕现。这和我们一般校勘文稿时有很大的不同。一般校勘工作的目的在于去除疑误，求得一个最佳善本、"最善"的结果，却不知过程才是"最美"的。像《散原诗稿》这样能够完整呈现作者创作诗歌过程的稿本"最真"，有开头（草稿），有结尾（定稿）。这是手稿给我们的最好礼物。它让我们不仅知《散原诗稿》之美，更知其所以美，知散原之所以为散原。

南京图书馆所藏《诗录》有三四个人的笔迹，而此《散原诗稿》只有一种笔迹。陈三立改稿方式有两种：一是用墨圈画之后，在旁边重新书写；二是用白笔涂抹掉原字，再在原处书写。有时，他同时使用这两种方式，或前后多次使用两种方式，反复修改，足见散原老人严谨之态度。

如第 123 首《嵩庵同年寄诗见怀依韵和酬》：

> 抱蜀起居笼万象，飞吟犹爱鹊声酬。
> 荒荒魂绕疮痍地，澹澹杯邀岛屿秋。
> 爬剔蠹痕存国故，迷离蚕食乱乡愁。
> 逃名逃世余湖艇，公傥过予为少留。

"抱蜀起居笼万象"中"起居"二字，最初为何字已不清楚，用白色涂抹后改为"肺肠"，又用墨笔括号删除，旁用小字改为"起居"。"澹澹杯邀岛屿秋"中"杯邀岛屿"四字，先用墨笔括号删除，旁用小字改为"睛衔咳唾"，后又将小字墨笔涂抹，恢复原字。

类似修改之后又恢复原字的还有不少，如第 157 首《乙丑除夕次韵答倦知同年》：

> 残客光阴托烬余，接床湖树鸟窠如。

---

① 刘成禺.世载堂杂忆[M].沈阳:辽宁教育出版社,1997.

三年留命偿磨折，一室何心问扫除。

催老杯浇终古恨，移情灯显数行书。

杭人认入承平世，爆竹声沉万井庐。

"杭人认入承平世"一句，"杭人"原作"报公"，后用墨笔括号删除，旁用小字改为"杭人"。而"催老杯浇终古恨"一句，先将"浇"字改为"涵"，"恨"改为"泪"，后又恢复原字。

再如第128首《楼望次韵呈闲止翁》：

楼头缩手系新痾，对酒其如缺月何。

凉满沙堤浮水气，暝归帐卒动铙歌。

劫余一塔残钟灭，灯外双桡好影多。

待看霜痕翻木叶，携公晞发杖阳阿。

此诗每句都有改动。原题"楼头用前韵呈闲止翁"，后改为今名。"对酒其如缺月何"原作"媚我将如缺月何"。"凉满沙堤浮水气"原作"凉满荒堤生雁影"。"劫余一塔残钟灭，灯外双桡好影多"原作"劫余涕泪只棺在，梦底湖天一塔多"。"待看霜痕翻木叶，携公晞发杖阳阿"原作"恍惚霜痕翻木叶，有人晞发杖阳阿"。

又如第129首《写怀次闲止痾韵》：

往时初脱九秋痾，诗兴曾联水部何。

弹指黍离迎暮景，牵肠桃梗废酬歌。

尧年历历苍天死，禹甸茫茫白骨多。

拟拨烽烟追谢客，登山心迹托颐阿。

此诗亦做了大量改动，诗题"写怀次闲止痾韵"原作"往时用前韵"。"诗兴曾联水部何"原作"诗兴曾嘉水部何"。"弹指黍离迎暮景，牵肠桃梗废酬歌"原作"弹指兴亡侵暮景，牵肠生死废高歌"。"尧年历历苍天死，禹甸茫茫白骨多"原作"尧年历历人网尽，禹甸畇畇盗窟多"。"拟拨烽烟追谢客，登山心迹托颐阿"原作"待拨烽烟追谢客，登山强效颂颐阿"。

此外，《散原诗稿》还保留了一些未收入诗人正式出版的诗集中的诗歌。这些诗歌按照俞大纲先生的说法："惟稿本录存《为海客索赠鼓娘诗》《雪娘曲》《庸庵尚书逸社第二集诗》《庸庵尚书来游白下赋赠》《寄题曹公亭》及《胡琴初母寿诗》等篇汰不入刊本。盖一时酬答遣兴之什，去取间有所经界也。"
（见台湾中华书局1961影印本之俞大纲所作序言）此话说得固然有理，但从理
解诗人创作论的角度去看，这些被删除的诗歌同样具有重要的价值。

四、《散原诗稿》的诗歌特色

从诗稿来看，散原老人前期的不少诗歌作品还没有摆脱"家国迷情""兴
亡遗恨"，流露出清冷、沉郁的风格。如开篇第1首《始春初台望钟山余雪》：

> 余雪冠岩峦，高高水上看。
>
> 笳音切云起，人语落溪残。
>
> 钓稳鱼痕长，晴完雁背宽。
>
> 引春文石径，梅气自生寒。

若第3首《正月十七日探梅俞园感逝成咏》，这本身就是"感逝"的题材，
自然更有一种清冷、冷艳之感：

> 红艳蕾初胎，依然手植梅。
>
> 年年花满眼，湖海一归来。
>
> 栏楯迷前赏，风香写独哀。
>
> 魂兮寻月下，应伴绕千回。

因有这样的情感，则频入诗人之眼，见诸诗人题材的便多是"废园""莫愁
湖""孝陵"之类的事物、意象。且看：

南城外刘氏废园（第6首）

> 度阡穿乱冢，倒眼旧过园。
>
> 斥废留枯树，追攀倚断垣。
>
> 池鱼吞石气，篱犬吠诗魂。
>
> 满抱纤儿恨，依稀故国痕。

莫愁湖看雨（第7首）

> 休蹄浮磬野，湿鬓落鬕椽。
>
> 半暝湖吹雨，一痕山卧烟。
>
> 乱愁鸿雁底，旧句虎狼边。
>
> 对茗魂相语，棋坪换岁年。

游孝陵(第8首)

穿郭趋斜径,晴云片片逢。

春痕新草木,岩气隐虬龙。

残甓同遗玺,孤亭到晚钟。

古悲收载去,仕女莫相从。

这种心绪常常借他人之题抒发出来,如第 13 首《病山成亡姬兰婴小传题其后》:

怜影盟魂护乱离,善根慧业总成痴。

十年家国伤心史,留证巫阳下视时。

这种感伤、心虚也在他自己的世界里得以尽情宣泄,如第 15 首《清明抵西山上冢》:

阻兵卧疾负归期,扶策今为上冢儿。

一径余花初脱雨,三年枯泪尚留碑。

云风摩荡悬灵境,岩壑低昂拥故姿。

痴对松林侵竖子,栖鸦啼失夕阳枝。

虽然诗人的父亲已经逝世多年,但诗人只要直面的时候,就不免想到"家国伤心史",内心的情感仍不能完全排去。纵然有"阻兵卧疾",纵然已经无泪(三年枯泪),但依然无法阻挡诗人的思念。

又如第 16 首《崝庐楼夜》:

灵峰俯招人,老惫久乃至。

荒荒墓旁庐,去住自移世。

拂拭网丝榻,敢忘鼠衔泪。

暝色接江海,渺然一身寄。

缺月生楼头,光浮万松气。

浸入苍烟窟,变灭荡层吹。

野水出蛙声,共我肝肠沸。

环环众壑影,漾漾孤灯味。

竹丛把茗碗,露下湿愁思。

窥廊夔魅空,冷抱星辰睡。

不过,诗人虽然愿意做一位"神州袖手人",但随着郁结心情的逐渐排解,固有的爱国情感逐渐占据主流。所以,诗人又吟出"不知老将至,胸伏万锐卒。待世非弃世,天护龙蛇蛰"的伏枥之辞。见第 17 首《读郑苏盦六十感愤诗戏和代祝》:

> 乙盦登七十,苏盦亦六十。
>
> 海滨成二老,觞辰差旬日。
>
> 一楼一天帝,据之各无匹。
>
> 乙盦杜德机,奇哀寄示疾。
>
> 苏盦徇变雅,腾吟如草檄。
>
> 二子痴则同,苏盦益傲物。
>
> 不知老将至,胸伏万锐卒。
>
> 待世非弃世,天护龙蛇蛰。
>
> 屋山垂海云,揽结溢渴笔。
>
> 传观助张目,余年六十七。

自此之后,诗人的风格逐渐改变。如第 32 首《王编修泽寰偕族人笃余明经自庐陵游江南携示文信国画像及手札墨迹谨题其后》:

> 兴亡细事耳,人气延天命。
>
> 吾乡有文谢,万靡挽使正。
>
> 谢像藏退庐,竦瞻缀微咏。
>
> 二妙开图幅,奇表嵩华映。
>
> 附上府理札,出处痛执政。
>
> 作事信天去,一语公自评。
>
> 错落数百字,肝胆写豪横。
>
> 我欲饮其气,吐以砑枭獍。
>
> 压寐魔重重,造劫萌非圣。
>
> 狼藉蹄迹间,孤攀血泪迸。

在此诗中,兴亡不再是血泪,而只是细事。而"作事信天去,一语公自评。错落数百字,肝胆写豪横"更是写出诗人此时宽广的胸襟。

即使是面对朋友的伤逝,诗人的风格也从沉郁转向坚毅,如第 35 首《清道人卜葬金陵哭以此诗》：

> 楼壁车厢反复看，海云写影一黄冠。
>
> 围城余痛支皮骨，辟地偷生共肺肝。
>
> 中外声名归把笔，烦冤岁月了移棺。
>
> 带陴新冢寻藜杖，滴泪应连碧血寒。

又如第 74 首《哭喻庶三》：

> 垂老相望先我死，更谁坠绪探船山。
>
> 卅年气类期闻道，八表氛祲为改颜。
>
> 忍问海涯流恺悌，只今俎上寄痴顽。
>
> 南朝台观鸿飞处，忆泣兴亡挟往还。

此诗有哀而无衰，足见其诗风之变。其他如第 92 首《挽陈子青翁》、第 97 首《哭胡瘦唐侍御》、第 99 首《哭沈乙庵翁》等皆能看出散原老人诗风的变化。

其他如第 41 首《题湘上熊翁所画卷子》中"甲兵十万据胸中，未预铭钟画阁功""莫忘图中破茅屋，劫灰飞尽待归耕"和第 44 首《石斋逸诗遗墨册闽人林研忧乞题》中"光芒寒胆声动心，传使百世懦夫立"等，俱见慷慨之情。又如第 55 首《送文九移居天津》，明显地在坚毅、慷慨之外，扑面而来的是一阵雄浑之风：

> 忆挟阿兄过问津，停车旁睨国无人。
>
> 卅年歌哭凭重觅，万影侏儒与作邻。
>
> 撼海长鲸迷出没，处禪群虱自昏晨。
>
> 蟠胸干莫终飞跃，为割层波溅虏尘。

如第 64 首《法相寺樟亭》：

> 劫末重过抚一亭，雨中漏入万峰青。
>
> 虬枝历与雷霆斗，鸾盖余邀罔两停。
>
> 游侣飘零兼死去，老怀郁勃遂沉冥。
>
> 天留把臂牵肠地，壁记犹堪照数星。

"老怀郁勃遂沉冥"，固然是诗人此时心怀的写照，但诗人的灵魂、诗人的梦想却有另一面，这就是"老去梦魂呼杀贼"。即第 58 首《段伯屏乞题戎服小像》：

江南对酒柳摇城,弄影当年隔阿兄。

老去梦魂呼杀贼,佩刀身手尚峥嵘。

喋血边城虏骑横,只余将帅坐论兵。

复生髀肉休回道,卧听秦淮打桨声。

　　文字是有生命的,诗歌也是有生命的。读诗人之诗,可以想见诗人之风采;读诗人手书的诗稿,观察诗歌的成长过程,更为读者增添几分遐想和对话的空间。

　　(李勤合,1978 年生,九江学院图书馆信息咨询部副主任、九江学院庐山文化研究中心助理研究员,在《读书》《中国文哲研究通讯》等刊物发表文章十余篇。)

留住文化的根*

——从为王国维立碑到为柳如是立传

刘 刚 李冬君

一、天下兴亡起话头

有人给我们出了个"价值重建"的题目,这题目实在太大。

我们承诺这题目,仅仅是响应明末一位读书人的号召。

他说"天下兴亡,匹夫有责",我们都知道,他就是顾炎武。

为什么要把价值重建与"天下兴亡"连在一起? 顾炎武那时,明朝亡了,中国还在,代表中国的已非王朝,而是文化。他在兴亡之际,觉醒了自我意识,以一句"天下兴亡,匹夫有责",唤醒了国人的文化个体性。为什么这样说呢? 因为"匹夫"二字,就是"一个人"的意思。

他呼唤"匹夫"奋起,请注意,他没有呼唤带有整体性的国民,而是呼唤个人,为什么? 那是因为大明已亡,国之不存,国民何存? 他也没有呼唤圣人,历来担当"天下兴亡事"的,都是光鲜亮丽的圣人,哪里轮得到褒贬不一的"匹夫"? 用"匹夫"来担待,反映了顾炎武的新觉悟。

儒家传统中,虽有"三军可夺帅,匹夫不可夺志"一说,但那是从个体人格上来说的,并未说到天下观上去。将"匹夫"说到天下观上去,这样的初心,是从顾炎武开始的。

改朝换代之际,担当"天下兴亡事"的已非国体,而是个体;救亡亦并非救王朝中国,而是救文化中国,这就要以文化个体性担待"天下兴亡",要留住文化的根,来捍卫文化的江山。

这样的觉悟,就从"反清复明"的改朝换代的历史怪圈中走了出来。

---

* 该文节选自作者所著《文化的江山》,中信出版社 2019 年版。

"清风不识字,何必乱翻书"? 只此一问,就问出了个文化中国。

清朝夺走了大明江山,可他们夺不走汉语、汉字,夺不走汉人的"匹夫"之志——"自由之思想,独立之精神",夺不走觉醒了的文化个体性。只要有人说汉语,写汉字,做汉人,谁能夺走我汉家天下? 庙堂易主,还有江湖可去;大河上下换代,还有江南诗性不改;哪怕九州齐叩头,辫子满神州,不是还有1.8万千米的海岸线、数不清的出海口,让"匹夫"下南洋、走西洋,一展大航海风流? "匹夫有责"啊,这是最后的斗争! 在文化中国的底线,留住了文化的根,文明在抗战。

那时的救亡运动,不光在反清复明的江湖中,还埋藏在考据学的书斋里。为什么梁启超说"清初之学大"? 大就大在做"天下兴亡"的学问,做救亡运动的学问。这样的学问,把江湖与书斋连成一体,一边考据经史,一边指点江山,为复国做准备。顾炎武的《天下郡国利病书》、顾祖禹的《读史方舆纪要》都是这样的学问,以"匹夫"的姿态,将"天下兴亡"担当起来,凸显其"自我与江山"。

兴亡之际,方生方死。方生者何? 唯有自我! 方死者何? 国将不国。

以此,而知有"我的祖国",那祖国啊,非一代王朝,而是文化中国。

自由与生俱来,祖国与尔同在。当其垂危,要拼死捍卫,无路可退。

三百年后,文化中国从顾炎武到王国维、陈寅恪,其间清王朝已死,可文化中国还活着,不但从君主活成了民主,从帝国活成了民国,还在新文化运动中活出了民主与科学。

可三百年来,悲叹之音,从未断绝,中国又到了"天下兴亡"的时刻。

"五十年来,只欠一死",这是何等的沉痛? "平生所学供埋骨,晚岁为诗欠砍头",哪怕一死! 这便是王国维、陈寅恪的天下兴亡感的自我表白,他们欲以一死,捍卫文化的江山。

二、唯以自由立士范

1929年,中国精神的高岸轰然坍塌,仁人志士多在这一年死去。

1月19日,梁任公因三年前协和医院实习护士的一个失误(手术中错割了肾),溘然长逝。

3月15日,任公之好友,南开新私学创始人,用一生来"通中西之学,通古今之变,通文理之用",用一生来信守"立国自由民主,立人忠孝仁义"的严范孙先生,亦病逝于天津。随之而来的夏季,清华国学研究院也在国民党政府派来的清华大学新任校长罗家伦先生的演讲声中停办了。

6月3日,是王国维绝命两周年纪念日,值此国学院谢幕时,清华师生请求为静安先生立碑于校园工字厅东南。盖因王国维先生绝命后,众说纷纭,清华当有一个正式的表态。

碑之铭文,清华人敦请陈寅恪先生来作,寅恪先生椎心泣血,发为斯言:

> 士之读书治学,盖将以脱心志于俗谛之桎梏,真理因得以发扬。思想而不自由,毋宁死耳。斯古今仁圣所同殉之精义,夫岂庸鄙之敢望。先生以一死见其独立自由之意志,非所论于一人之恩怨,一姓之兴亡。呜呼!树兹石于讲舍,系哀思而不忘。表哲人之奇节,诉真宰之茫茫。来世不可知者也,先生之著述,或有时而不章;先生之学说,或有时而可商。惟此独立之精神,自由之思想,历千万祀,与天壤而同久,共三光而永光。

天何言哉? 四时行焉,日月出焉……斯言一出,正本清源,流言顿息,蜚语不起,非独为静安先生立一丰碑,实亦欲以静安先生为我们多灾多难的民族,立一座文化个体性丰碑。

静安先生临终前,留下绝命诗:

> 五十之年,只欠一死。经此世变,义无再辱。

"五十而知天命",王国维和鲁迅,都预见了革命就要来临。鲁迅继《狂人日记》后,发表《阿Q正传》,从"救救孩子"到"我要革命",前者是文化革命寓言,后者是社会革命传奇。

王国维作《殷周制度论》,大谈"殷周之际革命",他多么希望即将到来的革命,是一场圣人革命,没想到他曾向往的革命,召唤出来的却是吃人或被人吃的阿Q们。

鲁迅作为"狂人"之一,没有逃避这场阿Q式的革命,但他像"狂人"一样,对革命保持了高度的警惕性:如何能在革命中既不吃人也不被人吃? 如何能在国民革命中既批判国民性而又不成为"人民公敌"? 如何在压倒一切的群众运动中前进而又不放弃自己的文化个体性? 这便是鲁迅!

王国维太单纯了,他应付不了如此复杂的革命,无法在吃人和被人吃之间生存。

当即将来临的革命不能寄托他的文化理想时,他由希望而失望,由失望而绝望。如果他面对的革命,不但不能寄托其文化理想,反而要毁灭其文化理想,你想想,他会怎样?

如他此生为救世而来,那么他可能在群众的欢呼声中走上十字架,以一种广场式的献祭而死亡。如他此生为求真理而来,那么当他费尽心血求来的真理,却要毁灭他最心爱的理想时,你想想,他在绝望之余还能怎样?唯有死亡!求真理者,不愿意死于群众,他愿意像真理一样,孤独而亡。

寅恪曰"凡一种文化值衰落之时,为此文化所化之人,必感苦痛",所化越深越痛苦,静安先生痛苦之深,非以一死不能解脱。而寅恪先生,虽然同感其苦,却须不惧一死而担待着。

他一肩担着自由思想,一肩担着独立精神,这样一副重担,他怎能放得下来?

一种文化理想,当其受难时,必有殉之者如静安先生,亦当有守之者如寅恪先生。

庄子曰:"寿者多辱,久忧不死,何苦也!"如果静安先生未于两年前死去,梁任公未于数月前死去,假如他们都活到了清华国学院解散,活到了三民主义的党化教育,他们会生不如死。

记得梁任公在袁世凯复辟帝制时曾说,哪怕四万万人都服从了,只剩下他一人,他也要反对帝制!不为别的,只为四万万人争人格。我们相信,他对国民党训政也会如是说。

三、文化中国一孤儿

中华人民共和国成立前夕,寅恪的好友胡适去了美国,傅斯年去了台湾,唯独他留了下来。

国难当头,各奔自由。要走的,走了;想留的,就留。他没走,选择了留。他人的去留,多以国运为风向标,视兴衰而定。而他,却以文化为根本,他留下来,就是要留住文化的根。

那么,值得他留下来、值得他轻生死以坚守的文化的根究竟是什么?就是他在为王国维立碑时所说的那句"惟此独立之精神,自由之思想",那便是"天地之心"和"生民之命"。留得此根,国破能复,文衰可兴。可他是多么孤独!

王国维死时,还有他可以托付;他临死,能托付于谁?

"渺渺钟声出远方,依依林影万鸦藏",就在这样落寞的钟鸣与鸦藏中,他作为"匹夫"出场了。"一生负气成今日,四海无人对夕阳","负气"二字,乃伤心人语,其中隐含了多少眷恋,非赤子不能道出。这里面珍藏着一种文化个体性的孤独与忧伤,有一份对文化中国充满深情的惆怅。

1945 年 4 月,抗战就要胜利了,然而,陈寅恪却未能从国破家亡的遗恨中解脱出来。"破碎山河迎胜利,残余岁月送凄凉",前一句,是那难言的国事,从哪儿说起? 从甲午海战,一直说到抗战胜利? 一言难尽啊! 后一句,却是不堪的家事,其实,家事和国事,谁又能分得清? 家国一体,天下一家,到头来,都要有个家来担当,而命运偏偏使他成为国破家亡之人。家啊! 他的家在哪里?

故其诗名"忆故居"。故居有二:一曰崝庐,在南昌之西山,门悬先祖所撰联,曰"天恩与松菊,人境托蓬瀛";一曰松门别墅,在庐山之牯岭,前有巨石,先君题"虎守松门"四个大字。

先祖何人? 陈宝箴是也,乃中国近代史上变法真英雄、宪政大豪杰也。他对中日甲午战争的《马关条约》结局忧愤至极,故不惜以头颅做抵押,奋起响应戊戌变法的号召。变法失败,他被贬回南昌,不久便死于西山崝庐。或曰,慈禧太后派人前来,命其自缢。

先君何人? 陈三立是也。父陈宝箴惨死,时人归咎于他,或谓其"翩翩浊世佳公子,不学平原学太原",说他参与湖南新政,搞变法,是学李世民助其父于太原起兵,有谋反之心。此为保守党的嘲讽,有失公允,而湖湘名士王闿运的一席话,却成了评价江西人的一段名言,他劈头就说:"江西人好听儿子说话,中丞亦犹行古之道耳。"此言一出,举座皆惊,愿闻其详。王曰:"王荆公变法时,遇事多由子雱主持;严嵩当国,唯世蕃之言是听;今中丞亦然,固江西惯例也,何怪焉!"闻者欣然,无不赞同其言。

所谓"中丞",即指陈宝箴,因其时任湖南巡抚,故王闿运如是称呼。

父死,陈三立心如死灰,自命"孤儿",诗曰"终天作孤儿,鬼神下为证""群山遮我更无言,莽莽孤儿一片魂""孤儿更有沧桑泪,依倚东风洒翠微""孤儿犹认啼鹃路,早晚西山万念存",有人说他是"大清孤儿",非也! 清王朝是他杀父仇人,他焉能认之作父? 若其父为病死,他何至于自责"通天之罪,断魂锉骨,莫之能赎",又何必"忍死苟活,盖有所待",做个绝命伤心人。其父临终遗命"不问政,不治产",可他还是"有所待",他"所待"的究竟是什么?他已无所待于大清,无所待于王朝中国,那么,他"有所待"者为何?当然是文化中国,他不是什么大清孤儿,而是文化中国的孤儿。

"孤儿"是什么?是文化的根,一条独根!他把根扎在自我的江山——"散原"里,他以"散原"自居,此即《水经注》里提到的"散原山",《太平寰宇记》称之为"南昌山",也就是从南昌章江门西行三十公里处的西山。一山迤逦赣鄱边,他取来自号为"散原",朴散而为器,原立为本体,而本体不就是文化的根吗?他要从"原"(根)上发枝散叶,开花结果,而这不就是"散"吗?

"散原"二字,不仅带有故地故居的乡愁,还带有文明生长的根苗,此乃陈门心法,以心传心。传到了陈寅恪,就把家传心法公示了,一言以蔽之曰:"独立之精神,自由之思想。"

从西山到庐山,从崝庐到松门别墅,两处故居,一种乡愁,在寅恪的诗里流露。"忆故居",最"忆"的还不是血缘与地缘的乡愁,而是魂邸——"独立之精神,自由之思想"的家园。

"松门松菊何年梦,且认他乡作故乡",遥望故居,寄托心绪,泣血入诗,化为人韵,可结果却是,故居虽在人难归。其时,寅恪先生人在蜀地,卧病成都,心系江南,慨然东望,暮境苍茫,其魂牵梦萦的都是西山、庐山,因忆平生故居,赋此一诗,亲朋览之,也可知他此时之心绪。

抗战胜利,收复故土,可故人——先祖、先君再也回不来了。祖父之死,虽由变法而起,但根源却在抗日;而父亲之死,则因卢沟桥事变。抗战全面爆发,三立曰"我决不逃难",听人言"中国必败"即怒斥:"呸!中国人岂狗彘耶?岂帖耳俯首,任人宰割?"京、津沦陷后,日军欲招致三立,百般游说,一概不允。鬼子日伺其门,三立怒,呼佣执帚,将其逐去,以此绝食五日,至于愤死。

而寅恪本人,也曾于1941年冬,因日寇入侵,在香港濒临绝境。日本人送来米、面,他与夫人力拒,宁愿饿死。日本人又强以四十万日元,迫他办东方文化学院,被他斩钉截铁,一口回绝。他靠典当衣物,才免于一死。后得朱家骅派人营救,潜回内地,辗转至桂林,自述其艰辛曰:抵桂林时,"已两月未脱鞋睡觉"。吴宓闻他脱险,作《答寅恪》诗曰:"喜闻辛苦贼中回,天为神州惜此才。"

所以,他"一生负气",负了先祖英雄豪杰气,负了先君名士烈士气,而成其一段自我的天人心史,非以诗性探微索隐,难以述之,非以诗情"辨章学术,考镜源流"，难明其心迹。

《诗》曰："知我者，谓我心忧，不知我者，谓我何求。悠悠苍天！此何人哉?"这一声漫漫长吟，穿越历史而至，从寅恪先生那里得到了"一生负气成今日，四海无人对夕阳"的回应。

"知我者"谁？父辈抬爱如梁任公，还有朋辈敬重如吴宓、傅斯年、胡适等，这些人对他虽然赞誉有加，却亦未能深入其曲折心坎，聆其抑扬心曲，叩其沉郁而难言的斑斑心史，不然，他何以言"四海无人对夕阳"呢？那心史啊，是一腔血泪酿成的心酸，是用解玉沙、水磨调，打磨了英雄棱角，抚平了豪杰峥嵘，握之如玉，揾之似绣，那是将无情的百炼钢，用一往情深锻造出来的绵绵柔情。

一如其父，他历尽劫难，成了孤儿，被新文化运动遗弃在"不古不今"处，自处于被新时代冷落的"湘乡南皮"间，即便那些称其"学问近三百年来一人而已"，并以"今日最渊博、最有识见、最能用材料的人"来赞美他的专家学者朋友们，也难免把他当作旧时代锦灰堆里的遗物加以非议。

有人以历史学科来解读他的"不古不今"，说他治学，不治古代史，不治近代史，专治中古史；还有人说他在传统与现代之间行"执两用中"，说他在中学与西学之间搞"中西会通"。

这些都是从外面来说，亦即是从学术性与时代性的关联上来说的，都有它们的可取之处。但我们还是可以转换一个视角来看他，也就是从他的文化个体性上来看他，看他的"独立之精神，自由之思想"的心性取向，看他如何以"诗、史、思"的方式来做自我表白，倾听他那孤儿的诉说。

四、不应帝王颂红妆

如果说禅宗以诗入禅来明心见性，那么史家明心见性又何妨以诗证史？

更何况江西本就是一片诗学风土、禅宗江湖，且以心学当家做主，能以心学入史学。晚明有个李卓吾（李贽），作《焚书》与《藏书》，推倒理学围墙，在新帝王学里踌躇。而当代能以"吾心"立史学的，岂非寅恪先生乎？若谓卓吾能以赤子之心赞美女性，那么寅恪先生则以孤儿心肠来"颂红妆"。

他在晚年的一首诗中，这样说道："留命任教加白眼，著书唯剩颂红妆。"

其实，他"颂红妆"，并非从晚年才开始，也没有局限于一时一地，亦未囿于某种处境和心境，而是他一贯的主张。他一直在这么做，非如有的人所想，是他晚年前程无路的选择。

他虽然在"颂红妆"下，自注曰"近八年来草论再生缘及钱柳因缘释证等文凡数十万言"，但也有人将他的"红妆"系列排出，依次为：《武曌与佛教》中的武则天，《读崔莺莺传》中的崔莺莺，《长恨歌笺证》中的杨贵妃，《元微之悼亡诗笺征稿》中的韦丛，《白香山琵琶引笺证》中的琵琶女，《论再生缘》中的陈端生，《柳如是别传》中的柳如是。其中，女帝皇妃，闺阁丽人，江湖怨妇，皆为唐女。而宦游少女陈端生，则与曹雪芹约略同时，惜两天才未能相遇，曹若知有陈端生，宝、黛重启再生缘？更有风尘国色柳如是，厄于明、清易代之际，与顾炎武同时，且于红豆山庄往来，故能与之共鸣。

可又有人将他的这一系列，列入妇女史范畴，把历史学上一个伟大的抱负塞入又小又窄的专门学科的分支里，将历史学的一次范式革命导入"妇女解放"的俗谛，而忽略了他对中国史官文化传统的"哥白尼倒转"的功业。他已从王朝史观里走出来了，通过"红妆史学"走向文化中国。

中国文化史上，有两部伟大的"红学"：一部是文学的，出自曹雪芹的"红楼文学"；另一部是史学的，那便是经由寅恪先生而成的"红妆史学"。他"颂红妆"，从朝廷到青楼，从武则天到柳如是，他把文化的根——"独立之精神，自由之思想"，留在了青楼，留给了妓女，而非女皇帝。

写女皇帝，写杨贵妃，写来写去，都是王朝里的那些事，脱不了帝王学的干系，怎么写，也写不到"独立之精神，自由之思想"上去；写崔莺莺，只是一些才子佳人故事，虽然有了爱情觉醒的女人味，但怎么说还是说不到"独立之精神，自由之思想"上去。其他如琵琶女等亦如此。

不能说从她们身上看不到一点儿"独立之精神，自由之思想"的痕迹，而是他那时未将"独立之精神，自由之思想"作为衡量历史的一把尺子来知人论世，其觉悟从目盲开始，诗曰：

> 独立天地人，
> 自由诗史思。
> 真理已开显，
> 恰在目盲时。

在中华人民共和国成立前夕，他成为中国的荷马。其觉悟，亦从正在进行时，达到完成时。然而启发他的，却是清朝乾隆年间一部长篇弹词体小说《再生缘》，作者陈端生。

他从中国流行的评弹说唱艺术，联想到了古希腊的《荷马史诗》。这样一联系，他就发现，它们不仅形式相似，都是说唱艺术、口耳相传，而且本质相通，都有自由之思想和独立之精神贯穿。

如果说寅恪先生最早提出"独立之精神，自由之思想"是在为王国维立碑时，那么他以"独立之精神，自由之思想"来"颂红妆"，就从《论〈再生缘〉》开始，到《柳如是别传》为止。

如果说为王国维立碑是以"独立之精神，自由之思想"为士人立士范，那么他以"独立之精神，自由之思想"论《再生缘》、写《柳如是别传》则是"为天地立心"，以盲人立"心史"。

当他叹息"四海无人对夕阳"时，他已然是个盲人了，外面的世界从眼前消失，却未失去，而是向内心转移，转化为他的内心世界，再以写史将它表达出来，那便是他的"心史"。

天机使人目盲，看透了历史，有时也难免要变成盲人，但天命却要他去"认识自己"。真理的花朵开在认识的悬崖边，追求真理的人，从这里闭上眼睛，纵身一跃，看似万丈深渊，难逃粉身碎骨，但结果却是峰回路转，宛如高台跳水，扑通一声响，他进入自我意识的深处。

一个新的世界，从内心开启了，那是以盲人述史的方式开启的。从史学"应帝王"，转向史学"颂红妆"，这是多么大的转变，这是一次先锋性的"史学的实验"，颠覆了传统历史观。

文学"颂红妆"，从《牡丹亭》就开始了，那死而复生的杜丽娘，向我们展示了爱情的巨大力量。她不仅折服了地狱里的小鬼，居然还说服了那铁板钉钉、雷打不动的阎王。这样的女子，有着何等惊人的"独立之精神，自由之思想"。她不仅有着今生死去活来的高峰体验，更有着来世唐突纲常、惊悚礼教的美好姻缘。于是，《再生缘》出现了，陈端生接着汤显祖，孟丽君接着杜丽娘登场。

与陈端生同世，还有曹雪芹来"颂红妆"，中国传统文化里几乎所有红妆模特儿，都被曹雪芹聚集在大观园里了。她们各尽其美，独自观世态炎凉，在天地不仁中，化为刍狗，散尽芬芳。

以文学"颂红妆"，并非异常；以史学"颂红妆"，才具有异端新思想。

在文学中，女性成为主角很常见；在史学中，女子成为主角却罕见，即便出现,也不是因其为女性,而是基于她们在王朝里的身份,是对她们的母性和妻性所做的制度安排,才使她们得以被史官文化所确认。以史学载入独立之女性,古往今来,寅恪先生当为第一人。近代以来,中国思想界如梁任公等,不断号召"史学革命""女界革命",可将二者结合起来取得"革命"实绩的,唯寅恪先生一人。正如当时"文学革命"的实绩是鲁迅的白话小说,"史学革命"的实绩,便是他的"红妆史学"。

"史学革命"很难,其本身就难产,取得原创性的成果就更难,所以来得太晚。"史学革命"是西学东渐的舶来品,变着主义的花样,争相来到中国,历史唯物主义的胜利,应该是其一重要成果。可惜的是,中国非其原产地,况其本来目的,并非与中国传统结合,而是与之决裂。故其时,能与西学齐头并进、交相辉映,而又根植于中国传统者,静安之后,唯有寅恪。

静安之于史学,因其经历清朝覆灭,耳濡目染,以今观古,故其能为史学范式革命,而有《殷周制度论》中殷周之际"文化革命"一说。但民国建制未果,北伐又起,南北政权更迭,再次易代。今世已无周公,他无周可从,故曰"义无再辱",遂抱定了"五十之年,只欠一死"。

静安史观未立而身先死,何其悲也!寅恪继之,碑铭之曰"独立之精神,自由之思想",以静安为新史观之士范,而止纷纭众说。静安因二次易代便"义无再辱",而寅恪一生,先后经历了民国和中华人民共和国,间以抗日战争,其祖、父辈皆为抗战而死,其本人亦在抗战中九死一生。寅恪先生经此世变,而得以新生,故能于新史观上更进一层,使"独立之精神,自由之思想"不仅在为静安立碑中作为士范得以确立,而且在《论〈再生缘〉》和《柳如是别传》中作为我民族之女范而流传,其欲以永恒之女性引导我民族上升。

至此,寅恪先生以"独立之精神"开始了他"一个人的文艺复兴",确立了诗化史学的范式;以"自由之思想"完成了他的"史学革命",实现了从王朝史观向文化个体史观的转型。

中国传统史观,最具代表性为"二司马"的史书:一部是司马迁的《史记》,另一部是司马光的《资治通鉴》。前者是"究天人之际,通古今之变,成一家之言"的通史,后者则是将一代代王朝排列起来,当作历史的一面面镜子,起到"资治"作用,发挥"通鉴"功能,为本朝立言。

此二者,一为通史,一为通鉴,寅恪祖训"不问政",故其治史,不为通鉴取

向,而取通史路线。若以"独立之精神,自由之思想"的新史观,著一"吾心"之
通史,则可谓举世期待,惜其未能成就,所著《论〈再生缘〉》和《柳如是别传》,
乃新史观之"小试",新范式之"红妆",诗曰:

> 曾以游学通古今,
>
> 莫向荷马问文凭。
>
> 三千年来谁相似,
>
> 太史公前左丘明。

五、文化江山成苦恋

或曰,寅恪思想定位在"湘乡南皮之间",又何来"自由之思想"一说耶?

"湘乡",指曾国藩;"南皮",指张之洞。此二人者,皆为晚清重臣,与其祖
父亦师亦友。若遵"不问政"之祖训,他就不应该自处于二人之间;若遵祖训,
而又自处于二人之间,那么,他所认同的,就绝非二人在王朝中国里政治人物
的身份,而是二人在文化中国里立定乾坤。

何以言之? 当以文化中国言之。"湘乡"与"南皮",都是近代文化中国的
代表。

"湘乡"平生功业,莫过于平定太平天国,然其击倒拜上帝会,宗旨全在
《讨粤匪檄》中,檄所言者,非以天下救晚清,而以清朝救天下;非以王朝发号
召,而以文化总动员,以列祖列宗世代相传的文化中国向在中国变味的西洋教
会宣战。最后的胜利,不属于清朝,而属于文化中国。这是因为,清朝从此衰
落,直至毁灭,而中国却从近代化中走向共和。寅恪之于"湘乡",其寄托在
此也。

至于"南皮",寅恪对其"中学西学"说有所寄托。"南皮"倡导"中体西
用",以"中学为体,西学为用"。所谓"体",就是文化中国,而非王朝中国。寅
恪为文化中国立言,故视"南皮"亦如是。

这也就是他在为冯友兰《中国哲学史(下册)》撰写审查报告时所说的那
些话:中国"即使能忠实输入北美或东欧之思想,其结局当亦等于玄奘唯识之
学,在吾国思想史上既不能居最高之地位,且亦终归于歇绝者"。这话是针对
当时流行的"西化"来说的。同时,他又指出:"真能于思想上自成系统,有所
创获者,必须一方面吸收输入外来之学说,一方面不忘本来民族之地位。此两

种相反而适相成之态度,乃道教之真精神,新儒家之旧途径,而二千年吾民族与他民族思想接触史之所昭示者也。"

他以佛学入中国为例,特言外来之学须与文化中国相结合。古有西域之学东传,已然如是,而今面对西洋之学东渐,亦当如此。他特别指出两点:一为"道教之真精神",即以佛法入道,转化为禅,而为玄禅合一之禅宗;一是"新儒家之旧途径",以儒道释思想形成"新儒家"——理学,以三教合一发展文化中国形成新的文化共同体,如此"真精神"和"旧途径",亦当用之于今。

此其所以要自处于"湘乡南皮之间",众人于此不察,连胡适都认为他是"文化遗民",却未能做出文化中国和王朝中国的区分。若说他是文化中国的"文化遗民",那还说得过去;一定要说他是一代王朝的"文化遗民",那便有失分寸。他安身立命,非以王朝中国为据,乃以文化中国为本。

我们认识寅恪先生,不能将王朝中国与文化中国混为一谈,要做必要的区分。其祖变法革职后,被赐死前,便与清王朝一刀两断,故有"不问政"的遗训,父遵祖训,再不问政,从此"凭栏一片风云气,来作神州袖手人"。其孤怀遗恨,传至寅恪辈,已深入骨髓,遂以政治为糟粕,以文化立命根。

余英时在《陈寅恪研究因缘记》一文中说:寅恪视政治无足轻重,对文化却一往情深,其文化痴情与土地苦恋,是那样紧密地连成一体,以至于他无论怎样也不肯"去父母之邦"。

余认为,1949 年,寅恪先生在去留之际,做了最有智慧的抉择。即便寅恪先生能预知此后的一切遭遇,其决定也不会改变。为了文化,"虽九死其犹未悔",他恪守并转化了一条绝对的"孝道"原理,将"天下无不是的父母"创造性地转化为"天下无不是的父母之邦",其伟大便在这里。

所以,余一再强调,我们今天谈陈寅恪,决不应再涉及政治,因为一说到政治,便会害得他在九泉之下不得安宁。怎么谈陈寅恪呢? 我们只需反复不断地说:文化、文化、文化。这样来谈陈寅恪,才无愧于寅恪先生生前对他留言"作者知我",才得了寅恪先生为静安立碑铭文的真传。

1966—1976 年间,他再次成为文化中国的孤儿。在当时留住文化的根,这要有怎样的血性和胆魄? 顾炎武之言犹在耳,天下兴亡,谁来担待? 匹夫之责,责之唯我!

我不下地狱,谁下地狱? 其时,有此文化中国之大觉悟者,可谓举世无双。

寅恪非"寿者",但"久忧不死,何苦也"却是冲着他说的。他怕死吗？怕死敢说"平生所学供埋骨,晚岁为诗欠斫头"？若怕死,他早就将自己肩上的两副担子都放下了,可他没有放下！

那时,要做他的学生只有一条,就是要有"自由之思想,独立之精神"。没有这一条,就不是他的学生。听他讲过课,跟他学习过的,都不算。静安先生可以死,而他不能,为什么？因为静安先生那不死的灵魂,还有他可以托付;而他尚无可以托付之人。一副皮囊虽不足惜,但那"与天壤而同久,共三光而永光"的灵魂——"自由之思想,独立之精神",却不能无处安身。因此,他以残病之躯煎熬着,挺立着,超越了生理极限。

而他的坚守,并非到了临终前才开始,从1929年他为静安先生立碑文时就已开始。二十四年后,他有一个答复中科院的讲话,重申了他的主张,并解释了他当年撰写碑文时的真实想法：

> 我的思想,我的主张,完全见于我所写的王国维纪念碑中……我当时是清华研究院导师,认为王国维是近世学术界最主要的人物,故撰文来昭示天下后世研究学问的人,特别是研究史学的人。我认为研究学术,最主要的,是要具有自由的意志和独立的精神……"俗谛"在当时即指三民主义而言。必须脱掉俗谛之桎梏,真理才能发扬。受"俗谛之桎梏",没有自由思想,没有独立精神,即不能发扬真理,即不能研究学术……所以我说："唯此独立之精神,自由之思想,历千万祀,与天壤而同久,共三光而永光。"……其一死乃以见其独立自由之意志。独立精神和自由意志是必须争的,且须以生死力争。正如词文所示,"思想而不自由,毋宁死耳。斯古今仁贤所同殉之精义,其岂庸鄙之敢望"。

他以为,一切都是小事,唯"自由之思想,独立之精神"是大事,二十多年如一日,他就这样守望着,可谁知他多么孤独！"一生负气成今日,四海无人对夕阳",这"负气"二字,说尽伤心人情怀。因为担待,所以"负气";没人同他一起担待,所以更加"负气"。"著书唯剩颂红妆",就是"负气"。

《柳如是别传》即为"负气"之作,这一口气从创作这部长篇的二十年前就提了起来。他以口述,一字一句提起来,这么长的一口气,将自己的生命都用尽了。可有人看不懂,问:就为了这么个妓女？

这样问,是在人与人之间,男人与女人之间,女人与女人之间,用了分别心。可先生从未这样自问,从为王国维立碑到为柳如是立传,他只问天地之心——"自由之思想,独立之精神"。

20 世纪 20 年代末,他为天地立心,是针对三民主义的党化教育。后来,他几十年如一日为钱、柳请命,是要提醒国人:三百年前,中国文化未亡于异族入侵;而这一次,很可能会亡于自己的革命。

1966—1976 年间,陈寅恪很清楚王国维临死前那一番心情,也深知顾炎武说的"天下兴亡"就是要守住文化,不能"亡天下"。彼时黑云压城,寅恪先生要留住文化的根,也就是古人说的"天地之心"——"自由之思想,独立之精神"。

我们今日所谓"中国文化价值重建",建什么? 建的还是"自由之思想,独立之精神"。有"自由之思想,独立之精神",则天下兴;没有"自由之思想,独立之精神",则天下亡。1966—1976 年间,正因为有寅恪先生的坚守,故天下不亡。至今,他那在天之灵,依然在坚守,守着"自由之思想,独立之精神"。

陈寅恪先生在人间炼狱里受尽煎熬,死而后已,在当时,他亦只能如此。他把文化的根,留在了《柳如是别传》,留在了王国维的纪念碑里,这是中国当代知识分子最后的精神据点。

先生说,自从为王国维撰写碑文,"独立之精神,自由之思想"便一直是他的追求,他的碑文已流传出去,不会被埋没。如今,那书(《柳如是别传》)在,就在案头;那碑文也在,还在清华园里。可寅恪先生的精神,还在吗? 看看清华大学校训,想想"自由之思想,独立之精神",我们好想做先生的弟子,真的愿意像先生那样,把文化的根立在自己的骨头里。这些年来,我们追随先生的脚步,前赴后继,以"自由之思想,独立之精神"治史,从历史中去发现文化的江山。我们不敢说这样的工作就是在做民族精神的价值重建,但可以说是我们个体性的价值重建。

(刘刚,自由写作者,独立写作人;李冬君,刘刚妻,南开大学历史学院教授。)

论陈寅恪《读书札记》中的诗史互证[*]

刘韶军

陈寅恪先生之所以能成为史学大家,最重要的是因为他能在深入细致阅读古代各种史料原著的基础上,爬梳史料。这种爬梳是多方面的,通过他的《读两唐书札记》就能充分证明。本文分析陈氏从诗史互证的角度爬梳《新唐书》《旧唐书》相关史料的问题,从一个侧面来看陈氏是如何对古代史书进行爬梳和整理的。

陈寅恪非常重视根据唐人的诗作来与唐代史书进行关联性考察,即把唐人的诗也归入唐代史实的范畴。这是他在研究唐史时的一大创新,这种创新扩大了唐代史料的范围,是史学研究思想的一个突破。

把诗作看成史料,在更大的范围内,本是一个人们早就加以应用的方法。如先秦的《诗经》,本身是诗作,但人们研究古代史时,就会充分利用《诗经》的材料来与其他文献中的相关史料相结合。只不过人们没有明确地把这种方法提出来,称为"诗史互证",因为在人们的概念中,先秦的文献本身就是史料,也就不把《诗经》孤立地看成诗作了。陈氏是把这种方法推广应用到唐史的研究中,而且唐人的诗作数量巨大,所以研究唐史时把唐人的诗作排除在外,就是唐史研究上的一个缺陷。陈氏特别强调利用唐人的诗作来与史书的材料相结合,作为研究唐史的一个重要方法。

以下根据陈氏《读两唐书札记》中的具体材料来看陈氏是如何将唐人诗作与史书结合起来考察历史情况的。为叙述方便,分为七个方面来加以分析。

* 本文据生活·读书·新知三联书店 2001 年版《陈寅恪集》中的《读书札记》。《札记》共分三集,以下引自该书时仅标明相应集和页码,不再用脚注注明。另,陈寅恪先生在引用古文献时,中间有大量词句省略,本文本着实事求是的原则,保留《札记》原貌,因此与古文献有出入。

一、利用唐人诗句考察唐代佛教的情况

唐代的佛教传播速度非常迅猛,对各方面都造成了重要的影响。唐代史书中对当时佛教传播的情况有着非常多的记载,但同时也不能忽略唐人诗作中对当时佛教情况的反映。也许正是因为唐代史书记载佛教的资料比较多,所以人们不太关注唐人诗作中对当时佛教传播情况的记载。但在研究一个时代的问题时,相关的资料都要充分加以利用,这是史学研究的重要方法。把不同形式的材料结合起来加以研究,能够更好地了解一个时代的某种社会问题。所以研究唐代佛教问题时,把唐人诗作中关于佛教的记载与当时的史书结合起来,就有着重要的学术价值。

一集第 27 页,陈寅恪援引《旧唐书·卷一·本纪第一》中记述当时京师寺观不甚清净的语句:

> 诏曰:"乃有猥贱之侣,规自尊高,浮惰之人,苟避徭役。妄为剃度,托号出家,嗜欲无厌,营求不息。诸僧、尼、道士、女冠等,有精勤练行、守戒律者,并令大寺观居住,给衣食,勿令乏短。其不能精进、戒行有阙、不堪供养者,并令罢遣,各还桑梓。所司明为条式,务依法教,违制之事,悉宜停断。京城留寺三所,观二所。其余天下诸州,各留一所。余悉罢之。"事竟不行。

对此记载,陈氏认为韩愈的诗句"齐民逃赋役,高士著幽禅",就正是说这种情况,只不过韩愈没有生活在唐高祖时期,所以他的看法没有受到当时皇帝的重视,反而被视为罪过,而被发配。这也说明此处所说的事竟不行,是真实的,并没有起到抑制佛教的效果,所以后来的唐代皇帝在崇佛的道路上越走越远,使之成为严重的社会问题。其实,这一问题在唐初就已经很严重了。

一集第 286—287 页,陈寅恪引《旧唐书·李德裕传》:

> 德裕壮年得位,锐于布政,凡旧俗之害民者,悉革其弊。属郡祠庙,按方志前代名臣贤后则祠之,四郡之内,除淫祠一千一十所。

又引徐凝《浙西李尚书奏毁淫昏庙诗》:

> 传闻废淫祀,万里静山陂。欲慰灵均恨,先烧靳尚祠。

又引《李德裕传》中的德裕奏论:

> 王智兴于所属泗州置僧尼戒坛,自去冬于江淮已(以)南,所在悬榜招

置。江淮自元和二年(807)后,不敢私度。自闻泗州有坛,户有三丁,必令一丁落发,意在规避王徭,影庇资产。自正月巳(以)来,落发者无算。臣今于蒜山渡点其过者,一日一百余人,勘问唯十四人是旧日沙弥,余是苏、常百姓,亦无本州文凭,寻已勒还本贯。访闻泗州置坛次第,凡僧徒到者,人纳二缗,给牒即回,别无法事。若不特行禁止,比到诞节,计江淮巳(以)南,失却六十万丁壮。此事非细,系于朝廷法度。

又引《会昌一品集》中《贺废毁诸寺德音表》:

臣某等伏奉今日拆寺兰若共四万六千六百余所,还俗僧尼并奴婢为两税户共四十一万余人,得良田数千顷。

对此,陈寅恪再引韩愈《赠灵澈》诗所谓"齐民逃赋役",认为当时佛教盛行导致社会经济废坏的情况确实非常严重。

由此可知,唐人诗句中所反映的佛教情况,确实是当时的事实,能与当时政治家的作为对应起来。

二、利用唐人诗句考察唐代天文历法

在中国古代社会,天文及历法由皇家的专门机构与官员来观测、记录和编制。它不仅是人们日常生活中一件重要事务,更是古代社会政治中的重要问题。所以,历代正史中都有《天文志》《律历志》,专门记录当时的天文与历法情况。此外,在社会政治生活中,天文历法也产生了深远的影响。这都是现代社会的人们所不太了解的。陈氏在阅读《新唐书》《旧唐书》时,也非常关注当时的天文历法问题,并与当时人们的诗作关联了起来,这使现代人对唐代政治与天文历法的关系有了更为清楚的认识。

一集第46页,引《旧唐书·本纪第十四》所叙元和二年(807)二月庚午司天造成新历,诏题为元和观象历,接着在壬申夜发生了月掩岁星。陈氏认为白居易的《新乐府·司天台》诗就是讥讽此事的。其诗副题为"引古以儆今也",诗云:

司天台,仰观俯察天人际。羲和死来职事废,官不求贤空取艺。昔闻西汉元成间,下陵上替谪见天。北辰微暗少光色,四星煌煌如火赤。耀芒动角射三台,上台半灭中台坼。是时非无太史官,眼见心知不敢言。明朝趋入明光殿,唯奏庆云寿星见。天文时变两如斯,九重天子不得知。不得知,安用台高百尺为?

因为古代皇帝非常重视天文星象的观察与记录,认为天象变化与现实政治有关,所以白氏认为如果司天台的天文官员不能尽职,就会影响天子治理天下。因此他在诗中说:"九重天子不得知,不得知,安用台高百尺为?"意思是,当时司天台没有尽到应尽的职责,对皇帝只报喜不报忧,因此虽然造有新历,也不一定能起到应有的作用。这也说明白氏的诗与当时的现实情况有着密切的关系,后人不能将诗只当作文学作品看待。

一集第84页,就《旧唐书·志第十六天文下》的记事,陈氏也认为白居易《新乐府·司天台》诗与此条记事有关。志中载:

> 元和三年(808)七月癸巳蚀。宪宗谓宰臣曰:"昨司天奏太阳亏蚀,皆如其言,何也?又素服救日,其仪安在?"李吉甫对曰:"日月运行,迟速不齐。古者日蚀(食),则天子素服而修六官之职,月蚀(食),则后素服而修六宫之职,皆所以惧天戒而自省惕也。"上曰:"素服救日,自贬之旨也,朕虽不德,敢忘兢惕。卿等当匡吾不迨也。"

此条记事说明当时的皇帝和大臣非常重视天象变化,司天台也能如实测量,向皇帝报告,可知古代天文观察与国家政治密切相关。白氏司天台诗虽然讥讽古今司天官的失职,但也从一个侧面反映了古代天文与政治的特殊关系,这对于后人理解古代史书的相关记载及相关制度的含义,也是有帮助的。

三、利用唐人诗作考察唐代的自然灾害情况

古代的各种自然灾害都会在正史中加以记录,而唐代诗人的诗作中也会对这种危害社会民生的自然灾害加以描写,因此可以把二者结合起来以考察当时所发生的自然灾害的种种情况。

一集第85页,针对《旧唐书·志第十七五行》所载当时的蝗灾,陈氏认为白居易"捕蝗乐府之作,实因元和元年(806)夏蝗灾而作,但前乎此者,以兴元元年(784)及开元四年(716)之蝗灾为最,故诗中兼言及之也"。《新乐府·捕蝗》的副题为"刺长吏也",诗云:

> 捕蝗捕蝗谁家子,天热日长饥欲死。兴元兵久伤阴阳,和气蛊蠹化为蝗。始自两河及三辅,荐食如蚕飞似雨。雨飞蚕食千里间,不见青苗空赤土。河南长吏言忧农,课人昼夜捕蝗虫。是时粟斗钱三百,蝗虫之价与粟

同。捕蝗捕蝗竟何利,徒使饥人重劳费。一蝗虽死百蝗来,岂将人力竞天灾。我闻古之良吏有善政,以政驱蝗蝗出境。又闻贞观之初道欲昌,文皇仰天吞一蝗。一人有庆兆民赖,是岁虽蝗不为害。

而《旧唐书》记载的蝗灾情况与此诗所言可以对照,如《旧唐书·志第十七五行》载:

> 贞观二年(628)六月,京畿旱蝗食稼。太宗在苑中掇蝗,咒之曰:"人以谷为命,而汝害之,是害吾民也。百姓有过,在予一人,汝若通灵,但当食我,无害吾民。"将吞之,侍臣恐帝致疾,遽谏止之。上曰:"所冀移灾朕躬,何疾之避?"遂吞之。是岁,蝗不为灾。

又载开元、兴元年间的蝗灾:

> 开元四年(716)五月,山东蟲蝗害稼,分遣御史捕而埋之。兴元元年(784)秋,关辅大蝗,田稼食尽,百姓饥,捕蝗为食,蒸曝,飏去足翅而食之。明年夏,蝗尤甚,自东海西尽河、陇,群飞蔽天,旬日不息。经行之处,草木牛畜毛,靡有孑遗。关辅已东,谷大贵,饿馑枕道。京师大乱之后,李怀光据河中,诸军进讨,国用罄竭。衣冠之家,多有殍殍者。旱甚,灞水将竭,井皆无水。有司奏国用裁可支七旬。德宗减膳,不御正殿。百司不急之费,皆减之。元和元年(806)夏,镇、冀蝗,害稼。

诗与史都记载了当时的蝗灾,二者可以对照观看,由此了解当时的蝗灾之严重,而皇帝只能采取被动的办法,也说明当时对付蝗灾是无能为力的。

四、利用唐人诗作考察唐代的兵乱情况

唐代中后期兵乱频现,当时的史书对此有大量的记载,而同时期的诗人也对此有切身的感受,这必然会反映在他们的诗作中。用此类诗作来与史书中的相关记载相对照,对了解唐代兵乱,有着重要的价值。

一集第39页,《旧唐书·本纪第十一》记载:

> (大历)九年(774)春正月壬寅,"澧朗两州镇遏使、澧州刺史杨猷擅浮江而下,至鄂州,诏许赴汝州,遂溯汉而上,复、郢、襄等州皆闭城拒之。"

这是当时的一次兵乱,陈氏认为卢纶诗句"更堪江上鼓鼙声"可与此事对照,此诗题为《晚次鄂州(至德中作)》,并不是直接描写这次兵乱情况的诗,而是在表达诗人的心情时,顺带提到了这次兵乱,用来映衬诗人身逢兵乱时的特

定心境。诗云：

> 云开远见汉阳城，犹是孤帆一日程。估客昼眠知浪静，舟人夜语觉潮生。三湘衰鬓逢秋色，万里归心对月明。旧业已随征战尽，更堪江上鼓鼙声。

卢氏的诗描写自己前往汉阳城，其中说到他赶路时的急迫心情，以及所见景色与心境的对照，最后提及征战与江上的鼓鼙之声，从一个侧面反映了兵变对于当时人们的生活所产生的影响。"更堪江上鼓鼙声"一句，说明了当时的人们受不了这种兵变给人们正常生活所带来的负面影响，也表达了希望和平生活的民众对于兵乱的厌恶与愤恨。诗与史相对照，更可看出唐时兵乱频仍对于社会生活和民众心理的破坏与摧残。

一集第55页，《旧唐书·本纪第十七上》记载：

> 宝历元年(825)五月丁卯，湖南观察使沈传师奏："当道先配吐蕃罗没等一十七人，准赦放还本国，今各得状不愿还。"从之。

陈氏认为对于此条记载，可参见韩愈七绝诗《贬潮州武关西逢配流吐蕃》(《韩昌黎集》第十卷)中所谓"湖南地近得生全"的描写。此诗云：

> 嗟尔戎人莫惨然，湖南地近保生全。我今罪重无归望，直去长安路八千。

韩氏诗句感叹与唐作战而被俘的吐蕃人被发配到湖南，既能保生全，且距长安近，不必嗟叹命运悲惨。而韩愈自己则被发配到广东的潮州，距离长安道路遥远，且无望回归长安。相比之下，他感觉自己的罪比吐蕃人还重，受到的处罚比与唐朝作战而被俘发配的吐蕃人还重。此诗从一个侧面印证了史书的相关记载，也说明了当时与唐朝作战的吐蕃人对唐朝的特定心情。

一集第78页，《旧唐书·志第八音乐一》记述唐太宗宴群臣时奏《秦王破阵曲》，太宗说以前多次征战，而使世间有了这个乐曲，此曲与他的功业有密切关系，加以演奏，是"示不忘于本"。大臣也都表示了自己的态度，如尚书右仆射封德彝说："陛下以圣武戡难，立极安人，功成化定，陈乐象德，实弘济之盛烈，为将来之壮观。"太宗又说："朕虽以武功定天下，终当以文德绥海内。文武之道，各随其时。"太宗其后又使魏徵、虞世南、褚亮、李百药等人改制歌辞，改名为《七德舞》。后来多次加以演奏，使观者皆扼腕踊跃，凛然震竦。武臣列将都称赞说："此舞皆是陛下百战百胜之形容。"此舞到显庆年间改名为《神功破阵乐》，舞者皆披甲持戟，故被称为唐代武舞之代表。

陈氏读到这些记载，认为"文武之道，各随其时"即白香山《七德舞》所谓"善战善乘时"者也。白居易《新乐府·七德舞》，副题为"美拨乱，陈王业也"，对唐朝这支著名的乐舞做了专门的描述：

> 七德舞，七德歌，传自武德至元和。元和小臣白居易，观舞听歌知乐意，乐终稽首陈其事。太宗十八举义兵，白旄黄钺定两京。擒充戮窦四海清，二十有四功业成。二十有九即帝位，三十有五致太平。功成理定何神速，速在推心置人腹。亡卒遗骸散帛收，饥人卖子分金赎。魏徵梦见子夜泣，张谨哀闻辰日哭。怨女三千放出宫，死囚四百来归狱。剪须烧药赐功臣，李勣呜咽思杀身。含血吮创抚战士，思摩奋呼乞效死。则知不独善战善乘时，以心感人人心归。尔来一百九十载，天下至今歌舞之。歌七德，舞七德，圣人有作垂无极。岂徒耀神武，岂徒夸圣文。太宗意在陈王业，王业艰难示子孙。

诗中叙述了《七德舞》《七德歌》的传承以及所表达的对太宗武功大业的赞颂，可知这不仅是一支简单的歌舞，更是记叙唐代历史的重要文献，更是对这支歌舞做了自己的判断，认为"不独善战善乘时，以心感人人心归"，说明使"人心归"比武力攻伐更为重要，这也就是所谓"文武之道，各随其时"的深刻含义。对太宗的善战，认为是善乘时，但武功胜利之后，还要"随时"而强调"虽以武功定天下，终当以文德绥海内"。这就使诗作与太宗所言结合起来而得到了充分的解释，由此更可使后人深刻理解太宗的文治武功以及《七德舞》的史料价值。

一集第155页，据《崔瓘传》所载：

> 大历五年（770）四月，会月给粮储，兵马使臧玠与判官达奚觏忿争，觏曰："今幸无事。"玠曰："有事何逃？"厉色而去。是夜，玠遂构乱，犯州城，以杀达奚觏为名。瓘惶遽走，逢玠兵至，遂遇害。

陈氏认为"杜工部逢此乱"，即杜甫《江阁对雨有怀行营裴二端公（裴虬与讨臧玠故有行营）》诗，此诗云：

> 南纪风涛壮，阴晴屡不分。野流行地日，江入度山云。层阁凭雷殷，长空面水文。雨来铜柱北，应洗伏波军。

诗中用了东汉伏波将军马援平定交趾征侧、征贰姐妹反汉的典故，马援平定此乱后,在当地立铜柱为界,所以杜诗中用了铜柱与伏波军二语,借以赞颂裴虬平定臧玠兵乱之事。此诗没有直接描写臧玠兵乱的事,而是对雨感怀参与讨伐臧玠兵乱的裴虬,间接地反映了臧玠兵乱之事,表达了对朝廷派军平定兵乱的欣喜之意,说明诗人与民众都是不喜欢兵乱的。

一集第162页,对《旧唐书·列传第七十郭子仪》记载郭子仪自述十年间在各地征战之事,其中说:"东西十年,前后百战。天寒剑折,溅血沾衣,野宿魂惊,饮冰伤骨。跋涉难阻,出没死生,所仗唯天,以至今日。"所述是他为朝廷四处征战的艰苦,陈氏则认为韦庄《秦妇吟》中的诗句"野宿频销战士魂,河津半是冤人血"与之契合。他认为"野宿"应作"宿野",对此,他还有详细的校笺:"如以'野宿'为不误,则应引汾阳奏中此语为解也。"即是说,《郭子仪传》有"野宿"语,韦庄诗也有"野宿"语,二者可以互为注脚。而韦庄的诗中说到战士与冤人,表明他对战乱所造成的人民痛苦感到悲伤。郭子仪只是说征战的艰苦,而韦庄则点出战争给平民与士兵带来的深重灾难。诗与传对照来看,其中也有不同的含义,这是研究历史时所必须注意的。

史书记载史实,而诗人身逢其时,从个人身心感受的角度反映了这些历史事变的具体认识,所以二者可以结合起来,作为了解历史的资料。

五、利用唐人诗作考察唐代的腐败与贫富情况

唐代国家强盛,社会生活丰富多彩,唐人诗作中往往有相关的记载,将之与《唐书》的记载结合起来,就可作为了解唐代社会生活的重要史料。

一集第518页,《王鉷传》载其子准为卫尉少卿,以斗鸡供奉禁中。陈氏云:"参李白诗及陈鸿祖《东城老父传》。"

李白《杂曲歌辞·白马篇》中描写了斗鸡的事,诗中的"斗鸡事万乘,轩盖一何高"正是针对王准这种靠斗鸡在禁中侍奉皇上的人而言的。《王鉷传》只记载了在禁中斗鸡,没有过多的记载,而李白诗加了一句"轩盖一何高",就充分表达了诗人对靠斗鸡"事万乘"者的鄙视,也讽刺了当时政治的昏庸与腐败,故可作为《唐书》所载的参考。

《东城老父传》载于《太平广记》第四百八十五卷,唐代陈鸿祖著。该文描述了唐玄宗爱好斗鸡的情况:玄宗为太子时,爱好民间清明节的斗鸡,即位后,在两宫间修建了鸡坊,养了上千只"金毫铁钜高冠昂尾"的雄鸡,又选六军小儿

五百人,让他们训练雄鸡。玄宗某次出游,看到一个叫贾昌的小孩子用木鸡来斗鸡,就把他召入鸡坊。玄宗对他非常满意,衣食按右龙武军的待遇,又命为五百小儿长,赐之金帛,当时天下号为"神鸡童"。时人为之语曰:"生儿不用识文字,斗鸡走马胜读书。贾家小儿年十三,富贵荣华代不如。能令金钜期胜负,白罗绣衫随软舆。父死长安千里外,差夫持道挽丧车。"《东城老父传》比《唐书》及李白诗都详细,也可作为玄宗时斗鸡风靡朝野的参考。

一集第 202 页,据《旧唐书·李实传》所载:

> 贞元十九年(803),为京兆尹,卿及兼官如故,寻封嗣道王。自为京尹,恃宠强愎,不顾文法,人皆侧目。二十年(804)春夏旱,关中大歉,实为政猛暴,方务聚敛进奉,以固恩顾,百姓所诉,一不介意。因入对,德宗问人疾苦,实奏曰:"今年虽旱,谷田甚好。"由是租税皆不免。人穷无告,乃彻屋瓦木,卖麦苗以供赋敛。优人成辅端因戏作语,为秦民艰苦之状云:"秦城城池二百年,何期如此贱田园。一顷麦苗五硕米,三间堂屋二千钱。"凡如此语有数十篇。实怒,言辅端诽谤国政,德宗遽令决杀,当时言者曰:"瞽诵箴谏,取其诙谐以托讽谏,优伶旧事也。设谤木,采刍荛,本欲达下情,存讽议,辅端不可加罪。"德宗亦深悔,京师无不切齿以怒实。

陈氏认为"此亦白香山《秦中吟》也"。白氏《伤唐衢》诗中说:"是时兵革后,生民正憔悴。但伤民病痛,不识时忌讳。遂作秦中吟,一吟悲一事。"白居易作《秦中吟十首》,从不同方面描述了当时秦中民众的苦难,如《重赋》中说:

> 厚地植桑麻,所要济生民。生民理布帛,所求活一身。身外充征赋,上以奉君亲。国家定两税,本意在爱人。厥初防其淫,明敕内外臣。税外加一物,皆以枉法论。奈何岁月久,贪吏得因循。浚我以求宠,敛索无冬春。织绢未成匹,缲丝未盈斤。里胥迫我纳,不许暂逡巡。岁暮天地闭,阴风生破村。夜深烟火尽,霰雪白纷纷。幼者形不蔽,老者体无温。悲喘与寒气,并入鼻中辛。昨日输残税,因窥官库门。缯帛如山积,丝絮如云屯。号为羡余物,随月献至尊。夺我身上暖,买尔眼前恩。进入琼林库,岁久化为尘。

此诗描写了唐实行两税法后不能坚持本意,逐渐变成了重赋,使民众难以承受,所收的物品在官家府库中化为尘,而民众却是形不蔽、体无温,成为唐朝的重大社会问题。

又如《伤宅》说到大官的府第豪华："累累六七堂,栋宇相连延。一堂费百万,郁郁起青烟……厨有臭败肉,库有贯朽钱……岂无穷贱者,忍不救饥寒。"《轻肥》说到内臣皆为高官:"朱绂皆大夫,紫绶或将军。"他们过着"尊罍溢九酝,水陆罗八珍。果擘洞庭橘,脍切天池鳞"的腐败生活,却毫不关心"是岁江南旱,衢州人食人"的惨烈景象。再如《买花》中说:"有一田舍翁,偶来买花处。低头独长叹,此叹无人喻。一丛深色花,十户中人赋。"这些都反映了当时民众的生活困苦,而高官大臣们却骄奢淫逸,可知当时社会的贫富分化。这些情况与《李实传》所说相关联,就可看出造成这种状况的原因所在,即官吏们大权在手,却只顾奉承皇帝,毫不关心民众的疾苦。所以,史书与诗作在这里就构成了不可分割的整体关系,这是阅读唐代史书及唐人诗作时需要尤其注意的。

六、利用唐人诗作考察唐代人物的情况

《唐书》记载人物及其行迹甚多,但还有欠缺处,此类可据相关的唐人诗作加以补充与参照,在这一点上,唐人诗作亦不可忽视。

一集第64—65页,《旧唐书·本纪第十八上》有关于李德裕的记载,称当时武宗对李德裕说:"贡院不会我意。不放子弟,即太过,无论子弟、寒门,但取实艺耳。"李德裕说:"臣无名第,不合言进士之非。然臣祖天宝末以仕进无他伎,勉强随计,一举登第。自后不于私家置《文选》,盖恶其祖尚浮华,不根艺实。然朝廷显官,须是公卿子弟。何者?自小便习举业,自熟朝廷间事,台阁仪范,班行准则,不教而自成。寒士纵有出人之才,登第之后,始得一班一级,固不能熟习也。则子弟成名,不可轻矣。"

这条史料说明当时科举取人的偏向,武宗要只凭实艺取人,不分子弟与寒门,而李德裕则认为子弟熟习官府礼仪,故应偏向于公卿子弟。此说当然没有什么道理,但现实确实是偏向于公卿子弟的。故陈氏在引述《唐语林》卷七《补遗》中所述李卫公出身寒素而被贬后,官府取人固有等第,说明这在当时是一种习惯做法,尤其是对在位的高官子弟更为偏向。如崔龟从(唐宣宗时期宰相)在宫省任职,其子崔殷梦即被取为解元。对于这种情况,陈氏引述广文诸生的诗:"省司府局正绸缪,殷梦元知作解头。三百孤寒齐下泪,一时南望李崖州。"

李崖州指李德裕，他以父荫补校书郎，后官至宰相，虽然他对武宗说取士要偏向公卿子弟，但他也常援助出身寒微的士人。后来，李德裕在党争中失败，被贬为崖州司户，故孤寒之士都盼他回朝。就此诗而言，陈氏又引《唐摭言》卷七"好放孤寒"条：李德裕颇为寒畯开路，及谪官南去，或有诗曰："八百孤寒齐下泪，一时南望李崖州。"广文诸生的诗主要表达了寒士在科举中受到的不平等待遇，所以如果有人能对他们伸出援手，他们就感激不尽。但《旧唐书》记李德裕与武宗的对话，却表明他还是在取士中偏向于公卿子弟的，这也许是他为人的矛盾之处。故就此事而言，史与诗反映了不同的情况，也是必须关联起来进行综合解读的。

一集第 109 页，对《旧唐书·魏徵传》所记太宗器重魏徵之事，陈氏专门指出要参考《全唐诗》卷二中的魏徵《述怀》诗。

《魏徵传》说的是唐太宗器重魏徵，先引为詹事主簿，称帝后，擢拜谏议大夫，封巨鹿县男，使安辑河北，许以便宜从事。魏徵在办事过程中曾说："公家之利，知无不为，宁可虑身，不可废国家大计。""古者大夫出疆，苟利社稷，专之可也。况今日之行，许以便宜从事，主上既以国士见待，安可不以国士报之乎？"故太宗对他十分信任和器重。而他的《述怀》诗云：

> 中原初逐鹿，投笔事戎轩。纵横计不就，慷慨志犹存。杖策谒天子，驱马出关门。请缨系南粤，凭轼下东藩。郁纡陟高岫，出没望平原。古木鸣寒鸟，空山啼夜猿。既伤千里目，还惊九折魂。岂不惮艰险，深怀国士恩。季布无二诺，侯嬴重一言。人生感意气，功名谁复论。

此诗所言与《旧唐书》所记可以关联解读，即他认为有识之士把他当国士看待，他就要为国做事而不惮艰险，这是书生为人所凭借的意气和慷慨志，而不是计较功名。在这里，欲了解魏徵其人，就要完美结合诗与史来解读。

一集第 110 页，《魏徵传》记载他在临终前，太宗亲自探望，抚之流涕，问所欲言。魏徵说："嫠不恤纬，而忧宗周之亡。"魏徵仍然在忧国忧民，不顾自己。后数日，太宗梦见魏徵如平时一样，早晨醒来得知魏徵已去世，太宗亲去送丧，为之恸哭。陈氏对此而引白居易《七德舞》中的诗句"魏徵梦见天子泣"，并评论说："今《贞观政要》任贤篇及他篇俱不载，恐是戈氏删去。若白诗本于吴（兢）书，而吴氏又本之《太宗实录》，此事颇要，似吴氏必取入《政要》也。"这说明《贞观政要》今本记魏徵事有缺漏，而此《传》及魏徵《述怀》诗可为之补阙。

白居易的《七德舞》中又说到太宗功业及其原因：

> 太宗十八举义兵，白旄黄钺定两京。擒充戮窦四海清，二十有四功业成。二十有九即帝位，三十有五致太平。功成理定何神速，速在推心置人腹。

一集第28页，《本纪第三·太宗下》载太宗的话："昔萧王推赤心置人腹中，并能毕命，今委任敬德，又何疑也？"

对此，陈氏引白居易《新乐府·七德舞》的"速在推心置人腹"句，认为白氏诗句本于太宗此言，不只是用汉光武帝的典故。唐太宗对人非常信任，能如推赤心置人腹中一样，这从一个侧面反映了唐太宗的过人之处。白氏将这种观念用诗句表达出来，于是诗与史共同强化了这种对人推心置腹的信任观，使后人对"推心置腹"这个成语的内涵理解得更为深刻，同时也点明了太宗之所以能取得功业的原因所在："功成理定何神速，速在推心置人腹。"这样的诗句，对于理解太宗其人有着重要的参考价值。

一集第311页，《旧唐书·高力士传》述高力士最终结局：

> 上元元年（760）八月，上皇移居西内甘露殿，力士与内官王承恩、魏悦等，因侍上皇登长庆楼，为李辅国所构，配流黔中道。力士至巫州，地多荠而不食，因感伤而咏之曰："两京作斤卖，五溪无人采。夷夏虽不同，气味终不改。"宝应元年（762）三月，会赦归，至朗州，遇流人言京国事，始知上皇厌代。力士北望号恸，呕血而卒。

陈氏对此引《太平广记》四百九十五"高力士"条中所引《明皇杂录》云：

> 高力士既谪于巫山，川谷多荠，而人不食。力士感之，因为诗寄意："两京五斤卖，五溪无人采。夷夏虽有殊，气味终不改。"

《明皇杂录》与《高力士传》中所引文字有差异，其中"五斤"当作"作斤"，"不同""有殊"字异意同，不必改动。高力士素受玄宗信任，最后却被流配，途中所见，让他不禁怀念当年在京城时的旧事。其诗与史传所记内容相同，亦可作为阅读史书的参考。

以上数例，说明根据唐人诗作来了解唐代人物，有时会较史书所载更为深入具体，使人得以更细致入微地了解唐代人物。就此而言，唐诗的史料价值也值得关注。

七、利用唐人诗作考察唐代民族的有关情况

一集第186—187页,《旧唐书·韩滉传》记述河湟用兵事:

> 时两河罢兵,中土宁乂,滉上言:"吐蕃盗有河湟,为日已久。大历已(以)前,中国多难,所以肆其侵轶。臣闻其近岁已(以)来,兵众浸弱,西迫大食之强,北病回纥之众,东有南诏之防,计其分镇之外,战兵在河、陇五六万而已。国家第令三数良将,长驱十万众,于凉、鄯、洮、渭并修坚城,各置二万人,足当守御之要。臣请以当道所贮蓄财赋为馈运之资,以充三年之费。然后营田积粟,且耕且战,收复河、陇二十余州,可翘足而待也。"上甚纳其言。

陈氏认为,据此奏可知贞元以来吐蕃所以渐弱之故,须与《吐蕃传》《南诏传》《韦皋传》并观,乃第一等史料也。白香山《西凉伎》等可参证。

《西凉伎》中有如下诗句(节选):

> 有一征夫年七十,见弄凉州低面泣。泣罢敛手白将军,主忧臣辱昔所闻。自从天宝兵戈起,犬戎日夜吞西鄙。凉州陷来四十年,河陇侵将七千里。平时安西万里疆,今日边防在凤翔。缘边空屯十万卒,饱食温衣闲过日。遗民肠断在凉州,将卒相看无意收。天子每思长痛惜,将军欲说合惭羞。

从诗中可知,唐自安史之乱后,西部边防一直处于虚弱退守的状态,从安西退到凤翔。边防军也无所事事,得过且过,将相们也无意收复失地,天子虽然痛惜,将军们却不知惭羞。这与韩滉所奏,正可相呼应,说明韩氏的对策超过了以往的将相,故得到皇帝的赞赏。

一集第197页,就《旧唐书·李愬传》所说"宪宗有意复陇右故地,元和十三年(818)五月,授愬凤翔陇右节度使,仍诏路由阙下",陈氏认为:宪宗图复河湟,参杜牧诗集《河湟》七律,以及《新唐书·吐蕃传下》及《李相论事集》和元稹、白居易的《新乐府·西凉伎》。

《西凉伎》见上文,再看杜牧《河湟》七律:

> 元载相公曾借箸,宪宗皇帝亦留神。旋见衣冠就东市,忽遗弓剑不西巡。牧羊驱马虽戎服,白发丹心尽汉臣。唯有凉州歌舞曲,流传天下乐闲人。

此诗言河湟久被吐蕃占领，当地人虽穿戎服，心却忠于唐王朝。对于这样的无奈之事，人们只有听着凉州曲而怀念旧日风光了。诗句中表达了对失去故土且朝廷无力收复的失望，仍可与韩滉之奏相对照。

元稹也有《和李校书新题乐府十二首·西凉伎》，其诗说：

> 吾闻昔日西凉州，人烟扑地桑柘稠。葡萄酒熟恣行乐，红艳青旗朱粉楼。楼下当垆称卓女，楼头伴客名莫愁。乡人不识离别苦，更卒多为沉滞游。哥舒开府设高宴，八珍九酝当前头。前头百戏竞撩乱，丸剑跳踯霜雪浮。狮子摇光毛彩竖，胡腾醉舞筋骨柔。大宛来献赤汗马，赞普亦奉翠茸裘。一朝燕贼乱中国，河湟没尽空遗丘。开远门前万里堠，今来蹔到行原州。去京五百而近何其逼，天子县内半没为荒陬，西凉之道尔阻修。连城边将但高会，每听此曲能不羞。

此诗也是怀念西域当年的盛况，并对朝廷无力收复失地表示失望，对边防将领的无动于衷表示愤慨。

一集第 200 页，就《旧唐书·裴延龄传》所说"至于回纥马价，用一分钱物，尚有赢羡甚多"，陈氏指出："回纥马价乃当时财政大问题，参《新（唐）书·食货志》、白香山《新乐府·阴山道》等。"《阴山道》副题为"疾贪虏也"，言唐与回纥交易马匹的价格极不合理，造成内地纺织缣丝的沉重负担，其诗云：

> 阴山道，阴山道，纥逻敦肥水泉好。每至戎人送马时，道旁千里无纤草。草尽泉枯马病羸，飞龙但印骨与皮。五十匹缣易一匹，缣去马来无了日。养无所用去非宜，每岁死伤十六七。缣丝不足女工苦，疏织短截充匹数。藕丝蛛网三丈余，回纥诉称无用处。咸安公主号可敦，远为可汗频奏论。元和二年下新敕，内出金帛酬马直。仍诏江淮马价缣，从此不令疏短织。合罗将军呼万岁，捧授金银与缣彩。谁知黠虏启贪心，明年马多来一倍。缣渐好，马渐多。阴山虏，奈尔何。

回纥在安史之乱时出兵帮助唐王朝平定叛乱，事后每年要唐朝购买他的大量马匹。当时以绢购马，每匹马价值二十至三十匹绢，但唐王朝想拉拢回纥，则作价四十匹，作为对回纥的赏赐。当时回纥每年送来数万匹马，致使唐王朝支付的马价绢成为朝廷沉重的财政负担。《旧唐书·回纥传》称："番得帛无厌，我得马无用，朝廷甚苦之。"《阴山道》诗具体地反映了回纥贪得无厌而使唐朝织缣妇女负担极重，只得"疏织短截充匹数，藕丝蛛网三丈余"，但

"回纥诉称无用处",朝廷为此只得下令禁止这种不合标准的缣。"谁知黠虏启贪心,明年马多来一倍,缣渐好,马渐多",正是"番得帛无厌,我得马无用"的最好注脚。

一集第354页,就《旧唐书·吐蕃传》所记"及潼关失守,河洛阻兵,于是尽征河陇、朔方之将镇兵入靖国难,谓之行营。曩时军营边州无备预矣。乾元之后,吐蕃乘我间隙,日蹙边城,或为虏(掳)掠伤杀,或转死沟壑。数年之后,凤翔之西,邠州之北,尽蕃戎之境,湮没者数十州",陈氏指出:"此节为元、白《西凉伎》之注脚。"反过来看,元稹、白居易《西凉伎》诗也正是《吐蕃传》所记史事的注脚。史与诗正可互为证明,这是研究历史不可忽视的思路之一。

一集第360页,《旧唐书·骠国传》记:

> 华言谓之骠,自谓突罗成,阇婆人谓之徒里掘。古未尝通中国。贞元中,其王闻南诏异牟寻归附,心慕之。十八年,乃遣其弟悉利移因南诏重译来朝,又献其国乐凡十曲,与乐工三十五人俱。乐曲皆演释氏经论之词意。

陈氏认为,此条记载,当参见元稹、白居易《骠国乐》乐府诗。元、白《骠国乐》乐府诗具体地描写了骠国音乐的细节,如元氏诗云:"骠之乐器头象(像)驼,音声不合十二和。促舞跳趫筋节硬,繁辞变乱名字讹。千弹万唱皆咽咽,左旋右转空偏偏。"元稹还在诗中说当时的朝廷让"史馆书为朝贡传,太常编入鞮鞻科"。白氏诗云:"骠国乐,骠国乐,出自大海西南角……玉螺一吹椎髻耸,铜鼓一击文身踊。珠缨炫转星宿摇,花鬘斗薮龙蛇动。"诗中说骠国人"愿为唐外臣",并"请书国史传子孙"。但白氏又讽刺说:"贞元之民苟无病,骠乐不来君亦圣。骠乐骠乐徒喧喧,不如闻此刍荛言。"意谓唐王朝并不需要这种远方的音乐来标榜君王的圣明,更重要是的要让民众无病,生活安宁。史与诗同样记载了远方民族与中华民族交流往来的史实,这是研究历史时同样不可忽视的重要问题之一。

同上页,《旧唐书·南诏蛮传》记载:

> 先是,韦皋奏南诏前遣清平官尹仇宽献所受吐蕃印五,二用黄金,今赐请以黄金,从蛮夷所重,传示无穷。从皋之请也。贞元十年(794)八月,遣使蒙凑罗栋及尹仇宽来献铎槊、浪人剑及吐蕃印八纽。凑罗栋,牟寻之弟也,锡赉甚厚。

陈氏指出:"此事当参观元稹、白居易《蛮子朝》乐府。"元稹《蛮子朝》描写了当时南诏民族及其与唐交往的情况：

> 西南六诏有遗种，僻在荒陬路寻壅。部落支离君长贱，比诸夷狄为幽冗。犬戎强盛频侵削，降有愤心战无勇。夜防抄盗保深山，朝望烟尘上高冢。鸟道绳桥来款附，非因慕化因危悚。清平官系金呿嵯，求天叩地持双珙。益州大将韦令公，顷实遭时定汧陇。自居剧镇无他绩，幸得蛮来固恩宠。为蛮开道引蛮朝，迎蛮送蛮常继踵。天子临轩四方贺，朝廷无事唯端拱。漏天走马春雨寒，泸水飞蛇瘴烟重。椎头丑类除忧患，肿足役夫劳汹涌。匈奴互市岁不供，云蛮通好绺长骎。戎王养马渐多年，南人耗悴西人恐。

白居易《蛮子朝》也描写了南诏与内地交往的情况，其中提到玄宗时鲜于仲通曾征伐南诏而失败的史事：

> 蛮子朝，泛皮船兮渡绳桥，来自嶲州道路遥。入界先经蜀川过，蜀将收功先表贺。臣闻云南六诏蛮，东连牂牁西连蕃。六诏星居初琐碎，合为一诏渐强大。开元皇帝虽圣神，唯蛮倔强不来宾。鲜于仲通六万卒，征蛮一阵全军没。至今西洱河岸边，箭孔刀痕满枯骨……蛮子导从者谁何，摩挲俗羽双隈伽。清平官持赤藤杖，大将军系金呿嗟。异牟寻男寻阁劝，特敕召对延英殿。

整个唐代，汉族与周围不少民族都有来往交流，为后来的中华多民族国家的形成奠定了基础。时至今日，我们阅读古代史书，常能看到此类记述，其中有不同民族的经济、音乐、习俗，他们与汉民族交往的情况，从中能感受到人们不畏艰难而相互来往的精神。这些都是今天人们研究中华民族史所不可忽略的史料，不管是史书所记，还是诗歌所写，都要看作研究这些历史情况的重要资料。陈寅恪先生在读史过程中为我们留下了这些宝贵的札记，为我们研究历史指明了方向，这是我们今天研究和纪念陈先生时不可忽视的重要内容。

故撰小文，一来为纪念陈先生的史学研究之成就，二来为探讨研究古代历史之方法。行笔至此，良为宽慰。

（刘韶军，1954年生，历史学博士，华中师范大学历史文化学院教授、历史文献研究所所长，享受国务院政府特殊津贴。）

同光体"合学人诗人之诗二而一之"视域下的
陈三立之"诗人之诗"

马卫中

摘　要:同光体诗人陈衍提出了"合学人诗人之诗二而一之",作为诗歌创作的最高追求。但是,按照陈衍对"学人之诗"与"诗人之诗"的诠释,在同光体的代表诗人中,唯有沈曾植兼有"学人"的身份,所为诗或可称作"学人之诗"。所以,"二而一之"只能是一种奢求。至于"诗人之诗",由于在中国古代文论中,诗人的典范为《诗经》中所谓"风人之旨",强调"兴观群怨"和"温柔敦厚"。以此为要求,则同光体诗人首推陈三立。陈三立作为政治活动家,在晚清大厦将倾之时,积极倡导除旧布新,并投身戊戌变法,力图挽救危局。而对时政的关注,则贯穿于其毕生的诗歌创作中。陈三立对政治理想的抒发,以及诗歌所反映的民生艰危和国运塞蹙,或可赋予同光体"诗人之诗"以积极的意义。

关键词:近代诗歌　同光体　陈三立　诗人之诗

　　讨论同光体的诗歌理论和诗歌创作,绕不开的一个话题就是"学人之诗"与"诗人之诗"。陈衍在《近代诗钞·石遗室诗话》中,探究了同光体在清代的源头。其中有云:"有清一代诗宗杜韩者,嘉道以前推一钱箨石侍郎,嘉道以来则程春海侍郎、祁春圃相国。而何子贞编修、郑子尹大令皆出程侍郎之门。益以莫子偲大令、曾涤生相国诸公,率以开元、天宝、元和、元祐诸大家为职志,不规规于王文简之标举神韵,沈文悫之主持温柔敦厚,盖合学人诗人之诗二而一之也。"①这里所列举的钱载、程恩泽、祁寯藻,以及何绍基、郑珍、莫友芝、曾国藩等,都被后来的同光体诗人视作先驱,尊为宗师。而陈衍强调他们"合学人

---

① 陈衍. 近代诗钞[M]. 上海:华东师范大学出版社,2016:1.

诗人之诗二而一之”的理论建树和创作成就，甚至突破了清代影响极大的王士禛之“标举神韵”和沈德潜之“主持温柔敦厚”，可见陈衍要将此作为同光体的标志加以宣扬和推广。然而，陈衍自己的创作，既不是典型的“学人之诗”，也不是中国传统意义上的“诗人之诗”。钱仲联先生《论同光体》甚至以为，以陈衍为代表的“闽派诗更不是‘学人诗人之诗二而一之’的一派”。而且，钱先生还说在“同光体诗人中，只有沈曾植是著名学人”①。当然，如果要讨论“诗人之诗”，在同光体的代表诗人中，则首推陈三立。刘衍文即云：“散原能营造气氛，为诗人之诗。”所谓“诗人之诗”，是指诗人继承了《诗经》传统的“风人之旨”。在中国历史上，谈到“诗人之诗”，就会有这样的理解。而身处“数千年来未有之变局”②的晚清，陈三立的“诗人之诗”尤其彰显出其社会价值和艺术价值。

一

我们先来解释一下同光体诗人所谓“学人之诗”以及“诗人之诗”的内涵，因为这是探讨陈三立“诗人之诗”的前提。陈衍以为，在清代最早能够体现“合学人诗人之诗二而一之”的诗人是钱载。但是，钱锺书先生并不认可。其《谈艺录》讨论到钱载时说：

> 萚石处通经好古、弃虚崇实之世，而未尝学问，又不自安于空疏寡陋。宜其见屈于戴东原，虽友私如翁覃溪，亦不能曲为之讳也。然其诗每使不经见语，自注出处，如《焦氏易林》《春秋元命苞》《孔丛子》等，取材古奥，非寻常词人所解征用。原本经籍，润饰诗篇，与“同光体”所谓“学人之诗”，操术相同，故大被推挹。夫以萚石之学，为学人则不足，而以为学人之诗，则绰有余裕。此中关捩，煞耐寻味。③

这里所说的钱载与戴震的恩怨，在翁方纲《与程鱼门平钱戴二君议论旧草》中有记载：“昨萚石与东原议论相诋，皆未免于过激……萚石谓东原破碎大道。萚石盖不知考订之学，此不能折服东原也。训诂名物，岂可目为破碎？学者正

① 钱仲联. 论同光体[M]//钱仲联. 梦苕庵论集. 北京：中华书局，1993：422.

② 李鸿章. 筹议海防折[M]//李鸿章. 李鸿章全集：第6册. 合肥：安徽教育出版社，2008：159.

③ 钱锺书. 学人之诗[M]//钱锺书. 谈艺录. 北京：中华书局，1984：176－177.

宜细究考订训诂,然后能讲义理也……今日钱、戴二君之争辩,虽词皆过激,究必以东原说为正也。"①翁方纲认为,钱载于考据之学,纯属外行,外行批评内行,说戴震所做学问是"破碎之学"。所以翁方纲说"究必以东原说为正也"。其实钱载和翁方纲关系还是很不错的,二人是乾隆十七年(1752)同榜进士,平时多相互帮衬。翁方纲还曾从钱载三十六卷的《箨石斋诗集》中选录诗作,编成《诗钞》四卷,序而刊之,称"其诗浓腴淡韵,若画家赋色,向背凹凸,东坡谓于王维千枝万叶,一一可寻源者也"②。翁、钱两人的诗歌宗趣都在黄庭坚,当然,就创作成就而言,钱载远在翁方纲之上。

钱锺书先生接下来所说的钱载"其诗每使不经见语,自注出处",所举《焦氏易林》《春秋元命苞》《孔丛子》著作,也不是常人都读过的。所以钱锺书先生谓其"取材古奥,非寻常词人所解征用。原本经籍,润饰诗篇,与'同光体'所谓'学人之诗',操术相同,故大被推挹"。而其有关钱载的结论,则是"夫以为箨石之学,为学人则不足,而以为学人之诗,则绰有余裕"。也就是说,做学人恐有不足,但其学问用来写诗,那还是绰绰有余的。接着,钱锺书先生对陈衍"学人之诗"的观点进行了大家熟悉的"钱式"批评:

> 钟记室《诗品·序》云:"大明、泰始,文章殆同书抄,拘挛补衲,蠹文已甚。虽谢天才,且表学问。"学人之诗,作俑始此。杜少陵自道诗学曰:"读书破万卷,下笔如有神",信斯言也,则分其腹笥,足了当世数学人。山谷亦称杜诗"无字无来历"。然自唐迄今,有敢以"学人之诗"题目《草堂》一集者乎?同光而还,所谓学人之诗,风格都步趋昌黎;顾昌黎掉文而不掉书袋,虽有奇字硬语,初非以僻典隐事骄人。……盖诗人之学而已。③

在这段冷嘲热讽的话里面,钱锺书先生提出"学人之诗"和"诗人之学"的概念。所谓"学人之诗"是学者所为诗:在诗当中卖弄"学人之学"——也就是经史百家之学,甚至是金石考据之言直接入诗。当年钟嵘就加以抨击,故有"学人之诗,作俑始此"之说。至于"诗人之学",其典型便是"读书破万卷,下笔如有神"的杜甫。在钱锺书先生看来,就学问而言,当今号称的"学人",几个加

---

① 翁方纲.复初斋文集:卷七[M].道光间李彦章校刊本.
② 翁方纲.复初斋文集:卷四[M].道光间李彦章校刊本.
③ 钱锺书.学人之诗[M]//钱锺书.谈艺录.北京:中华书局,1984:177.

起来还不如一个杜甫,但杜甫的学问是用来写诗的,是用以增强诗人底蕴、陶冶诗人情操的,只能算作"诗人之学"。因此,自唐迄今,"有敢以'学人之诗'题目《草堂》一集者乎"?而陈衍所谓的"学人之诗",是用来标榜的,诚如钱仲联先生所云:"在旧社会,一般文人却怀有学人高出一筹的偏见。陈衍正是用这样的眼光来谈什么'学人之诗'以抬高'同光体'诗人的地位。"钱先生认为,除了沈曾植以外,"陈衍本人,虽也是博览经史,毕竟只是诗人、古文家,是'文苑传'中人物。此外,'同光体'诗人,或是以政治活动家而为诗人,或是从事文学专业的诗人,在那些代表人物中,却举不出学人"①。这里,陈衍应该属于"从事文学专业的诗人",而陈三立则是"以政治活动家而为诗人"。如果说他们都属于"诗人之诗",其区别就在于此。

所以,陈衍倡导"合学人诗人之诗二而一之",除了借"学人之诗"自我抬高以外,主要是从文学的特性出发。譬如,他对严羽《沧浪诗话·诗辩》中"夫诗有别材,非关书也;诗有别趣,非关理也"的观点,并不认可。在《瘿庵诗叙》中,陈衍说:

> 严仪卿有言:"诗有别才,非关学也。"余甚疑之,以为六义既设,风雅颂之体代作,赋比兴之用兼陈。朝章国故,治乱贤不肖,以至山川风土,草木鸟兽虫鱼,无弗知也,无弗能言也。素未尝学问,猥曰吾有别才也,能之乎?汉魏以降,有风而无雅,比兴多而赋少,所赋者眼前景物,夫人而能知而能言者也,不过言之有工拙。所谓有别才者,吐属稳,兴味足耳……故余曰:诗也者,有别才而又关学者也。少陵、昌黎,其庶几乎?然今之为诗者,与之述仪卿之言则首肯,反是则有难色。人情乐于易,安于简,别才之名,又隽绝乎丑夷也。②

在陈衍看来,"有别才"是"诗人之诗","又关学也"则是"学人之诗"。而"合学人诗人之诗二而一之",是建立在读书的基础上的。陈衍认为,写诗容易,好诗难得。要写出好诗,必须有过人之处,而具有过人之处的先决条件是读书。杜甫之所以为杜甫,在于他"读书破万卷"之后才能"下笔如有神"。这里,陈衍也搬出了《诗经》的作者,但只强调他们是"又关学"的典范:"六义既

① 钱仲联.论同光体[M]//钱仲联.梦苕庵论集.北京:中华书局,1993:422.
② 陈衍.陈石遗集[M].福州:福建人民出版社,2001:520.

设,风雅颂之体代作,赋比兴之用兼陈。朝章国故,治乱贤不肖,以至山川风土,草木鸟兽虫鱼,无弗知也,无弗能言也。"陈衍把他们纳入了"学人之诗"的范畴。至于中国文学批评史上有关《诗经》的作者在反映社会现实方面"兴观群怨"的功能,即传统意义上的"诗人之诗",陈衍基本没有涉及。而其解释"有别才",则是举"汉魏以降,有风而无雅,比兴多而赋少,所赋者眼前景物,夫人而能知而能言者也,不过言之有工拙。所谓有别才者,吐属稳,兴味足耳"。在陈衍看来,"吐属稳、兴味足",这就是"有别才"的全部内涵,这就把"诗人之诗"全部停留在文学层面。

　　涉及具体作品,陈衍在《石遗室诗话》中评价祁寯藻《题镽欱亭集》诗时说"证据精确,比例切当,所谓学人之诗也。而诗中带着写景言情,则又诗人之诗矣"①,可见其对于"学人之诗"和"诗人之诗"的诠释,都只是从诗歌的形式方面考量的。这种脱离了广阔的社会现实背景的"诗人之诗",在中国古代文论中,实则并不很受待见。扬雄《法言·吾子》曰:"或问:'吾子少而好赋?'曰:'然。童子雕虫篆刻。'俄而曰:'壮夫不为也。'"②这一段话常被视作对文学的蔑视。其实,扬雄舍弃的是"雕虫篆刻",而不是文学的全部。郭绍虞先生认为,荀子奠定了"明道、征圣、宗经"的传统的文学观,而"荀子以后再度发挥传统的文学观的是扬雄"③。"明道、征圣、宗经",在诗歌创作方面的体现,就是要求发扬光大《诗经》传统,突出诗歌的社会改造功能。所以,陈衍的"诗人之诗",是大大异于我们所要讨论的陈三立之"诗人之诗"的。

二

　　我们说陈三立的诗是"诗人之诗",立足于其继承了《诗经》以来的优秀的现实主义诗歌传统。这与他积极入世的政治态度有关。陈三立一生在政治上最辉煌、最值得称颂的,是以下两件事。一是在湖南辅助他的父亲、时任湖南巡抚陈宝箴推行新政。当时,湖南作为维新的实验基地,聚集了梁启超、黄遵宪、谭嗣同、唐才常等维新党人,他们创办南学会和时务学堂,出版刊行《湘学

---

① 陈衍.石遗室诗话:卷二十八[M].北京:人民文学出版社,2004:4347.
② 扬雄.法言[M]//孔子,孟子,老子,等.诸子集成.上海:上海书店出版社,1986:4.
③ 郭绍虞.中国文学批评史[M].上海:上海古籍出版社,1979:32.

新报》和《湘报》，并陆续筹办水陆交通、开矿、设武备学堂、练民团，按照范文澜《中国近代史》的说法，他们使湖南成为当时"全国最富朝气的一省"①。这其中当然与陈宝箴父子的积极谋划、赞助和活动是分不开的。梁启超《饮冰室诗话》就将陈三立与谭嗣同相提并论，说："陈伯严吏部，义宁抚军之公子也，与谭浏阳齐名，有'两公子'之目。义宁湘中治迹，多其所赞画。"②之后，湖南革命家层出不穷——不管是旧民主主义革命，还是新民主主义革命，这和维新时期所开创的风气有关。而陈三立在政治上另外一件让我们应该铭记的事情，就是卢沟桥事变爆发后，寓居北平的陈三立目睹山河沦亡，不胜悲愤，以八十五岁高龄绝食殉国，晚节让人尊重。

陈三立既然是政治活动家，而不是从事文学专业的诗人，那么钱仲联先生《论同光体》就说他"工于为诗而不像陈衍那样标榜声气，也没有写过整套的理论"③。但是，他倡导"诗人之诗"，就是要和《诗经》的作者一样，"迩之事父，远之事君"，他需要突出诗歌的"兴观群怨"的功能，需要表达他在诗歌的社会作用方面所持有的肯定的意见——也就是所谓的"诗言志"。检阅《散原精舍文集》，我们就会发现，陈三立为其他人的诗集所作的序文，多强调诗歌与社会政治的密切关系。他为友人廖树蘅诗集撰序时就明言"余尝愤中国士夫耽究空文而废实用"④。什么是"空文"？他在《刘裴村衰圣斋文集序》中的解释是"凡非涉富强之术、纵横之策，固皆视为无用之空文"⑤。刘裴村即刘光第，当年因陈宝箴之荐举而授军机章京，因此成为"戊戌六君子"之一。《刘裴村衰圣斋文集序》也谈到此事："当光绪戊戌之岁，余父官湖南巡抚，会天子方锐意变法，与天下更始，屡诏举人才，备佐新政，余父则务进端笃学有根底之士，疏列君与杨君锐二人。旋召入直，并杨君及谭君嗣同、林君旭，皆充军机章京。仅累日，难作，君遂遇害。"⑥刘光第与陈三立属志同道合者，对其遇害，陈三立一直心怀内疚。慈禧在政变后，下旨谓陈宝箴父子因"滥保匪人"和"招

218

① 范文澜. 中国近代史：上册[M]. 北京：人民出版社，1955：301.
② 梁启超. 饮冰室诗话[M]. 北京：人民文学出版社，1959：10.
③ 钱仲联. 论同光体[M]//钱仲联. 梦苕庵论集. 北京：中华书局，1993：423.
④ 陈三立. 散原精舍诗文集[M]. 增订本. 上海：上海古籍出版社，2014：831.
⑤ 陈三立. 散原精舍诗文集[M]. 增订本. 上海：上海古籍出版社，2014：907.
⑥ 陈三立. 散原精舍诗文集[M]. 增订本. 上海：上海古籍出版社，2014：906－907.

引奸邪","著即行革职,永不叙用"①。可见,除了共同的政治理想,他们还有着相似的政治命运。当然,陈三立是为其文集作序,在这里所说的"空文",就文体言,当是概言诗文,而对诗歌内容的具体要求,则如他在《余尧衢诗集序》中所说的:"《诗》曰:'心之忧矣,云如之何?'诗者,写忧之具也,故欧阳公推言穷而后工,诚信而有征者。"②所谓"写忧之具",突出了"兴观群怨"的"怨",这和《诗经》的"风人之旨"是高度一致的。因此,他认为优秀的诗歌作品,基本上是"穷而后工"的产物。陈三立为梁节庵(梁鼎芬)的诗集作序有云:

> 当是时,天下之变盖已纷然杂出矣。学术之升降,政法之隆污,君子小人之消长,人心风俗之否泰,夷狄寇盗之旁伺而窃发。梁子日积其所感所营,未能忘于心,幽忧徘徊,无可陈说告语者。而优闲之岁月,虚寥淡漠之人境,狎亘古于旦暮,觇万象于一榻,上求下索,交萦互引,所以发情思,荡魂梦,益与为无穷。梁子之不能已于诗,傥以是与?傥以是与?虽然,梁子之诗既工矣,愤悱之情,噍杀之音,亦颇时时呈露而不复自遏。吾不敢谓梁子已能平其心一比于纯德,要梁子志极于天壤,谊关于国故,掬肝沥血,抗言永叹,不屑苟私其躬,用一己之得失进退为忻愠。此则梁子昭昭之孤心,即以极诸天下后世而犹许者也。③

此文作于光绪十九年(1893)。因为梁鼎芬是陈三立的朋友,早年在政治上也有共同的追求,所以,陈三立借写序的机会,以梁诗为案例,在理论上系统阐述了自己有关诗歌与政治之间相互影响的看法。梁鼎芬,光绪六年(1880)进士,二十四岁授编修,属于少年得志。但在光绪十一年(1885),二十七岁的梁鼎芬即因指责李鸿章在中法战争议和中处置失当、以六大可杀之罪提出弹劾,得罪了慈禧,招致连降五级的处分,遂愤而辞职。所以,陈三立谓其目睹晚清"学术之升降,政法之隆污,君子小人之消长,人心风俗之否泰,夷狄寇盗之旁伺而窃发",他"愤悱之情、噍杀之音,亦颇时时呈露而不复自遏",且"志极于天壤,谊关于国故,掬肝沥血,抗言永叹,不屑苟私其躬,用一己之得失进退为忻愠"。在本文的最后,陈三立甚至预言"日迈月征,徙倚天地,吾恐梁子之诗将益工,

① 中国第一历史档案馆.光绪宣统两朝上谕档:二四[M].桂林:广西师范大学出版社,1996:45.
② 陈三立.散原精舍诗文集[M].增订本.上海:上海古籍出版社,2014:956.
③ 陈三立.散原精舍诗文集[M].增订本.上海:上海古籍出版社,2014:824.

且多行交讪"。当然,陈三立也不忘把自己加上:"梁子不幸终类余也。"

在陈三立看来,诗歌如果具有积极的内容,如果能够表达真性情,是可以超越艺术方面不同的宗趣和形式,而产生永恒的魅力的。他在《顾印伯诗集序》中就说:

> 自周汉以来,积数千余岁之诗人,固应风尚有推移,门户有同异,轻重爱憎,互为循环,莫可究极。然尝以谓凡托命于文字,其中必有不死之处,则虽历万变万哄万劫,终亦莫得而死之,而有幸有不幸之说不与焉。①

其言"自周汉以来,积数千余岁之诗人",知陈三立论诗的源头的确是上溯《诗经》传统的。我们要注意的是"风尚有推移,门户有同异",而"凡托命于文字,其中必有不死之处"。

当然,陈三立的"诗人之诗",以《诗经》作者为楷模,除了"兴观群怨",还遵循"温柔敦厚"。据李勤合《九江学院藏〈散原诗稿〉概述》介绍:"1929 年,陈三立之女陈新午与时任国民党军政部参事的俞大维结为伉俪,陈三立把手书《散原诗稿》一册和'温柔敦厚诗之教,慈俭劳谦福所基'对联一副送给女儿陈新午作为纪念。"可见,陈三立是将"温柔敦厚"作为诗礼传家之箴言的。在儒家思想的影响下,过去诗人一直以"兴观群怨"和"温柔敦厚"并重。对此发起挑战的也有,但不是很多,譬如袁枚。他在《答沈大宗伯论诗书》中,针对沈德潜提出的"诗贵温柔"表示质疑:"至所云诗贵温柔,不可说尽,又必关系人伦日用。此数语有襃衣大袑气象,仆口不敢非先生,而心不敢是先生。何也?孔子之言,戴经不足据也,唯《论语》为足据。"②不过,袁枚质疑的理由也仅仅是戴圣所编纂的《礼记》可能是伪书,所以《礼记》所载的孔子之言"温柔敦厚,诗教也",是靠不住的,不一定真的是孔子说的。而陈三立在《沧趣楼诗集序》中先是说了同光体诗人、晚清重臣陈宝琛的坎坷经历,然后说:

> 公生平遭际如此,顾所为诗始终不失温柔敦厚之教,感物造端,蕴藉绵邈,风度绝世,后山所称"韵出百家上"者,庶几遇之。然而其纯忠苦志,幽忧隐痛,类涵溢语言文字之表,百世之下,低回讽诵,犹可冥接逯契于天

---

① 陈三立.散原精舍诗文集[M].增订本.上海:上海古籍出版社,2014:1090.
② 郭绍虞.中国历代文论选[M].上海:上海古籍出版社,2001:365.

壤之一人也。①

相似的评价还体现在他给同为晚清重臣的冯煦《蒿庵类稿》所作的序中：

> 独就所为文诗词为余所及知推之，吐辞结体，一出于冲淑尔雅，盎然粲然。盖导引自具之性情，以与古之能者相迎，讨原究变，溉泽典籍，衷于物则，不诬其志，庶几尤为滔滔斯世所系之能者欤？坚苦树立，成一家之言，先生固所可自信，且信之于天下后世而无愧也。②

陈三立肯定了冯煦所作文诗词各种文体"冲淑尔雅，盎然粲然"的风格，这种风格在诗歌方面，就是"温柔敦厚"的具体表象。陈三立还说明了这种风格与性情有关。当然，作者多读书、好思考，其深厚的文化底蕴也是风格形成的原因之一。陈三立读清末名儒关棠的诗并为其遗集作跋时，也谈到了关棠的"怀抱幽异，学道观化，求自重于己"，而他作为"有志于学者，因其言益得其人之真"，故其所为诗"类皆根据理要，质厚俊雅，颇不愧古之立言者"③。

总而言之，"兴观群怨"和"温柔敦厚"，是陈三立作为"诗人之诗"之诗论的两大准则，前者侧重内容，后者侧重风格。而其核心，便是被朱自清推为中国诗论"开山的纲领"的"诗言志"。

三

陈三立的诗歌创作，也实践了其"风人之旨"的诗歌理论。梁启超《广诗中八贤歌》咏陈三立首联云"啮墨咽泪常苦辛，竟作神州袖手人"，自注谓"君尝赠余诗，有'凭栏一片风云气，来作神州袖手人'之句"④。是诗题曰《高观亭春望》，见陈方恪所藏《陈三立诗录》，经潘益民、李开军整理，收入《散原精舍诗文集补编》。诗凡二首，此为第一首后两句。依编次，此诗当作于光绪十九年（1893）。《散原精舍诗文集补编》整理者认为："第一首诗后两句曾在士人中广为流传，多从梁启超《广诗中八贤歌》得知，误为是戊戌变法失败后陈三立

---

① 陈三立.散原精舍诗文集[M].增订本.上海：上海古籍出版社,2014:1112.
② 陈三立.散原精舍诗文集[M].增订本.上海：上海古籍出版社,2014:895.
③ 陈三立.散原精舍诗文集[M].增订本.上海：上海古籍出版社,2014:894.
④ 梁启超.饮冰室文集：四十五[M].饮冰室合集：第五册,北京：中华书局,1989:13.

的心境流露。"①但是,梁启超说"君尝赠余诗",一般不会记错。最大的可能是陈三立后来又将这首诗抄录赠送给梁启超,且未注明诗题。故梁启超只知是陈三立赠诗,而此诗也一定与陈、梁二人当时的心境相合。这种心境,有人认为是陈三立戊戌变法失败后淡出江湖的写照,类似于陶渊明的归赋田园。但是钱仲联先生在《近代诗钞》中却以为此诗"表现了从新潮流退出以后,仍然压抑不下的风云之气、愤激郁勃之情"②。这使我们联想起陈三立所作《漫题豫章四贤像拓本·陶渊明》诗:"此士不在世,饮酒竟谁省?想见咏荆轲,了了漉巾影。"③这里的陶渊明形象,与传统的"采菊东篱下,悠然见南山"或者"结庐在人境,而无车马喧"不同,倒是和鲁迅在《且介亭杂文二集·〈题未定草〉(六)》所说的陶渊明"就是诗,除论客所佩服的'悠然见南山'之外,也还有'精卫衔微木,将以填沧海;刑天舞干戚,猛志固常在'之类的'金刚怒目'式,在证明着他并非整天整夜的飘飘然"④同一个意思。这也应该是强调"诗言志"的体现。

今日所见《散原精舍诗》,经陈三立亲手厘定,存诗始自光绪二十七年辛丑(1901)。其辅佐陈宝箴推行新政期间所作,并未收入集中。即使是潘益民、李开军筚路蓝缕所成《散原精舍诗文集补编》,收录了以前很难见到的陈三立早期作品,但也仅止于光绪二十二年(1896),而其一生最为关键的戊戌变法前后数年之诗,还是无法一睹为快。雪泥鸿爪,我们依据他人著述中的记述,只能窥出大概。如《饮冰室诗话》中所录《赠黄公度》七律一首,作于光绪二十一年(1895)冬:"千年治乱余今日,四海苍茫到异人。欲挈颓流还孔墨,可怜此意在埃尘。劳劳歌哭昏连晓,历历肝肠久更新。同倚斜阳看雁去,天回地动一沾巾。"⑤钱仲联先生《近代诗钞》以为"三立早年所为诗,颇有陶渊明《咏荆轲》的气概",而此诗"可以代表"。⑥

① 陈三立.散原精舍诗文集补编[M].潘益民,李开军,辑注.南昌:江西人民出版社,2007:83.

② 钱仲联.近代诗钞[M].南京:江苏古籍出版社,1993:900.

③ 陈三立.散原精舍诗文集[M].增订本.上海:上海古籍出版社,2014:119.

④ 鲁迅.鲁迅全集:第6册[M].北京:人民文学出版社,1995:422.

⑤ 梁启超.饮冰室诗话[M].北京:人民文学出版社,1959:10.

⑥ 钱仲联.近代诗钞[M].南京:江苏古籍出版社,1993:900.

陈三立诗歌的言志，值得关注的，是其宣扬维新变法的思想。陈三立出生在封建士大夫家庭，自幼受中国传统的、正统的思想熏陶。他早年撰写的《读荀子五首》《读论语四首》所表达的观点，都说明其思想的主要部分是孔孟之学。而且，我们今天定位陈三立"诗人之诗"，将其与中国最古老的诗学观——"诗言志"挂钩，也是因为这个原因。但是，陈三立所处的 19 世纪末 20 世纪初，毕竟是西学东渐的时代，而其父亲、时任湖南巡抚的陈宝箴，又是比较务实的开明官僚。这与陈宝箴并非进士出身，主要是通过辅助曾国藩镇压太平天国起家，而后叙功升迁的经历有关。在父亲的安排下，陈三立在湘中曾随郭嵩焘学，陈隆恪等撰《散原精舍文集题识》即云："先君壮岁所为文，多与湘阴郭筠仙侍郎嵩焘、湘潭罗顺循提学正均辈往复商榷。"①郭嵩焘是洋务派的骨干，曾经作为中国第一位驻外使节出使英、法。海外经历拓宽了郭的眼界，其思想甚至已经超越了洋务派"中学为体，西学为用"的底线。其《日记》曾云："西洋立国二千年，政教修明，俱有本末，与辽、金崛起一时，倏盛倏衰，情形绝异。"②所以，他对传统的夷夏之辨提出了自己的不同看法，以为"茫茫四海，含识之人民，此心此理，所以上契于天者，岂有异哉？而猥曰'东方一隅为中国，余皆夷狄也'，吾所弗敢知也"③。

　　受此影响，陈三立日后成为维新派的中坚，他在自己的诗歌中也直接表达了对当时西方政治、哲学思想的理解。陈三立曾有《送严几道观察游伦敦》一诗，对严复翻译西方学术名著，介绍和传播西方资本主义政治、经济和文化思想，做了充分肯定：

　　　　铺啜糟醨数千载，独醒公起辟鸿濛（蒙）。抚摩奇景天初大，照耀微尘日在东。聊探睡骊向沧海，稍怜高鸟待良弓。乘桴似羡青牛去，指点虚无意无穷。④

作者借用《楚辞·渔父》"众人皆醉，何不铺其糟而啜其醨"意，对当时保守派意图恪守几千年来中国传统思想中的陋习而无意变革进行抨击，并将严复比作"众人皆醉我独醒"的屈原，把他宣扬西方民主和科学的思想誉为开辟鸿蒙。

① 陈三立.散原精舍诗文集[M].增订本.上海：上海古籍出版社,2014:1532.

② 郭嵩焘.郭嵩焘日记：第三卷[M].长沙：湖南人民出版社,1981:124.

③ 郭嵩焘.伦敦与巴黎日记[M].长沙：岳麓书社,1984:491.

④ 陈三立.散原精舍诗文集[M].增订本.上海：上海古籍出版社,2014:138.

陈三立还有《读侯官严氏所译英儒穆勒·约翰〈群己权界论〉偶题》和《读侯官严氏所译〈社会通诠〉讫聊书其后》二诗，高度评价了严复的译著。约翰·斯图尔特·穆勒(John Stuart Mill)是19世纪英国著名的思想家，所著《群己权界论》又译作《论自由》，主要论述了三个议题：思想自由和讨论自由，个性自由，社会对个人自由的控制。这是西方鼓吹民主和自由的政治学经典著作。陈三立对其学说非常向往，诗中感叹："卓彼穆勒说，倾海挈众派。砭懦而发蒙，为我斧天械。又无过物忧，绳矩极显戒。萌芽新道德，取足持善败。"他甚至以为对"侵寻狃糟粕，滋觉世议隘。天阏缚制之，视息偷以惫"的中国政治与学术①，有着"起死回生"之用。而且，严复亦非常尊重陈三立，他把自己的译稿交陈三立审阅。范罕《六十自谶诗》自注有云："予初游两湖，于陈伯严先生处，见严又陵先生新译赫氏《天演论》，尚未出版，乃惊告先子，以为卓越周秦诸子。"②据李开军《陈三立年谱长编》考订，陈三立读《天演论》在光绪二十年(1894)，而《天演论》在天津《国闻汇编》刊出，已是光绪二十三年(1897)年底的事情了。

除了宏观的呐喊外，陈三立还提出了许多有关维新改良的具体建议。譬如女权和教育，这在其诗中都有反映。庞树柏《今妇人集》"周衍巽"条云："周衍巽，亦南昌人，少肄业于某女校，精蟹行文字，而尤注意家庭教育。陈散原亦有诗赠之曰：'日手东西新译编，莺姿虎气镜台前。家庭教育谈何善，顿喜萌芽到女权。'则周之为人亦可见矣。"岂是其"为人可见"，简直是新女性形象跃然纸上。蟹行(形)文字是指西文，而诗中所谓"日手东西新译编"，是言其忙于译著。此诗收入《散原精舍诗集》，题为《题寄南昌二女士》，另一首为赠康爱德。其实，有关妇女解放，早在戊戌变法之前，陈三立就在湖南支持谭嗣同等创办不缠足会，而他的女儿都得到了良好的教育。其《视女婴入塾戏为二绝句》云："两三间屋小如舟，唤取诸雏诵九流。莫学阿兄夸手笔，等闲费纸帻沟娄。""公宫化杳国风远，图物西来见典型。安得神州兴女学，文明世纪汝先声。"③这是陈三立送女儿入学时所作，时为光绪二十七年(1901)。诗的最后

① 陈三立. 散原精舍诗文集[M]. 增订本. 上海：上海古籍出版社，2014：83.

② 范罕. 蜗牛舍诗补遗[M]//范曾. 南通范氏诗文世家：范罕卷. 石家庄：河北教育出版社，2004：116.

③ 陈三立. 散原精舍诗文集[M]. 增订本. 上海：上海古籍出版社，2014：8.

两句是作者将兴办女学看作新世纪文明之标志,这在当时一定是引领时代潮流的。过去,有的论者将陈三立归入封建遗老,我实不敢苟同。是不是遗老,最关键的衡量标准为其在思想方面是否能够革故鼎新,与封建体制决裂。

中国在甲午战争中的惨败,让中国的知识界痛定思痛。陈三立认为,明治维新后日本教育的现代化,是造成中日两国国力差距的重要原因。光绪二十八年(1902)中秋后,陈三立在江宁见到了来江南陆师学堂考察的日本学者嘉纳治三郎,抚时感事,他赋长诗相赠。由于刚刚经历了庚子事变,所以开篇就说"国家丧败余,颇复议新政"。而教育则是新政的重要内容:"仍遵今皇谟,嗫嗫诵甲令。四海学校昌,教育在厘正。"但是,中国的事情多停留在形式上,有关教育的根本问题没有得到解决:"所恨益纷庞,未由基大命。去圣日久远,终古一陷阱。礼乐坏不修,侈口哆孔孟。譬彼涉汪洋,航筏失导迎。盲僮拊驹犊,旷莽欲何骋?"由此,陈三立希望能够借鉴日本的做法:"陶铸尧舜谁,多算有借镜。东瀛唇齿邦,泱泱大风盛。亦欲煦濡我,挟以御物竞。群士忽奔凑,有若细流进。"随后,作者表彰了嘉纳治三郎对教育的贡献:"觥觥嘉纳君,人伦焕斗柄。创设师范章,捷速日还并。归置游钓地,瞬息变讴咏。"席间,陈三立还和嘉纳讨论了救治中国的教育方案:"起死海外方,抚汝支那病。"陈三立真诚希望能够得到嘉纳的帮助:"君既洞症结,反拟施括擊。色下语益纯,孰云杂嘲评,余乃执爵兴,种祸岂能更?诱掖振厉之,先觉顺其性。大同无町畦,天人互相庆。唏嘘立歧路,仰视纤云净。持此谢嘉宾,且以证后圣。"①陈三立倾心于日本之教育成就,是年曾安排长子衡恪、三子寅恪自费东渡留学。两年后,寅恪与二兄隆恪又考取官费留日。而陈三立日后在江苏、江西等地创办师范学校,可以看作是他对这种思想的实践。

四

风人之旨,除了"言志",也就是对理想的抒写以外,还在于对现实的反映。陈三立的"诗人之诗",在诗歌创作方面,也体现为忧国忧民,这与"兴观群怨"是一致的。

首先,在《散原精舍诗集》中,有许多反映民生疾苦的诗作。作为封建的官

---

① 陈三立.散原精舍诗文集[M].增订本.上海:上海古籍出版社,2014:51.

僚，要和封建的最高统治者保持一致，粉饰太平是基本要求，然陈三立并不循规蹈矩。他在弱冠之前居于乡，踪迹不出义宁州。而后侍父湖南，及至光绪六年（1880），陈宝箴补授河南河北道，陈三立随从赴武陟。从此时起，其诗歌开始较成规模地存留。此前，清王朝鼓吹所谓"同治中兴"，给人以世事太平的假象。其实，在北方，特别是陈三立此次旅行的目的地河南，则刚刚经历了震惊世界的丁戊奇荒。百年难遇的严重干旱，造成饿莩遍野、万户萧疏的惨烈景象。陈三立居武陟时，有《武陟官廨赠杜俞》《赠陈凤翔一首》《过饮吴绩凝一首》等诗，杜俞、陈凤翔、吴绩凝都是陈宝箴的幕僚，也是陈三立的朋友。据其《陈芰潭翁遗诗序》记载："初，余父由长沙之官河北，挈翁与偕。时居幕同为客者，有湘乡杜云秋、平江吴骧云、清江杨海春，皆擅文学，皆喜言经世方略。"①可见，他们平时的议论，是将文学和政治紧密相连的。陈三立当时所作《偕友游观郭外还经丛冢间慨然作》，所言"偕友"，当是杜、陈、吴诸位。诗歌一开始，说"罢酒忽不乐，招携出城闉"，即为后续埋下伏笔。诗歌接着虽然也描写郊外景色宜人，但缺少了赏景的心情，一切就显得并不那么美好。所以作者说"冲衿惨寒日，枉渚栖孤烟。良游洽昔赏，妍虑逐今迁。穹林窜饥狸，荒墟渗阴泉。萧条劲风来，肝心苦抽崩"②，凄美之景愈加烘托出愁苦之音。光绪八年（1882）春，陈三立南归准备参加当年的乡试，途中作《渡黄河口》诗云：

> 冲风绝昆仑，洪流荡万里。潺湲缓水维，泛滥啮地纪。禹功既已遥，殷患自兹始。萧条瓠子歌，弥缝卫薪耻。哀哉宣防勚，沉璧讵虚美？时隆道无污，顺轨遵北徙。其鱼屯忧衰，乃粒烝民喜。回车霜霰交，廓寥叹观止。高波赴冥天，鲸鳐驾逦迤。乾坤眩须臾，精灵聚恢诡。聊持寸抱宽，坐纳百川委。逍遥河上情，离心复何企？③

古人出门一般要待元宵后，这首诗作于是年正月十五，已是公历 3 月 4 日，但诗中没有透露出丝毫的春意。我们特别需要留神"冲风绝昆仑，洪流荡万里。潺湲缓水维，泛滥啮地纪。禹功既已遥，殷患自兹始。萧条瓠子歌，弥缝卫薪

① 陈三立.散原精舍诗文集[M].增订本.上海:上海古籍出版社,2014:910.

② 陈三立.散原精舍诗文集补编[M].潘益民,李开军,辑注.南昌:江西人民出版社,2007:7.

③ 陈三立.散原精舍诗文集补编[M].潘益民,李开军,辑注.南昌:江西人民出版社,2007:8.

耻。哀哉宣防劬,沉璧讵虚美"等句,作者思接千载,视通万里,将天灾与人祸紧密地联系到了一起。所以,即使晚清真有"中兴"其事,也只是昙花一现。读其此次北行一系列诗作,陈三立所见所闻、所思所感,与元代散曲家张养浩《山坡羊·潼关怀古》所咏十分相似:"伤心秦汉经行处,宫阙万间都做了土。兴,百姓苦;亡,百姓苦。"可见,不管是什么朝代,无论兴亡与否,百姓的艰难困苦,都难以改变。

此后,内忧外患日盛,黎民百姓更是生活在水深火热之中。光绪二十七年(1901)春,江南大雨成灾,哀鸿遍野,人民流离失所。时陈三立往来于江宁(南京旧称)与南昌之间,途中亲见水灾之惨象,写下了一系列诗篇。如《次韵黄知县苦雨二首》:

> 掀海横流谁比伦,拍天又见涨痕新。东南灾已数千里。寂寞吟堪三两人。坐付蛟鼍移窟宅,只余鸥鹊叫城闉。陆沉共有神州痛,休问柴桑漉酒巾。

> 据床瞠目忧天下,如此沉沉朝暮何?八表同昏拼中酒,余黎待尽况无禾。空怜麟凤为时出,稍觉鱼虾乱眼多。行念浮生任漂泊,瓦盆尘案日蹉跎。①

面对在洪水中挣扎的受灾民众,作者充满怜悯和同情,但又束手无策,即所谓"东南灾已数千里,寂寞吟堪三两人"。但是,统治者麻木不仁、赈灾无方,他们继续沉湎于花天酒地,与黎民的衣食全无,形成了鲜明的对比。黄知县名彝凯,字蓉瑞,号孟乐,湖南长沙人,时任江宁知县。陈三立与其诗歌唱和,多关时事,如《黄知县过谈嘲以长句》:"首下尻高利走趋,初春丽日照泥涂。嗟君肮脏百僚底,过我恢疏一事无。撑腹诗书得穷饿,填胸婚嫁苦追呼。人间富贵换头白,何处煮茶眠老夫?"②全诗诙谐幽默,生动形象地鞭挞了当时谀上欺下的官场风气。而黄知县出淤泥而不染,豁达开朗,乃不可多得的佼佼者。言及自然灾害,陈三立总是将其造成的原因归结到人为,其《悯灾》三首即言:"妖氛缠禹域,涝水警尧年。""疮痍消息外,寇盗梦魂边。势欲亡无日,灾仍降

---

① 陈三立.散原精舍诗文集[M].增订本.上海:上海古籍出版社,2014:22.
② 陈三立.散原精舍诗文集[M].增订本.上海:上海古籍出版社,2014:1.

自天。"①虽不无迷信色彩,但政治不善,致使水利失修,旱涝灾害频频发生,这是不争的事实。尽管自然灾害已经给芸芸苍生带来了无尽的苦难,但统治者在享受奢靡生活、无度挥霍财富的同时,还要穷兵黩武,通过狂征暴敛来填欲海。陈三立曾有《寄调伯弢高邮榷舍》诗二首对此加以无情的揭露和嘲讽。其二云:"闻道津亭傍胜区,唱筹挝鼓捋髭须。露筋祠畔千帆尽,税到江头鸥鹭无。"②榷舍指征收专卖税的机关,清代纳入专卖的商品,主要是百姓用于日常生产和日常生活的重要物资,诸如盐、铁之类。高邮榷舍应该是设置在京杭大运河上的税收关卡,附近的苏北沿海,是当时中国最为重要的盐场。伯弢是陈三立好友陈锐的字,后者时在榷舍任职。最后一联言税赋之重:雁过拔毛,导致大运河上千帆尽、鸥鹭无,显露一片萧条的景象。龚自珍当年也在扬州一带的运河畔有感清廷的"不论盐铁不筹河",即不考虑基本的国计民生,不重视水利的治理兴修,以致"独倚东南涕泪多"。当然,最终的结果是"国赋三升民一斗,屠牛那不胜栽禾"③,绝望中的民众是没有生路的。

陈三立在戊戌政变后交游的主要对象是同情维新变法的普通知识分子。他们一般以教职谋生,或者充当幕僚,即使涉足官场,也多为下层的小吏。他们穷苦的处境和低下的地位,陈三立也只能在道义上声援。如前文所述黄彝凯,就是作者志同道合的好友,光绪二十八年(1902)遽逝,坊间传言因参与戊戌政变遭暗杀。无风不起浪,陈三立有《孟乐大令出示纪愤旧句和答二首》诗。此诗作于辛丑早春,过去论者解读,把注意力集中在庚子事变上。但我们应该留神诗题中所言"纪愤旧句"。所谓"旧句",则不是最近所作,故其"纪愤",只能是纪三年前戊戌政变之愤了。旧事重提,关键在于庚子事变的爆发,与戊戌政变有着直接的关联。慈禧为代表的保守派,利用农民仇视洋人的狭隘的民族主义情绪,想借此彻底剿灭得到西方国家支持的维新派残余力量。陈三立诗所谓"早知指鹿为灾祸,转见攀龙尽婶婀",是言黄、陈在戊戌政变时即知保守派指鹿为马、颠倒黑白、无中生有,他们中伤、镇压维新运动,终致今日之灾

① 陈三立.散原精舍诗文集[M].增订本.上海:上海古籍出版社,2014:23.
② 陈三立.散原精舍诗文集[M].增订本.上海:上海古籍出版社,2014:117.
③ 龚自珍.己亥杂诗[M]//刘逸生,周锡馥.龚自珍编年诗注.杭州:浙江古籍出版社,1995:602.

祸。而"愚儒那有苞桑计,白发疏灯一梦醒"①,说的是作者感慨遭受迫害以后,无力救国,空有一腔悲愤而已。

再如《得邹沅帆武昌书感赋》。邹沅帆,名代钧,曾主编中国公开出版的最早的教学地图集《中外舆地全图》,是中国近代地图学的奠基人之一。早在光绪十一年(1885),邹沅帆就随刘瑞芬出使英、俄,他熟悉洋务,倾向维新,曾在湖南变法期间主讲南学会,创办《湘报》,故与陈三立交好。诗云:

> 嗟君横舍冷如水,寄食看人行老矣。乃敢张目论世事,弄笔渍泪洒此纸。洞庭东流江拍天,鳣鲔昼徙蛟龙渊。螳螂黄雀皆眼前,李代桃僵亦可怜。②

此诗不同于应酬之作,完全是陈三立情感的自我释放。"嗟君横舍冷如水,寄食看人行老矣",是关心邹沅帆的生活之潦倒;"乃敢张目论世事,弄笔渍泪洒此纸",乃感慨其不忘维新之初心;最后二句言"螳螂黄雀皆眼前,李代桃僵亦可怜",则抨击了当时恶劣的政治环境。其他诗作如《挽周伯晋编修》《哭季廉》《过天津戏赠瘿公》等,作者在叙述与这些挚友的交往与情谊时,渲染了他们郁郁不得志、不能为世所重的坎坷际遇。其《陈次亮户部以去岁五月卒于京师追哭一首》云"亘古伤心剩不归,谁怜此士死长饥"③,对协助康有为创强学会、办《时务报》的变法干将陈炽死于贫病之中,悲愤不已。当然,陈三立也时常借他人之酒杯,浇自己之块垒,在诗中寄托被清廷贬斥后的孤愤心情。这些诗,曾经被论为"感伤无力,曲折隐晦""对那些失望颓唐的士大夫是别具一种颇耐寻味的滋味的"④。其实,在令人窒息的时代,写出知识分子的绝望,总比刻意粉饰太平或沉湎纸醉金迷的诗歌,要有价值得多,因为这是一个时代的真实反映。

五

"诗人之诗",反映外患,实录列强侵略和蹂躏之野蛮行径,即所谓表达爱国思想也是其重要内容。我们前面介绍过陈三立于卢沟桥事变以后,在沦陷

---

① 陈三立.散原精舍诗文集[M].增订本.上海:上海古籍出版社,2014:7.
② 陈三立.散原精舍诗文集[M].增订本.上海:上海古籍出版社,2014:7.
③ 陈三立.散原精舍诗文集[M].增订本.上海:上海古籍出版社,2014:5.
④ 游国恩,王起,萧涤非,等.中国文学史(四)[M].北京:人民文学出版社,1964:350.

的北平城里绝食身亡,以示不做亡国奴的决心。其实,纵观陈三立一生,其爱国之志从未丢失。陈三立倡导维新,主张学习西方先进的思想和技术,这只是其寻求的强国之途径,并且是承袭魏源"师夷长技以制夷",并加以变化发展而来的。可是,在一个以自我为中心、极度封闭的国家,倡导学习西方,就会被认作卖国。譬如我们前面提到的陈三立的老师郭嵩焘,在出使英、法的时候依据自己的见闻,写下了日记《使西纪程》。虽然都是客观的描述,但在满朝文武眼里,无异于卖国。梁启超在《五十年来中国进化概论》中是这样记载《使西纪程》出版以后在官场上的反应的:"记得光绪二年(1876),有位出使英国大臣郭嵩焘,做了一部游记。里头有一段,大概说:'现在的夷狄和从前不同,他们也有二千年的文明。'嗳(哎)哟!可了不得。这部书传到北京,把满朝士大夫的公愤都激动起来了,人人唾骂,日日奏参,闹到奉旨毁板,才算完事。"①确实,一旦极端的民族主义情绪被煽动起来,是很难平息的。

　　但是,晚清中外开衅,战争的地点都在国内,其正义和非正义一目了然。陈三立的诗歌凡涉及此类题材,都洋溢着爱国主义的精神。至于在战争的策略方面,陈三立还是通过客观的分析和认真的思考,来提出理性的看法。他成年以后,首先经历的是中法战争。其所作《清故湘阴县廪贡生吴君行状》就间接表明了他当时的态度。此前,法军不断挑衅,彭玉麟奉旨赴广东办理防务。光绪十年(1884),"除夜置酒大会,尚书故忠勇,及夷事辞气慷慨,有末弁举杯避席言曰:'公无忧夷,夷易与耳,行会徐公破灭之。'尚书大悦,诸将宾客欢呼相和。"此时只有一人保持沉默,就是这篇《行状》的主人、当时在彭玉麟军幕之中的吴光尧。吴光尧随后即写信给陈三立,和他探讨战争的走向,关键是认为徐公——广西巡抚徐延旭"虚夸好大言,误国家者,必此人也"。战争的结果不幸被他们言中:"已而,延旭果败。"②陈三立甚至还将吴光尧的信件交郭嵩焘阅,以为"粤防一无可恃,虎门天险亦甘心弃之,不料一时重臣,昏悖至于此极"③。其好友罗正谊当时亦在广州军幕之中,因劝彭玉麟的意见不为采纳,

---

① 梁启超. 饮冰室文集:三十九[M]. 饮冰室合集:第五册,北京:中华书局,1989:39.
② 陈三立. 散原精舍诗文集[M]. 增订本. 上海:上海古籍出版社,2014:772.
③ 郭嵩焘. 郭嵩焘日记:第四卷[M]. 长沙:湖南人民出版社,1982:488.

遂归。次年再赴两广总督张之洞幕，陈三立赠诗有"江海今无险，楼船去不还"语①。而光绪十一年（1885）春节，陈三立又有《人日送吴光尧游江南》诗二首，其二云：

> 海上方龙斗，斯人独掉头。还轻公府辟，去作莽苍游。孤梦回千里，悲歌横九州。慎休说时事，冠盖满清流。②

诗歌犹言及此前故事，可见其胸中不平之气尚未平息。"慎休说时事，冠盖满清流"，诗人不能痛定思痛，否则便有卖国之嫌疑。

如前所言，陈三立《散原精舍诗集》之存诗，始自光绪二十七年（1901），此前发生的中法战争、中日战争，甚至是庚子事变的前期，在其诗集中的记载多有缺失，我们现在通过其后裔所藏之篇幅不多的《诗录》，以及偶然发现的零星篇章，还是很难窥得全貌。譬如，陈三立与甲午战争应有特殊之关系，其父亲陈宝箴在清廷宣布对日宣战以后，先是受张之洞委派，赴江宁与刘坤一等会商长江防务，后赴京与枢臣翁同龢等讨论京畿防务，极获称赏，得光绪皇帝召见，又奉旨督办湘军东征粮台。陈三立虽然留在武昌侍奉母亲，但其长期赞画父亲政事，也一直关心着战局的进展。而其在战争初期曾有《范大当世由天津寄示和曾广均诗感而酬之末章并及朝鲜兵事》三首，其三云：

> 羿弓堕尽扶桑下，突兀龙蛇发杀机。自倚仙槎探斗极，欲提溟渤溅征衣。穷边梦寐歌初动，下士心肝欧更稀。还念武昌城畔柳，挂残日影待鸥飞。③

甲午战争爆发后，曾广均曾随李光久率湘军赴辽东增援。是时前方战局不利的消息还没有传到武昌，所以，陈三立在诗中期盼着捷报，也透露出投笔从戎的志向。随着战事的失利，陈三立在诗中所表现的情绪也有很大的变化。光绪二十二年（1896），甲午战争尘埃落定，割地赔款已经成为所有中国人心中的痛。是年，丘逢甲已从台湾抵抗日军侵占的硝烟中返回大陆，他无法忍受家乡

① 陈三立.散原精舍诗文集补编［M］.潘益民，李开军，辑注.南昌：江西人民出版社，2007：31.

② 陈三立.散原精舍诗文集补编［M］.潘益民，李开军，辑注.南昌：江西人民出版社，2007：31.

③ 陈三立.散原精舍诗文集补编［M］.潘益民，李开军，辑注.南昌：江西人民出版社，2007：115.

的沦陷,还在抒发着"四百万人同一哭,去年今日割台湾"的春愁①,而陈三立却在冷峻思考中国失败的原因。他为梁鼎芬题写《莫愁湖四客图》,突然想到清军如此不堪一击,宕开一笔:"饱闻胡骑肆狼突,驱逐大将如凫鹥。"寻找失败的原因,诗人认为是奸庸之辈把持着朝政,他们的无德无能、专横跋扈,才导致了战争的失利,正所谓:"龌龊儿曹戏国柄,坐令穰浩生疮痍。"更让陈三立感到悲哀的是,权贵们并不反省:"酣嬉四海遵一轨,自堕人纪非天私。"所以诗人感到了自己该负的责任:"吾侪虽贱士之一,江山今昔看成痴。因君颠倒念行乐,悬瓢应许寒鸥窥。"②也就是所谓"天下兴亡,匹夫有责"。黄遵宪在读到此诗后,留下评语:"极沉郁顿挫之致。揩眼细读,复抚(拊)膺坐思,为之废寝忘食矣。"③他们的共同感受和思考,让他们承担起共同的使命,于是,他们共同投身随之而来的维新变法事业。

在经历了中日甲午战争和戊戌政变以后,中国的政治日趋黑暗,国力日益衰弱。而列强侵略中国的野心也日益暴露,他们对中国的内政干涉日甚一日。各种矛盾的激化,终于酿成了庚子事变。《散原精舍诗集》存诗之始,事变尚未结局。时陈三立寓居江宁,其卷首《书感》④一诗,即感慨八国联军进犯北京。首联"八骏西游问劫灰,关河中断有余哀",言慈禧挟光绪西逃,关河阻隔,诗人已无皇帝的音信。颔联"更闻谢敌诛晁错,尽觉求贤始郭隗",则谓朝廷为与列强媾和,被迫将支持义和团的重臣载漪、刚毅、赵舒翘等作为牺牲品,同时也让一些维新派人士官复原职。颈联"补衮经纶留草昧,干霄芽蘖满蒿莱",是说至今伏处民间的政治人物,既能安邦定天下,也可能鼓动民众形成反抗朝廷的燎原之势。尾联"飘零旧日巢堂燕,犹盼花时啄蕊回",表达了作者作为旧臣,还是希望国家重回正轨,重启新政。编于此诗之后的作品也多涉庚子事变。辛丑年元宵过后,陈三立曾邀请昔日一起推动变法的王景沂担任塾师,俩人或交流消息,或议论时政,也多有唱和。集中留存,即有《次韵答王义门内翰枉赠一

---

① 丘逢甲.岭云海日楼诗钞:卷一[M].上海:上海古籍出版社,1982:29.

② 陈三立.散原精舍诗文集补编[M].潘益民,李开军,辑注.南昌:江西人民出版社,2007:118.

③ 陈三立.散原精舍诗文集补编[M].潘益民,李开军,辑注.南昌:江西人民出版社,2007:119.

④ 陈三立.散原精舍诗文集[M].增订本.上海:上海古籍出版社,2014:1.

首》《次韵答王义门题近稿》《次韵再答义门》《园居即事次韵答义门》《次韵和义门感近闻一首》《王义门陶宾南两塾师各有赠答之什,次韵赘其后》《次韵答宾南并示义门》等。及陈三立二月初十回南昌西山扫墓,又作《侵晓舟发金陵,次韵答义门赠别,并示同舍诸子》。相关题材的最后一首是《江上读王义门黄孟乐赠答诗因次韵寄和》。这些诗篇,作于一个月之内,所记事态的发展有延续性,其表达的思想也有系统性。在《散原精舍诗集》中,从诗题就可以看出涉及庚子事变的作品,是《罗顺循大令官定兴以代受仅免团匪外兵之难冬间将家避河南为书上先公言祸变始末甚备盖尚未闻先公之丧也发书哀感遂题其后》和《十月十四夜饮秦淮酒楼闻陈梅生侍御袁叔舆户部述出都遇乱事感赋》。后首是名篇,论者多已详述,不再赘言。前首云:

> 三千道路书初到,百万生灵汝尚存。天发杀机应有说,士投东海更何冤?破橡骨肉生还地,残烛文章惨淡痕。哭向九泉添一语,旧时宾客在夷门。①

有关陈宝箴之死,因陈三立《先府君行状》称"忽以微疾卒",又适逢庚子之变,国内政局极度不稳,故引起不少猜测。有人认为是"太后密旨,赐陈宝箴自尽",描述其死时的细节活灵活现,如亲眼所见:"宝箴北面匍匐受诏,即自缢。"②但终无确凿证据而成为疑案。只是戊戌政变后陈宝箴被罢黜,失意之心境可想而知,言其"抑郁而卒"应该没有疑义。陈三立诗所谓"哭向九泉添一语,旧时宾客在夷门",隐含的意思或许是:不该死的陈宝箴死了;可能死的罗正谊没死。是哀伤,抑或庆幸,乱世之中实在是世事无常、世事难料。

什么是诗人? 诗人对周边环境的感受更为敏感,写下的文字也更为情绪化。就诗歌创作成就而言,陈三立在近代同光体诗人中不说独领风骚,至少也是凤毛麟角。这与其性情有关,也是其所接受的教育使然。但更重要的一点,便是陈三立身处动荡至极的清末民初,因非同寻常的家庭变故,使其对国家所面临的前所未有的灾难和变局有着更为深刻的体会。"诗人之诗"既然是"兴

---

① 陈三立.散原精舍诗文集[M].增订本.上海:上海古籍出版社,2014:1.
② 宗九奇.陈三立传略[M]//政协江西省委员会文史资料研究委员会.江西文史资料选辑:第三辑.1982:119.

观群怨",那么他将所见、所闻、所感、所思,倾注在吟唱之中,其诗歌的价值也就自然得到极大的提升,这也再一次印证了赵翼的论诗名言:"国家不幸诗家幸,赋到沧桑句便工。"只是陈三立在自己的诗歌创作中,也领会了"兴观群怨"的重要性,在不多的讨论诗歌创作的文字中,也强调了这一点。当然,作为世家子弟,"温柔敦厚"也一定是诗教的重要内容,陈三立于此,同样进行了探讨,也同样付之于实践。而在目睹了清末民初道德沦丧、政治黑暗、经济崩溃的怪现状以后,有一点是可以肯定的,那就是陈三立是同光体"诗人之诗"最具代表性的诗人。

（马卫中,1959 年生,苏州大学教授,博士生导师,苏州大学敬文书院院长,中国近代文学学会常务副会长。）

哲思与诗性的交响*

——试论陈宝箴诗学追求的人文情怀

闵定庆

陈宝箴(1831—1900),字右铭,义宁(今江西省修水县竹塅村)人,为著名诗人陈三立之父、著名史学家陈寅恪之祖,咸丰元年(1851)恩科举人,后加入以曾国藩为核心的湘军集团,官至湖南巡抚,在湖南推行新政,是近代著名维新政治家。戊戌政变后,陈宝箴罢官归隐江西西山,于八国联军入侵天津、北京之际去世。陈宝箴善诗文,但全力经世,发誓"辍文学,讨时事,奋其愚陋,庶几乎一日之强"。① 他的传世作品不多,诗作题材颇广泛,主体风格偏向宋诗一路,其审美趣味远承以黄庭坚为代表的宋代江西诗派,近袭以曾国藩为代表的湖湘学派宋诗风气。其文以应用性质的策论、书奏和记传文为主,体现了湖湘学派重儒术、轻文辞、经世致用的取向。关于陈宝箴的文学造诣,时贤颇多褒评,如曾国藩读陈宝箴书后,充分肯定其为人、文风近于南宋永嘉学派儒学家陈亮、叶适,其《复陈宝箴》说:"阁下志节嶙峋,器识宏达,又能虚怀取善,兼揽众长……大著粗读一过,骏快激昂,有陈同甫、叶水心诸人之风。"②郭嵩焘鉴阅过他的所有文章,评道:"右铭十余年踪迹与学术、智略略具于斯,其才气诚不可一世。而论事理曲折,心平气夷,虑之周而见之深远,又足见其所学之邃也。"③范当世作《故湖南巡抚义宁陈公墓志铭》更说:"公于诗文果不多为,

---

* 本文所引陈宝箴诗文,均据汪叔子、张求会编《陈宝箴集(下)》(中华书局 2005 年版),不另注。

① 范当世. 故湖南巡抚义宁陈公墓志铭[M]//范当世. 范伯子诗文集. 上海:上海古籍出版社,2003.

② 曾国藩. 复陈宝箴[M]//曾国藩. 曾国藩全集:第三十册. 长沙:岳麓书社,1994:7425.

③ 江西省政协学习、文史委员会办公室,修水县政协文史资料委员会. 一门四杰:陈宝箴、陈三立、陈衡恪、陈寅恪史料[M].1994.

为则精辟有法。"《晚晴簃诗汇》也说:"右翁负干略,工诗、古文辞,初见赏于曾文正,以从戎致通显。"从中我们不难窥见其文学宗向是明显偏向宋学一途的,与曾国藩崇尚宋诗,以苏黄上溯杜甫、陶渊明的诗学门径同一机杼。而这一文学宗向深刻地影响着其子三立及孙衡恪、寅恪的诗歌创作和学术道路,从而形成了个性鲜明的家学渊源。

一

陈宝箴诗歌创作的宗宋倾向,具有深刻的文化基础,在某种程度上是一种历史必然的选择。关于这一倾向的自觉意识,我们可以从以下两个方面进行探讨:

首先,这一选择来源于陈宝箴久植内心的对宋代乡贤黄庭坚其人其诗的崇高敬意。北宋著名诗人黄庭坚(1045—1105),字鲁直,号山谷道人,晚号涪翁,也是修水人,其家双井距离陈家竹塅不远,其诗开江西一派,对后代诗人影响甚巨。陈宝箴久慕黄庭坚之为人,在为政方面也极力效仿黄庭坚。黄庭坚于元丰五年(1082)官太和知县,书后蜀主孟昶"尔俸尔禄,民脂民膏,下民易虐,上天难欺"一语,贴在官舍之中,宋高宗曾下诏将黄庭坚手书颁示天下郡县。陈宝箴也曾亲笔书写此语,挂在官舍以自勉,并警示同僚和下属。陈宝箴的诗歌创作更是深受黄山谷影响,他追慕山谷诗风,宗江西诗派,意在由此上溯杜甫、韩愈、陶渊明,因而,他的诗雅近黄庭坚、杜甫、陶渊明,绝不附庸风雅,特重气节,可以见其一生的抱负。陈宝箴曾为湖南少年诗人隆观易(字无誉)的《罘罳草堂诗集》撰序,对山谷诗推崇备至,略云:

> 读所撰著文字,根底郁茂,其经世之志,略见于斯矣。既而取阅其《罘罳草堂诗卷》,则逢源杜与韩,语言之妙类大苏,而似归宿于吾乡山谷老人,世之号为能诗者未易而有也……窃喜子瞻称山谷"御风骑气,以与造物者游"之言,谓为得其诗之真,而颇怪世少知之而为之者。盖乡先辈声响歇绝,殆千数百年于兹矣。读无誉诗,其庶几遇之也。①

此序将杜甫、韩愈、苏轼和黄庭坚四者之间的渊源关系,阐述得非常清晰。而于这四者之间的渊源关系,桐城派大师多有论述,如姚鼐《荷塘诗集序》说:

---

① 徐一士.谈隆观易[M]//徐一士.亦佳庐小品.北京:北京出版社,1997:122.

"古之善为诗者,不自命为诗人者也。其胸中所蓄高矣、广矣、远矣,而偶发之于诗,则诗与之为高广且远焉,故曰善为诗也。曹子建、陶渊明、李太白、杜子美、韩退之、苏子瞻、黄鲁直之伦,忠义之气,高亮之节,道德之养,经济天下之才,舍而仅谓之一诗人耳,此数君子岂所甘哉!"①曾国藩《题彭旭诗集后即送其南归二首》云:"杜韩去千年,摇落吾安放。涪叟差可人,风骚通胙蛮。"②他们都认为黄庭坚是杜甫和韩愈的后继者,而陈宝箴的这段话可以看作是对清代中后期宋诗运动领袖人物及桐城派大师所构拟的中国古典诗歌谱系的调整。陈宝箴对山谷诗的倾心和嗜好,直至晚年也未见减退。陈三立《山谷内外集题辞》更透露出一段感人的逸事:

> 光绪十九年(1893),方侍余父官湖北提刑。其秋携友游黄州诸山,遂过杨惺吾广文书楼,遍览所藏金石秘籍,中有日本所得宋椠《黄山谷内外集》,为任渊、史容注,据称不独中国未经见,于日本亦孤行本也。念余与山谷同里闬,余父又嗜山谷诗,尝憾无精刻,颇欲广其流传,显于世。当是时,广文意亦良厚,以为然。乃从假至江夏,解资授刊人,广文复曰:"吾其任督校。"越七载而工讫,至其渊源识别,略具于广文昔年所为跋语云。

这篇题词放在陈三立出资重刊的《山谷内外集》的卷首。杨守敬(1839—1915),字惺吾,湖北宜都人,近代著名学者,曾随何如璋、黎庶昌出使日本,购回大量我国古籍,宋刊《山谷内外集》即其中之一。陈三立于光绪十九年(1893)访广文书楼,借出宋本《山谷内外集》重刊,分装二十册。此书于同年开雕,此时,陈宝箴在湖北按察使任上,张之洞任湖广总督,杨氏在张之洞幕中。光绪二十六年(1900),此书刻成时,陈宝箴父子因在湖南推行新政同被革职,已闲居两年了。4 个月后的 1900 年 7 月,陈宝箴去世。陈三立这篇在其父去世前不久写下的题词,透露出了陈宝箴诗学的宗向,大可以当作陈宝箴本人的"夫子自道"来理解。从中不难看出,陈宝箴嗜山谷诗,仔细阅读,但为山谷诗无精刻本深感遗憾,一直希望有机会寻找到善本,使之广泛流传。这个愿望终于在他去世前实现了。

---

① 姚鼐.惜抱轩诗文集:卷四[M].上海:上海古籍出版社,1992:50.

② 曾国藩.求阙斋读书录·山谷诗集[M]//曾国藩.曾国藩全集:第十五册.长沙:岳麓书社,1994.

其次，陈宝箴诗歌创作宗向山谷，很大程度上是受到曾国藩、郭嵩焘等湖湘诗人创作实践的直接影响，与清代中后期宋诗运动所倡导的接近。清代中期学者诗人程恩泽、祁寯藻等人喜言宋诗，并发起了近代诗歌史上一场声势浩大、风格纷呈的宋诗运动。陈衍《石遗室诗话》说：

> 道（光）、咸（丰）以来，何子贞、祁春圃、魏默深、曾涤生、欧阳碉东、郑子尹、莫子偲诸老，始喜言宋诗。何、郑、莫皆出程春海侍郎门下，湘乡诗、文字皆私淑江西，洞庭以南言声韵之学者稍改故步。①

湖南宋诗之风格外强劲，表现为理学与宋诗在深层的合流之势，几乎湖南所有的理学、实学家都是桐城派古文家兼宋诗派诗人。曾国藩、郭嵩焘作诗，雅近苏轼、黄庭坚，他们的政治地位和社会声誉都大大促进了宋诗运动的发展，也直接影响了陈宝箴的诗学宗向。陈三立《巡抚先府君行状》称，陈宝箴"为学宗张（栻）、朱（熹），兼治永嘉叶氏（适）、姚江王氏（阳明）说，师友交游多当代贤杰，最服膺曾文正公（国藩）及沈文肃公（葆桢）"。② 胡思敬《国闻备乘》"陈右铭服膺曾文正"条下记曰：

> 陈宝箴初以举人谒曾国藩，国藩曰："江西人素尚节义，今颓丧至此，陈子鹤不得辞其责。转移风气将在公等，其勉图之。"子鹤者，新城陈孚恩也，附肃党，官至尚书，日营求入阁，故国藩及之。宝箴以资浅位卑，愕然莫知所对。国藩字而徐解之曰："右铭疑吾言乎？人亦贵自立耳。转移之任，不必达而在上也。但汝数君子，若罗惺四、许仙屏者，沉潜味道，各存一不求富贵利达之心，一人唱之，百人和之，则风气转矣。"宝箴谨佩不忘，对江西人辄传述其言，且喜且惧，自谓生平未受文正荐达，知己之感，倍深于他人。③

陈宝箴曾两度入曾国藩幕府：第一次是在同治二年（1863），即曾国藩任两江总督屯军安庆之时；第二次则是在曾国藩攻克金陵、开府江宁之后不久。曾国藩刻苦自励，力宗儒学，为人清廉，自招募团练征讨太平军起，就刻意以振兴儒家纲常号召天下，盛招天下贤士为幕友，不拘学派成见，诚意相交，吟咏无虚

① 陈衍. 石遗室诗话[M]. 沈阳：辽宁教育出版社，1999.
② 陈三立. 巡抚先府君行状[M]//陈三立. 散原精舍文集：卷三. 沈阳：辽宁教育出版社，1999.
③ 胡思敬. 国闻备乘[M]. 上海：上海书店出版社，1999.

日,俨然一代儒宗。陈宝箴往游,曾国藩大喜过望,奉为上宾,称其为"海内奇士",多次接见。陈宝箴与曾国藩从容论道、诗酒讽咏的时间极其短暂,但是,陈宝箴早在入湘军之初就深受曾国藩人格魅力的吸引,终其一生无时无刻不怀着神圣的情感与曾国藩进行着心灵的对话。在陈宝箴心目中,执军政大权、掌当今文衡的曾国藩是崇高的,他对曾国藩的感佩也是无比崇高的,终生感激曾国藩的揄扬,服膺曾国藩的学术与为人。陈宝箴认为,如果对曾国藩稍存一丝请托之意、进身之心,都是莫大的亵渎,只有付诸践履,才对得起曾国藩的嘱托。

陈宝箴在曾国藩幕府时,有一次恰逢生日,曾国藩集苏轼诗句为一联,赠给陈宝箴为寿,联曰:"万户春风为子寿,半瓶浊酒待君温。"上联出自苏轼《王氏生日致语口号》,下联出自苏轼《正月二十日往岐亭,郡人潘、古、郭三人送余于女王城东禅庄院》,这首诗被曾国藩选入《十八家诗钞》。此联轰动一时,口耳相传,经久不衰,甚至一度出现了"半杯旨酒待君温"的讹语。细细品来,此联确实寓意深厚,隽永悠远。前一首诗,是苏轼谪居广东,侍妾王朝云随侍苏轼南来,以"吾心安处是吾乡"宽慰主人,使苏轼那颗落魄的心终于得到安顿。王氏生日,苏轼赋诗曰:

> 罗浮山下已三春,松笋穿阶昼掩门。
> 太白犹逃水仙洞,紫箫来问玉华君。
> 天容水色聊同夜,发泽肤光自鉴人。
> 万户春风为子寿,坐看沧海起扬尘。

其小序说:

> 人中五日,知织女之暂来;海上三年,喜花枝之未老;事协紫衔之梦,欢倾白发之儿。好人相逢,一杯径醉。伏以某人女郎,苍梧仙裔,南海贡余。怜谢端之早孤,潜炊相助;叹张镐之没兴,遇酒辄欢。采杨梅而朝飞,擘青莲而暮返。长新玉女之年貌,未厌金膏之扫除。万里乘桴,已慕仲尼而航海;五丝绣凤,将从老子以俱仙。东坡居士,樽俎千峰,笙簧万籁。聊设三山之汤饼,共倾九酝之仙醪。寻香而来,莘天风之引步;此兴不浅,炯江月之升楼。

苏轼将王朝云视作人生知己。此处"万户春风",指岭南酒,《十月二日初到惠州》诗"岭南万户皆春色,会有幽人客寓公"下自注:"岭南万户酒。"《浣溪沙》

小序也说:"绍圣元年(1094)十月二十三日,与程乡令侯晋叔、归善簿谭汲同游大云寺,野饮松下,设松黄汤,作此阕。余近酿酒,名之曰'万家春,盖岭南万户酒也'。"

后一首诗,是苏轼于元丰三年(1080)作于黄州贬所。苏轼因罹乌台诗案谪黄州,州人洁身自好,敬而远之,但潘丙、古耕新、郭遘三人不避嫌疑,多方帮助苏轼。苏轼去探访老友陈慥(季常),潘、古、郭三君远道送行,并在城东禅院设宴饯别,这一番高义令苏轼无比感动。曾国藩用这两句诗彰显陈宝箴能同舟济人的雅量,更以下句暗含"陈"姓,专送宝箴,表现了他对待幕友的诚挚感情。曾国藩在《复陈宝箴》中评陈宝箴"有陈同甫、叶水心诸人之风"同样是切合"陈"姓。对曾国藩的这番奖掖,陈宝箴自然是感铭在心的。

更有甚者,曾国藩对宋诗尤其是对黄庭坚十分推崇,因此当他看到陈宝箴也喜爱黄庭坚其人其诗时,很是欣慰。曾国藩编纂《十八家诗钞》,选黄诗七古165首、七律286首,数量甚巨,令黄庭坚得以与曹植、阮籍、陶渊明、谢灵运、鲍照、谢朓、李白、杜甫、白居易、韩愈、苏轼、陆游等大诗人并列,充分肯定黄诗在他所构拟的中国诗歌史上的地位。曾国藩也曾评点黄诗一百四十多首,录入《求阙斋读书录》卷十。曾国藩作诗深受黄诗的熏染,钱基博《中国现代文学史》对此做了极精确的描述和评价,他说:

> 道光而后,何绍基、祁寯藻、魏源、曾国藩之徒出,益盛倡宋诗。而国藩地望最显,其诗自昌黎、山谷入杜,实衍桐城姚鼐一脉……国藩乃昌言"姚氏诗劲气盘折,能以古文家之义通于诗",而用其法,旁参山谷,益恣为生崭奥衍。洞庭以南,言声韵之学者,稍改故步。

> 晚清名臣能诗者,首推湘乡曾国藩,后称张之洞。国藩诗学韩愈、黄庭坚,一变乾嘉以来风气,于近时诗学有开新之功……国藩识巨而才大,寓纵横诙诡于规矩之中,含指挥方略于句律之内,大段以气骨胜,少琢炼之功。[①]

陈宝箴作诗也倾向于曾国藩这种作风,具有内在的一致性。显然,陈宝箴沿着曾国藩指出的理学、实学道路及北宋诗和桐城古文方向往前发展,其文学创作也体现出鲜明的宗宋特征。

---

① 钱基博. 现代中国文学史[M]. 长沙:岳麓书社,1986.

二

和曾国藩一样，陈宝箴本着"文以载道"的思想，试图用诗文创作系统、全面而简洁地表述自己的政治理念、行政措施和为人态度，充溢着两宋儒家的仁者气息。陈宝箴的《书塾侄诗卷》与《罕罳草堂诗集序》一样，是目前所能见到的义宁陈氏最早的两篇诗论之一，弥足珍贵，谨摘录如下：

> 诗言志，志超流俗，诗不求佳，然志高矣。又当俯仰古今，读书尚友，涵养性情，有悠然自得之致，绵渺俳恻，不能自已，然后感于物而有言，言之又足以感人也。后世饰鞶帨，类多无本之言，故曰："雕虫篆刻，壮夫不为。"然即以诗论，亦必浸淫坟籍，含英咀华，以相输灌。探源汉魏，涉猎唐宋人，于作者骨格神韵，具有心得，然后执笔为之，不见陋于大雅之林矣。今侄且无肆力于诗，且先肆力于学。以侄之聪明才能，摆脱一切流俗之见，高著眼孔，拓开心胸，日与古人为徒，即以古人自待，毋自菲薄，毋或怠荒，他日德业事功，皆当卓有成就。以此发为诗文，如万斛泉源，不择地而涌矣。况不必以词章小道与专门名家者争优劣耶？子夏曰："虽小道，必有可观者焉，致远恐泥。"闻侄渐留意于书画笔墨之间，而未知向学，故书此以广所志，勉旃勉旃。

在这篇充满教谕意味和无限亲情的短文中，陈宝箴系统地论述了自己的诗学观和审美趣味。他认为文艺应秉承儒家"诗言志"的优良传统。汉代扬雄在其《法言》中把诗歌贬斥为"雕虫篆刻，壮夫莫为"的末技，陈宝箴《寓感六章》其六（节录）也说：

> 古籍汗牛马，糟粕非精英。
>
> 何况挟爱憎，是非汩其情。
>
> 丰碑既多愧，薄俗尤相倾。
>
> 文字亦俳优，小技安足逞？

其意思与扬雄是一致的。陈宝箴引扬雄此语，强调诗不过是"小道"，应是君子务本、情非得已时偶为之的，不可以诗文为本。他引用子夏之言见于《论语·子张》，原文是："虽小道，必有可观者焉，致远恐泥。君子不为也。"隐去最后一句，实则明确告诉后辈，士人不该成为以"君子不为"的方式博取世俗名声的诗文专家，因为"后世饰鞶帨，类多无本之言"，是无足观的，不能真正担当起

"诗"的社会责任。他认为,作文谈诗还是应认真对待,求格须高,以期有可观者。陈宝箴恪守传统儒家"言志"诗学的"真理性",将其视为诗歌创作的最高准则和有效基础。这里的"志"有双重含义:一是"情志",即是由社会、政治、人生等激发出来而不能自已的特定方向的情感,保存了先秦"诗言志"的原始含义;二是"志向",志当存高远,高著眼孔,"俯仰古今,读书尚友,涵养性情",方能超越流俗,这里已明显融入了后世儒者的道德主体意识。颇能与之相互印证的是,《湘报》第一号刊登了陈宝箴光绪二十四年二月一日(1898 年 2 月21 日)在南学会的第一次演讲稿,陈宝箴引用儒家圣贤语,连缀成文,以立志做君子、圣贤之徒、明相良辅为本,诠释"志"的要义,他说:

> 为学必先立志。天下事有有志而不成,未有无志而能成者也。志何以立? 必先有耻。孟子曰:"不耻不若人,何若人有?"就一身论,耻为小人,则必志在君子;耻为庸人,则必志在圣贤豪杰。就天下国家论,耻其君不如尧、舜、汤、文,其国不如唐、虞、商、周,则必志在禹、皋、伊、旦。知耻近乎勇,即立志之谓。①

他在其孙陈隆恪的扇面上书写的一道训示,极像曾国藩"准格言体"训示的文风,也可明其内蕴:

> 读书当先立志,志在学为圣贤。则凡所读之书,圣贤言语便当奉为师法,立身行事都要依他做去,务求言行无愧为圣贤之徒。经史中所载古人事迹,善者可以为法,恶者可以为戒,勿徒口头读过。如此立志,久暂不移,心中便有一定趋向,如行路者之有指南针,不致误入旁径。虽未遽是圣贤,亦不失为坦荡君子矣。君子之心公,由亲亲而仁民、而爱物,皆吾学中所应有之事,故隐居求志则积德累行,行义达德则致君泽民,志定则然也。小人之心私,自私自利,虽父母兄弟有不顾,况民物乎? 此则宜痛戒也。

陈宝箴以宋儒的民胞物与说立论,高屋建瓴,先用近乎格言、警句的"读书当先立志,志在学为圣贤"定下"圣贤师法"的基调,训诫子孙信奉圣贤言行作为人生的行为准则和行动指南,再将史传中的善者、恶者树立为活生生的正、反面

---

① 陈宝箴.南学会开讲第一期讲义[M]//殷慧.湖湘文化名著读本·教育卷.长沙:湖南大学出版社,2014.

教材,效法善者的一言一行,不失为希踪圣贤的可行途径,读书人应成为坦荡君子,君子的所作所为都出于公心,无论是出仕还是隐居,都体现了圣贤之风。这种"合二而一"的"志",强调了社会、政治之于心弦的叩击。先秦儒家就有相关的明晰论述,如《礼记·乐记》云:"人心之动,物使之然也,感于物而动,故形于声。"《毛诗序》也说:"情动于中而形于言。"外在的"物"激起的情感,往往是特定方向的"情志","诗言志"说因而具有绝对的方法论意义。为此,他提出应先挺立主体意识,加强道德修养,入世建功,像古人一样先"立德",再"立功",然后才是"立言"。"立言"是"立德""立功"的正当延续,不可专意做诗人,诗歌创作不可强为,应是"他日德业事功,皆当卓有成就"的自然流露,会像苏轼形容的那样"如万斛泉源,不择地而涌矣"。这样的作品才不会影响达到儒家"致远"的境界。

同时,陈宝箴强调"学"之于"志""诗"的重要性。唐、宋诗人开始不满刘勰的"江山之助"论,认为作家"读书不多,故变态少",所以其作品的"格体亦不过烟云、草树、山川、鸥鸟而已"(《诗话总龟》后集卷十二)。比如,杜甫《奉赠韦左丞丈二十二韵》中的"读书破万卷,下笔如有神",便突出了"学"对于文学创作的帮助,而宋人更是洞彻了"学"的"绝对"功效,大致形成了以下共识:一、系统学习儒家经典,能够树立正确的人生观,陶冶人的情操,涵养纯儒气质。黄庭坚《与徐甥师川》云:"要须探其根本,本固则世故之风不能飘摇。"《书赠韩琼秀才》说:"以此心术为文章,无不如意,何况翰墨与世俗之事哉!"《书刘景文诗后》亦云:"胸中有万卷书,笔下无一点俗气。"这样的心胸和气质自然放出华彩,苏轼《和董传留别》"腹有诗书气自华"、《送任伋通判黄州兼寄其兄孜》"读破万卷诗愈美"之类诗句就是这一境界的绝佳写照。二、儒家经术是治学的基本功夫,治学又是文学创作的基本功夫,儒家经典成了文学创作的"本源",将"学"视为理学入道、诗学进境的必由之路,由此建构"读书"—"穷理"—"为诗"的自然秩序。如黄庭坚对外甥洪驹父、徐师川"词笔纵横,极见日新之效"颇感欣慰,但进而警告说"文章"不过是经术的"粉泽",劝他们"更须治经,探其渊源,乃可到古人耳"(《答洪驹父书》)。三、"学"可以提供创作灵感和素材,苏轼《次韵孔毅甫集古人句见赠五首》有句:"不如默诵千万首,左抽右取谈笑足。"黄庭坚《论作诗文》说:"词意高胜,要从学问中来。"《答洪驹父书》说:"自作语最难,老杜作诗,退之作文,无一字无来处。盖后人读书少，故谓杜、韩自作此语耳。"这些语句形象地表达了宋人对于"资书以为诗"的无限向往。陈宝箴也是从"学"—"志"的层面看待"学"—"文"关系的，他在南学会的讲演中指出：

> 然非仅空言有志而已，非学不足以副其志。志有大小、邪正之辨，公私、义利之分，而学即因之。孔子曰："古之学者为己，今之学者为人。"程子曰："古之仕者为人，今之仕者为己。"故为学真为己，而后仕能为人；否则自其为学时，即存一务外欺人、苟窃禄位之心，出而仕宦，亦无非自私自利，安望其济人利物、忧国忘家乎？

陈宝箴又说：

> 学之一字，乃四民公共之事，所以开民智也。大小、邪正，视其所志，学成而用之亦然。故同此一智，在君子，则为德慧术智；在小人，则为机械变诈。公私义利之间而已。

由于"学"会随着"志"的"大小、邪正之辨，公私、义利之分"而发生相应的变化，因此，他所谓的"学"即是指传统儒家圣贤之"学"，"学"应副其"志"，有"体"有"用"，否则"志"就流于蹈虚空谈。仿效儒家圣贤，日夕与古人为友，是提升道德境界、完善自我的有效途径。但是，古人往矣，只有精读古代典籍和汉魏唐宋人作品一途，追源溯流，含英咀华，相互贯通，这样不仅沉潜味道，追摩古人之心，树立正确的志向，而且能于古人行谊中悟透其文心和文法，对作者风骨、神韵有心得，然后下笔作诗才不会贻笑大方。他在告诫侄子"且无肆力于诗，且先肆力于学"一语当中，寄寓着多重深意，语重心长，可见他始终不能释怀、孜孜以求的，是宋儒的入世情怀和忧患意识，而非锱铢于字句、技法之间。

由此可见，陈宝箴是顺承曾国藩的理学、实学文艺观向前发展的。他一方面坚持儒家传统诗学的"言志"观、"体用"观，强调文学创作应"有为而作"；另一方面给个体的情感世界留下了相应的抒情空间，在遵循儒家诗教和前代诗人范式的同时能够创造出属于自己的个性风格来。

三

陈宝箴追摹山谷诗是多方面、多方位的，从题材构成、精神境界、审美趣味到典故、韵律和造境，都有可观之处。他还以学黄为基础，进而向杜诗靠拢，略加变化,终成一家之言。

陈宝箴像黄庭坚一样,是以一个真正的儒家知识分子的身份和眼光来看待人生的。黄庭坚通过儒家道德自律,挺立其儒者阳刚的人格风范,行文与为人都呈现出一派粹儒之风。晁补之《书鲁直题高求父扬清亭诗后》说:"鲁直于怡心养气,能为人所不为,故用于读书、为文字,致思高远,亦似其为人。"洪炎《豫章先生退听堂录序》也称道黄诗:"其发源以治心修性为宗本,放而至于远声利、薄轩冕,极其致,忧国忧民,忠义之气,蔼然见于笔墨之外。"对此,陈宝箴心向往之,因此,他的诗歌主要是以儒者的人格风范,反映出知识分子的精神风貌,从而营造出一个知识分子的内在心灵世界,而不是一副以社会批判为主导的外在型创作格局。《入都过章门,李君芊仙出庄少甫画松见赠,并与曾君佑卿、朱君萍洲各缀诗为别,答题二绝句》颇能道出他赴京师参加会试的干霄豪气:

> 妙墨重劳品藻工,涛声万壑隐苍窿。
> 良材握寨天应惜,肯作寻常爨下桐。

> 岁寒不改真吾友,拔地干霄傍碧空。
> 旧雨不来庭宇静,虬龙日夜起秋风。

就目前所见,这两首诗大约是他现存的早期作品了,是他初次去京师参加咸丰十年庚申(1861)会试途中,感谢友人以水墨青松画相赠而创作的。咸丰元年(1851)恩科乡试,陈宝箴中举人,成为陈氏一族科举考试中的第一位成功者,父亲陈伟琳断然决定暂缓参加京城的会考,令他留在家乡进一步研读经典,日夜经史问辩,并投身抗击太平军的战斗,砥砺出昂扬的斗志。咸丰四年(1854),陈伟琳病逝,陈宝箴守制三年,此次前往京师赶考,刚好是三十一岁,即孔子所说的"而立"之年。他的内心依然激荡着凌云的豪情,不曾有蹭蹬青云之想。当友人画水墨青松相赠,他深知友人在画中寄予的厚谊,便发出了这掷地有声的回应。这两首诗固然是表达了对于科举会试的必胜信心,但更深的意蕴却是以《论语》"岁寒,然后知松柏之后凋也"的古训自勉,立志效法劲松,凌霜傲雪,保持自己的独立人格和不阿品质,决不依傍他人,坚信最终会变为飞龙,冲霄而去,翱翔九天之上。临近北京,他心中的激情就更不可抑制了,《赵州道中》云:

燕市雄心自未休，酒酣含笑把吴钩。

　　胡笳吹断边声远，风雪天寒过赵州。

　　当然，陈宝箴对于从宦一直是持有一种多重复杂的心理的，绝非如这两首诗所表现的乐观和顺畅。他更多地感受到了一种源自内心深处的道德情感的恐惧，不慕荣利，积极入世，生怕辜负了圣人的遗训、父亲的叮嘱和朝廷的嘱托，如履薄冰，战战兢兢，常常不期然生发反躬之思，正如《尉池县晚泊》所吟：

　　维舟临浅渚，极望不胜愁。

　　缥缈神州叹，苍茫水国秋。

　　鹊巢随漂树，渔网出斜楼。

　　独愧临河驾，无能借一筹。

一方面，他非常关心神州国运的昌隆和官场风气的升潜，猛烈抨击腐败无能的官吏，决意整肃吏治，振兴国家；另一方面，他对于政治能力的展露、地方政绩的取得寄予了无比的期许，总是担心自己没做好心理准备，又怕没有足够的能力，担起如此繁重而棘手的政治事务，不能为国家排忧解难。

　　陈宝箴一生心系民瘼，极其愤恨朝政腐败，痛斥那些贪官污吏干政害民的不法行为，如《蝇》一诗讽刺贪官污吏蝇营狗苟的丑态，写来惟妙惟肖，入木三分：

　　尔适从何来？俨然口鼻具。

　　惟知染鼎馋，了无扑杀惧。

　　引绳夸技能，捻髭习喜怒。

　　远慕虞舜膻，扑缘同蚁附。

　　岂解点文字？唯足污练素。

　　燕寝避清香，逐臭健为骛。

　　鸡肋蒙弃余，哺啜足餍饫。

　　胡为呼其群，营营窃非据。

　　晨鸡犹未鸣，梦飞已达曙。

　　驱除得良方，沉檀雀尾炷。

　　庶几一安枕，酣眠晓无寤。

　　清梦度江关，关卒算钱布。

　　蔽日障阴霾，横江起烟雾。

> 群舟壅鹅鹳，输征守程度。
>
> 色市既未解，算缗岂足顾？
>
> 木屑与钉头，更有大盈库。
>
> 乃知天壤间，实繁蝇与蠹。

此诗犹有黄庭坚手书后蜀主孟昶"尔俸尔禄，民脂民膏，下民易虐，上天难欺"一语之意，更贴近黄庭坚《蚁蝶图》诗的命意，《蚁蝶图》诗曰：

> 蝴蝶双飞得意，偶然毕命网罗。
>
> 群蚁争数坠翼，策勋归去南柯。①

　　相较而言，陈诗更善于利用五言长篇的铺排优势，锋芒毕露，将官场黑暗做了极其完整的揭露，官场上下到处都是"蝇""蠹"的官吏，不学无术，口是心非，尸位素餐，只知一味投机钻营，居然对正义和死亡没有一丝恐惧。虽然，他想到了驱除蝇、蠹的良方，燃起"沉檀雀尾炷"，可以清静入睡，但是，对于官场上的"蝇""蠹"却束手无策。最后，他仅能举出东晋陶侃这样的清官典型，期望官吏通过道德自律以达到官场的清廉。据史载，陶侃清廉刚正，爱民如子，曾将造船时废弃的木屑、钉子积攒下来，以备不时之需，传为佳话。可惜现实生活中这样的好官实在太少了，因此陈宝箴在《汉文帝台》中说出了自己黾勉而为的决心：

> 不见歌风泗上台，北藩重驾起崔嵬。
>
> 江山两汉蒙遗业，城阙三秦吊劫灰。
>
> 村笛晚风杨柳舞，断垣疏雨草花开。
>
> 尚奉布泽乘时令，蠲赐频闻诏旨来。

自古名臣的风流总被雨打风吹去，不留下一丝功绩的痕迹。相比之下，自己为官一方，显得异常渺小，但在朝廷的关爱下，依然可以为本地百姓造福。仅这一点就足以令百姓的生活重现生机，有这样一幅美丽的画面可以为证：村笛声在晚风中悠扬响起，杨柳为之起舞；断垣边的草花在一阵疏雨过后渐次绽开。这一政治理念在给挚友出征而作的《易笏山出都将为从军之行作长歌以送之》中也有生动的体现。

---

① 黄庭坚.黄庭坚全集［M］.刘琳，李勇先，王蓉贵，校点.成都：四川大学出版社，2001.

陈宝箴对于社会上出现任何新气象都深感欣慰,每当他见到后辈才俊涌现,总是欢欣满怀,尤其是任湖南巡抚期间,他的《长沙秋兴用杜韵八首》赓和杜甫《秋兴八首》,其中有若干句子一改杜诗的悲怆基调,咏出"水阔鱼龙争落照,风高鹰隼突曾阴""麟阁嵯峨第一功,如云材武出湘中。喜看金紫蒙殊泽,渐觉衣冠异古风",表达了他欲为湖南造就英才、转变风气的豪情。他曾以官资兴办实业,开创湖南近代工商业体系,具体实施西法,分寸掌握得恰到好处。故陈三立《崝庐记》说:"初,吾父为湖南巡抚,痛腐败无以为国,方深观三代教育理人之原,颇采泰西富强所已效相表里者,放行其法。"①范当世《故湖南巡抚义宁陈公墓志铭》也说:"上擢公湖南巡抚,公益若茹痛而之官,以湖南号天下胜兵处,而民智尤塞,遏绝西法,至不通电杆。于是举李公(鸿章)及湖南总督张公(之洞)所已尝为及为之,而实不至或并不得为者,穷昕夕讨论,次第而毕行之。"他以三代学术为吸收西学的根本,不盲目推行西学,仿效李鸿章、张之洞的做法,侧重于将西学中的政治思想、制度、学说等"里"的方面与器物制造工艺等"表"的方面相结合,寻求在我国获得成功的路径。因而,湖南新政别具一番气象。《苏畡学博从常宁矿厂以石山五枚见贻,并缀以诗,瑰玮雄奇,雅与石称,率次韵戏酬》一诗是欣闻宜阳银矿顺利出矿时写下的:

> 匡庐五老饶乡思,真面何人写照来?
>
> 混沌凿开犹有魄,娲皇炼后未全灰。
>
> 虎丘夜气今谁识?鱼浦军屯古所哀。
>
> 此日济时须楚宝,看君满载万艘回。

关于这首诗所记录的事情,郭则沄《十朝诗乘》中说:"陈右铭中丞抚湘日,尝以官帑创辟宜阳银矿,任其事者为廖苏畡学博润鸿。……右铭《酬苏畡见贻石山》诗云……石山即常宁矿厂所获也。王湘绮《赠苏畡》诗有云:'谁知百万银铅涌,尽道中丞计划宽。'则当时亦颇有异论。"在保守势力强大的湖南,所谓"异论"自然是在所难免的,但是,作者将常宁矿厂所获的"石山"视作一方瑰宝,表达了多重感情:首先,这方石山的形状很像家乡庐山的五老峰,可爱可亲,触发了陈宝箴内心的乡思;其次,这些矿产凝聚了天地初开的精气,传说是女娲补天的遗存,古往今来名人都赖以建立不朽的功业,此次湖南首次开矿终

---

① 陈三立.崝庐记[M]//陈三立.散原精舍文集:卷六.沈阳:辽宁教育出版社,1999.

于能物尽其用了;第三,这些矿产是"济世"之宝,湖南在自强运动中能以自己的力量开办实业,为国家、为人民做出了辉煌的贡献,他衷心希望这一良好的开局能保持兴旺发达的态势,继续发展下去。

陈宝箴从宦多年,总也抹不去"倦游""惊鸥"之感。他第一次入曾国藩幕,从家乡出发,出吴城,过鄱阳湖,前往曾国藩江南幕府求仕。这一路上,他进行了深刻的反省,这一心路历程很值得回味。《吴城舟中寄酬李芋仙》是在途中写给友人李芋仙的:

> 执手流连百感生,那堪相见复长征?
> 感君独立苍茫意,系我江天缥缈情。
> 缱绻陈遵留尺牍,销磨李白在诗名。
> 银筝玉笛清樽酒,一舸烟波载梦行。
>
> 相逢冠剑走风尘,十载论交老更亲。
> 诗有仙心宜不死,天生风骨合长贫。
> 本来温饱非吾辈,未必浮沉累此身。
> 官职声名聊复尔,秋风容易长鱼莼。

这两首诗都是写给李芋仙的,但与前引《入都过章门,李君芋仙出庄少甫画松见赠,并与曾君佑卿、朱君萍洲各缀诗为别,答题二绝句》相比,当年那股豪气已经消磨殆尽,行走江湖的倦意深深地刻在他的脸上,官职声名怎比得上家乡鲈鱼、莼菜之美。显然,陈宝箴虽尚未入仕,但归隐田园之志已渐渐萌生心头了。而《芜湖阻风》一诗又流露出一丝悔意来:

> 乾坤何事噫无穷,又往江湖一月中。
> 迟我征帆浑不讶,出山原觉太匆匆。
>
> 江空夜迥月轮高,浊酒荒凉醉亦豪。
> 酣寝不知风浪险,空劳澎湃作惊涛。

这一首诗是写在出发一个月后,他反躬自省,深感此次求仕虽是为了乾坤的安定,但终觉"太匆匆",自己考虑欠周详,因而寝食难安。

在陈宝箴的诗歌当中,《平远寓舍题壁》一诗特别值得一提。这首诗吟咏他在入仕的过程中,感到个性被社会慢慢驯服、渐渐泯灭的内心变化,他因此发出身不由已的感叹：

把酒临秋一怆神，九州鸿雪付风尘。

漫言管乐平生志，已负巢由现在身。

去日声华成旧梦，异乡山水亦前因。

莫惊鳞爪拿云去，龙性如今已渐驯。

儒家"修齐治平"的理想长期被后人视为不二的行动指南，被后世儒者奉为圭臬，甚少有人反省作为个体的人在行动过程中的亲身感受。当陈宝箴清醒地意识到自己此时此刻正经历着"国家"与"个体"、"出仕"与"归隐"、"异乡"与"家乡"、"烦恼"与"恬适"的心理焦虑时候，已是无路可退、龙性渐驯了。

这一矛盾心理和人格焦虑终其一生未曾停止过，具体表现在他六十岁生日那天遁入山中避寿，作《寓感六章》，其中第一首曰：

羲和驱急景，六辔无时休。

朱明变春旸，欻然惊已秋。

人生百年内，蹙蹙欲何求？

瑶池宴穆王，蛱蝶为庄周。

邯郸一炊黍，赫赫公与侯。

形骸托逆旅，过眼若云浮。

旷揽蹑五岳，眇然小九州。

鸿荒复几时，逝者皆蜉蝣。

乘化无尽期，万世同一沤。

通篇皆是"看透"世事的冷峻与静穆，与《尉池县晚泊》所表达的如履薄冰甚至"百无一用"的道德恐惧，在内在精神上是高度一致的，因而通观《寓感》其余五章，又依稀可以见其中的儒家入世情怀和尊崇气节的修养功夫。

无疑，陈宝箴的内心世界是丰富的，他拥有足够的精神资源和道德智慧来调适这一人格焦虑。黄庭坚赞赏北宋大儒周敦颐："人品甚高，胸中洒落如光风霁月。好读书，雅意林壑。"①在陈宝箴的心中，家乡山水林壑的风物之美，足以移心志、慰心灵，《归田酬唱》所录其长篇歌行吟道：

① 黄庭坚.黄庭坚全集[M].刘琳,李勇先,王蓉贵,校点.成都:四川大学出版社,2001.

修江绕城清且涟,月落江空夜放船。

有时乡梦堕江水,振衣脱帽南崖巅。

《梵余小草》所录绝句也说:"除耽诗酒都无癖,酷爱松云别有天。"这些美景正是他聊以消解仕宦之累、浇胸中块垒的安慰剂,"送君归去三叹息,宦成至乐还乡国",最终还是要回归故乡的。

  他的一组庐山诗最能体现其心中的向往,就像黄庭坚将家乡修水双井视作心中永远的怀想一样,如《陟庐山顶,旷然有高世之想,举酒作歌》一诗的题目就足以令人耳目一新了:

秋风吹客庐山巅,山上白云垂玉涎。

坳堂杯水覆彭蠡,襟袖拂拂生云烟。

乾坤莽荡不可极,仰视苍苍非正色。

中有仙人来帝旁,驾鹤骖鸾似相识。

招我以遨游,期我奋羽翼。

洪荒未辟岂有君,十二万年驰瞬息。

人与蚊蝇同仆缘,荣悴何当置胸臆?

左抱香炉峰,右把金芙蓉,五老箕踞何龙钟!

此山仙灵所窟宅,不与七十二君问玉检金泥封。

俯仰感北极,歌呼动南溟。

鲲鹏鸠莺皆吾群,尧舜事业如浮云。

下山大笑且沉醉,浇我胸中丘壑之嶙峋!

  这里,陈宝箴将自己想象成大诗人李白,在庐山之巅且歌且舞,纵情大笑。天风入怀,濯尽俗念,昔日庄子笔下的鲲鹏曾是李白诗中理想的化身,此时也如同鸠莺一般,自然也就忘却人间心机,鄙视尧舜事业了。又如《实甫有和诗叠韵酬之》,更是直接道出其心中所想:

远载山泉千里外,胜流高致使人思。

罂瓶泻口冲寒色,垒块浇胸洗恶诗。

三峡游踪如昨梦,一瓢陋巷本吾师。

芒鞋素便青峰下,始是波澜不起时。

光绪十八年(1892)春夏之交,陈宝箴任湖北桌台,同时,陈三立在湖广总督张之洞幕中,曾与易顺鼎、梁鼎芬、范错、罗运峻等幕友游览庐山一个月,寓于易顺鼎建在庐山三峡涧旁的读书楼——"琴志楼"。易顺鼎从庐山捎来清泉，敬献给陈宝箴。陈宝箴离开故乡太久了，对故乡山水十分神往，故乡山水似乎能够让他的心灵获得安顿。在这一瞬间，他找回了失落已久的儒学精髓和人生乐趣，涤濯久处官场的恶俗，为日后归隐西山，吟出"四望渺然人独立，天风为我洗尘衣"的洒然自得定下了基调。陈宝箴品啜着故乡的甘泉，不禁悠然遐想，数度与易顺鼎和诗往还，《谢易实甫赠庐山泉》云：

> 廿年不践匡庐径，读画因君系梦思。
>
> 饷我新泉分瀑布，瀹将春茗助敲诗。
>
> 清流合让支筇客，辟地须寻面壁师。
>
> 安得草堂容设榻，一瓯睡足日高时。

陈宝箴的这几首庐山诗，出于黄庭坚《谢黄从善司业寄惠山泉》一诗的风神，黄诗曰：

> 锡谷寒泉椭石俱，并得新诗蚕尾书。
>
> 急呼烹鼎供茗事，晴江急雨看跳珠。
>
> 是功与世涤膻腴，令我屡空常晏如。
>
> 安得左轓清颍尾，风炉煮饼卧西湖。

黄诗着意于以山泉烹茗，欣赏煮茶的种种乐趣，洗涤心中的俗世纤缧，皆是眼前所见之景。而陈诗则与世无涉，山泉烹茶充满了野趣，颇佐诗思，令人悠悠梦回庐山，芒鞋支筇，悠游自在，既可观赏飞瀑，又能探访禅师，全诗尽是想象之辞，风怀毕现。两者都吟出了意欲远离官场的向往，真令人讽咏入怀，咀嚼再三。

陈宝箴自戊戌政变贬归江西南昌西山，自筑崝庐，自署其门"天恩与松菊，人境托蓬瀛"对联一副，并作七律一首，以咏其心境：

> 西山高处暮烟飞，绝顶苍茫入翠微。
>
> 彭蠡连江烟漠漠，匡庐溅瀑雨霏霏。
>
> 乘鸾仙子今何在？跨鹤王乔去不归。
>
> 四望渺然人独立，天风为我洗尘衣。

关于这首诗，李肖聃《星庐笔记》说："义宁陈右铭侍郎……其后巡抚湖南，招引英豪，推行新政。及戊戌政变，坐公滥保，斥废，居西山。自筑崝庐，自署其门有'天恩与松菊，人境托蓬瀛'十字……其意洒然有以自得者。郭复初谓侍郎于家居时，尝自悔为诸少年所误。恐非其实也。"所言甚是。这首诗充分调动了邻近西山的江西各处景观及其神话传说和人文资源,如自然风景的西山、庐山、鄱阳湖、赣江,神话传说的西山神女、王子乔,历史上的陶渊明、王勃,等等,共同营造了一幅人间瀛洲胜景。黄庭坚《和答李子真读陶庾诗》分别指出了两种不同的风格成因:"乐易陶彭泽,忧思庾义城。"陈宝箴闲居西山时超脱虚静、冲淡玄远、与天地造化神游的胸襟,自然吟咏出了这样乐观的诗句。

综上所述,陈宝箴的诗歌是通过宋代诗人极其热衷的两种方式来营造文人化的精神空间的:首先,以道德性独白的方式,贴近儒家传统理想和人格模式,无论是静观独处,还是独自面对某一历史关头或政治情势,都能以个体的自觉挺立主体性;其次,通过传统文人的酬赠方式,在一唱一和之间,进行心灵的对话,相互砥砺,达到高度默契。这些诗作充分显示出他作为一个有良知的知识分子,善养浩然之气、"超世而不避世"的志趣,纯以"矢诗写予心,庄语不加绮"的笔墨出之[1],潇洒俊逸,富有色泽才情,充分展现了浓郁的文人气质。

四

如上所述,虽然陈宝箴也从多个方面学习前贤诗风,转益多师,但是他在诗歌创作的人文精神向度方面,是下了功夫学习黄庭坚的,进而将学黄推进到学杜、学陶的高度,试图从更高妙的境界和更开阔的视野来体验儒学的精义和诗学的精髓。其儒者气象氤氲,望之令人肃然起敬。当然,陈宝箴在转益多师的同时,也渐渐形成了自己的风格,但这是另一个有趣的论题。这里,我们重点论述陈宝箴学习前贤诗风的情形。

陈宝箴是从诗的形式上入手模仿杜甫和陶渊明的。在任湖南巡抚期间,他写下了《长沙秋兴用杜韵八首》,赓和杜甫《秋兴八首》,系统表达了他对于时局、地方吏治和人才培养方面的思考。这组诗的抒情基调继承了杜甫沉郁顿挫的风格,侧重从时代风云的变幻在心灵的投影入手,抒发情感,表达思考过程。如杜诗"闻道长安似弈棋,百年世事不胜悲。王侯第宅皆新主,文武衣冠异昔时",感慨时局变幻不定,陈诗则出之以"乾坤泡幻局如棋,独立苍茫事可悲。蛮触争雄矜得地,龙蛇起陆恐伤时"。同样是时局如棋局的比喻,陈诗

---

① 黄庭坚.黄庭坚全集[M].刘琳,李勇先,王蓉贵,校点.成都:四川大学出版社,2001.

除了杜诗吟及的沧海桑田的变幻之外,更多是担忧时局变幻对于社会、个人的消极影响。杜诗"夔府孤城落日斜,每依南斗望京华。听猿实下三声泪,奉使虚随八月槎",是"造次必于是,颠沛必于是"的真实写照①;而陈诗"舻棱遥望楚江头,镜岛澄清万里秋。万物远劳重译贡,宵衣时警九边愁"更是时时关注时局变化,忧思难忘。杜诗写故园之思,"丛菊两开他日泪,孤舟一系故园心""鱼龙寂寞秋江冷,故国平居有所思"两句略显凄清愁苦;而陈诗"只有黄花陪笑傲,秋风催动故园思"加入了些许的潇洒风神和人文感触。杜诗"回首可怜歌舞地,秦中自古帝王州"发思古之幽情,折射安史之乱;陈诗"定王台下路逶迤,秋草湖边万顷陂""贾傅祠边吊夕晖,萧萧落叶晚风微"以苍茫之境咏史,显得胸襟开阔。杜甫于人事沉浮,"匡衡抗疏功名薄,刘向传经心事违。同学少年多不贱,五陵衣马自轻肥。"毕竟是文人功名、五陵富家子之事,但陈诗"只觉英才为世累,不图前席与心违。茫茫绛灌知何限,相者从来但举肥"寄慨遥深,尤以"鸿嗷鹿铤同栖莽,狗盗鸡鸣已脱关"谓英雄坠入草莽,鸡鸣狗盗之徒反倒春风得意,最为沉痛。杜甫"关塞极天唯鸟道,江湖满地一渔翁"略有倦游之意,陈诗"孤怀向阙随阳雁,薄宦忘机狎海鸥。独愧尚为温饱累,不偕徐孺往南州""翘首黄龙居士宅,更无人问木樨花"则是不敢归隐。尤其是陈宝箴荐举少年才俊,倚为湖南新政之主力军,对于这批青年政治家的成长和精神风貌,心中油然生出几分喜悦:

> 麟阁嵯峨第一功,如云材武出湘中。
>
> 喜看金紫蒙殊泽,渐觉衣冠异古风。
>
> 亭榭影连银汉碧,笙歌夜绕绮筵红。
>
> 少年走马夸游侠,陋彼新丰折臂翁。

陈宝箴的曾孙女陈小从在回忆文章《庭闻记述》中也生动地写道:陈宝箴父子"广延四方俊杰之士,襄佐新政","相与剖析世界形势,抨击腐朽吏治,贡献新猷,切磋诗文,乐则啸歌,愤则痛哭,声闻里巷,时人称之为义宁陈氏'开名士行'"②。这首诗确是为了突出这些"俊杰之士"所带来的"水阔鱼龙争落照,风

① 黄庭坚.黄庭坚全集[M].刘琳,李勇先,王蓉贵,校点.成都:四川大学出版社,2001.

② 陈小从.《庭闻忆述》十首之一自注[M]//王永兴.纪念陈寅恪先生百年诞辰学术论文集.南昌:江西教育出版社,1994.

高鹰隼突层阴"的新气象,而有意识地描写了其"乐则啸歌,愤则痛哭"的放诞神态,生动、形象、充分地表现出了他们不凡的气度,欣赏关爱之情溢于言表。这一欢欣基调,迥异于杜甫《秋兴八首》的悲苦之风,应该说是相当大的突破和提升。他的《洛阳女儿行》也别具风采,以婀娜多姿的笔调写出了新嫁娘的娇羞,全诗如下:

> 洛阳女儿新嫁娘,淡扫蛾眉眉细长。
> 轻裾薄裳态羞涩,上堂敛衽朝姑嫜。
> 妯娌顾笑婢偶语,较量新人共谁美。
> 低眉四顾心黯伤,不是闺中旧时侣。
> 女儿生小本良家,掌中娇养颜如花。
> 豪门委禽百不当,亲戚喧传殷丽华。
> 桃叶蓁蓁春日媚,入门渐渐抛珠翠。
> 窈窕窗前见小姑,感触心中无限事。
> 小姑盈盈阿母前,青丝覆额花盈颠。
> 娇痴不识嫁时事,飞琼萼绿真神仙。
> 愿得嫦娥不死药,服之矫若鸿鹄飞青天,一守广寒千万年。

这首诗显然综合吸收了杜甫对于女性描写的优点,在篇章结构上则从杜甫的《丽人行》化出,因而像《丽人行》一样,起笔便写女性媚态,然后深入描写其内心细腻的感情变化及感情归宿。所不同的是,《丽人行》是讽刺杨氏一族,而《洛阳女儿行》则叙述一位小家碧玉嫁入豪门之后的感情波澜,细致入微,富有层次感,可见陈宝箴内心深处的一片柔情。

陈宝箴对于陶渊明的追摹,更多地体现在精神气质上的认同和模仿。他六十岁生日那天躲进深山避寿,创作《寓感六章》以表明心迹。关于这组诗,狄葆贤《平等阁诗话》说:"公善诗,生平不自珍惜,脱稿辄弃去,遂致荡佚。兹于寄禅上人处得其《寓感六章》,乃由河北道解组,庚寅岁侨寓湘中,六十初度避客山中,咏怀作也。"无论是五言组诗的外形,还是内在放旷的精神;无论是对于人生出处行藏的思考,还是对于儒释道三者关系的叩问,这组五言诗都与陶诗极其神似。

陈宝箴在诗歌里努力表达一种"脱俗"的"新自然说"。关于这种属于陶渊明特有的"新自然观",陈寅恪先生在《陶渊明之思想与清谈之关系》中说:"新自然说之要旨在委运顺化。夫运化亦自然也,既随顺自然,与自然混同,则认己身亦自然之一部,而不须更别求腾化之术,如主旧自然观之所为也。"①这种"新自然说"的思想体现在陈宝箴的诗歌里,主要有两个方面:

首先,陈宝箴的诗歌里透出浓郁的"任真自得"之态。陶渊明《五柳先生传》自谓"不慕荣利""忘怀得失,以此自终""常着文章自娱,颇示己志",而昭明太子萧统《陶渊明传》评价陶渊明"少有高趣,博学,善属文,颖脱不群,任真自得"。映衬之下,陈宝箴《寓感六章》其六所发出的感慨,分明是一片葆真适性的意趣:

> 穷儒强解事,借口后世名。
>
> 后世乃为谁,遽足为重轻。
>
> 古籍汗牛马,糟粕非精英。
>
> 何况挟爱憎,是非汩其情。
>
> 丰碑既多愧,薄俗尤相倾。
>
> 文字亦俳优,小技安足逞?
>
> 太元覆酱瓿,幸有侯芭生。
>
> 秦人吏为师,何者是六经?
>
> 更阅千万岁,禽鸟亦双声。
>
> 人生本自得,吾心有亏成。
>
> 幽人葆灵台,清光耿霄雯。
>
> 但看天汉上,乃识严君平。

这首诗中的"真"近于《庄子·渔父》中所说的"真者,所以受于天也,自然不可易也,故圣人法天贵真,不拘于俗"。人生自然不能困于古籍,不可皓首穷经,死守六经,更不能逞文字之雄,"自得"方为人生的本真,在本真映照下自己的德亏之处一览无遗。这充分展现了陈宝箴超脱世事、崇尚自然、真淳自适的玄远人格。

其次,陈宝箴的诗歌虽映现出了儒、道、佛三家的深层影响,但显然是以儒为宗,统揽佛道,融为一体。陈宝箴在诗中处处感叹人生的无常,如《寓感六章》其一、其四(其一前文已摘录,不赘述):

> 任氏为巨钓,终以致大物。
>
> 周人学屠龙,技成蟇无术。

---

① 陈寅恪.陶渊明之思想与清谈之关系[M]//陈寅恪.陈寅恪集:金明馆丛稿初编.北京:生活·读书·新知三联书店,2001.

技非不难能,龙故不可得。

世乏豢龙人,姗笑贻口实。

随世易为巧,储用终成拙。

空持五石瓠,强向世人聒。

或言不龟手,曾闻致越客。

一战破吴归,封赏茅土裂。

际遇故偶然,利钝焉可说?

不如洴澼絖,世世乃吾业。

蚩蚩守妻子,温饱送日月。

从上述诗句中,我们可清晰读出《庄子》及唐宋传奇关于人生无常的体会的痕迹,但是,他最终还是因为"饥寒亦何道,独复哀黔元",放不下黎民百姓,而必然做出出处行藏的选择,要么是"蚩蚩守妻子,温饱送日月",要么是"拊髀独高歌,青天行白云",毕竟他是"杖策去燕赵,结交江海岑。怒马突前阵,意气惊一军。乃知大敌勇,不敢贱儒巾。决策虏其渠,归来掩柴荆"的人物,况且曾从曾国藩军征战,"湘乡驾群材,采干岩林空",深受曾国藩精神的熏染,认定积极入世干世符合儒家的人生道路。

综观上述诗句不难发现,陈宝箴由黄庭坚而入杜甫,最后归于陶渊明,实际上是从内在精神的贯通和诗歌的主体风格这两个层面来师法前贤的。众所周知,杜甫和陶渊明是黄庭坚的精神寄托和诗学偶像,就思想主导方向而言,陶、杜、黄三人都是儒家学说的信奉者和践履者,这正是陈宝箴儒学情感的"活水源头";就诗学造诣而言,黄庭坚赞誉杜、陶的言论俯拾即是,如《赠高子勉》"拾遗句中有眼,彭泽意在无弦"并举杜、陶,而实际上有所区分,即"尊陶"与"法杜"之别,其大意在于"杜子美到夔州后诗,韩退之自潮州还朝后,文章皆不烦绳削而自合"①,极天工之妙,但都有"法"的痕迹可循,颇宜初学者。至于陶渊明,虽也是"所谓不烦绳削而自合者",但更重要的是"渊明之诗要当与一丘一壑者共之耳"②。"尊陶"与"法杜"之分,正如刘熙载《艺概》所言,是一个

---

① 黄庭坚.黄庭坚全集[M].刘琳,李勇先,王蓉贵,校点.成都:四川大学出版社,2001.

② 黄庭坚.黄庭坚全集[M].刘琳,李勇先,王蓉贵,校点.成都:四川大学出版社,2001.

"在锻炼而归于自然"的过程,A.A.里克特《直觉与法则:黄庭坚的诗论》一文也说:"黄已超越了纯形式的界限而在精神因素的基础上评价诗歌,这反映在他认为陶潜比杜甫更高一着的评价上。"①因此,陈宝箴没有师法杜甫、黄庭坚瘦硬通神、奥衍生新的诗歌风格,反倒从陶、杜、黄三人晚年"在锻炼而归于自然"入手,由此陶冶忠君亲民、忧国思家的儒学情感,以及平易从容、蔼然和煦的儒者风范,正如狄葆贤《平等阁诗话》所言:"义宁陈右铭中丞,志节德业,彰彰在人耳目间,殆所谓'先天下之忧而忧'者。"将这一内在心象投向诗歌创作,必然是走向陶、杜、黄诗歌平淡和畅一路了。这一师法过程也就内化并树立起了陈诗自身的风貌。

综上所述,初步可以得出以下结论:

一、陈宝箴的思想倾向和诗歌创作是在曾国藩的理学、实学道路和家乡先贤黄庭坚的双重精神熏染下走向宗宋一途的。这既是内心深处真实情感的驱动,又体现出了清代中后期宋诗运动的时代审美思潮的发展动向。

二、陈宝箴在孔孟原始儒学思想的基础上,接受了曾国藩的理学、实学、美学观,力主继承和发扬儒家温柔敦厚的诗学传统,要有为而作,文以载道,讲究文学的比兴寄托,以贴近儒家传统理想和人格模式。

三、陈宝箴诗歌的题材虽不像杜诗和黄诗那样丰富,但汇流于深切的人文情怀,从"士"的社会角色和历史使命出发,建构诗歌的情感世界,在出处行藏之间折射出时代的风云之气和审美之维。

四、陈宝箴诗歌扬弃了杜甫、黄庭坚"瘦硬通神""奥衍生新"的诗歌风格,从陶、杜、黄三人晚年"在锻炼而归于自然"入手,学习陶、杜、黄三家平淡和畅的诗风,由此形成了自己前后比较一致的诗歌风格特征。

(闵定庆,1964年生,中山大学中文系博士后,现任华南师范大学文学院中国近代文学教研室主任、教授。研究方向为唐宋文学、中国近代文学、古典文学文献整理与研究等。)

---

① 里克特.直觉与法则:黄庭坚的诗论[J].莫砺锋,译.文艺与理论,1983(2).

浅谈义宁陈氏德孝思想的体现和传承

欧阳国太

自古以来,重德行孝是中华民族的传统美德,德孝文化是中国五千年文明史上最闪光的一个环节。曾参禁食羊枣,陆绩怀橘奉母,吴猛恣蚊饱血,陈寔劝化梁上君子等都是古人重德行孝的典范。

竹塅陈家大屋是陈宝箴之祖父陈克绳于清乾隆五十七年(1792)所建。大屋建成后,陈克绳的父亲陈公元(又作陈腾远,陈宝箴之曾祖父)命其名曰"凤竹堂"。《义宁陈氏族谱》载有"凤非竹实而不食,非梧桐而不栖""凤有仁德之征,竹有君子之节",勉其子孙务以德化孝义而立其身,廉洁自爱而主其行。因此,义宁陈氏子孙世世代代秉承先绪,以好学、重德、爱国为家传,在其家族发展历程中无不贯穿这一传统美德,经历了移民(棚民)—耕读之家—官宦之家—中国历史上罕见的文化大家族的变迁,完成了家族史上的百年辉煌历程,也因此得到了社会的尊重和历史的认同。

陈家大屋为典型的江南徽派建筑,它的规模不大,却是修水目前保存最完整的一栋古建筑,尤其是这栋大屋里所承载的文化含量及其人文积淀乃世所罕见,绝无仅有。

义宁陈氏从陈宝箴的曾祖父陈公元到陈寅恪,在其发展过程中,修身、齐家、治国、平天下的传统儒家思想观念一直贯穿始终。修身齐家以德化孝悌为核心,尊崇百善孝为先之古训,这也是义宁陈氏家族辉煌的原因。

陈家以好学、重德、爱国为家训传示后人,其先祖陈公元曾为后人做表率。陈公元作为陈氏由闽迁义宁始祖,于清雍正八年(1730)与邱、何两家亲戚,经过千里跋涉,来到义宁州(修水)桃里竹塅村的一处名叫护仙塬的大山沟里,结草为庐,开荒种地。在陈公元的带领下,他们早出晚归,伐木拓荒,引水灌田。他们同吃同住,同心同德,过着集体生活,虽然十分艰苦,倒也非常祥和安逸。

经过一段时间的艰苦奋斗,家底渐丰,三家人这才商量着分居。陈公元决定,先在原来的草棚基地上建起两座土夯墙屋,安置何、邱两家,然后自己在小溪的北岸择地建房。他的这种舍己利人、处处先为别人着想的高风亮节也博得了乡人的称誉。

在此期间,陈公元每每想起早逝的父亲和远在闽西的母亲,便不由潸然泪下。于是,他不远千里,徒步返回福建上杭的老家,背着老母亲并将父亲的遗骨带回护仙塬。让父亲入土为安后,陈公元竭心尽力地侍奉母亲:早晚起居,必先问候;母病,他四处求医问药。一次,陈公元去县城为母亲抓药,此前连日大雨致使修河水涨,浮桥被大水冲断。于是,他泅水过河,将一大包药滴水不沾地带了回来。乡里人闻之,都称其孝。

陈公元不但能吃苦耐劳,而且有助人为乐的侠肝义胆。他具有远见卓识,深知作为一个客家移民,想要在异地他乡站稳脚跟、出人头地,就必须要走科举之路。于是当家境稍好后,他就在护仙塬建起了一所私塾,名曰:仙塬书屋。他还延请当地的饱学之士来教他的四个儿子以及邱、何两家的后代读书。此举为他的家族的文化复兴奠定了基础,才有了后来陈氏家族一脉的崛起和辉煌。

陈公元之子陈克绳(1760—1841)承其父志,创建了陈家大屋,并立家规、家训,以"德化孝悌仁爱"规范其家族行为。《义宁陈氏家训》参照《义门陈氏家训》,共十二条,囊括了中国传统的道德文化和儒学思想,分别为:"孝父母、笃友恭、忠君国、别男女、端士习、勤本业、崇节俭、尚忠厚、戒溺女、黜异端、除恶习、睦宗族。"

家训以"孝父母"为先,曰:"劬劳悯生我之勤,罔极配昊天之德;春晖寸草,欲报良难。然使能竭其力,不俭其亲,婉容愉色以承欢,砥行立名而养志,人子若此,或亦庶几。若夫爱慕移于妻子,孝敬驰于桑榆,甚至频闻诟谇之声,不顾饕餮之养。灭理丧心,莫此为甚。吾宗子弟,如有此等不孝,即以家法重处之。"

"勤本业"条曰:"自古王者治世,必使野无游民,人无逸志。农工商贾,承世业于箕裘;机杼桑麻,课女红于宵旦……苟恶劳而好逸,必舍正而趋邪。失业则渐至丧心,损人究未能利己也。吾宗子弟,宜知所从。"

"崇节俭"条曰:"不节则嗟,唯俭乃足,天之生财有道,人之纵欲无穷。"

"尚忠厚"条曰:"刻薄为杀身之本,忠厚为植德之基。"

"黜异端"条曰:"守法可以保家,明理乃能涉世。"

"除恶习"条曰:"丧德莫大于淫,破产莫甚于赌博。"

至理名言,字字珠玑,陈氏家族奉为至宝,无人敢越其藩篱。正是有了这种严谨的家规、家训,义宁陈氏家族才由一户棚民经过近180年的文化积淀,成为中国历史上罕见的文化大家族,为世人瞩目。

克绳一生,尤重视教育、培养人才。他年轻时助其父创办仙塬书屋,规定:凡陈家子孙,年满七周岁必须入学读书,有长进者予以奖励。清嘉庆二十三年(1818),他主持陈氏四房分家时,在文书上规定科考发轫奖励章程:凡参加乡试、京试者,公众按等级帮助筹集盘缠;凡登科甲者,赏花红银三十两,祖堂旗匾众办。他又规定,鲲池公坟山内树木永远长蓄护坟,子孙不得砍伐,其山田永远不得出卖典当。但凡子孙有登科甲者,坟山内巨杉任其砍伐竖旗无阻。可见其培育人才之用心良苦。

克绳公之德,里人公推为首。他积极捐资,为乡里修桥铺路。他领头捐修了三峡河水官道路桥,创建了梯云书院、光远祠等公益设施,主持重修了客家陈氏谱牒等,深为乡里人所敬重,成为当时德高望重的乡绅。

克绳公至孝,清同治版《义宁州志》卷25 上《人物志·孝友》载:克绳公八岁时读"子由问孝",曰:"爱而不敬者,罪也。"由是定省皆有礼节,情文兼至数十年如一日。

《义宁陈氏族谱》载:克绳公父老患目疾,克绳焚香吁天,斋粟待旦,以舌舐父目旬日,遂豁然复明。里人奇之,俱称其孝。又载:原籍福建上杭有祖墓,克绳走千里出资置祭田,每年必命子弟往省修。对于考棚、义仓等善举,他都极力倡成之;遇到歉收的年份,他将家中的粮食,平价出售给需要接济的民众。克绳公尝与人言:必依于孝悌,乡里化之,至今思之不衰。

陈伟琳(1798—1854),字琢如,陈宝箴之父,少时聪颖好学,尤以孝悌为馨。他文武兼备,淡薄功名利禄,为人忠厚,承其父志,乐善好施,因母亲长期生病久治不愈,而立志学医。郭嵩焘在《诰赠光禄大夫陈琢如先生墓志铭》中书:"先生以太夫人体羸多病,究心医家言,穷极灵枢素问之精蕴,遂以能医名……平生为学,不求仕为名,独慷慨怀经世志。"他阅历丰富,医术高明,尤重医德。郭氏所撰墓志铭又载其"务以德化其乡人,尤相奖以孝友。其事父母专心一志,承顺颜色,不言而曲尽其意"。凡求医者,陈伟琳无不精心救治,济困扶危。常有贫者求医,陈伟琳则施以药汤,不计医资,深为乡人敬重。

他在陈家大屋后山坡上开垦了一片荒地,自种草药,也常入深山老林之中、峭壁悬崖之上,搜集珍草灵石,制成丹药,曰"仙塬丹",可治肝胆疑难之症,以备急用。

据当地医者余老夫子所言,时有湖南平江李姓患者名承恩,亦为平江金坪之大户,患重症,四处求医,均无大效,病情日益严重。后闻义宁陈伟琳医名,远道前来求治。伟琳公为他切脉,究其病因,先以火罐针灸打通脉络,后施以丹丸药汤,并供其食宿。月余,病症痊愈根除,患者感激,馈以重资。伟琳公只取其药汤部分,余者坚辞退还。

后来,李氏为感谢其德,奉为亲戚(因伟琳公夫人姓李),逢年过节必来探望。再后来,陈宝箴在湖南为官多年,李太夫人逝于长沙。李承恩得知后,为其提供墓地,将李太夫人葬于湖南平江金坪附近。

陈伟琳与其父一样乐善好施,曾捐资修建上竹塅水口石桥、社庙和惜字塔。现有石刻为证。

陈伟琳中年以平生所学著书《北游草》《松下谈》《松下吟》等。他临终前,给陈宝箴留下了"成德起自贫困,败身多因得志"的遗嘱,以德化孝悌示其子孙,才有后来陈宝箴成为封疆大吏,开创了中国历史上维新改革之先河而名留青史。

陈宝箴(1831—1900),字右铭,清末湖南巡抚。他少时天性聪颖,是陈氏家族中集好学、重德、爱国于一身的传奇人物。他在清咸丰元年(1851)中举人,咸丰十年(1860)入京会试不第,淹留京都与四方名士交往,尤以易佩绅、罗享奎为厚。三人常以道义经文、国事相切磋,时人誉为"三君子"。在此期间,陈宝箴曾目睹了英法联军火烧圆明园,他痛心疾首,义愤填膺,拍案大哭,震惊四座。其爱国之热情诚然可见。之后,陈宝箴立志革除旧制,改革维新。他先投湘军,凭文武经世之才,深得曾国藩之赏识,并被保荐觐见皇帝,授予湖南候补知府。光绪元年(1875),陈宝箴署理湖南辰永源靖道事,治凤凰厅(今凤凰县)。在任期间,陈宝箴急民之所难,为地方办实事。首先是治乱平匪,他采取剿抚兼施、恩威并用之策,以德化为主,严惩首恶,劝导感化从犯,很快平息了匪患。其次,他爱民如子,体恤劳苦,实行奖励农耕的政策,亲手教农民储粮备荒。再次,他疏通沱江水道。沱江流经凤凰城下,水量充沛,但江心巨石阻水,不通帆泊。宝箴到任后,设法拨出二十万两官银,疏通沱江。因工程巨大,所拨官银不够,宝箴将官俸甚至将其母李太夫人多年积蓄的银两,尽数捐出。此举感动了全体凤凰百姓,大家齐心协力,使沱江工程历时七个月告竣,使舟楫能直达城下,结束了凤凰不通航运的历史。凤凰人民为纪念这位清正爱民的好官,在其原来官邸的住所旧址建起了"凤凰古城博物馆陈宝箴世家"纪念馆,这也是我国迄今为止,民间唯一自发为古代官吏建造的纪念馆。

李太夫人因此贤名远扬,懿范后世。李太夫人去世后,陈宝箴为其母作《陈母李太夫人行状》曰:"先慈居心朴厚,待人正直平恕,持家固严谨,而仆婢下人无不怀恩者。先严在世时常谓不孝等曰:'昔贤谓凡事肯为别人想,是第一等学问,汝母近之矣!'故家乏中人之产,而先慈内主中馈,俭而有制,卒岁无称贷之累。而能酌情所余以周穷困。"

由于杰出的政绩,陈宝箴很快擢升为河南河北道,再升湖北布政使、浙江按察使。在此期间,他曾回到老家修水竹塅村,在陈家老屋左侧建了一座新宅,同时又在对面的山坡上建起一所学校,名曰"京广学堂"。他买下了坡下的一片良田作为学田,当地人不论姓氏,凡是来京广学堂读书的,都不收学费。后来,家乡人民为了感谢他的义举,将京广学堂称作义学。

1894年,陈宝箴升直隶布政使,其间正逢中日甲午战争,宝箴督办后勤供应转运事宜。他凭借文韬武略的经世之才,审时度势,分析当时的战局及双方实力,就京畿防务事向光绪帝奏陈"兵事十六条",分别为固畿铺、择军将、严京防、简军实、筹急款五部分,阐述御敌之策,深受光绪皇帝的赏识。中日甲午战争失败后,李鸿章与日本签订了丧权辱国的《马关条约》,陈宝箴愤慨至极,叹为臣子之奇耻大辱,上疏要求严惩李鸿章,表现了强烈的爱国热忱。

1895年,陈宝箴升任湖南巡抚。自此他作为一代封疆大吏,终于有了施展才华的政治舞台。他下定决心,"要营(湖南)一隅而为天下倡,立富强之根基,足备非常之变,亦使国家他日有所凭恃"。他这种先天下之忧而忧,后天下之乐而乐的爱国思想和精神在当时朝廷的官员中是十分罕见的,这也体现了他传统的德教思想和强烈的民族大义。

他到任以后,力主维新,锐意改革旧制,制定了很多卓有成效的政策和措施。他主张董吏治、辟利源、开民智、变士习等,大刀阔斧地惩办贪官污吏,整饬湖南官场风气,同时着力发展湖南经济。他开办湖南矿业,设立了矿业局、轮船公司、造船厂、洋丰火柴厂、江南织造厂、宝善成机械厂、枪弹厂等,并首创保卫局,开启了我国警察制度之先河。他实施奖励农耕的政策,号召农民开荒种地减租免税,发展农业生产。在发展经济的同时,他大胆引进西方先进的科学文化,改革教育,创办湘报馆、时务学堂、南学会等文化教育阵地,还选派留学生出洋留学。他说:"国势之强弱,系乎人才;人才之消长,存乎学校。"

陈宝箴上任之初,湖南大旱,赤地千里,处处可闻饥民哀号之声。陈宝箴火急电告全国各省,贷钱粮以救燃眉之急,并通令严禁粜粮出境,解决了湖南饥荒。

陈宝箴为官二十多年,最后官居二品,身为封疆大吏,为湖南的经济发展做出了巨大的贡献,但他平时生活俭朴,从不铺张。他时刻牢记祖训"不节则嗟,唯俭乃足,天之生财有道,人之纵欲无穷",经常告诫家人:勤俭乃吾族家风,切勿张扬用度。他的巡抚衙门极少下人婢女,陈宝箴夫人黄氏经常亲自下厨。陈宝箴虽官居高位,却不纳妾,推行一夫一妻制。这种严谨的家风和优良的道德操守在封建社会是难能可贵的。

陈宝箴执政湖南三年,使湖南的政治、经济、文化大幅提升。他所做的一切,除了他固有的爱国思想和热情外,主要体现了一个德字,即以德为政、以德治民、以德育才的传统道德思想理念。

光绪二十三年(1897),有陈宝箴原籍福建上杭族人来告,因宗族纠纷,当地何姓人将陈姓祖祠放火烧毁,求陈宝箴主持公道。陈宝箴询问详情后,即书长信一封,派他的堂弟陈观伍去福建处理此事,信中再三嘱咐曰:"我等为祖宗遗骸,万不得已,亦不可损人,只求本分。"陈观伍遵照宝箴之意,赴闽协助当地官府处理此案,责令何姓照原样帮陈姓重新盖好祖祠,并赔礼道歉。何姓族人对这一判罚心悦诚服,案子得了了结,两姓人重归于好,避免了一场流血事件。事后,陈宝箴书信奖其堂弟曰:"弟处置此事,始终尽诚尽理,有识有量,而不许族人报复一节,识见尤卓。"陈宝箴在回信中还说"人愈强横,我愈容忍,旁人自有公论",主张对何姓"宽和处之,隐忍曲从,当行则行,可了即了"。陈宝箴身为一代封疆大吏,不以权势压人,和平解决争端,体现了他始终坚持传统的道德规范,以德执政、施德泽于民的优良作风。

陈宝箴同样尊崇孝道。他七岁发蒙,远离父母,到离家十几里外的学堂寄宿。第二天早起,陈宝箴对老师说:昨夜有不寐者三人。老师问哪三人,陈宝箴答:我父,我母,还有我自己。老师顿知此子必有后福,并精心施教。陈宝箴之父因积劳成疾,不到六十岁就去世了,陈宝箴做官以后,第一件事就是将母亲接到任上,以尽孝道。每天早晚,他必先问候母亲安康,后来母亲逝于湖南,他为母作《陈母李太夫人行状》,以寄托哀思。

陈三立作为一位爱国诗人、诗坛领袖,好学读书为其本能。然他一生所具有的爱国热情和浩然正气也是他立名传世的主要因素。青年时,他辅佐父亲陈宝箴推行新政,锐意改革维新,力除弊政,唯父命是从。他在整饬吏治、发展经济、革新教育、罗致人才等方面出谋划策,深得陈宝箴信赖,为湖南新政立下了汗马功劳。

他与当时同为诗坛领袖的郑孝胥原为好友,但后来郑失节,投靠伪满洲国,沦为汉奸。陈三立痛斥指责,毅然与郑划地绝交,并将郑为之所作《散原精舍诗序》删除,以示不齿。其浩然正气与爱国热忱由此可见一斑。

戊戌变法失败后,陈三立与父亲陈宝箴被革职。陈三立回到江西南昌西山,购得一处地,安葬母亲黄氏夫人,并在墓旁筑崝庐隐居。不到两年,父亲陈宝箴逝世,陈三立痛不欲生,作《湖南巡抚先府君行状》纪之,自责曰:挫骨剡心难辞其咎,切切哀思尽在字里行间,每逢清明,必亲自祭扫,常潜然泪下,不忍离去。陈三立曾为《别墓》诗二首,其二曰:"平生无可了,只有泪纵横。青山压人去,处处杜鹃声。"

陈三立幼年时便具孝悌仁爱之心,四觉草堂为陈宝箴同治二年(1863)所建,陈三立和他的众多兄弟都在此启蒙读书。三立尊师重友,家乡多有传闻。四觉草堂离陈家大屋约两公里山路,且山高坡陡,早晚上学、放学时,陈三立都走在最后面,以便照顾弟弟们。有一次,他的堂弟三焘患感冒,晚上未曾背书。第二天老师上课逐一点名背书,三焘不能背出,老师欲持戒尺责罚。三立跪于老师面前说道:焘弟昨因感冒发烧未曾背书,三立愿代他受罚。说着,他伸出左手请老师责罚。老师见状,其怒自消,自叹曰:此子仁义,必有后福。

陈三立一生为人刚正不阿,不攀权贵,淡薄功名,坚守节操。光绪十五年

（1889），他考中进士，光绪帝钦点他为吏部主事，这是求之不得的美差。但他在吏部待了几个月后，便彻底看透了当时清廷的腐败，不愿与一群贪官污吏为伍，毅然辞官回乡，从此以诗文为伴，也成就了他后来成为诗坛泰斗的光辉人生。

陈三立晚年避居庐山，与山水为伴，攻诗词自娱。骚人墨客，大师名流，常集于山中，互为唱和。一年夏天，蒋介石在庐山避暑，想会见他，先派人与陈三立联系。陈三立不乐于结交权贵，遂婉言谢绝。陈三立八十大寿时，许多文人墨客、亲朋好友，纷纷前来祝贺，蒋介石也派人送来 1000 元贺礼，陈三立"拒之不纳"，原封退还。后来，陈三立在北平逝世，著名出版家张元济先生曾作《挽陈伯岩》来怀念他的高风亮节，其诗曰："衔杯一笑却千金，未许深山俗客临。介寿张筵前日事，松门高蹑已难寻。"

1933 年，陈三立在北平拜谒他的恩师陈宝琛时，尽管已年逾八十，仍坚持行跪拜大礼。当时在一旁作陪的罗振玉、郑孝胥趁机劝他去伪满洲国排班称臣，陈三立断然拒绝，并怒斥此乃汉奸行为。

1937 年 7 月，卢沟桥事变爆发，时年 85 岁高龄的陈三立拒绝逃难，忧患之中，一病不起。他病中仍然关心国家战事，每日必询问前方战况。一日，他听见有人议论此次战事"中国必败"，便愤然坐起，怒声道："呸！中国人岂狗彘耶？岂帖耳俯首，任人宰割？"日军攻占北平后，欲招致陈三立，百般游说，陈三立皆不应允。日本人便让侦探天天守在陈三立家门口，陈三立怒极，命家人用扫帚驱之。后来，陈三立绝食五日而逝，以此来抗议日本侵略者的暴行。这位八十余岁的老者身上，真正体现了中国人民不屈不挠的民族气节和爱国精神，以及中国传统美德的最高境界。

其实，义宁陈氏早在陈宝箴官宦生涯期间就已经走向了鼎盛辉煌的巅峰。如果说湖南新政是中国发展史上的一次大的变革，那么戊戌变法则是促使义宁陈氏从官宦之家向大型文化家族转变的一次大的变革。后来陈衡恪、陈寅恪又把这个家族推上了不可逾越的文化巅峰，完成了这个家族的伟大业绩。这个家族的漫长发展过程中，始终贯穿、保持着先祖家风的规范，他们的后人无一不是循规蹈矩地去做人、去做事。

陈衡恪作为一代著名画家、艺坛巨擘，当齐白石在北京穷困潦倒之时，是他伸出援手，主动帮助齐白石走出困境，并毫无保留地指点传授画技画艺，促成了齐白石后来在中国画坛的宗师地位。这种宽广的胸襟，实在难能可贵。陈衡恪也因此博得了当时文艺界的高度景仰。

衡恪之孝悌，更与众不同，感人至深，催人泪下。1923 年，继母俞氏在南京病重，他从北京赶回家，亲手为继母端汤送药，形影不离，恪尽孝道。继母逝后，他又冒雨扶柩上山。由于伤心过度，陈衡恪不幸染病，不到一个月就去世。他的死，不啻为当时中国文艺界的大地震，世人皆为之惋惜。齐白石曾作悼诗曰"哭君归去太匆忙，朋友寥寥心益伤。安得故人今日在，尊前拔剑杀齐璜"，以此来深切悼念曾经的良师益友。

陈寅恪作为一代国学大师、世界著名的史学大师，他登峰造极的文学成就固然是他为世人所仰止的主流，但他所坚持的文化人的风骨和气节，更使他成为世人心目中的一颗明星。他一生治学严谨，强调实事求是，不屈从强权，不阿谀奉承。他所提出的独立之精神、自由之思想是他治学的标准，也是当代学术界所尊崇的学术准则。

1941 年香港沦陷后，他三番五次拒绝日本人的物资诱惑，坚决不为日本人做事，这种高风亮节的民族大义也是中国传统道德思想精神的升华。作为一个柔弱书生，在当时那个动荡不安的年代，这种精神思想尤为可贵。

著名女诗人陈小从先生，在 20 世纪 80 年代首次回到故里寻根祭祖，受到了家乡父老乡亲的热情接待。后来，她写下了两组热情洋溢、感人肺腑的诗篇，来表达陈氏后裔对家乡的热爱和怀念，以及对祖德之感恩。其七曰："围炉述祖德，把酒话桑麻。迁地不忘本，乡音带客家。"

义宁陈氏作为中国历史上一个罕见的文化世家，在发展的历程中，始终秉承着传统的道德规范，传承着优良的家风祖训，以好学、重德、爱国为立身之本。近三百年，家族中无一例官司诉讼者，无一例娶侧室小妾者，更无豪赌偷盗强霸者。这个家族簇拥着浩然正气，踏着一路磊落光明，走过了百年辉煌历程，不仅是它的文化积淀和璀璨人文令人叹为观止，在其传统的道德、孝义的传承和坚守上，亦堪称典范，让世人瞩目，经久不衰。

（欧阳国太，1947 年生，修水县山谷诗社理事、陈宝箴陈三立故居管理员。）

三个甲子一世家

——陈宝箴、陈三立父子故居陈列工作初探

修水陈门五杰项目办公室

摘　要：陈宝箴、陈三立父子故居,是国务院批准并公布的第七批全国重点文物保护单位,是修水县首个进入"国保"级别的名人故居。如何在《中华人民共和国文物保护法》的框架内,利用有限的空间,以简洁的文字满足参观者的文化信息需求,这是"五杰项目组"面临的一个重要课题。

一、故居建筑构成

　　陈宝箴、陈三立父子故居,位于修水县宁州镇桃里竹塅村。该故居又名"陈家大屋",距县治约 20 公里。故居坐北朝南,青砖黛瓦,砖木结构,有大、小房 40 余间,占地面积(含地坪)约 1800 平方米。故居由凤竹堂、官厅、新屋里、附房、屋前场地五个部分组成。

　　"凤竹堂"是竹塅陈氏家族迁入宁州六十年,结束棚民生活状态的标志性建筑,是陈宝箴曾祖父陈公元率众子所建,历时两载,于乾隆五十七年(1792)落成。陈公元取"凤非竹实不食,非梧桐不栖;凤有仁德之征,竹有君子之节"之意,命名曰"凤竹堂"。

　　"凤竹堂"为三重两层建筑,宽五丈三尺,进深五丈三尺,高一丈八尺九寸。上、下两重分为上、下堂前,左、右正房,再左、右廒房。正中为天井,天井两边是腰墙,过巷与左、右厢房。天井右边放置着用花岗岩条石垒成的花盆架,左边是花岗岩材质的水缸,用于消防蓄水。堂前两边分立十六根木柱,柱底以石质柱础为垫,柱与梁以榫卯交叉相连,柱与柱之间嵌板为墙。"凤竹堂"四周外墙均以石窗采光,后人以改善采光为由,将后墙及左右墙窗户改为木窗,前墙石窗保存基本完好。

"官厅"与"新屋里"始建于光绪九年（1883），光绪十年（1884）竣工。

"官厅"是陈宝箴在老家建造的住房。光绪八年（1882）八月十九日，陈宝箴补授浙江按察使，光绪九年（1883）四月到职，六月因河南王树汶案遭御史弹劾，八月落职。落职期间，陈宝箴回到竹塅建舍安居，故乡亲们称之为"官厅"。官厅接"凤竹堂"左墙，故进深与"凤竹堂"一致，面阔三间，计三丈三尺。前重三间，分别为"下撒口""过巷间"和"内过巷间"。"过巷间"后有一耳房。中间一重靠"凤竹堂"左厢房的是一个长方形天井，依次是"官厅"和"密室"。"官厅"是陈宝箴会客的场所，"密室"是陈宝箴会见重要客人的聊天之室。后面一重三间，分别为饭厅、厨房与卫生间。

"新屋里"因屋后山脚凸出占位，只好依山形而建，故前重向地坪延伸两丈。陈树年是陈宝箴的胞兄，兄弟一同协助父亲创办乡勇，其兄以军功授候补同知。"新屋里"是陈宝箴为树年之子三厚而建。

附房是"新屋里"左侧山嘴的一排杂屋，有六七间。所谓"杂屋"就是牛栏、马房、猪圈、茅柴间等功能性房间。

地坪是故居前面的场地，是从"三合河"经宇门进入故居前面的场地，有举人的旗杆石和进士的旗杆磴各一对，是陈宝箴、陈三立父子考取功名的见证。故居围墙以内，均属陈宝箴、陈三立父子故居法定保护范围。

二、故居建筑次序

义宁陈氏家族发展的历史以清雍正八年（1730）陈公元等由闽迁赣落脚义宁州安乡十三都护仙塬为起点。陈宝箴、陈三立父子故居则是陈公元等在安乡护仙塬棚居六十余年后，再到泰乡七都建的房屋。故居正屋分为三部分："凤竹堂"是陈宝箴曾祖父率众子所建；"官厅"与"新屋里"则是陈宝箴所建。所以，义宁陈氏家族的历史与凤竹堂的建筑存在着六十年的时差。正是这个"六十年"时差，提醒我们的思考：从雍正八年（1730）到宣统三年（1911），恰好是一百八十年。在这"三个甲子"的岁月里，义宁陈氏家族是怎样由客家棚民发展成文化大家族的呢？这是所有参观者都想弄明白的问题，也是陈列开放所要达到的基本要求。

故居有别于纪念馆和博物馆的性质。故居的文物属性，决定了保护与开放关系。故居文物保护是摆在第一位的，其次才是为参观者提供解读故居文化的相关信息。所以故居的陈列,应尽可能地还原故居的生活场景,尽可能地给参观者以想象、感悟与思维的空间,不允许使用过多的文字信息来影响、破坏其本来的面貌。如何以有限的空间及所能陈列的内容,来满足游客的信息需求,这就要求我们恰如其分地把握好还原生活场景与提供文字版面之间的合适度。于是,浓缩文版,精制图文,成为陈列工作的一个非常重要的环节。

为此,特将该家族简史列表如下:

从清雍正庚戌(1730)至宣统辛亥(1911)约一百八十年			一百八十年后,成为文化大家族
1730 至 1790 年	1791 至 1850 年	1851 至 1911 年	
棚民之家	耕读之家	官宦之家	文化世家
一伙棚民	二组梯队	四顶官帽	六"恪"留洋
清雍正八年(1730),陈宝箴曾祖父陈公元,同何、邱两姓亲戚从福建上杭来到江西义宁州安乡十三都护仙塬,筚路蓝缕,结棚栖身,以栽蓝种茶为业。　　六十年后,三姓共同买下护仙塬山场。这伙客家人开始建房造舍,基本上结束了棚民的生活状态。	乾隆五十六年(1791),陈宝箴祖父陈克绳翻过"唐家岭"大山,来到泰乡七都上竹塅建造陈家大屋,次年工程告竣,陈公元取名为"凤竹堂"。　　陈克绳之子规钫、规镜、规铉皆习举子业,因屡试不第,成为私塾教师或乡村医生。　　陈克绳之孙观礼、观澜、观善(陈宝箴谱名)接力拼搏:观礼、观澜皆不中,成为私塾教师;观善20岁以义宁州第一名资格入州学。	清咸丰元年(1851),陈宝箴乡试中举后,与胞兄陈树年一起协助父亲陈伟琳创办团练。从咸丰二年(1852)到咸丰六年(1856),陈伟琳所办团练,配合清军与太平军作战近百次,两次收复州城,得到曾国藩赞赏。陈宝箴先人曾国藩、席宝田戎幕。　　陈规镐三子观瑶,从军有功,赏戴蓝翎,候选县正堂。　　规铉长子观湖(陈树年)以军功授为候选同知,赏戴蓝翎。　　观善从候补知县一直做到湖南巡抚,成为封疆大吏。　　陈三立考中进士,授职吏部主事。　　这个甲子,凤竹堂出了"四顶官帽"。陈宝箴亦有诗:"嚼来确是菜根甜,不是官家食性偏。淡泊生涯吾习惯,并非有意钓清廉。"	陈三立先生在维新强国政治理想化为泡影之后,由"神州袖手人"到"前儒托命人",更加重视文化教育和人才培养。　　自张之洞《劝学篇·游学》被诏发各省至光绪二十八年(1902),中国青年学子留学东洋,已成为一种风气。其形式上是文化行为,却具有极强的政治意义,他们是为了救亡图存、寻求变法途径而师夷之长。　　从1902至1906年,凤竹堂有衡恪、隆恪、寅恪、覃恪、荣恪、伊恪六位青年学子漂洋留学,史称六"恪"留洋。后来,陈衡恪、陈寅恪继承祖父陈宝箴、父亲陈三立之风,同载于《辞海》。

本表有关解释:

1. 赏戴蓝翎:清代对官员的一种封赏,翎即官员帽子上戴的花翎,四品至六品官员戴蓝翎。

2. 覃恪(1881—约1953):陈三畏子、封桐父(见世系表),曾留学日本早稻田大学。

3. 荣恪:宝箴亲随三垣之子,1903年赴日后升入早稻田大学,为同盟会江西最早四名会员之一。

4. 伊恪:观礼孙、三略第九子,1906年赴日后入东京中央大学法律专科,是现台湾淡江大学陈伯虞教授(三略六子、儒恪长孙)的叔公。

由此表可以看出,义宁陈氏家族史可分为棚民之家、耕读之家、官宦之家三个时段,而且每个时段都是六十年。因此,我们有理由认为:这个家族是经历了一百八十年文化积累而成为文化世家的,"一伙棚民,二组梯队,四顶官帽,六恪留洋"是其发展过程中的显著特征。但从时间概念来讲,亦可简称:三个甲子一世家。

三、故居陈列安排

(一)三个甲子与故居陈列的对应关系

第一个六十年,是陈、何、邱三姓人在安乡护仙塅创业的初始阶段。"同锅共灶三十载,结棚栖身六十年",是修水客家棚民团结奋斗、艰苦创业精神的体现。棚居期间,这伙棚民所创的锄山歌鼓、仙塅书屋与分关文契被称为凤竹堂的三块文化基石。陈列于凤竹堂陈公元居室的护仙塅生产、生活等相关资料,具有承前启后的意义。

三个六十年以及一百八十年之后的文化世家所要陈列的内容安排,列表如下:

第一个甲子	第二个甲子	第三个甲子	一百八十年后
棚民之家	耕读之家	官宦之家	文化世家
凤竹堂其中一室,即陈公元居室	凤竹堂,陈公元居室除外	官厅	新屋里
护仙塅图片、文字信息	还原生活场景	父子成就展示	师曾、寅恪、封怀等展示

（二）故居各个房间陈列方式与内容安排

故居三部分	三个甲子一世家	陈列方式	房间编号	陈列主要内容
凤竹堂	棚民之家与耕耘之家	还原生活场景	1	堂前公共场所	"福""寿""成丹得隽""父子科甲""雁塔题名"五块匾额，家规，简史，世系图。
			2	陈公元卧室	家具摆设，护仙塬种蓝，棚居，背母迎养图片，《义宁州志·人物》条目。
			3	陈克绳卧室	家具摆设，《义宁州志·人物》条目，封赐等版面。
			4	陈伟琳卧室	家具摆设，陈伟琳夫妇画像。
			5	伟琳施诊室	展柜陈列，药书，制药研槽，《义宁州志·人物》条目，封赐与对联。
			6	右厢房间	国画：创办或捐资学堂；书院：仙塬书屋、四觉草堂、梯云书院、义学里。
			7	陈宝箴卧室	家具摆设，陈宝箴与黄氏夫人画像；展示实物：黄氏夫人绩麻篓、绣花篮。
			8	宝箴读书间	家具摆设，文房四宝，桐油灯，《义宁州志·功名》条目，国画《右铭读书》。
			9	陈三畏卧室	家具摆设；展柜陈列：陈三立撰《弟绎年义述》文稿一篇。
			10	陈三立卧室	家具摆设，文房四宝，桐油灯；人物画：陈三立、罗氏夫人、俞氏夫人像。
			11	左厢房间	实物陈列：竹塅客家人常用的耕作农具、生活日用品若干件。
官厅	官宦之家	展示父子成就	12	宝箴、三立铜像，官帽官服，补子顶子；陈宝箴陈列版面一：军旅廿载展韬略，版面二：一路政声民所钦。
			13	版面三：湖南新政垂青史，陈宝箴诗两首《赵州道中》《赠厨工》，文物展示，家书两封。
			14	陈宝箴会客厅	陈宝箴书匾额"思补轩"与集句对联，家具摆设，展柜展示，陈宝箴著作等。
			15	宝箴聊天密室	密室无窗户，靠屋顶明瓦透光；家具摆设，花瓶，书架，文房四宝，油灯等。
			16	版面四：老臣涸谢协神州，展柜展示：陈三立撰《先府君行状》文稿一篇。
			17	陈三立陈列版面一：立志维新遇国殇，版面二：余作前儒托命人；实物展柜：散原诗文手稿。
			18	版面三：风俗倘如它日否，版面四：拒倭赴难一昆仑；实物展柜：陈三立著作。

故居三部分	三个甲子一世家	陈列方式	房间编号	陈列主要内容
新屋里	文化世家	展示师曾寅恪封怀封玖成就	19	堂前《瓜瓞绵绵》《俞园栾影》《雁行有序》三幅照片,人物简表,陈、曾、俞、喻等姓氏姻亲图。
			20	陈师曾先生画坛生涯与成就、师友关系版面,文物展柜,印章,画册,著作等。
			21	陈寅恪先生留学、任教、研究成果版面;展柜展示:陈寅恪著作,王国维碑文,"恪"字读音。
			22	陈封怀先生植物学研究、教学,以及武汉、南京、广州、庐山植物园建设成就,著作,文物。
			23	陈封玖(小从)先生成就版面、诗集、画集等;展柜展示:后裔捐赠遗物(文物)若干件。
			24	右厢房:悬挂陈师曾先生画作若干幅。
			25	右厢房:展柜展出陈寅恪著作若干本。
			26	下堂前:(右)后裔省亲合影照;(左)结束语:只留清白在人间。

四、故居讲解要点

故居导游讲解是故居陈列工作中的一项重要内容。陈列开放中,导游讲解的服务质量,又是衡量陈列开放效果的主要指标之一。陈宝箴、陈三立父子故居的讲解工作,预先设计两套方案,即语音器材导游和人工导游。语音器材导游按程序化模式进行;人工导游则是由讲解员陪同讲解进行。在讲解过程中,讲解员可按不同的参观人群、团体性质、文化层次和参观时间来确定本次导游讲解的重点、侧重点,因此具有较大的灵活性。为使参观者能在有限的时间内获得满意的效果,特将故居讲解要点提示如下:

(一)礼貌问候和引子

导游:各位来宾,大家好!欢迎来到陈宝箴、陈三立父子故居参观。

(引子):"陈宝箴、陈三立父子故居"是国务院批准公布的第七批全国重点文物保护单位。该故居坐落在享有"安泰诸山之祖"美誉的弥王峰下,坐东北,向西南。背山如椅,两臂张开,前溪似带,围腰环绕。正所谓:苍松翠竹荫堂后,三溪汇潭照屋前。农歌瓦盆祈大有,小溪松风扮琴声。

导游:从三合河往故居径直走来,首先看到的是"宇门"。门框挂对联,门首悬匾额。匾额书"衡门"两字,典出《诗经·陈风·衡门》:"衡门之下,可以栖迟。泌之洋洋,可以乐饥。"衡门之匾,为书画家、佛学家、著名茶文化学者、陈宝箴曾孙陈云君先生所书。陈氏后裔书"衡门",以示自谦之意。

(二)场地讲解

导游:进入"宇门",现在我们看到的是旗杆石。旗杆石是以"对"为单位的。陈宝箴于清咸丰元年(1851)参加恩科乡试,在南昌府考中第108名举人。

导游:这是进士磴,也是树旗杆的。相比较而言,举人是乡试取得的科举功名,进士是礼部试和殿试取得的科举功名,进士和举人的"级差",从这两对基座就能看到各自的分量。这对进士磴,各有一排铭文:光绪己丑年主政陈三立。

导游:现在我们来瞻仰"故居"的主体建筑。故居大门之首,有"凤竹堂"匾额一块。"凤竹堂"之名,是乾隆五十七年(1792)大屋落成庆典时,迁宁始祖、陈宝箴曾祖父陈公元命名的,取"凤有仁德之征,竹有君子之节"的寓意,以冀于后人。

(三)故居凤竹堂屋内讲解

导游:故居堂前,两边立十条家规,上梁悬五块金匾。"福""寿"两字为光绪皇帝所赐;"成丹得隽""父子科甲"与"雁塔题名"三匾乃义宁知州、学政所赠。

导游:凤竹堂的陈列,旨在还原旧时的生活场景。陈公元为迁宁始祖,因随父读过私塾,是个有文化的人,所以棚居护仙源时,就为陈、何、邱三姓人领头雁和代言人。护仙源时有四件事可圈可点:传孝悌、立家规、重教育、建学堂。

导游:陈克绳是第二代,是陈宝箴的祖父。家史记载:陈克绳兄弟四人均先后在黄港双溪陈光祖先生门下就读。《义宁州志·人物志》记载:陈克绳"事父母至孝,于公益热心,治家有法度,感化众乡亲"。可见,陈克绳已进入当地的绅士阶层。

导游:陈伟琳是第三代,是陈宝箴的父亲。他有"名医技术、曹刿情怀、著作传世、崇拜阳明"四个特征,人称其"悬壶济世名望高,考览山川学老曹。育人著书传衣钵,平生伏首拜余姚"。陈伟琳的著作有《劝学浅语》《劝孝浅语》《北游草》《松下谈》等。陈伟琳的人品学问、责任担当、组织能力、军事指挥各方面综合素质出众,为义宁州团练领头的最佳人选,对义宁陈氏家族的崛起,起了至关重要的作用。《义宁州志·人物志》记载:伟琳公平生所学,不求仕名,独怀经世之志,曾只身历游江淮齐豫及京师之间,考览山川,核其户口,扼塞险易,以推古今因革之变,与其战守得失之数。

其余讲解要点:

陈宝箴居室:介绍陈宝箴夫人黄氏的故事以及她所编织的绣品和工具等,尤以人物故事能给人留下深刻印象。

陈宝箴书房:介绍其少年用功苦学故事,及老师的故事。陈宝箴亦说过:"诗是吾家事。"陈宝箴的老师均能作诗,其中陈观澜先生就有一首《舜阶姑父大人像赞》,其中有句曰:"书与名花一样香,用心培植自芬芳。"郑踏云先生有《弥王古寺》,其中有句曰:"真人羽化自何年,结庐弥王避世缘。"

陈三立卧室:简单介绍罗氏夫人(陈师曾生母)、俞氏夫人(雪神馆主)家世及生育、生殁情况。

(四)故居官厅讲解

官厅版面,可简单扼要地介绍陈宝箴、陈三立父子主要功绩。

军旅廿载展韬略:重点介绍陈宝箴,以故乡修河放排人的故事,化解两江总督曾国藩与江西巡抚沈葆桢之间的矛盾。

一路政声民所钦:介绍陈宝箴凤凰署理兵备道职务时的政绩,重点介绍陈宝箴治理凤凰沱江的政绩和影响。

湖南新政垂青史:介绍湖南新政。先点出"湖南新政"与"戊戌变法"是两个不同的概念,再重点介绍湖南新政的规模、成就、影响和历史意义。

湖南新政是陈宝箴1895年担任湖南巡抚时推行的政治主张,可分为救灾、治吏、求变三个阶段。

戊戌变法(又称百日维新)是戊戌年(1898)由光绪帝下诏,以康有为、梁启超等为代表的维新变革运动。

湖南新政为戊戌变法提供了人才和经验,戊戌变法的激进方式又使湖南新政主官受到牵连,而导致新政废弛失败。

湖南新政虽然被保守势力扼杀,但其在政治、经济、文化、军事等各个方面取得了巨大成就,产生了深远的影响。

有时间亦可介绍陈宝箴两首诗:《赵州道中》与《赠厨工》。前者"燕市雄心志未休,酒酣含笑把吴钩",表达了而立之年的远大志向;后者"淡泊生涯吾习惯,并非有意钓清廉",表达了身为封疆大吏而坚守底线的意志。

老臣凋谢恸神州:重点介绍陈宝箴戊戌变法失败后的凄凉处境,及其政治改革家、诗人的襟怀。

陈宝箴逝世后,老家桃里秀才陈海凌为其撰挽联云:

国士正多艰,慨然将士悲歌,谁不望北诏日来,东山云起;

苍生齐痛哭,伤哉老臣凋谢,只剩得西江月朗,南岳风清。

陈三立版面重点介绍其协父实施湖南新政,以及新政失败后其所取得的诗文成就。注重其由"神州袖手人"到"前儒托命人"思想的转变与拒倭绝食的爱国情怀、高尚气节。

诗人回故乡作品《鹭儿曲》,描写修水茶市的繁荣景象,听歌声之清穆,赞茶女身姿之曼妙,均是对茶乡幸福生活的讴歌。

(五)新屋里版面及小结讲解

新屋里中,衡恪、寅恪、封怀、封玖均有版面内容,可以凭预计讲解时间和游客关注内容来灵活安排重点与非重点。

(1)上堂前左间,介绍陈衡恪先生生平和书画成就及对后世的影响。在知识点上,注重陈衡恪先生与鲁迅、李叔同、齐白石诸先生的友谊情结。

(2)上堂前右间,介绍陈寅恪先生生平和主要成就及其影响。在知识点上注重《王观堂纪念碑文》和学界普遍关注的"恪"字的读音。

(3)下堂前左间,简单介绍中国植物园之父——陈封怀先生在植物学领域的成就。提示两件珍贵文物:一件是先生的毕业证;另一件是跟随先生一生的英文打字机。

(4)下堂前右间,简单介绍诗人陈封玖(小从)先生的作品和成就。

(5)下堂前,介绍芳裔回到故居合影后,再介绍本次陈列的结束语——只留清白在人间。

五、故居陈列的感悟

陈宝箴、陈三立父子故居的陈列与开放,是修水县历史名人故居陈列、开放的一次有效尝试,是项目参与人员对《中华人民共和国文物保护法》、义宁陈氏文化和义宁陈学精神的进一步学习、领会,并用于陈列实践的一次考验。对于工作中如何处理历史名人故居陈列与开放的关系,义宁陈氏汗牛充栋的文化资料与故居陈列有限空间所需的资料取舍关系,国家馆阁资料与地方史资料、当地风俗习惯等文化信息采用的比例关系,本次陈列在注重修水客家特色、棚民垦荒创业、两组科举团队、数代责任担当、多位名人成就、一族爱国精神的同时,也应注意到修水茶文化重大题材的展示。这是本次陈列工作的又一亮点。陈宝箴、陈三立父子故居将成为修水县有效地助推茶文化、茶产业和修水旅游经济发展的又一个范例。

（本文作者:黄本修,男,中师学历,黄庭坚纪念馆前馆长、书记,九江学院陈寅恪研究院研究员,陈门五杰项目办文案之一;车明星,男,大学本科学历,文物博物馆馆员,修水中专副校长,陈门五杰项目办文案之一;杨树清,男,大学本科学历,中级职称,陈师曾书画篆刻研究会常务副会长,陈门五杰项目办文案之一;戴健民,男,大学本科学历,中级职称,黄庭坚纪念馆办公室主任,陈门五杰项目办文案之一。）

诗文解读陈宝箴父子的故里情结

卢曙光

　　1989 年秋,陈小从女史第一次回到故里竹塅,留下了《故乡行》组诗 20 首和《还乡曲》,前有"先世辞故里,百年未曾居。我今初探本,仰止祖德辉"之句,后有"竹塅寻根梦里遥,百年乡思一肩挑。归来主客无须辨,尽揽亲情入酒瓢"。两处都提到了百年,查《散原精舍诗文集》,陈三立光绪十年(1884)有《别长沙还义宁故里》五律一首,其诗曰:"朝雨无断绝,离心还自惊。江山恋初服,笳吹送孤征。远道重相忆,緜忧不可名。飘飘带归雁,恻恻绕寒城。"这应该是陈三立(1853—1937)最后一次回修水,从那时算起,到陈小从 1989 年回到竹塅,陈家人阔别故里已逾百年。而此时,国家正逢"三千年未有之变局"。在戊戌变法失败的大背景下,力推湖南新政的陈宝箴(1831—1900)父子的个人命运,也遭遇巨变。

　　1898 年被罢职后,陈宝箴离湘返赣,"初拟移家庐山,旋欲赁居九江,以所托非人,又不果,乃往南昌"。其所托之事乃择居之事,所托非人则不知为何人。陈三立《由崝庐寄陈芰潭》诗中有"分应亲故不相收,万口訾謷满朝诮"句,提到了亲朋疏远、众口嘲讽的现实。这或许是栖身庐山、九江不成,而选择南昌的原因之一。1998 年,陈封猷先生与我谈起过一件事,那就是中华人民共和国成立不久,老家曾两次来人到陈封怀工作所在地,追查竹塅田产一事。陈封怀对此百般不解和无奈。也许是多种因素凑在一起,所以才有了陈小从"百年乡思一肩挑"的兴叹。

　　但是,故里的山水永远铭刻在陈氏后人的心中。尽管时间过去很久,但从陈宝箴父子及后人的诗文中,不难看出他们对故里的深深眷恋。他们对故土的深情回望,能从义宁士子交往中得以管窥,可见他们的内心和情感世界。

　　胡济宽(1813—1895),字筱筠,义宁人,历任衡山县典史、凤凰厅知事、嘉和知县,光绪十四年(1888)知县任上致仕归里,赋诗留别,结集《归田酬唱》,其中有陈宝箴《湘中送胡筱筠大令解组归义宁》的乐府诗,足见乡情浓厚:

"……我与君家共修水,三世论交迈群纪。长同乡闬宦同方,昔日少年今老矣。修江绕城清且涟,月落江空夜放船。有时乡梦堕江水,振衣脱帽南崖巅。君言故乡足娱老,负郭尚有陂陀田。忽然掉臂作归计,扁舟直犯鄱湖烟。薄笨车,款段马,青鞋布袜南山下,日饮无何醉即休,过求赢余天所赭。我本世间支离人,放归还自逐风尘,空谈霸王忍冻饿,坐视日月如奔轮。送君归去三叹息,宦成至乐还乡国。桃花春涨接天流,浩渺凌风张羽翼。他日相过独款扉,新醅酒熟黄鸡肥。为君醉倒三百斛,高卧北窗无是非。"此诗将陈宝箴对故乡田园生活的向往显露无遗。陈宝箴存诗不多,这首由陈靖华先生提供的诗作特别珍贵。作者虽然身居高位,但思乡之情跃然纸上。

胡济宽也有《祝陈右铭廉访六十寿辰》,"星逢甲子喜逢寅,南极光辉映北辰。名重一时廉与正,兴隆三省恕而仁。行觇海屋添筹客,转瞬天庭补衮臣。公以和平征福寿,寿家寿国乐长春。"这首祝寿诗热情洋溢,足证两人私交。陈三立也在胡济宽归乡之时,有唱和之作,其一曰:"弹指悬车致政年,从今不负腹便便。九州踪迹青山在,一舸江湖白日圆。老去闲云情浩荡,宦成长揖谢拘牵。角巾载酒寻常事,莫被人呼陆地仙。"其二曰:"棠黎阴晓放君行,如此江山一笑轻。迢递风光寻宦迹,飘零身世得躬耕。故国折柳迷金埒,离席飞花斗玉觥。千里蓴羹应待我,海云湘树若为情。"一句"千里蓴羹应待我",彰显了陈三立的故里情怀。

在与陈氏家族交往的士子中,还有义宁仁乡的卢以恕(1845—1920)。卢以恕并非单纯的读书人,而是一位以天下为己任的学者。他是同治年间举人,曾在湖北为官十四年。其《寓斋文稿》存有陈宝箴父子的记录,卢以恕曾作《循良体用论》,陈宝箴点评云:"持平之论,大有所见。"卢以恕在《与陈伯严》一文中,极尽家国大事,天下兴亡之情怀。此全文照录,以窥以恕之胸次:

> 再启者居恒谓治术之坏,由于学术之差,学术之差由于道理之不讲,道理衷于孔孟至宋儒,而大明自汉学家出,而道理淆自洋务家出,而道理愈淆矣,万事万物岂有能逃乎? 道理之外而可以为学,可以为治者,即西洋讲格致,亦只是即万事万物,格其道理无别,有所谓格致也。前年承教购西书十余种,去年以薪水余资,又添购数十种,披阅之下,若中虽有识大识小之殊,要皆穷极道理,知之精而行之力,故能立致富强。倘徒虚袭其表,若知之若不知之,若行之若不行之,以为洋务在是误矣,然此犹可学而

能也。若夫奸险之徒，每每借洋务进身，以作龙断营私之计，一若孜孜为利，即得西洋之秘诀，而此外别无所谓学术治术者。办理海军三十余年，事事决裂，迄无成效，值此之由至中日和议以后，而大局更不堪设想矣。近者乡僻之间至岁暮之时，虽百文钱之微，亦使用纸票，鲜有肩负挑十千或二十千文者，城市大镇询其生意，金云较往年大逊，则百姓之苦可知矣。自前年以来，钱价久不跌落，又值天灾流行，哀哀嗷鸿遍处皆是，而外夷方环伺交迫，眈眈不已。当此时会实有万难，措手者然，果能自惧而兼自奋，同心协力，则次第设施亦未有不可挽回之气数。而以观当道诸公，或粗心自是，杂乱无章，或暮气有余，振作不足，甚者营营利途，燕幕将焚，犹安处自若，求如令尊大人及东抚李之竭力整顿，以实心行实政者，不可多得矣。感时事之日非，慨人心之莫返，将如之何！将如之何！近阅《时务报》，斤斤以变法为言，惜其舌敝唇焦，而犹有未揭之隐也。爰致书友人商之，信笔书写，冗长草率，两犯其弊，本不堪入方家之目，然念在素叨雅爱，故不敢自秘其丑也，谨另纸录呈，即乞鉴裁是荷。

光绪二十三年丁酉秋九月。

其中"素叨雅爱"，足见两人同乡之谊并非泛泛。

还有修水廖士翘先生的笔记，记载了陈三立对故里的牵挂。廖士翘，字卓如，清光绪十八年（1892）四月初二生于义宁州安乡长坑村（今黄沙长坑），廖氏五代之前为赣南客家，迁此附籍。1921年4月，廖士翘考入日本陆军士官学校第十四期学习，曾任黄埔军校五期教官、国民党江西省保安司令部副司令，并创办私立翘材中学（后改名为南昌八中）。1925年仲春，廖士翘赴沪时，路过杭州，曾以后学的身份拜谒过隐居西湖之滨、为世所推崇的乡贤陈散原，并留下了"先生赐见，身材高瘦、童颜鹤发、指长如鹤爪，谦光之德，感触于人，有如电气，令我肃然起敬，先生多询乡里之情，我一一敬答"的文字。几日后，他又收到了散原翁的招饮书，书是大红名片，左侧亲书细字一行："某日某刻在三义楼小酌，座中除鸣苏外，无他客也。敬希惠临。"廖氏还在日记中留下了此次宴席的有趣细节：

予遵时前往，同席有胡步曾（胡先骕）、龚鸣苏二先生，散原先生之令郎寅恪君，新由法国回，亦在座。寅恪君曰："菜味甚佳，惜以瓦钵盛之（三义楼门面不大，炖品极佳，多以瓦钵封口炖熟），似不雅观。"散原翁答曰：

"就是这个瓦钵好。"步曾先生于席间,问曰:"海内文豪谁第一?"散原翁答曰:"不知。"复问曰:"章炳麟先生如何?"翁曰:"不成格。"又问:"康有为先生如何?"翁曰:"似他所书之字像野狐禅。"又问曰:"先生如何?"翁曰:"予不能文。"继曰:"江西有刘某,此人世罕知之,然其熟读《汉书》,不看时文,故出笔皆汉体,此系一古文家。"予在旁闻此议论,甚觉有味,因自有生以来,从无此机会也。

陈散原特别器重这个同乡,赠送楹联一副:

> 不世功名基甚笃,满湖风月寄潇闲。

在廖士翘的记述中,有"先生多询乡里之情,我一一敬答"之句,可见陈三立对故里关怀之切。因为同乡,又是客籍,于是便有了后来的宴席,为今人留下了了解散原的文字。更为可喜的是,陈三立后来还为廖士翘的父亲撰写了墓志铭,并由此引出一段珍闻。

1942年廖的记事中,有如下文字,既说明了故里后学廖士翘对陈三立人格的推崇,又为义宁风骨留下了佐证:

> 散原翁雄于文,自谓诗不若文,在海上鬻文,多者数万金,少者亦数千金,然非其人之可风世者,虽金多亦不作也。闻张学良尝以数万金乞翁为父作霖作墓志铭,翁固拒之。呜呼,此翁之人格,诚千古不可多得也。

(卢曙光,1958年生,江西省楹联学会会员,在《修水报》发表文章近30篇,著有《幕阜拾零》。)

苍茫大地,陈翁何处可安魂

汪国权

　　不论是帝王将相,还是贩夫走卒,百年以后,都以入土为安。一代宗师陈寅恪,是"百年以来,中国唯一读遍中国、印度、西洋三大文化系统的大经大典而能博通综析的人",他百年后的愿望是什么?

　　在中国苍茫大地上,与陈寅恪大师百年文化世家有关联之地甚多:江西修水有其父、祖父出生的陈家大屋;湖南长沙、凤凰有其祖官衙;江西南昌西山有其祖的崝庐及祖父、祖母坟茔;江苏南京有其父旧居"散原精舍";浙江杭州则有其父母及大哥、二哥之墓;清华大学和中山大学有其旧居;江西庐山还有其父晚年居住的"松门别墅"、其侄创建的庐山植物园……然而,何处是陈翁安魂之处?

　　1953 年,陈寅恪写下《客南归述所闻戏作一绝》:

> 青史埋名愿已如,
> 青山埋骨愿犹虚。
> 可怜缺舌空相闻,
> 不识何方有鉴湖。

　　陈寅恪并不希冀青史留名,但虑埋骨青山之愿落空。可能偶合,竟不幸言中。即使不是全部,也言中了部分。

一

　　人的一生有很多无奈,但百年之后归葬何处,每个人都有自己的选择。1953 年 6 月,陈寅恪在《次韵和朱少滨癸巳杭州端午之作》诗中,有"粤湿燕寒俱所畏,钱唐真合是吾乡"之句。诗中提到的"粤""燕""钱唐"三处,即广州、北京和杭州。

　　广州,陈寅恪畏其"湿",1949 年便称自己"无端来作岭南人"。他在广州,"作客犹嗟滞五羊"。对于目盲足膑、栖身岭表的陈寅恪,广州何止是"湿",还有震天响的高音喇叭,恐其九死也不会忘记。这从陆键东的《陈寅恪的最后二十年》中,便可见一斑。

北京,尽管陈寅恪畏其"寒",但对北京的清华园还是非常怀念的。他在《咏燕郊旧园》诗中写道:

数间旧宇翻新样,

一角红楼映碧流。

园柳愈青头愈白,

此生无分更重游。

又在《甲午岭南春暮忆燕京崇效寺牡丹及青松红杏卷子有作》其一写道:

回首燕都掌故花,

花开花落隔天涯。

天涯不是无归意,

争奈归期抵死赊。

马斗全在《中华读书报》上著文称:"清华大学真该将陈寅恪先生移葬于北京,让他与另一位大师王国维一起,长眠于清华园里。"(编者注:王国维纪念碑在清华园内,其墓位于北京福田公墓)陈翁虽说在清华园执教二十余年,园内足迹纵横,后来却少有人提及,似乎被遗忘了,王国维之坟至今孤独依然!

"钱唐真合是吾乡!"陈寅恪对杭州满怀向往。1966 年,他在诗集最后一首诗中写下了"南国高楼魂已断,西陵古渡梦已回"。"西陵古渡"即古西陵唤渡处,也即陈寅恪父母安葬的杭州牌坊山。

陈寅恪之所以对杭州倾注深情,首先是因为其父母、大哥、二哥、二嫂均先后安葬在杭州,杭州当然也就成为陈寅恪思念之处;其次是因为杭州风景优美,四季分明,不太热也不太冷,而且人文积淀深厚,有唐朝大诗人白居易留下的白堤和许多诗词,宋代大文豪苏东坡也曾在此逗留,"苏堤春晓"是千万游人必到之处。1953 年,陈寅恪在《次前韵再赠少滨》诗中写道:"镜里西湖装百态,梦中东海事千端。"总之,陈寅恪对杭州的喜爱,汇成一句话便是:"钱唐真合是吾乡!"

陈寅恪女儿陈流求、陈小彭、陈美延三姊妹在《也同欢乐也同愁》一书中写道:"……父亲愿像朱师辙(少滨)先生那样,退休即卜居杭州养老,百年后附葬于父母兄长身旁。身后安葬于杭州祖茔,这是父亲生前多年的心愿。"当然,陈寅恪之所以愿归葬杭州，是否还有一个原因：杭州是《再生缘》作者、具有叛逆精神的才女陈端生故居句山樵舍所在。陈寅恪笔下的另一位才情出众、压倒须眉的才女柳如是，也长期生活在杭州一带……陈寅恪自 1949 年滞留广州后，由于健康等诸多因素，再也未能踏上杭州这块令他魂牵梦绕之地。他只能在《丙午春分作》诗中这样写道："洋菊有情含泪重，木棉无力斗身轻。雨晴多变朝昏异，昼夜均分岁序更。"无奈之下，他只愿百年后埋骨杭州，聊补生平对杭州的眷恋。

1969 年，陈寅恪夫妇先后离世，陈流求姊妹为了实现陈寅恪归葬祖墓之愿，数年来多次向全国政协、西南联大及清华校友会等请求，但有关部门以杭州风景名胜区有关规定为由，准确无误地告知：杭州风景名胜区，不可增加新的墓葬。一纸如海，断桥难渡！

二

陶渊明在《拟挽歌辞三首》中写道："死去何所道，托体同山阿。"一切都不必说，入土为安。陈氏家族鉴于陈寅恪归葬杭州无望，转而谋求在江西南昌西山陈宝箴墓地安葬陈寅恪。陈寅恪 1945 年所写的《忆故居》一诗，首先忆的便是"崝庐"。序云："寒家有先人之敝庐二：一曰崝庐，在南昌之西山，门悬先祖所撰联，曰'天恩与松菊，人境托蓬瀛'。"南昌西山安葬了陈宝箴与夫人黄氏，陈衡恪前妻范孝嫦，陈宝箴房侄陈荣恪、陈儒恪。

从 1987—1994 年，众多关爱江西、关注义宁陈氏百年文化世家的省内外有识之士，多次建议江西省政府在南昌西山修复维新变法中革故鼎新的陈宝箴之墓，将陈寅恪骨灰附葬祖墓侧；修整庐山"松门别墅"以建"陈三立纪念馆"。时任江西省省长的吴官正于 1994 年 8 月 22 日做出批示：由张才（朱张才，时任江西省政府副秘书长）会同文化厅、社联、南昌、庐山等单位负责同志协商解决。尽管有省长的批示，但南昌西山具体管辖者提出墓地要陈氏后裔以 50 万元一亩购买。

三

关于修复"松门别墅"及建立"陈三立纪念馆"之事，庐山方面极为认真。1994 年 9 月 1 日，庐山文物管理局写出《关于要求建立陈三立纪念室的请示》；

1994年9月16日,江西庐山风景名胜区管理局也给江西省社联回复《关于修复陈三立故居陈列室的复函》。

当有关方面积极落实吴官正省长的批示时,省政府副秘书长朱张才也专程上了庐山。陈寅恪后人也积极努力。既然南昌西山无法让陈翁安魂,就转向庐山,转向庐山的松门别墅。陈寅恪留学,由江西省官费资助,由于时局动荡,官费难以按时寄出,累积数年,陈寅恪便用此款为父亲在庐山松树林购买了一幢二手房。(编者注:江西省官费资助陈寅恪先生留学,是在留学后期,前期没有资助)该别墅修缮后,命名为"松门别墅"。

陈流求、陈美延姊妹,为此专门写信给西南联大校友:全国人大常委会副委员长王汉斌、国务委员彭珮云,请求协助解决陈三立庐山纪念馆以及陈寅恪骨灰安葬问题。此信后来也转到江西省委书记吴官正(1995—1997年任江西省委书记)手里。吴官正签了字,并转舒圣佑省长、黄智权副省长,由省政府副秘书长朱张才从中协调。然而,最后还是卡在经费上,下面地市的具体负责人互相推诿,令人不禁想起白居易《天可度》诗中这样几句:"海底鱼兮天上鸟,高可射兮深可钓。唯有人心相对时,咫尺之间不能料。"

1996年2月18日,中共中央办公厅、国务院办公厅下发了《关于严格执行建立纪念设施有关规定的通知》:"……对已故近代名人故居,除经党中央、国务院批准的以外,一律坚持正常使用,不得专门腾出建立纪念设施。"有了这则通知,在松门别墅建"陈三立纪念馆"一事,便只能搁置下来了。

陈三立纪念馆可以暂缓不建,但逝世已近30年的陈寅恪不可不入土。然而,庐山方面坚持个人不能在庐山风景区内立墓,岁月就这样在无奈的叹息声中流逝!

人常说:"世间无价是声名!"文化名人的声名,更是一种重要的文化资源。但在世俗的眼光里,声名又不能当饭吃、当钱使。李白在《江上吟》一诗中说得好:"屈平词赋悬日月,楚王台榭空山丘。"

此后,关于陈寅恪安葬,尽管著名画家黄永玉先生出面,找到老乡——江西省委原书记毛致用积极奔走,使得事情大有进展,但一拖又是数年,办公室会议、现场办公会议一个接一个,结果还是卡在《庐山风景名胜区殡葬管理条例》上。"严禁风景区内建墓",一纸如山,纵有天桥也难飞渡!

四

时间一晃便到了 2002 年,陈寅恪归葬之事仍然没有音信。难道真的"青山埋骨愿犹虚"?

正当大家对陈寅恪归葬庐山之事都不抱奢望之时,突然出现了戏剧性的转机。2002 年 11 月 3 日,江西省科学技术厅厅长李国强在庐山视察工作时,与庐山植物园主任郑翔聊天,谈到陈寅恪归葬庐山无望一事,郑翔脱口而出:"葬在植物园。"李国强紧接着说:"好主意!"庐山植物园是江西省科学技术厅下属单位,在庐山有相对独立性,只要省科学技术厅首肯,庐山植物园便可运作。

李国强、郑翔将陈寅恪归葬庐山植物园定下来后,当即请胡迎建先生与陈家后人联系。陈寅恪三个女儿均年事已高,再也经不起折腾,早就希望父母骨灰入土为安。虽说庐山植物园不是陈翁本人最初的愿望,但也不失为上佳之选择。庐山植物园是陈寅恪之侄陈封怀等我国老一辈科学家为研究中国植物而创建的中国第一座植物园,"乃我华夏之绝艳宝地"。陈翁三个女儿认为:夙愿青史埋名的父亲安卧于此,定会含笑九泉。

春花秋月不须待,此后陈寅恪归葬之事进展极为迅速。郑翔在得到陈寅恪女儿"同意"的确切回答后,便积极运作起来……经过了十多年的四处碰壁,关于陈寅恪骨殖葬于何处,终于有了各方认可的牛眠吉地!李国强、郑翔做了一件值得一书的好事。唐人张九龄诗云:"相知无远近,万里尚为邻。"李国强、郑翔与陈寅恪阴阳两隔,却能如此,鲜矣! 难矣!

2003 年 3 月 29 日,陈美延(陈寅恪三女)、陈贻竹(陈封怀之子)、胡启明(一向关怀义宁陈氏百年文化世家者、陈封怀弟子)等专程来到庐山植物园,为陈寅恪安葬选址。3 月 30 日上午,庐山植物园郑翔、汪国权、鲍海鸥、卫斌陪同陈美延等,从三处备选墓址中,最后确定背倚月轮峰、右为温室区、左为三老墓的小山岗。此处面对含鄱亭,坐北朝南,阳光充足。四周高松千尺,终年郁郁葱葱。陈美延在选墓址后的座谈会上说:"黄永玉先生说,墓搞个大石头,免得日后多事。改变过去隆丧厚葬的旧习,越简单越好。"笔者当时建议:"将骨灰深埋,地面上的碑,选取一块庐山植物园内七里冲河沟里的、有较大平面的第四纪冰川时的漂砾,配一两块小砾石即可。此种漂砾极坚,朴素无华,合先生性格,又不费钱……"陈美延等人在笔者引导下,来到满布各种形态的大小漂砾的七里冲河沟,一看便同意了。

陈美延先生这次来庐山,还带来了著名画家黄永玉先生为陈寅恪之墓书写的碑文"陈寅恪 唐筼夫妇永眠于此"、碑铭"独立之精神,自由之思想"十个大字。

2003年4月20日,陈美延、罗广华(陈贻竹之妻)以及陈贻竹带的一位女研究生,护送陈寅恪、唐筼骨灰来庐山。

2003年4月30日,郑翔在征得陈寅恪女儿的同意后,决定在这天上午将陈寅恪、唐筼的骨灰放入墓穴。4月29日,庐山下了一天大雨;4月30日一早,天空还是阴沉沉的,时不时飘着雨滴,到了上午10时许,雨停了。郑翔召集庐山植物园职工齐集陈寅恪墓地,为安放陈寅恪、唐筼骨灰举行了简短而又隆重的仪式:鸣放鞭炮后,全体默哀,接着便进行骨灰安放……正当人们挥锹铲土时,天空突然露出阳光,太阳周围出现彩色光晕,人们心头漾起幸福的涟漪,发出一片欢呼!

陈寅恪、唐筼骨灰安放后,虽不起冢,碑还是要竖的,否则天下学子往何处一拜?接着便是寻找合适的漂砾做墓碑和刻碑铭。陈寅恪墓的设计者卫斌,花了整整一周时间,才找到一块瘦长达3.29米的漂砾,足可用来做墓碑。镌刻碑铭的横向大漂砾,则是16位工人花了一天时间才从河沟里抬至墓地的。石工陈义涛在主碑竖立起来后,便专心镌刻由黄永玉先生书写的"独立之精神,自由之思想"这十字碑铭。接着便是墓地的绿化,栽种了30余种植物。整个墓地放眼望去,植物高低有致,疏密适当,令人觉得潇洒自然而又带点野趣和诗意……

2003年6月16日,一代宗师陈寅恪墓碑揭幕仪式正式举行。陈寅恪长女陈流求、三女陈美延、侄女陈小从、侄孙陈贻竹等,提前齐集庐山植物园。专程前来参加揭幕仪式的来宾有:江西省政协副主席王林森、江西省前副省长陈癸尊、江西省科学技术厅厅长李国强、中共九江市委常委欧阳泉华及有关人士近百人。

揭幕仪式由郑翔主持,先是由敬仰陈氏三代哲人的李国强致辞;然后是欧阳泉华讲话;然后由主持人宣读了中国科学院、清华大学、中山大学、生活·读书·新知三联书店为揭幕发来的贺信、贺电;然后是王林森副主席发言,陈寅恪长女陈流求致答谢辞;最后由陈癸尊、王林森、陈流求为墓碑揭幕。当由著名画家黄永玉书丹的"独立之精神,自由之思想"十个大字出现在人们面前时,人群中响起一片掌声。参加揭幕典礼的来宾肃立在陈寅恪墓前,看着以庐山第四纪冰川漂砾石组合的墓碑,陷入深深的沉思:漂砾墓碑,朴素无华,迎着山风,静穆不动,这不正是陈寅恪"未尝侮食自矜,曲学阿世"的象征吗?

五

陈寅恪先生归葬庐山植物园,看似偶然,似乎风马牛不相及,但细考之,实则顺理成章:一是陈寅恪曾是中国科学院哲学社会科学部委员,而庐山植物园也隶属中国科学院;二是名人名园两相依,北京植物园便归葬了梁启超等名人,庐山植物园也归葬了胡先骕、秦仁昌、陈封怀等三位创始人。更重要的是,国学大师陈寅恪安葬庐山,是真正的落叶归根。

俗云:"水有源流,木有根本,人有初祖,此三者乃世之三大要也。"陈氏族人往往在门首悬挂"义门世家"的匾额,口头上也往往放出"天下陈氏出义门"的豪言。但是,追根溯源,却离不开庐山!

唐代,陈氏七十一世、临淮令陈瓘,为避乱迁居福建仙游。瓘生五子,其五子阔,字伯宣,胸中富丘壑,喜游山川。唐开元九年(721),陈伯宣与友人至南康,得游庐山北阜圣治峰之阴龙潭窝。此处"峰特秀,松风萝月,清流奇石,复异人境,真天下胜绝处"。陈伯宣见之,不忍离去,便于此结茅引泉隐居,晦迹著述,注司马迁《史记》八十七卷,并撰写《陈氏宗谱》(即《匡山谱序》)等著作,朝野闻名,却累诏不起。开元十二年(724),其妻李氏携子檀寻踪觅迹至。后由于人口多了,考虑实际生活需要,陈伯宣便将家稍稍下迁至地势平缓的老君崖。老君崖也是一处胜境,背倚圣治峰,面对株岭,环境优美,极利人居。三年后,也即开元十五年(727),陈伯宣之父陈瓘、大哥陈淇、二哥陈洪、三哥陈渊、四哥陈浩以及儿孙辈,也来老君崖团聚,初步形成规模不小的陈氏族群。然好景不长,因唐玄宗梦"九天使者",所以诏令江州刺史在庐山西北建"九天使者庙"。相传有名士劝说陈伯宣迁出老君崖,移居所二十里,至株岭凤凰山下的"鹤乡",土名"泉水垅"。"九天使者庙"即后来的"太平宫"。开元二十一年(733),陈伯宣在福建仙游的陈氏族裔相继齐集泉水垅,后来遂名其地为"齐集里",而此处就是陈氏后人认定的发祥地。此处至今尚有义门山、义门畈、义门铺、义门巷、义门塘、义门井等，还建有义门祠堂。陈伯宣于天宝二年（743）殁于齐集里，便葬在这里的凤凰山上。

齐集里陈氏族聚渐盛，一说同食竟达"七百余口"，人多地窄，难以为继，遂有再迁之举；一说黄巢起义时，陈氏族裔为避屠戮，而奔德安常乐里；一说陈伯宣长孙陈旺，因官置庄德安常乐里，"自是家益众，族益繁矣"。

至宋嘉祐七年（1062），"江州德安县义门陈氏，同居一十四世，不为不久；义聚三千九百，不为不多"。然而后人均尊自闽来赣、隐居庐山圣治峰下的陈伯宣为义门陈氏初祖、"义门陈氏第一世"。1989年义门陈氏重修宗谱时，其序仍然这样写道："世道沧桑，碧水深澄。伯宣我祖，由闽来浔。屡诏不起，避染污尘。匡庐隐居，御赐翰林。越任三世，义达上闻。"由上可知，"义门"始祖是陈伯宣，义门陈氏就是从庐山肇始、发源的。

宋仁宗嘉祐年间，义门陈氏奉旨分庄，陈伯宣十三世、宋进士陈魁自江州挈眷九十七人去了福建汀州。在漫长的迁徙流变之中，陈魁这一支的后裔陈腾远（1710—1795），在清雍正八年（1730）离闽来到江西义宁（今修水）发展，先在护仙塬以种蓝为业。腾远生四子，长子陈克绳在"竹塅"建"凤竹堂"。克绳生四子，其四子规铉生三子，三子观善即光耀门楣的陈宝箴。陈宝箴生子二，长子三立，即陈寅恪之父。

从庐山到义宁，千年一个"陈"。陈寅恪与陈伯宣的承继，虽然年湮世远，但相承脉络清晰明白。陈伯宣是陈寅恪的远祖，陈寅恪是义门陈氏裔孙。可见，陈寅恪魂归庐山，可以说是真正的"落叶归根"！

国学大师陈寅恪归葬庐山植物园，是真正意义上的"落叶归根"，应该说是偶然中的意想不到的圆满！

一向关注义宁陈氏百年文化世家的李国强先生，在陈寅恪墓落成仪式上的讲话，引用郁达夫在鲁迅逝世时写的文章，说道：一个没有伟大的人物出现的民族，是可怜的生物之群。有了伟大的人物，而不知拥护、爱戴和崇敬的国家，是没有希望的奴隶之邦。这段话振聋发聩！庐山植物园安葬陈寅恪大师，是做了一件好事、美事！

苍茫大地，陈翁何处可安魂？魂归庐山（植物园），应是逝世三十四年后上好的结局！庐山是陶渊明归隐之所，也是白居易被贬之地。崇敬陶渊明，也崇敬白居易的陈寅恪,从此可以"归写香山新乐府""稳和陶诗昼闭门"。青松明月永相伴,转陟江湖接胜流。松风日夜不息的庐山,也成了他们三位灵合神交的冥漠之乡!

说明:

《苍茫大地,陈翁何处可安魂》一文,写毕后曾呈陈寅恪先生芳裔陈流求、陈小彭、陈美延三姊妹审阅,蒙指正:

一、在谈到陈寅恪先生安葬时,引用马斗全先生在《中华读书报》上文字,"真该将陈寅恪先生移葬于北京,让他与另一位大师王国维一起长眠于清华园里。"此处应注明:王国维之墓在北京福田公墓,而王国维纪念碑则在清华园内。

二、关于陈寅恪先生亲人安葬杭州,"二哥"应为"二哥、二嫂"。

三、在谈到购买"松门别墅"事,用的是陈寅恪先生用国内未寄出的留学官费而购买的。实际上,江西省官费资助陈寅恪先生留学,是在留学后期,前期没有资助。

四、关于陈寅恪先生诗文,先生希望用繁体字刊出。

收到陈寅恪先生芳裔微信时,文稿已经印好装订了,笔者便拟在2020年11月的会议上发言时说明。但发言时间规定极短,也未果。这次趁文稿结集正式出版,专此说明,以示尊重!

(汪国权,1935年生,中国科学院庐山植物园研究员,从事科学史研究和庐山文化研究。著有《芳菲世界》《水杉的发现与研究》《庐山草木随笔》《庐山——夏都纪事》《深谷幽兰》等。)

陈三立资料拾补*

吴建伟

陈三立(1853－1937),字伯严,号散原,江西义宁州(今修水)人,近代同光体诗派重要代表人物,有《散原精舍诗》二卷、《续集》三卷、《别集》一卷、《散原精舍文集》十七卷等传世。在陈氏作品整理方面,2003年李开军先生校点出版的《散原精舍诗文集》,末附部分集外诗文(收集外诗46题63首、联语13副、诗钟56联、铭1首、集外文102篇)①,但尚有数量众多的文字散佚于集外,学界续有搜罗和刊布。在陈氏生平研究方面,主要有马卫中、董俊珏两位先生合著的《陈三立年谱》和李开军先生所撰《陈三立年谱长编》。尤其是后者,几将陈氏事迹网罗殆尽。但因陈氏身居文坛高位,交游广泛,故仍有补充余地。笔者收集到有关陈三立资料若干则,似未见于已有论著。兹分作品和事迹两类予以整理,或对进一步充实其诗文、增广其事迹等方面有所裨益。疏漏之处在所难免,敬请方家指正。

陈三立作品

一

陈伯严主政致□□报馆函

□□报馆诸公台鉴:

连日阅贵报所登江西全体日本留学生致铁路总办李方伯一书,又登江西日本留学生所撰李征五自办书驳议各纸,具征贵报消息灵通,关怀大局,甚盛甚盛。留学诸君者,不佞所极爱之敬之,以其知识程度具有发言之资格者也。

---

* 本文系九江学院李勤合教授主持的江西省高校人文社会科学重点基地项目《江西历代进士登科丛考》(批准号:JD16131)阶段性成果。

① 郭延礼.陈三立的诗文浅论[M]//陈三立.散原精舍诗文集.李开军,校点.上海:上海古籍出版社,2003:25.

数年以来,吾国铁路一事争废约、争自办,类由留学诸君崇论宏议以相助益。独吾乡之留学日本者为数无几,尚未得发舒其胸臆。乃今年江西创建南浔铁路,有李征五包路工百五十里之议起,而吾乡留学诸君亦遂闻风哗然,屡电称李为确系洋款,务令废约。兹又读贵报所列一书一驳议,其热心爱国之忱、竭力保护梓桑之谊,至于如此,此诚不佞日夕期望于吾乡后起之英俊,所引为至愿深幸者也。前月不佞与李方伯、文法和等亲往汉口,已将李所立草约作废,其所以废约者盖非李有洋款凭证之故,实为劫于流言,避凶锋、脱苦趣之故。留学诸君犹有未察,于致李总办书、于驳李征五自办议,复勉勉警告针砭于局中诸人者无微不至,仍荷曲念乡谊,不以汉奸勾串相目,第哀其无知,怜其植立于李征五之后。呜呼!何其用意之仁且厚也。不佞等才智学术限于域内,又皆成衰朽,万万不敢与留学诸君上下其议论,惟办事曲折较留学诸君为悉,见闻调查较留学诸君为近。窃觉留学诸君所据依,类多影响揣测,饰无为有,指桑骂槐,盖悬想太过,则未免文不对题;忧患太深,则不免小题大做。况加以逆诈以为先觉,据谣以为奇货,颠倒背驰,有必然者也。夫留学诸君为所爱之敬之,宜知识程度有发言之资格者也。然而所以表其意见,竟至不可思议,若是天下果引以为重,不独区区江西之铁路受其破坏而难于建设,且当使通国自办铁路,皆将受寒心解体之恶果。何则?徒挟意气排捍以为名高,而失实力之信用也。尝谓吾国学界不可云无进步,惟易为浮言所动,则新旧如一,失败原因大端坐此。不佞忝列乡人,又谬预局事,自应披肝沥胆,尽举始末,冀以匡正留学诸君之误会,而解其积惑。虽然,有不敢遽尔命笔者,以李方伯实尚未奉到留学诸君之书也。又贵报标题称为“全体留学生”,他姑勿论,若如不佞所熟知之数人者,则确未赞成此议。所云“全体”,殆非情实。意必有二三人主稿者转递此书,特请探明确系何人所寄,或系不佞亲故及与有气类之雅者,尤便与之尽言。惟贵报诸公裁示而有以教之。幸甚幸甚。

义宁陈三立顿首。

〔录自《时报》清光绪三十一年(1905)12 月 7 日〕

本函“前月不佞与李方伯、文法和等亲往汉口,已将李所立草约作废”云云,据《陈三立年谱长编》知,陈三立等人于本年农历八月下旬至汉口。[①] 农历

① 李开军.陈三立年谱长编[M].北京:中华书局,2014:689.

十月初,江西省铁路局与李征五(即李厚禧,字征五)所订借款合同作废。① 如此,则本函当写于农历十一月上旬。

二

致驻沪江西商会电文(拟)

上海江西商会公鉴:

芴老(李有棻,字芴垣)在鄱湖偕一妾一女一幼孙同溺毙,惨极。余信详。立。

〔录自《新闻报》清光绪三十三年(1907)10 月 4 日《赣路总理溺毙续音》〕

该报道曰:"江西铁路总理李方伯有棻附乘西清官轮在鄱阳湖被撞溺毙,已见昨报专电。兹访悉该路协理陈部郎三立电致驻沪江西商会电文如下……"

三

九江铁路局致四省铁路公所电(为李有棻溺毙事)

上海图南里四省铁路公所公鉴:

李芴翁因移局来浔,乘西清轮船至鄱阳湖,为敦仁轮船违法撞沉,同眷口四人均溺毙,实由敦仁既撞沉,又不停轮救护,残忍至极,候再伸理。(二十六日戌刻到)。

〔录自《申报》清光绪三十三年(1907)10 月 5 日〕

《时报》清光绪三十三年(1907)10 月 5 日亦刊载本电文,唯省去"为李有棻溺毙事""上海""二十六日戌刻到"等字样。《新闻报》清光绪三十三年(1907)10 月 5 日《赣路总理溺毙余闻》云:

江西铁路总理李方伯溺毙,已两志本报。兹悉该路协理陈伯严部郎昨日电致本埠四省铁路公所,略谓李方伯因移局来浔,乘西清轮船至鄱湖,为敦仁轮违法撞沉,同眷口四人均溺毙,实由敦仁既撞沉,又不停轮救护,残忍至极,乞持公议伸理云云。并闻驻沪江西学会昨已开会公议办法。

据此可知,陈三立于本年 10 月 4 日曾致电驻沪四省(闽、皖、浙、赣)铁路公所,请求公议伸理。电文内容与《申报》无异。江西铁路局总理李有棻溺亡后,作为该局协理的陈三立负责致电各处,实在情理之中,上揭《致驻沪江西商

---

① 李开军.陈三立年谱长编[M].北京:中华书局,2014:700.

会电文(拟)》即是明证,因此将本电文归在陈氏名下应无大异议。而驻沪江西学会确已于10月4日开会公议办法。①

四

陈主政三立辞江西铁路公司总理小启

江西铁路公司自遭李总办之惨变,势须公举替人。其时乡议颇有以阿好谬属不佞者,经不佞提议,以为公司本系营业性质,优劣成败之枢纽,全在得吾乡资本家号召维系,万不可仍举书生措大之流,以致再误,且谓凡向曾在局办事之人皆一律不应举为总、协理,比将此稿宣示,并寄京员,亦多表同情。嗣因京外函电交驰,而资本家均坚不承认,虚悬数月,路工顿有危撼解散之象。于是乡人皇皇,开会集议,群责不佞暂为充摄,以待明岁股东会成立再行公举。不佞实逼处此,姑允勉代三月为权宜之计。近者蔡、谢二侍御由京至赣,清结旧账,厘正新规,已有端绪,而不佞承认虚名三月之期转瞬即届,决当力践前言,免累大局。我父老我兄弟必能共谅区区之忱,盖不佞抱厌世主义久矣,一念不死,幻想邪见,因缘环生,适成为种种忏悔,从此别举贤能维持桑梓,而不佞又获宥脱罪梏,吟风弄月,消遣余生,两全之利,我父老我兄弟类无不熟计而矜许之也。至所历路事原委曲折,譬如饮水,冷暖自知,极不欲多言哓哓,见讥大雅,即日本留学同乡会公启,不佞方视为知我爱我,一字一珠,沁人心脾,或中有不免传闻误会,亦为局外论事、海外论人差之毫厘之公例,皆不复置喙云。

〔录自《南洋官报》清光绪三十三年(1907)第105期〕

《南洋官报》为旬刊,本期出版于1908年3月2日。《申报》清光绪三十四年(1908)2月14日《陈主政辞退赣路经理》即为本启之摘录。《陈三立年谱长编》征引《申报》报道,系之于光绪三十三年农历十二月。② 本启又刊《大公报(天津)》清光绪三十四年(1908)2月20日,标题作"陈三立辞任江西铁路公司总理通启",末署"陈三立谨白"。

五

陈散原致江西戚按使书(军事检查凶横之一斑)

陈散原昨因九江车站检查被辱事,致江西戚巡按使书云:

---

① 李开军.陈三立年谱长编[M].北京:中华书局,2014:787 - 788.
② 李开军.陈三立年谱长编[M].北京:中华书局,2014:795.

升淮先生同年执事：

月中还西山扫墓，两过城中，皆极匆匆，致未谒承教论，无任疚歉。此次由赣城赴金陵，系附旧历二十日轮车，约五点钟抵九江龙开河车站。时适有车站旧管事人邀憩站长办公室，为雇一舆先乘往旅店，一仆随之。乃甫出站口，即有兵士十余人拦阻不准前，势甚汹汹，诘其所以，声称须有护照。告以护照未取得，照例可将行李箱箧开视检查，今行李尚在货车上，随后即由局中旧人抬至听检，彼犹不允，弟乃恐其为搜查身衣起见，遂下舆解衣令搜，彼仍强悍不理。弟以为既如此，亦可以释其疑虑，复入舆中抬行，彼又坚不肯放。弟于是愤怒颇甚，证以平日"虐待行旅，九江为天下冠"之说，实为不谬。不免责其违法骚扰，与拦路强盗无异等语，因此遂大生其波澜矣。弟重退入站长室时，已号召多兵围困，小解亦不容出。弟乃嘱站中人通电话与镇守使，请其派员查验放行，彼辈禁不准通。站中不下百余人，咸噤不敢声，弟无可如何，乃借纸拟一电稿发致执事，意欲乞代恳将军发电镇守使，以解此围。方缀数语，彼辈复夺去其笔，将电稿攫去。旋即簇拥兵众，盘踞站长室中，且检搜其床帐器物，彼或疑弟为将身畔所带违禁物及为匪凭据抛掷于其间，抑别有用意耶？其时站中有旧人数辈皆与拱揖赔罪，为首之盘查所长乔国林亦稍允放行矣。忽来一稽查长李光汉，坚主拿人，而乔国林气焰愈增，凡拉捉仆人至五六次，更以掌击仆人之头，仆人涕泣叩头请罪者二次，犹不能解，复经众乞哀，始未捉去。一呼吸间，又聚众兵押弟与仆人至盘查所黑屋中。众兵皆荷枪上刺刀，挂子弹袋，围绕盘查所，令弟等枯立其中，一句钟有余，最后有一兵始给一板几令坐。行李久至，复不开查，旋即呼曰："镇守使有电话至，请入公署。"强拉步行，弟以年老力疲告，始允呼舆往。沿途仍众兵荷枪上刺刀押解，但未挂子弹袋。及抵镇守使署门外隙地，押解之兵即勒令下舆，弟谓行李未验实，尚不能以犯人相待，且弟系江西一绅士，拜会镇守使无在此下舆之体制。再三开说，皆不见听，且将拖拉，只得下舆随之而入。投名片之仆人则早为数兵挟持先入矣。既至大厅，有数十衣军服者罗列厅际，叱问曰："不服盘查之人即此两人否？"于是军服丛中挺出一人，用灯照面，呵责数语后退去，又挺出一人诘如前。挺出临讯者共有五六人，所诘语大抵为何以不服盘查，何以骂人，余则皆诘责玩弄语。问毕，不准立厅中，驱令站立于左侧墙根下。又一句钟有余，乃有出呼者曰："镇守使不见，行李仍抬回盘查所候验。"指弟曰："此老翁可往客店，令仆人同往足矣。"忽蒙宽赦，莫知其由，遂得庆更生，狼狈而抵客店。未几行李由盘查所验毕，粘以凭单，云无违禁之物。其何以必将行李抬至镇守使署，又必抬回盘查所而后验，不解其故。此所历种种众目共睹之情形也。窃念戒严时期搜检行李，甚或搜检身畔，要为诘奸防患、维持地方不得已之计，岂能訾议其非？各省冲要办法略同，不过视形迹可疑与无可疑之人为宽严之别，又视进口之人与出口之人为宽严之别耳。此次龙开河车站盘查所办法，据站中人言，向例只搜检行李，不搜空轿。近数日始有搜检妇女乘轿者，如浙江财政厅厅长吴伯琴之夫人为所拦阻，至觅人说情而后解。忽又搜查男客，则实未预料。舆夫亦不知新例，致未早停舆待查，然旋即下舆，解衣相示，似亦可不深究矣。若因援据法理出语诘詈，既屡受彼围困指骂之辱，站中人又拱揖认罪，彼辈又掌击仆人之头，又向彼辈两次叩头，涕泣请罪，虽弟一时之愤，偶触忤神圣不可侵犯之军人，然酷虐报复至此，似亦可稍赎前愆矣。何以犹必拉押于黑屋中。围守众兵荷枪上刀，挂子弹袋，如御大敌。又犹必将主仆二人及行李押至镇守使署，勒令鹄立墙根，如鞫巨盗，如拘逋虏。高级军官之堂堂公署内，其部下左右竟可演此变幻离奇、神出鬼没、骇人听闻之怪剧，谓果出镇守使之命令耶？抑镇守使深居间隔，毫无所闻知耶？兹则敢请明公暨将军一通告镇守使，为我释其疑者也。总之，吾国军界智识教育未能完备，无能为讳，然性习虽近骄悍，大多数亦类能服从命令，吾不敢以一时一端污我全体之军人。即如此次肇衅，罪魁祸首实为盘查所长乔国林、稽查长李光汉二人，余兵盖无足深责，苟非其倡率鼓煽，何以至此。故凡派遣军队与商民交涉之事，其统率员弁务须慎择有人心而知大体者，庶兵士遵依约束，奸无可逃，又不致苛扰行旅，否则一二横暴不逞之徒为之伥，即可结成一无法无天黑暗之小世界，如九江盘查所，商民苦之久矣，饮恨吞声，视为畏途，所闻至众，徒以彼辈假借戒严之名，稍逆其意，便可加以匪党大题，罗不测之祸，而长官目击时艰，意在诘奸，自然亦有趋重之势，身受其苦毒者，帖耳结舌，更安所诉？即诉又安得直？就令旁观有闻，非所亲历，亦孰肯进告以伤长官之意乎？是以外间传播情形，可决明公与将军皆无所觉也。今世变益亟，停止戒严尚未卜其期，宜如何整顿改良以弭后患，端赖明公为达诸将军与镇守使耳。弟本为世外人，物象相触，旋归变灭，事过境迁，亦复奚较？自问颇无求于世，亦颇不欲诉屈于人，于弟一人一身之事，愿不必为之湔濯，亦不希望有所惩警，所以终不忍缄默，据事直书，历举本末，缕陈于执事之前者,诚以军人者地方蒙其祸福,纲纪者国家所由维系,尚冀明公转商将军,加意设法,遏其凶焰,纳于轨则,受赐实大,此区区为乡邦商民涕泣请命之微指也。纵笔攄写,不加藻饰,亦不克详尽,伏维亮鉴。

陈三立谨启。

〔录自《时报》民国五年(1916)4月10日〕

《陈三立年谱长编》征引《申报》民国五年(1916)3月26日《收回官票之近讯》,列出:"二月十五日(3月18日)前后,去西山还南昌偕陈永懋往访戚扬,请提高官票回收价格。"①然据本函中陈三立自述"月中还西山扫墓,两过城中,皆极匆匆,致未谒承教论,无任疚歉。此次由赣城赴金陵,系附旧历二十日轮车"云云,可见其在赣逗留期间并未与戚巡按使(即戚扬)晤面。《申报》报道不知从何而来。

六

挽李经钰联(代拟)

久交益慕公贤,任挟抚孤心独苦;论文尤与我契,深思好学世谁知。

〔录自《社会日报》民国三十三年(1944)6月1日伯琦《散原遗文》(上)〕

其中有云:"民国壬戌冬,先大夫弃养,吏部得讣,哭之恸,旋邮寄挽联云……"

"伯琦"即李国瑰(1887—1958),其父为李鸿章四弟李蕴章第四子李经钰(1867—1922)。"壬戌"即民国十一年(1922)。"吏部"即陈三立,曾任吏部主事。陈氏《清故二品衔河南候补道李君墓志铭》载:"(李经钰)以壬戌十二月廿五日卒。"②如此则陈氏"旋邮寄挽联",应在民国十一年农历十二月二十五日(1923年2月10日)后。联中"挟"当是"侠"之误印。

七

《陈夔龙等致胡嗣瑗养电》(农历六月二十二日即公历7月20日)

胡琴初鉴:

东陵惨案,眦裂魂飞。应由南北遗臣,合词电请北平当局,从严拿办,以寒

---

① 李开军.陈三立年谱长编[M].北京:中华书局,2014:1138.

② 陈三立.散原精舍诗文集:下册[M].增订本.李开军,校点.上海:上海古籍出版社,2014:1100.

贼胆;力为保护,以慰人心。拟请弢老领衔,由津酌发。不胜切祷,并乞代请圣安。陈夔龙、陈夔麟、秦炳直、余肇康、朱祖谋、王乃徵、王秉恩、陈三立、喻长霖、章梫、黄以霖、叶尔恺、吴庆焘同叩(养)。此电转呈弢老钧酌。

(录自佚名辑《东陵盗案汇编》卷1《函电》)①

东陵盗案发生于民国十七年(1928)7月上旬。案发后,时任京津卫戍总司令阎锡山负责查办此案。本函电附于《陈宝琛等致阎锡山漾电》(农历六月二十三日即公历7月21日)后,陈宝琛等电文末署:"陈宝琛、朱益藩等七十五人同叩。漾。"②漾电当即养电中"拟请弢老领衔,由津酌发"之电文,如此则陈三立或亦名列陈宝琛、朱益藩等七十五人中。

八
大文学家陈伯严致徐绪通君函

一达世兄著席:

前承惠札,猥以贱辰,辱荷名章,格律浑整,神韵宕逸,居然作者,曷胜纫佩。惟推奖逾分,非所敢承耳。此外复蒙嘉贶,心所不安。第远道却还,又嫌过拂盛意,只得靦颜并领,既(即)致谢忱。仆久遁穷山,笃老衰废,加旧疾间发,精力益竭,戒绝吟咏,已逾两岁。兹因纪念先德,过征拙作,孝思殷挚,不无怦怦动心,遂勉凑一律,写乞审酌。心如废井,荒劣至极,殊不成章。恐未宜滥厕诸贤鸿篇之末也。外纸并写旧句,博一笑。仓卒(促)布复,即颂撰安。

三立顿首。

十一月廿九日。

〔录自《北洋画报》民国二十二年(1933)第18卷第884期〕

标题为《北洋画报》编辑所拟。本函为手稿影印,当写于民国二十一年(1932)农历十一月二十九日(12月26日)。函中"贱辰"指民国二十一年农历九月二十一日(10月20日)陈三立八十生辰。"名章"即徐绪通《祝陈伯严年伯八十寿》诗③。陈三立本年应徐绪通请,为其父徐世光作墓碑铭文,并参与发起徐世光逝世三周年纪念征文活动④,又应邀作挽诗一首(见下文)。

---

① 克诚,等.东陵盗宝[M]金启孮,史鹏,整理.长沙:岳麓书社,1986:4.
② 克诚,等.东陵盗宝[M]金启孮,史鹏,整理.长沙:岳麓书社,1986:3-4.
③ 李开军.陈三立年谱长编[M].北京:中华书局,2014:1437.
④ 李开军.陈三立年谱长编[M].北京:中华书局,2014:1430.

九

大文学家陈伯严挽贞惠先生(徐友梅)诗
贞惠先生逝世三周纪念征题敬呈此诗

谁使神州兆陆沉,灾凶层叠万魔侵。胼胝奔命人何在,建置留规世尽钦。孤喻情怀矜出处,同归儒墨与追寻。只今图像迷生死,终古应怜一往心。

义宁陈三立

〔录自《北洋画报》民国二十二年(1933)第 18 卷第 884 期〕

标题为《北洋画报》编辑所拟。下有"常惺惺斋赠刊"。函、诗应俱是常惺惺斋(当是徐绪通斋名)所赠刊。本诗也是手稿影印。

十

俞母周太夫人寿序(代拟)

余养疴故都,柴门谢人事,不常役文字,尤不喜为谀寿之辞。迩者门人袁生书来,具道慈溪张君咀英言,求为文寿俞母,其意专以愨,其辞忠以质,其情若不得不止者。袁生又知余苟于义不可,必不以相溷,虽老病不可以辞。咀英之言曰:俞母周太夫人者,吾友佐庭、佐宸之母也,吾不才,佐庭兄弟不弃而辱与之交,垂二十年,相亲爱若骨肉,太夫人之治家教子,与夫佐庭兄弟之所以持身事亲者,耳目所闻见既熟而详矣。今兹岁在旃蒙大渊献,仲冬月七日,实太夫人七十设帨之辰,佐庭兄弟前期谋具珍错,张剧乐,召宾客,称觞于庭,以娱太夫人。太夫人曰:因一人之寿,而戕不赀之生;竟一日之欢,而耗中人之产,虽在承平无事,民物阜丰之时,君子犹□非之。今何世乎? 外侮于强邻,内困于水潦,含生负气,莫不悲愤愁苦,丧其乐生之心,曷其可以崇饰虚侈,重劳费戚党乡里交游乎? 佐庭兄弟不敢违,退而私于吾曰:人子之难得者,亲之年也。吾幸有母,神明聪强,跻古稀之年,虽遭时阽危,吾兄弟固引为私庆,而流俗人所为克显其亲者,又非吾母之所乐。吾闻崇述征信,昭宜懿德,惟记之文字,可以无穷,古之人有行之者矣。苟得而致之,然不为吾母所诃,而稍申吾兄弟酬勤劳于万一之微意欤? 吾曰:然。非当世蓄道德、能文章者为之,其言不足以为信今而传后,吾君图之。即以为太夫人寿,此吾所为来请之勤也。按所具征文事略,太夫人在室为女,能得父母欢,有子道,年二十归于俞,是为知府君之室。家中落矣,太夫人事其舅,一如其父,有红妇道。知府君积学有文,而不得志于有司之试,尝郁郁寡欢,太夫人慰荐之曰:君子之为学,将以闻道修业,自乐于伦纪,外物得失何加损哉! 益躬以为俭啬,操作劳苦,门以内仰事俯,一不以关知府君,知府君忘其忧,有妻道焉。佐庭兄弟相继成立,先后主宁波商会,佐庭当一为宁波市财政局长,有能声。近方主上海市商会,群推赴日考察工商业,信誉翔起,孚洽中外,家亦日饶裕,甘旨之奉日丰,而太夫人处约不渝其初,如节所余,以伙族之贫者,至于甬沪间慈惠利益人事,若缮桥梁、平道路、设义渡、立医院、育婴、养老诸役,莫不出私财以助其成。尝戒佐庭兄弟曰:勤业勿息,业成勿骄,损己埤人,勿矜尔劳,吾之志也。盖又有母道焉。太夫人之为子、为妇、为妻、为母既如此其贤也,佐庭兄弟又能成太夫人之志,以文字尊显其亲于无穷,即咀英所以自尽于朋友者,亦卓然有古人之风,是皆余所乐道者也,遂不辞而为之序。

〔录自《福尔摩斯》民国二十五年(1936)4 月 26 日、4 月 27 日〕

原标题为《陈三立之俞母寿序》。寿序分两期刊载。4 月 26 日文字止于"古之人有行之者矣"。"岁在旃蒙大渊献",即民国二十四年(1935)。《福尔摩斯》于民国二十五年(1936)4 月 22 日刊有古龛发表的《散原老人之狡狯文章》一文,其中有"譬如甬沪巨子、上海市商会主席俞佐庭的母寿,是玩得很热闹的,但如有人问我俞氏母寿的日期和情形,我实在是瞠然莫对。直至最近在报馆的报堆上看到一张《吟梅仙馆寿刊》的红报纸,才知道一些大概;同时,拜读了散原老人陈三立先生作的《俞母周太夫人寿序》一文……",可知俞母寿文结集于《吟梅仙馆寿刊》,但笔者未曾查到此刊。

陈三立事迹

一

致陈伯严吏部书

伯严吏部先生执事:

契阔光仪,遂已半载。江天跂望,所思如何。执事盱衡桑梓,养晦邱樊,德业孟晋,甚盛甚盛。梓乡路政,一耗于前任之官样文章,继哄于外款之乘机浸入,终纷于绅商之争利倾轧。执事承百孔千疮之局,力任其难。下风遫听,属望方殷。乃闻近者骤有辞职之举,远道闻之,不禁失声一叹,非为执事一人惜,实为珂乡前途之大局,吾人声气之应求,长江上下游安危之所系,皆将以执事一身之进退卜之,此天下之公言,非鄙人与执事私交之谊而已。何期新岁未逾夫旬日，而惊电忽传于海外，观日本官报所载，乃知贵公司昨岁所贷大成公司之款，果系日本兴业银行所输入。呜呼！赣路前途岌岌殆矣。比者海内外清议，以此薮集矢于执事。执事以思秋之吉士，为贤者之多劳，而又值安危呼吸之交，毁谤纷乘之际，忧伤憔悴，殆非笔墨所能宣慰。引悠退闲之意，必将因是益坚。虽然，以鄙人借箸筹之，为珂乡扶危定倾之计，为路事桑榆补救之谋，为执事审保全名誉之方，为吾人谢儒者迂疏之诮，窃以为转败为功之责任，仍在执事一人，而非硁硁焉执匹夫沟渎之小节，所可告无罪于社会者也。夫以执事存心之诚笃、秉节之贞亮，斥为卖路，诋为鬻国，虽五尺童子，亦知其决无是事矣。执事之所以失者，在于以诚待人，而不知机械陷阱之来百幻而莫测所底，不逆诈，不亿不信，而不能先觉。以君子之腹，度小人之心，遂蹈其术中而不克自拔。方兹事端倪之甫露也，责言之至，自有前总理当之，于执事个人之声誉，未始有大损也。而执事不及深察，竟贸然起而争之，于是天下之清议，遂移其所以责前总理者，悉以属诸执事一人之身，而执事始如作茧自缚矣。虽然，人实不易知，知人亦何容易，以周公之圣，而失之于管、蔡、武庚；以荆公之明，而失之于惠卿、章、蔡，前哲且然，矧在吾辈。前事已矣，后事之变态，正无已时。奉身而退，以让贤者，其于执事一身出处之计，则得矣，其如乡邦之危亡何？此鄙人所以谓维持补救之责，仍在执事起而谋之者也。外债之足以亡国，夫人而知之，东洋、欧西无以异也。然则赣路借款原约，虽有查明外款充公之言，岂我国今日积弱之势所克如愿以偿者。由是言之，危乎不危，夫岂区区焉引退洁身所可告无罪于天下也？执事之在今日，固万无引退之理，惟当力任其难，亟引昔者误信匪人之咎，陈义自责，而速筹所以补救之策，则热心公益，非谋私利之初衷，庶可大白于天下。即今日之与执事争权，日谋觭龁执事以遂其续行借款之谋者，亦将不禁而自戢，而赣路一线之生机，庶可借此以无恙乎？比者大成公司虽有广告，备载与日总领事往来文牍，声明辩诬，然其词模糊影响，仍不足以释天下之疑。使此事绝无端倪，日人肯信无据之辞，登诸报端，张大其言而不怍乎？鄙人与执事以道义相交，自闻道途诬蔑之辞，痛愤之深，夜不成寐，非特为一人之私交痛。夫以执事之贤，而群不肖之徒，处心积虑，以毁其声誉，从此贤人君子将不敢复任天下事也，故敢布其管蠡之见，窃附于《春秋》责备贤者，且以白执事之苦衷于天下，使人知无心之过，并无损于日月之明也。风涛方恶，幸为国为道。珍重不宣。

〔录自《时报》清光绪三十四年(1908)2月15日,署"惜诵来稿"〕

函中"乃闻近者骤有辞职之举",即上接《南洋官报》光绪三十三年(1907)第105期《陈主政三立辞江西铁路公司总理小启》、《申报》光绪三十四年(1908)2月14日《陈主政辞退赣路总理》、《大公报(天津)》清光绪三十四年(1908)2月20日《陈三立辞任江西铁路公司总理通启》等所刊陈三立辞去江西铁路公司总理之事,其在光绪三十三年农历十二月。① 光绪三十四年农历正月初一是2月2日,函中曰"新岁未逾夫旬日",可见本函当写于本年2月15日前。从函中"契阔光仪,遂已半载"可知,陈三立与本函作者"惜诵"在前一年即光绪三十三年农历六七月前后曾有会面。

二

挽留赣路总理

赣路坐办总理刘景熙因土工滋事一案,恐遭外界攻击,遂函各处辞职。现名誉总理陈三立因恐无人接替,遗(贻)误路事,极力挽留,大约不再坚辞矣。

〔录自《新闻报》清宣统元年(1909)7月18日〕

刘景熙致电各处辞职事在农历五月十四日(7月1日),但未得允。② 今据本报道可知,陈三立在刘景熙提出辞职后亦曾极力挽留。

三

学部奏派吏部主事陈三立充江西学务公所议长折

奏为遴派各省学务议长,恭折仰祈圣鉴事。窃查奏定各省学务官职章程,学务公所设议长一人,由督抚咨明学部奏派,如直隶、广东、福建、四川等省议长上年经臣部奏,准江苏、两湖、陕西、云南等省议长。又经于本年奏准各在案。兹准浙江巡抚张曾扬咨称,据提学使支恒荣详称在籍绅士前江苏布政使濮子潼学识闳达,为士林所矜式,拟延充议长,讨论学务,期收集思广益之效。又准陕西巡抚恩寿咨称在籍翰林院庶吉士梁善济品端学粹,讲求学务,夙有心得,以之派充本省议长,洵堪胜任。又准江西巡抚瑞良咨称在籍吏部主事陈三立学有本源,允孚众望,以之派充本省议长,甚属相宜,各等语。臣等查议长一职参画全省学务,兼备督抚咨询,责任綦重,该抚等所举各员,既据胪陈学行,

---

① 李开军.陈三立年谱长编[M].北京:中华书局,2014:795.

② 李开军.陈三立年谱长编[M].北京:中华书局,2014:858-859.

自应查照原咨,奏派议长,以资赞助而谋进步。拟请将前江苏布政使濮子潼派充浙江学务公所议长、翰林院庶吉士梁善济派充山西学务公所议长、吏部主事陈三立派充江西学务公所议长。其梁善济、陈三立二员并请照章不扣资俸、不停升转铨选。如蒙俞允,即由臣部分别咨行,办理所有遴派各省学务议长缘由,理合恭折具陈。伏乞皇太后、皇上圣鉴。谨奏。

光绪三十三年九月十一日具奏。本日奉旨:依议。

钦此。

〔录自《江西学务官报》清宣统元年(1909)第 1 期〕

《陈三立年谱长编》征引《申报》清光绪三十三年(1907)11 月 12 日《奏派浙赣晋三省学务议长》,系在光绪三十三年(1907)农历九月①。今据本报道可知,具体为农历九月十一日(11 月 17 日)。

四

江西咨议局致陈主政三立电

南京陈伯翁鉴:

前凌君来言合争运商朦收事,兹接宁电嘱举望重代表同谒监院,请公担任并电复。

〔录自《新闻报》清宣统二年(1910)年 1 月 28 日〕

本电文缘起系此前江苏咨议局有电文致江西咨议局。《新闻报》同日以《商举代表合争运商朦收要电》为题收录《江苏咨议局致江西咨议局电》及本电文。其中《江苏咨议局致江西咨议局电》曰:"南昌咨议局议长鉴:运商违章朦收事,除由局议决呈监院外,拟再由五省绅士公呈合争,请速举望重代表,并开联名绅衔于封印前,到宁协商,同谒监院。事重款巨,幸如约速电复。"

五

赣抚维持浔路记

赣省南浔铁路,因筹款艰难,万分危急。虽持公债议案,尚须明春开临时股东大会,磋定办法,由咨议局呈院出奏。惟年关在迩,年内限付汉阳铁厂价款十五万两,及还大清银行银十万两,为日无多,刻不容缓。现经名誉总理陈吏部三立会商冯抚,谕令劝业道极力维持,代为缓颊。说定以上两款,改议明

---

① 李开军.陈三立年谱长编[M].北京:中华书局,2014:790.

年筹还。至年内路工众多，所需开销二十万串之数，亦经传道会商藩司，如数拨借官票，以资接济。惟冯抚对于路事借款，力为维持，尚无效果。此次会见陈吏部时，当道抱歉之忱，殊为绅团所敬服。现陈因路事稍已料理，于初七日午后乘轮赴宁云。

〔录自《时报》清宣统三年(1911)1月16日〕

《申报》清宣统三年1月16日《赣官场维持路政之一斑》①亦有报道，文字几乎相同。今据本报道可知，陈三立于宣统二年(1910)农历十二月七日(1911年1月7日)乘轮船由江西返回南京。

六

赣路董事挽留总理

江西南浔铁路局董事袁蔚章等具呈赣抚，略谓职等当举充董事，已值路款告罄，徒以桑梓股本所系，勉力赞襄招股，势成弩末，不得已出于借款。初议商借部款，日久无成。继觅商资，多方困难。今岁六月间，据主持总理陈三立、坐办总理刘景熙函告华侨寿徵、积聚借款均有成议，并将草订合同寄局，议决去取。以寿徵合同较优于积聚，遂电复以为当就寿徵……

〔录自《新闻报》清宣统三年(1911)10月1日〕

《申报》清宣统三年9月10日《赣路未来之风潮》："闻以前曾订有借华侨寿徵、与积聚两银行草约，刘总理电询董事，董事复电以借寿徵银为是。"②两报所指为同一事。《申报》仅提及由刘景熙电询董事会。今据本报道可知，该年六月间致董事会函电由陈三立、刘景熙同时具名。

七

癸亥三月十九日高庄公宴即席谨赋同席有冯蒿庵余尧衢陈伯严年伯

永和风已歌，春光有余闰。云油野遽沐，天波复开润。离乱越多年，韶华付一瞬。铙吹绚锦绣，烽烟忝锋刃。我来悄不怡，垂垂霜盈鬓。撰杖侍先生，振衣俯千仞。座中谈笑酣，修禊仿前晋。炊烟林翠活，夕阳桃红衬。沧海正横流，此邦安乐仅。相与共岁寒，名高德逾峻。

〔录自《橄榄报》民国十八年(1929)8月8日〕

---

① 李开军.陈三立年谱长编[M].北京:中华书局,2014:913.
② 李开军.陈三立年谱长编[M].北京:中华书局,2014:926－927.

本诗为汪大铁录《庄秋水舍人诗钞》之一。"癸亥"为民国十二年(1923)，可知本年农历三月十九日(5月4日)陈三立、冯煦(号蒿庵)、余肇康(字尧衢)等人有宴集。

八
艺术界消息

西江派诗家陈伯严徵君将于重阳节近来武林作寓公，铁花吟社同人拟推其领袖坛坫，将挑拨浙西派共作尖叉之战。(穆如)。

〔录自《时报》民国十二年(1923)9月27日〕

本日《艺术界消息》共有五则，均无标题，本则消息为第二则。9月27日为农历八月十七日。

九
艺术界消息

诗家陈散原徵君定重九来杭。同时书画家吴缶庐先生为赴西泠印社二十周纪念会亦有武林之役。杭州诸贞壮、陈仁先诸君将于是日设筵于吴山之江天一览轩为二公洗尘。(耕)。

〔录自《时报》民国十二年(1923)10月15日〕

本日《艺术界消息》共有四则，均无标题，本则消息为第一则。10月15日为农历九月六日。《陈三立年谱长编》载：陈三立移居杭州为农历八月中旬(十五日之前)。①《时报》在9月27日、10月15日两次报道陈三立行踪，都说拟重九(农历九月九日)来杭，显然与《陈三立年谱长编》有冲突，未知两者孰是。

十
诗家陈三立之怪病

诗家陈三立先生素患小便癃闭之症，数年来须经西医以橡皮管疏通之，而小便始下，但每通一次，其效力仅及一星期之久复闭。去腊病情转剧，须改用铜管通入便口一尺余深，便中白粉亦特别加多，且每逢小便时，大便更随之泄出，黄水不止，一日数次，痛苦异常。中西医治，皆无效果。元气渐损，陈之友人俱忧之。后由王君雪丞、程君子大等先后推荐同孚路大中里证道居士以按

---

① 李开军.陈三立年谱长编[M].北京：中华书局，2014：1281.

导术治疗,施术数日,大便黄水即止。又数日,小便癃闭亦愈。其小便之清,据称系数年来未曾见者。因其年岁高迈(七十九岁),中气亏损,非久治难以复元(原),遂约定每隔三日,按导一次。居士谓大肠内有秘结如羊粪者,须导之使下。后果如其言以验,降下干黑结粪,甚坚硬,踏之以足不破,精神从此渐旺。去岁旧历年底,三立先生曾撰一联赠居士曰:活以元气操掌握,古有大侠同心传。上联系称颂医术,下联则钦居士之性格云。

〔录自《新闻报》民国十八年(1929)2月24日,署名"小记者"〕

"证道居士"即袁证道。本报道云陈三立七十九岁显然有误。1929年陈三立仅七十七岁。《散原精舍诗文集》(增订本)据《申报》民国十八年3月5日《志神医证道居士》录陈三立赠联①,内容与本报道无异。今据本报道中"去腊""去岁旧历年底"可知,1928年底陈三立居沪时请证道居士医小便癃闭症,并撰一联相赠。

十一
散原老人八十诞辰　铸造像于散原精舍

散原老人陈三立先生,年八十矣。今年十月二十日(即农历九月二十一日)为其生辰。海内人士谋为先生寿。先生皆固却。先生居庐山已期年。上月,江小鹣、滑田友诸君,航空入山,为其铸金造一象(像),开中国文学巨子铸像之史。像已成,而未定置所。朱庆澜、于右任、叶恭绰、许士英、王一亭、杨千里、李拔可、刘成禺诸君,商其哲嗣彦龢,欲于老人所居万松岭之下,酿资购地,建散原精舍,以奉造像。散原精舍者,散原老人所自署斋额,而实无屋,故为此以增庐山故实,并议集文词(辞)书画家之为散原寿者。人刊一石,嵌精舍壁间。且辟亭台,莳花木,为岁时觞咏地。综计所费,约数千金。匪侈考亭鹿洞之宏规,聊继乐天草堂之佳话。兹已由朱庆澜发起酿金,并由上海银行陈光甫君,代收捐款矣。

〔录自《晶报》民国二十一年(1932)10月15日,署名"怀霜"〕

---

① 陈三立.散原精舍诗文集:下册[M].增订本.李开军,校点.上海:上海古籍出版社,2014:1232.

十二

散原遗文（中）

……吏部时亦由西子湖头，迁于庐山。伯夔由沪往谒，宴谈时，吏部偶及先大夫墓志，未践诺言为撼。伯夔曰仍门生代作如何？吏部曰："此则不可，非比他人，交情笃也。其子固一再请，其父生时，曾有戏言，曰我身后，墓志非君莫属。我笑曰诺。虽戏言，乌可负？所未作者，行状又失也。已一再重索，赧于启齿耳。"伯夔曰是不难，门生悦其词，曾录副以留。遂缮以进。不一月，文成矣，去先大夫弃养，已十年，邱垄早安矣。予稽首而受之，刻石于苏州……

〔录自《社会日报》民国三十三年（1944）6月2日伯琦《散原遗文》（中），标点略有改动〕

李经钰卒于民国十一年（1922）农历十二月二十五日（1923年2月10日）。"伯夔"即袁思亮字，他号蘉庵。民国二十一年（1932）农历九月二十一日（10月20日）陈三立八十寿辰，袁思亮由上海赴庐山拜寿。① 此应即"伯夔由沪往谒"所指。"先大夫墓志"即陈三立所撰《清故二品衔河南候补道李君墓志铭》②。既曰"不一月，文成矣，去先大夫弃养，已十年，邱垄早安矣"，则墓志铭大致成于民国二十一年（1932）11月中下旬。但出版于民国十七年（1928）的《合肥李氏宗谱》③卷十五《传志中》已收录陈氏所撰墓志铭，显然与此处李国瑰《散原遗文》（中）所言有冲突，存此待考。

十三

熊式辉等组织艺风社　　陈散原等任理事

（南昌通信）赣主席熊式辉近与该省耆宿及名士多人组织艺风社，以唤起民众、转移风气、发扬民族精神为宗旨，设理事三人，推陈散原、王逸塘、曹纕（攘）蘅等担任，评议六人，由彭醇士、曾小鲁等担任。最近熊氏致函各方，要约入会，并详述其立社趣旨云。（九日）。

〔录自《大公报》民国二十一年（1932）12月14日〕

---

① 陈三立.散原精舍诗文集:下册[M].增订本.李开军,校点.上海:上海古籍出版社,2014:718.

② 陈三立.散原精舍诗文集:下册[M].增订本.李开军,校点.上海:上海古籍出版社,2014:1100-1101.

③ 上海图书馆.中国家谱总目:第2册[M].上海:上海古籍出版社,2008:756.

十四
宋重视国学将访问陈散原

（平讯）冀察政务委员会委员长宋哲元对于目下教育问题,颇主张发扬国粹与步趋欧化并行不悖,现为优礼硕学、崇尚礼教起见,拟于日内造访寓居西城之陈散原老人,将于发扬国粹方面有所咨询。陈为国内耆儒泰斗,江西南宁籍,今年八十四岁云。

〔录自《大公报》民国二十四年(1935)12月24日,报道中"南宁"应是"义宁"之误印〕

（吴建伟,1978年生,历史学博士、上海图书馆研究馆员,主要从事历史文献整理和研究。）

西山红雨[*]

李国强

在鄱阳湖周边广袤的群峦和田畴中,有两座人文名山:九江庐山和南昌西山。匡庐奇秀,早已名动天下;西山积翠,正在快速崛起。

红雨随心,西山着意。值汉代海昏侯墓惊世发掘、遗址公园建设全面展开之际,位于新建区望城镇的陈宝箴崦庐和墓园重建又在有序筹划之中。西山迎来了文化的春天!

一

陈宝箴、陈三立父子故居有三处:修水凤竹堂为祖宅,是陈宝箴、陈三立出生和成长的地方;庐山松门别墅,是陈三立的居住地;新建西山崦庐,是陈宝箴、陈三立晚年居住地。凤竹堂、松门别墅均已被列入文物保护单位,唯崦庐毁于20世纪50年代,荒圮至今。

陈氏家族墓地也有三处:陈三立葬于杭州西湖畔,陈寅恪墓在庐山,都得到有效保护,唯陈宝箴墓毁于1958年兴修水库时。

为此,20世纪90年代以来,有识之士就呼吁修建和保护陈家故居和墓园。1994年9月,江西省社联召开陈宝箴、陈三立学术讨论会。筹备期间,我从台湾淡江大学教授陈伯虞处获悉:陈氏后裔希望自费修复陈宝箴墓园;将陈寅恪骨灰安葬于陈宝箴墓侧;将庐山松门别墅改作陈三立纪念馆。我觉得这三项要求合情合理,于是向省政府报告,得到吴官正省长的肯定性批示。2003年,我在省科技厅工作期间,经征得陈寅恪亲属同意,将其与夫人骨灰安葬于庐山植物园;2015年,庐山管理局决定将松门别墅建为陈三立纪念馆,筹建工作启动;剩下西山崦庐和陈宝箴墓有待重建。

2015年6月26日,我在"文化名人走新建"座谈会上,再次就修复陈宝箴

---

* 本文原载《江西文史》第10期。

崤庐和墓园提出建议,得到与会专家和区领导的一致赞同。也许是忙于海昏侯墓的发掘,此后一年没有动静。

2016 年 9 月,我以江西省文史馆馆员的身份向省政府提交《关于修建陈宝箴墓和崤庐的建议》,很快得到分管副省长的批示和省文化厅的反馈意见,表示正在研究之中。11 月 7 日,我在九江学院第二次陈寅恪学术研讨会上,透露了这一信息。此时,传出某位领导即将就任南昌市委书记,与会代表联名致信给他,吁请尽快启动修建工作。12 月 30 日,我和孙家骅馆员陪同省政协姚亚平副主席及省文化厅、南昌市领导前往西山崤庐、墓园遗址察看。新建区委书记明确表示,要抓紧落实。2017 年 1 月上旬,我应邀分别与南昌市和新建区文广局就为何修建和如何修建谈了具体意见。1 月 20 日,新建区召开论证会,就崤庐和墓园重建方案征求专家意见。至此,重建行动已经呼之欲出了!

崇文尚德是中华民族的传统美德,也是党和人民政府的职责。1950 年,华东局拟在杭州建空军疗养院,陈三立墓地在规划用地之内。此事被反映到国务院,周恩来总理转请陈毅处理,陈毅做出不允许征用陈三立墓地的指示。今天,我们可以告慰海峡两岸的陈氏后裔和一切关心、关注陈氏家族的学术文化界人士:政府在行动! 修复陈宝箴崤庐和墓园的梦想终于要成真了!

二

陈氏一门五杰是中华民族文化史上的华彩世家,也是江西人杰地灵的杰出典范。修复和保护陈宝箴崤庐和墓园,具有重要历史价值和思想意义。

西山陈宝箴崤庐和墓园,是一处重要的文化资源。陈氏五杰承载百年历史风云,在中国近代史上留下了深深的足迹。根据《辞海》的介绍:

陈宝箴,清末维新派。在湖南巡抚任内,倡办新政,开办时务学堂,设矿务、轮船、电报及制造公司,刊《湘学报》,并荐材佐新政,受到守旧派攻讦。戊戌政变时被革职。

陈三立,中国诗人。曾参加戊戌变法。为同光体重要作家。

陈寅恪,陈三立之子。中国历史学家。教授、中央文史馆副馆长,对魏晋南北朝史、隋唐史、蒙古史以及梵文、突厥文、西夏文字和佛教经典等有精湛研究,为国内外学者所推崇。

陈衡恪,陈三立之子。中国画家。善诗文、书法,尤长绘画、篆刻。

未上《辞海》的陈封怀,陈衡恪之子,植物学家,中国近代植物园的创始人,也是庐山植物园创办人之一。这五人均有著述存世,堪称中华文化的一座富矿,其精神值得后人景仰、发掘、弘扬。

西山陈宝箴崝庐和墓园,是一处重要的旅游景点。西山是一方富有文脉的风水宝地。陈宝箴崝庐和墓园重建后,将是陈氏家族从修水凤竹堂到庐山松门别墅的连接点,也将西山万寿宫、朱权墓、梅岭、海昏侯墓、紫霄峰等连成一线,进而成为这两条精品路线的交会点,成为海昏侯墓之后又一文化亮点和旅游热点。

西山陈宝箴崝庐和墓园,又是一处重要的爱国主义教育基地。陈氏家族一门忠烈,既是文化巨人,也是爱国志士。他们生于忧患,死于忧患,以天下为己任,立德、立功、立言,是中国的脊梁、民族的骄傲。陈宝箴早年目睹八国联军侵入北京,痛不欲生。他为官一任,造福一方,政声卓著。他晚年主政湖南,推动维新,培育人才,开风气之先。陈三立助父维新,壮怀激烈。被朝廷废黜后,不做"神州袖手人",筹建南浔铁路,倡修《庐山志》,主持庐山万松林诗会。抗战初期,他拒任伪职;卢沟桥事变后,悲愤绝食,表现了崇高的民族气节。陈寅恪一生秉持独立精神、自由思想,求学、讲学、治学,其学术成就彪炳千秋,其精神风骨惊世骇俗。陈衡恪和陈封怀也都精忠报国,卓然成家。走进崝庐,就是走进爱国主义的殿堂;拜谒墓园,就是凭吊中华民族的精英。一个高擎自己灵魂的人,才是英雄;一个崇仰英雄的民族,才是伟大的民族。修建陈宝箴崝庐和墓园,初心在此,深意在此。

三

西山有幸埋忠骨。重建陈宝箴崝庐和墓园,是深度发掘、整合历史文化资源,打造西山旅游景区的重要举措,也是实施南昌市揽山入城发展战略的题中之意。

作为政府行为,重建陈宝箴崝庐和墓园,应坚持尊重历史,保留原地原貌,修旧如旧,切忌奢华。

我曾两次到崝庐和墓园遗址。2003 年去时,崝庐残垣断壁尚在,墓园沦为菜地。时隔 13 年,如今崝庐遗址上建起一栋尚未装修的两层民房,是原地还是异地另建? 是将崝庐按原貌建成并作为陈宝箴故居纪念馆,还是另建纪念馆？应该是前者。新建区文广局根据村民的回忆，已经画出崝庐和墓园草图，除征求相关部门和专家意见外，要注意征求陈氏后裔的意见。当年，每逢清明、冬至，陈三立都率子孙到西山祭扫，陈家后代如陈小从、陈流求、陈贻竹等，小时候都曾随父辈到过西山，对此有发言权。总之，设计要力求符合原貌。

简洁为美。我曾到苏联作家列夫·托尔斯泰墓地和安庆陈独秀墓地凭吊。托尔斯泰墓地在他庄园附近的树林中，为一块西餐桌大小的青草地，没有十字架，没有墓志铭，也没有墓碑，被称为"世间最美丽的坟墓"。2011年我在《读书月刊》上读过《两座墓》一文，写的是陈独秀墓与陈寅恪墓之比较。文中写道："陈寅恪墓后是树林，前面是草地，没有埋葬的痕迹，可以与托尔斯泰墓相媲美。而重建陈独秀墓则花了巨资，把原墓碑上陈独秀原配夫人的名字去掉了，建起了高大的牌坊，宽大的墓台，巨大的半球形墓，且用汉白玉大理石封闭。"作者感慨地说："陈寅恪夫妇有幸，遇上了理解他们的人；陈独秀夫妇就倒霉了，只能任一些没文化、没修养、没美感的人胡来。"这虽然是一家之言，但值得我们警醒。作为陈宝箴家乡的人，我们应该像理解陈寅恪一样理解陈宝箴，切忌华而不实，切实把墓园和崝庐修建得有文化、有修养、有美感，以无愧先辈，有益后人。

细节决定成败。和陈独秀一样，陈宝箴也是夫妻合葬，如今"诰封一品夫人陈母黄夫人墓碑"和墓前一对石狮子尚在，这都是非常珍贵的实物，修墓时千万不要重蹈覆辙，改合葬为独葬。据说，陈宝箴遗首在墓被毁时，被守墓人移葬他处，现在有了线索，要尽快找到。崝庐原本是一幢砖瓦结构的二层楼房，门口挂有陈宝箴撰"天恩与松菊，人境托蓬瀛"的楹联，内墙壁上嵌有朱熹"容膝"二字，庐外有"鹤冢"，周边植有花木……这些细节，反映历史真实，体现主人思想、精神和情趣，不可疏忽。

在重建崝庐的同时，修建陈宝箴纪念馆也要着手筹备。要在广泛征询专家和陈氏后裔意见的基础上，尽可能搜集一些相关文物，包括陈氏著作和后人研究成果。要精心撰写陈展大纲，把纪念馆建成研究、宣传和教育的文化高地。崝庐落成之日，即是陈宝箴纪念馆开馆之时。

为了突出陈宝箴的形象和精神，增强陈展效果，有必要在崝庐门前立陈宝箴石像和陈三立《崝庐记》文化墙。《崝庐记》是一篇七百字的美文，记叙了崝庐环境和陈宝箴晚年生活，可以作为陈展最权威的解说词和文化名片。

重建工作应该有一个时间表。当年,陈宝箴、陈三立父子被朝廷革职,举家从长沙回到南昌,租居磨子巷,只用了四个月的时间,就安葬夫人,建成崝庐。以今天的条件,重建也不需要太长的时间了吧? 撸起袖子干,事在人为,我们翘首企盼。

(李国强,1946 年生,研究员、享受国务院特殊津贴专家。曾任江西省教育厅副厅长、江西省社会科学院院长、江西省科技厅厅长等,主要著作有《毛泽东与庐山》《邵式平传》。)

余英时眼中的陈寅恪

赖功欧

摘　要："独立之精神，自由之思想"之于陈寅恪学术系统，已然构成陈氏二命题。独立精神之于学术，不仅体现在陈寅恪的学术立场上，更体现在他的"问题意识"与注重"提供证据"的史观上。对陈寅恪而言，无自由之思想，亦无真正的学术可言。余英时还揭示了陈寅恪"在史中求史识"与"通古今之变"的内在关联，并将其推崇为陈氏史学精神与智慧。对陈氏文献中呈现的诠释特点，余英时认为，在中国现代史学家中，陈寅恪是运用"解读"方法论最为圆熟的一位先行者。余英时极其赞赏的是：陈寅恪在文献资料掌握方面所达到的惊人的广度和高度，且其掌握史料的权威性对官方史学构成挑战。余英时将陈寅恪其人其学概括为：原创力异常丰富的专业史学家，思想倾向在现代中国极具典型意义。

关键词：陈寅恪　余英时　学术　史学　独立之精神　自由之思想

晚年的陈寅恪，在读到余英时《陈寅恪〈论再生缘〉书后》一文后，即深叹曰："作者知我。"此已成学界美谈。然而，笔者以余英时与陈寅恪关系为文的缘由则在：作为钱穆的最得意门生，余英时如此看重陈寅恪，以至其对陈的评价之高，丝毫不亚于其对乃师之评价。此中深意，恐远非仰慕寅恪先生"独立之精神，自由之思想"而已，更与余英时本人对史学与中国现代学术的基本评价，甚至对陈寅恪学术价值的基本定位等问题深相关联。当然，本文仍要从陈氏二命题入手，这是因为，无论从仰慕陈寅恪先生学问还是从学术史、思想史定位角度，笔者都接受余英时这样一个结论："无论就个人或民族言，他都持'独立之精神，自由之思想'为最高的原则。"①

---

① 余英时.《陈寅恪晚年诗文释证》书成自述[M]//何俊.余英时学术思想文选.上海：上海古籍出版社,2010:360.

独立精神之于学术

的确,在中国现代学术史上,以倡导学术独立自由精神而著称的第一人,当属陈寅恪。傅斯年之所以称陈先生的学问近三百年来一人而已,首在此"独立自由"四字上。陈寅恪为王国维所撰碑文曰:"先生之著述或有时而不章,先生之学说或有时而可商。惟此独立之精神,自由之思想,历千万祀,与天壤而同久,共三光而永光。"这句话一直为国人所称颂,《陈寅恪与傅斯年》的作者岳南如此评价此碑文:"陈寅恪借碑文而抒发出的'独立之精神,自由之思想'的文化情怀,如天光突裂,地火迸喷,再次展现了内在的文化精髓与人性光辉,于苍茫的天地间扬波激浪,振聋发聩。此文一出,世人莫不为之动容。"①的确,陈寅恪此碑文一出,举世震动。

笔者称"独立之精神"与"自由之思想"为陈氏二命题:二命题之间,逻辑贯通,无独立则无个体,无个体则何谈自由。须知,作为一位史学家,此独立精神之于陈寅恪本人,首在其所倡导的学术之"独立"。

众所周知,学术独立之于陈寅恪,首要之表征就在他曾明确宣称只做何研究,而不做何研究的态度与立场上。此不赘言。

然而,余英时以为:更深层次的表征还在陈氏对"学术"本身的观念。对此,他明确指出:"陈寅恪在《王观堂先生挽词序》上说得很透彻。"②余英时接着举一例,陈寅恪对"吾中国文化之定义,具于《白虎通》三纲六纪之说,其意义为抽象理想最高之境……"然后,他以纯学术视角解释说:"陈寅恪此说虽颇带社会经济决定论的色彩,但是如果仅仅用来解释三纲六纪的解体,则显然是有效的……传统伦理秩序的解体与社会经济制度的变迁密切相关。"③此中全然可见,余英时是赞赏陈寅恪此种纯然的学术理念的。余英时曾认真考察出陈在学术上确持一种明显的社会经济史观,指出陈在晚年最后一部专著《柳如是别传》中也仍持此种观点不变。因此,陈在讨论吴江盛泽镇"声伎风流之

---

① 岳南.陈寅恪与傅斯年[M].西安:陕西师范大学出版社,2008:99-100.

② 余英时.中国现代价值观念的变迁[M]//余英时.现代儒学的回顾与展望.北京:生活·读书·新知三联书店,2004:115.

③ 余英时.中国现代价值观念的变迁[M]//余英时.现代儒学的回顾与展望.北京:生活·读书·新知三联书店,2004:116.

盛"足以媲美金陵板桥时,特别指出这实在是"由经济之关系有以致之"①。德国汉学家施耐德与余英时如出一辙地指出:"可以清楚认出的是,陈寅恪的史学受到其视历史为一种'民族精神'的体现之史观的影响。他在一些理论性论著中多次点出的限制,即'民族精神'取决于一定的经济和社会条件,会随着经济和社会条件的根本改变而注定消亡。"②其实,这种纯学术观念导致的历史结论,在陈氏一生的史学研究中,处处呈现出其"独立精神"之学术特质。

余英时进而又颇有见地地指出,陈氏独立精神之于学术,更存于其对学术"问题"的意识中:"他是以'问题'为中心的现代史学研究者,不是徒以记诵炫耀于人的传统读书人。他的'博闻强记'基本上是为他所研究的历史问题服务的。他之所以特别获得侪辈的敬重,正是因为他常能在重大的史学问题上为专门研究者提供关键性的文献证据。"③然后,余英时详细地陈述了寅恪先生是如何做到以问题为学术核心而提出证据的:如胡适曾考陶弘景《真诰》有窃取佛教《四十二章经》之嫌,陈寅恪即指出此一窃案早为《朱子语类》说破;又如傅斯年与朱希祖辩明成祖生母一事,陈寅恪亦为其提示《明诗综》《陶庵梦忆》《枣林杂俎》中证据线索。如此种种,在余英时看来,都不仅因陈寅恪对古代典籍无不遍窥,更缘于其在学术上所具备的深刻问题意识与"证据"意识。然须知,学术独立之立场,实乃陈寅恪一切研究之根本前提。

最终,余英时根据陈氏本人的严格学术独立观念而判定,"陈寅恪自始至终是一位专业史学家",且是"原创力异常丰富"④的专业史学家。须知,在现代学术史上,这是一个颇具意味的学术界定。那个时代,对"严格意义的学科"持严谨态度者,远不止陈寅恪一人而已,其他如傅斯年、李济等人亦如是。余英时在《"国学"与中国人文研究》一文中就明确指出:"李济晚年与人讨论'汉学'问题,曾很坦率地说他只知道赵元任是语言学家、陈寅恪是历史学家,但不

① 余英时.陈寅恪的学术精神和晚年心境[M]//余英时.现代危机与思想人物.北京:生活·读书·新知三联书店,2005:369.

② 施耐德.真理与历史:傅斯年、陈寅恪的史学思想与民族认同[M].关山,李貌华,译.北京:社会科学文献出版社,2008:192.

③ 余英时.陈寅恪的学术精神和晚年心境[M]//余英时.现代危机与思想人物.北京:生活·读书·新知三联书店,2005:364.

④ 余英时.陈寅恪与儒学实践[M]//余英时.现代危机与思想人物.北京:生活·读书·新知三联书店,2005:420.

陈寅恪家族研究论文集

愿称他们为'汉学家'。"①可见,余英时对陈寅恪的界定,与陈寅恪本人及傅斯年、李济这批学者的看法是全然一致的。

近年来,有学者提出陈寅恪对现代学术持"苛评"态度,其实不然。此实是陈寅恪所持学术观念所致。须知,凭着严谨的学术观,陈寅恪对钱穆1930年发表的《刘向歆父子年谱》做出高度评价,而对冯友兰的《中国哲学史》,亦从严格的学科界限,做出恰如其分的评价。

其实,综观陈寅恪文献中对中西文化的论述,亦可透见其学术观念及其所持学科界限的严谨性。此处笔者要举出桑兵文章中的一段话:

> 与时流有别,陈寅恪在民国学人中,是为数极少的敢于不言必称西学之人。他几乎从不以西学为著述主题,而且很少标榜西学理论、概念和方法。这一方面固然由于近代中国以游学时间之长,所到外国学府之多,所学语言门类之广而论,很少有人能出其右,因而无人能够质疑其西学水准,也就不必证明自己的西学水准。换成他人,即使像章太炎、刘师培、王国维等过来人的幡然醒悟,也难免被视为守旧落伍。另一方面,一旦发生诸如此类的误会,陈寅恪便会立即做出强烈反应,以显示其对于西学的认识远在一般国人甚至专门学人之上。1932年,陈寅恪因为出本年度清华大学入学考试国文试题对对子的事,引发不小的风波,招致各种非议,甚至被斥为"国学之蠹"。本来陈寅恪极不愿为此类事牵扯精力,卷入是非,留学期间就因"吾国人情势隔阂,其自命新学通人,所见适得其反",表示回到国内将"不论政,不谈学,盖明眼人一切皆以自悉,不需我之述说。若半通不通,而又矜心作气者,不足与言,不能与辩,徒自增烦恼耳"。尽管不想惹祸上身,可是对于找上门来的麻烦,陈寅恪却绝不回避,更毫不客气。②

桑兵认为陈氏之于西学,是取珠还椟,大道无形。须知,这是极为典型的学术独立精神之表征。

---

① 余英时."国学"与中国人文研究[M]//何俊.余英时学术思想文选.上海:上海古籍出版社,2010:441.

② 桑兵.陈寅恪的西学[J].文史哲,2011(6):52-67.

自由思想之于学术

陈氏二命题中的第二"自由之思想"之命题，其实更为人们所熟知。然而，对于陈氏本人而言，第二命题基于第一命题；所谓二命题逻辑贯通，就贯通在无独立之个体亦无自由之存在上。且看余英时《陈寅恪的学术精神和晚年心境》一文中的第二标题："思想倾向在现代中国的典型意义"①，这无疑是从自由思想之于学术的视角，来界定陈寅恪在中国现代史上的地位。故此，我们当能理解余英时何以极称："陈寅恪先生就认为宋代是中国历史上思想最自由的一朝。事实上以中国之大，随时随地都有天才人物，只看有没有机会发展罢了。"②紧随此段话后，余英时又基于陈氏学术视角而加以伸张："基本学术自由之有无，以及一般自由幅度的大小，便正是一个社会有没有活力和潜力的最准确的试金石。"③

余英时对寅恪先生"自由之思想"命题之强调，于其文献中几乎随处可见。

如《陈寅恪〈论再生缘〉书后》一文中录陈寅恪1954年春所作七绝二首后，便发出深叹："是知此书之写'兴亡遗恨'，作者固已点出之矣！而尤足以显出陈先生对高度政治化之下学术文化状态之反应者，则为书中论思想自由之文。"④这里，我们实有必要溯及陈氏论思想自由的那段原文，究其主旨何在："吾国昔日善属文者，常思用古文之法，作骈俪之文。但此种理想能具体实行者，端系乎其人之思想灵活，不为对偶韵律所束缚。六朝及天水一代思想最为自由，故文章亦臻上乘，其骈俪之文遂亦无敌于数千年之间矣。……故无自由之思想，则无优美之文学，举此一例，可概其余。此易见之真理，世人竟不知

陈寅恪家族研究论文集

---

① 余英时.陈寅恪的学术精神和晚年心境[M]//余英时.现代危机与思想人物.北京：生活·读书·新知三联书店,2005：366.

② 余英时.从中国传统看学术自由的问题[M]//余英时.中国思想传统的现代诠释.南京：江苏人民出版社,2003：117.

③ 余英时.从中国传统看学术自由的问题[M]//余英时.中国思想传统的现代诠释.南京：江苏人民出版社,2003：117.

④ 余英时.陈寅恪《论再生缘》书后[M]//余英时.现代危机与思想人物.北京：生活·读书·新知三联书店,2005：354.

之,可谓愚不可及矣。"①如其所说,若无自由之思想,则无一切学术。故余英时特录出陈寅恪《论再生缘》中此段原文,而发深长之感叹曰:"此节痛斥高度政治化之钳制思想,窒息文学之愚昧,诚可谓情见乎辞。故陈先生所谓'无自由之思想,则无优美之文学',固国人所习知之真理。"②余英时据此而断言:"陈先生固熟读史乘之人,思想之压制,文学之摧残,纵可奏效于一时,亦绝不能行之于久远。"③可见,余、陈二人,实是心心相印者。

余英时就此而着重提出,陈寅恪"1953年著《论再生缘》时因痛感学术研究受政治的桎梏,他更特别强调宋代'思想最为自由'这一点。最后在上引《赠蒋秉南序》中则更转而从道德的观点对宋学的贡献做了最高的赞礼。在1964年能这样表态,可见他对中国文化的理想抱有何等坚定的信仰"④。在余英时看来,陈氏对"宋代思想最为自由"的极度强调,是有其生存之深层理由的。无论如何,思想自由之于学术,对陈寅恪来说,即是生命的信仰之所在。余英时洞明陈寅恪由其史学训练得来的批判精神,使其坚持学术上思想自由的原则:"正如吴宓在1961年所说的,他的'思想及主张丝毫未变'。和同时代的一些系统思想家相较,陈先生在这一方面的态度似乎更缺乏弹性。熊十力与梁漱溟两位先生也是极少数能在压力下坚持原则与信仰的人。……在陈先生的言行中则连此类无关轻重的适应也渺无痕迹可寻。我们与其说陈先生比梁、熊两位更顽固、更保守,则不如说看惯了兴亡的史学家毕竟不像理想主义思想家那样容易流于乐观。从这一点说,我愿意再一次指出,陈先生虽不是思想家,但在中国现代思想史上却具有一种典型的意义。"⑤此段话的最后,明确指出陈寅恪作为现代思想史上的学术大家,具有典型意义,这显然是在树立陈

① 余英时.陈寅恪《论再生缘》书后[M]//余英时.现代危机与思想人物.北京:生活·读书·新知三联书店,2005:354-355.
② 余英时.陈寅恪《论再生缘》书后[M]//余英时.现代危机与思想人物.北京:生活·读书·新知三联书店,2005:355.
③ 余英时.陈寅恪《论再生缘》书后[M]//余英时.现代危机与思想人物.北京:生活·读书·新知三联书店,2005:356.
④ 余英时.陈寅恪的学术精神和晚年心境[M]//余英时.现代危机与思想人物.北京:生活·读书·新知三联书店,2005:373.
⑤ 余英时.陈寅恪的学术精神和晚年心境[M]//余英时.现代危机与思想人物.北京:生活·读书·新知三联书店,2005:372.

氏在现代学术史上的崇高地位。诚然,寅恪先生的学术丰碑是基于陈氏独立自由二命题来树立的。

"在史中求史识"而"通古今之变"的史学智慧

揭示并推崇陈寅恪"在史中求史识"而"通古今之变"的史学智慧,其实亦是最能显示余英时史学洞见的地方。

当然,胡适在 1937 年 2 月 22 日的日记中即已称:"读陈寅恪先生的论文若干篇。寅恪治史学,当然是今日最渊博、最有识见、最能用材料的人。"①可见胡适对陈寅恪学术的基本看法亦是与傅斯年一样,从史料把握程度出发的;此中所言"最渊博"自不在话下,唯此说法中的"最有识见"与"最能用材料",实为胡适到位中肯之语。余英时则洞见了陈寅恪"学术上的四根支柱":其一为"博通多种古典语文";其二为"对西方古典文化的亲切了解";其三为"所掌握的与史学有关的辅助学科远比同时一般的史学家为丰富";其四为"中国文献资料的掌握"②。而余英时最为赞赏的仍是:"陈先生最使学术界心折的自然还是他在中国文献资料的掌握方面所达到的惊人的广度和高度。"③"陈先生在史料掌握方面的权威性一直对官方史学构成一极严重的挑战。"④可见在"史料"问题上,他与胡适"英雄所见略同"。

再看余英时对陈氏史学智慧做何等评价。在《陈寅恪的学术精神和晚年心态》第三部分,余英时以相当鲜明的标题——"通古今之变"的史学精神,来表征陈氏史学特质,而这一特质中的"在史中求史识",尤为其核心之所在。我们来看余英时是如何陈述的:

> 俞大维先生曾说,陈先生治中国史的主要目的是"在历史中寻求历史的教训"。因此陈先生强调"在史中求史识"的重要性。(见俞大维《谈陈

① 沈卫威.胡适日记[M].太原:山西教育出版社,1998:240.
② 余英时.陈寅恪的学术精神和晚年心境[M]//余英时.现代危机与思想人物.北京:生活·读书·新知三联书店,2005:361-364.
③ 余英时.陈寅恪的学术精神和晚年心境[M]//余英时.现代危机与思想人物.北京:生活·读书·新知三联书店,2005:364.
④ 余英时.陈寅恪的学术精神和晚年心境[M]//余英时.现代危机与思想人物.北京:生活·读书·新知三联书店,2005:365.

寅恪先生》,收在《谈陈寅恪》一书中,台北,传记文学丛书,1970 年)这一点十分重要,是我们了解陈先生的学术精神的关键所在。①

可见,在余英时眼中,寅恪先生谓"通古今之变",与其强调"在史中求史识"的重要性是有内在关联的。那么,我们要问:陈先生是如何在"在史中求史识",从而达到"通古今之变"的史学目标的呢? 所谓"在史中求史识",能够脱离史学的基本方法吗? 其实,余英时对陈氏的史学方法深有考察,他以为:

陈先生的史学观点与方法从早年到晚年都是一以贯之的,只有具体的研究对象先后不同:他要通过最严格、最精致的考据工作来研究中国史上的一些关键性的大问题,并尽量企图从中获得关于当前处境的启示。这正是司马迁以来所谓"通古今之变"的中国史学传统。因此,陈先生在他的历史论著中常常在有意无意之间发出"通识古今"的感慨。在史学研究上如此,在文学研究上亦然。所以他解释古人的诗文,不但求其最初出处的"古典",而且要发掘出代表"当时之事实"的"今典"。从早期的中古史研究到晚年关于明、清文学的专著,其中都贯穿着这一"通古今之变"的精神。②

这一解说,最能表征并契合寅恪先生"在史中求史识"的认识与"通古今之变"的精神。实质上,这也可视为陈寅恪先生的史学智慧。当然,这其中重要的是:"陈先生追寻历史教训的要求不但没有违背现代求真的客观精神,而且是彻底地建筑在'真'的基础之上的。其实,这也是中国史学传统中所早已具有的精神。"③可见,史学通识与客观之"真",是不违背的,尤其对陈寅恪这样的史学大家来说,他所有的历史结论,都是建立在确凿的证据与史料基础上的。陈寅恪是掌握"材料"的高手。对他来说,没有考证,何谈"在史中求史识",更何谈"通古今之变"! 这就是陈氏史学的智慧与真精神。

① 余英时.陈寅恪的学术精神和晚年心境[M]//余英时.现代危机与思想人物.北京:生活·读书·新知三联书店,2005:373 - 374.

② 余英时.陈寅恪的学术精神和晚年心境[M]//余英时.现代危机与思想人物.北京:生活·读书·新知三联书店,2005:375.

③ 余英时.陈寅恪的学术精神和晚年心境[M]//余英时.现代危机与思想人物.北京:生活·读书·新知三联书店,2005:377.

史学方法中的诠释

在涉及史学"诠释"这一话题时,我们似乎可看到陈寅恪文献中,这一学术诠释之特点无处不有。尤其在涉猎大量的文学作品时,寅恪先生对诠释的运用,十分到位且巧妙熟练。但须知,他毕竟是个史学家,其所做诠释,全然有其学术上的"史学"尺度之把握。

汉学家施耐德就曾认为:陈寅恪的史学方法论,有一点诠释学的味道。但如果一定要说明其来源,他估计这在很大程度上是从陈氏家学渊源而来的。因为陈氏提到诠释学时所举之例,通通不是从历史而来的,而是从文学如写诗、解诗的传统而来的。如西方史学大师利奥波德·冯·兰克(Leopold von Ranke)的历史主义或约翰·哥特弗雷德·冯·赫尔德(Johann Gottfried von Herder)的文化哲学,对陈寅恪来说,确实接触到甚至有所启发。① 事实上,陈寅恪对西方史学熟稔有余,信手拈来。施耐德就明确指出过:"陈寅恪的观点无疑更接近兰克的解释学的理论,努力解决个别与普遍的关系问题,并反对任何目的论的进步观念。"②陈寅恪当然不是普遍主义者,他更强调文化个性。

为此,余英时专门写有《陈寅恪晚年诗文释证》一书(该书三次增订刊行)。在该书《书成自述》中,余英时陈述了该书在其个人生命史中所具有的非常独特的意义,并表示他通过陈寅恪的史学诠释,进入古人的思想情感、价值意欲的精神世界中,从而对中国文化传统及其流变产生了贴切认识,并真正地理解了历史研究并非只在史料中搜寻字面材料而证成一己之假说,而是运用一切可能的发掘与诠释方式,在已凝固的材料中探测贯注于历史中的个体与集体的生命跃动。对这种陈氏诠释方法论,余英时做了如下解说:

> 运用一切可能的方式,在已凝固的文字中窥测当时曾贯注于其间的生命跃动,包括个体的和集体的。这和陈寅恪所说借史料的"残余片段以窥测其全部结构",虽不尽同而实相通。如果我当初从他的劫余诗文中所窥见的暗码系统和晚年心境,居然与历史真相大体吻合,那么上面所提示

① 傅斯年、陈寅恪与德国兰克学派之关系分歧[J].汉学研究通讯,2017(144):36 – 40.

② 施耐德.真理与历史:傅斯年、陈寅恪的史学思想与民族认同[M].关山,李貌华,译.北京:社会科学文献出版社,2008:192.

的方法论至少已显示了它的有效性。在中国现代史学家中，陈寅恪是运用这一方法论最为圆熟的一位先行者。我曾一再说过，我尽量试着师法他的取径，他怎样解读古人的作品，我便怎样解读他的作品。从这一点说，这本书不能算是我的著作，不过是陈寅恪假我之手解读他自己的晚年诗文而已。①

是的，这里的如何"解读"，也就是诠解、诠释之谓；而此中所言"暗码系统"，更是其诠释的重要手法。对陈氏史学而言，无此诠释之法，也将无以借史料的"残余片段以窥测其全部结构"。因此，余英时是以发现者的眼光，来发掘陈氏史学的诠释方法论的。在余英时眼中，陈寅恪的史学内涵可分为事、文、义三个层次。显然，后两个层次都涉及诠释，最后这个"义"的层次，还关涉儒家义理的诠释。余英时如此说道："陈寅恪的史学著作，特别是重要的专著，都有事、文、义三个层次，而尤以他自己'窃取之义'最为重要。但是我必须立刻补充一句，他不是一成不变地遵守着这个儒家史学的传统，而是更新了，也扩大了'义'的内涵。"②寅恪先生虽然早年就能背诵"十三经"，但他当然不是个儒士，更非现代新儒家人物。他的史学诠释视野之广，涵盖了他对儒家义理的解读，但早已超越了这一层面。"他的原创力的异常丰富"③实与他极为深厚的儒释道功底及其对古文献、史料的把握相关，而且，"陈先生所掌握的与史学有关的辅助学科，远比同时期一般的史学家丰富"④。故寅恪先生确能做到凡其诠解原典或史实处，都丝毫不见那种不尽如人意之人工凿痕。

这里，笔者发掘出《柳如是别传》中的几例，以观陈寅恪先生诠释重历史"事实""实况"之例：在第三章《河东君与"吴江故相"及"云间孝廉"之关系》中，有一处举出前人"十绝句"后即指出："寅恪案，此十绝句甚佳。然欲知诗

① 余英时.儒学的困境与中国人文研究的再出发[M]//何俊.余英时学术思想文选.上海：上海古籍出版社，2010：364.

② 余英时.陈寅恪与儒学实践[M]//余英时.现代危机与思想人物.北京：生活·读书·新知三联书店，2005：422.

③ 余英时.陈寅恪与儒学实践[M]//余英时.现代危机与思想人物.北京：生活·读书·新知三联书店，2005：420.

④ 余英时.陈寅恪的学术精神和晚年心境[M]//余英时.现代危机与思想人物.北京：生活·读书·新知三联书店，2005：363.

中所言之事实,则须取牧斋(钱谦益)及孟阳两人其他诸作参之,始能通解。"①显然,作为诠释,陈寅恪希冀取得通解,且是基于"事实"基础上的通解。在该章另一处按语中,陈寅恪的诠释仍是如此:"寅恪案,此首乃述河东君檀园游宴之实况也。"②可见,其何等注重诗作中透见的历史"实况",不仅要从诗作中透视历史实况,而且须发掘材料而"证明"之。且看另一则诗作诠释之按语:"寅恪案,此首第一句及七八两句,足以证明是诗乃松圆自述邀约河东君夜饮于其所居之处,极歌唱酣醉之乐也。"③这就是陈氏史观所运用的基本诠释法,不仅要从文学作品中透视并破解历史现象与事实,更要以材料本身而努力实证之。而在余英时看来,陈寅恪之所以是掌握史料的高手,并不在其手中有如何特殊的材料,而在于他能在同样的史料中独具鉴别之眼光,从而立于更高的史观层次。

因此,余英时再一次据于寅恪先生的"解读"诠释法,高度肯定"在中国现代史学家中,陈寅恪是运用这一方法论最为圆熟的一位先行者"④。

最后,笔者想说的是:我们在纪念陈寅恪130周年诞辰的今天,有种种理由,在仰慕这位"中国现代史先行者"的同时,以契于陈氏二命题加之界定陈氏历史地位的方式,来纪念他,以永葆他的学术精神。

(赖功欧,1954年生,江西省社科院哲学所研究员、江西省书院研究会副会长、江西省谱牒研究会副会长。)

---

① 陈寅恪.陈寅恪集:柳如是别传(上)[M].3版.北京:生活·读书·新知三联书店,2015:224.

② 陈寅恪.陈寅恪集:柳如是别传(上)[M].3版.北京:生活·读书·新知三联书店,2015:175.

③ 陈寅恪.陈寅恪集:柳如是别传(上)[M].3版.北京:生活·读书·新知三联书店,2015:177.

④ 余英时.儒学的困境与中国人文研究的再出发[M]//何俊.余英时学术思想文选.上海:上海古籍出版社,2010:364.

陈宝箴致谭钟麟札释读
——兼及晚清赈捐制度研究

张求会

摘　要:光绪二十一年(1895),湖南遭遇大旱灾。在外任职的谭钟麟等湘籍督抚,应湖南巡抚陈宝箴之请,率先拨款助赈。第二年,在写给谭钟麟的一封信中,陈宝箴对谭钟麟等人支拄危局之功深表感激和赞赏,又重申自己反对"赈捐减成"的主张。这封信在部分还原湖南光绪二十一年救灾历史场景的同时,也从侧面阐述了陈宝箴的吏治思想,为研究晚清赈捐制度提供了一份颇有价值的史料。

关键词:陈宝箴　谭钟麟　书札　救灾　赈捐减成

一、缘起

2019 年 5 月,友人马忠文从北京传示一组图片,内容是《笃斋藏清代百家书札》所收陈宝箴致谭钟麟手札一通(注:编者将此札命名为《陈宝箴致文卿》,文卿即谭钟麟)。① 经查,此札为《陈宝箴集》②所失收,陈宝箴致谭钟麟书札此前从未见闻,因此,有必要对这封集外佚札予以释读。

陈宝箴此札,现归苏州收藏家"笃斋主人"。入藏"笃斋"之前,旧藏主曾为之题跋:"右帅抚湘,扶掖士类,提倡新学,戊戌变后,遂为朝议所不容。散原世丈因得闭门向学,诗文为一代大师,以视一时荣辱,不啻天壤,殆亦食公爱士

---

① 陈宝箴.陈宝箴致文卿[M]//李昭安.笃斋藏清代百家书札.北京:国家图书馆出版社,2019:256 – 261.

② 汪叔子,张求会.陈宝箴集(下)[M].北京:中华书局,2005.

之报。"①

陈宝箴(1831—1900),字右铭,江西义宁(今修水县)人,光绪二十一年至二十四年(1895—1898)官湖南巡抚,因巡抚例兼兵部侍郎衔,故世人多以"右帅"称之。"散原",即陈宝箴长子三立(1853—1937),字伯严,号散原。旧藏主称陈三立为"散原世丈",且跋语情深意切,据此推测,两家或为世交。

二、正文

陈宝箴原札共六页,以行书写于普通八行笺(红栏,无边框)上。现将正文移录于下,并据内容划分段落,添加新式标点。

文卿先生制帅侍右:

宝箴蹇劣无似,猥辱手书奖掖,词意勤至,伏读汗悚,奚以克承?

往时曾与曾忠襄公论及时局,颇以湘事为念,谓"若遇饥年,当不可支"。宝箴谬谓"支拄危局,尤恃湘贤,设湘中有事,湘人自能了之"。时忠襄未深许也。不谓昨岁邂逅旱荒,宝箴适承其会,而所以潜弭祸萌、得所措手者,内则赖朱禹田翁诸君绸缪补救,与浏阳欧阳节吾中翰立挽危机,得不遽至溃决,外则由我公宏愿大力,不匮于施。消息传闻,欢声盈路,远迩倾动,相与佽助,遂有北洋巨款之拨,而岘帅南还,又复继之。常与寮属言,此次湘省机局,惟我公有以张之,实局中甘苦之言,外人未必尽喻。而往者与忠襄论议,若操左券,盖亦幸而言中矣。

近自四月以来,旸雨不愆,新苗勃发,早稻似可望收成。惟青黄不接,灾区次贫之户,藏粟既尽,典质已空,又复束手待哺。衡山张令祖良续请万金,泰然无复顾虑,嗣经禹田翁别有所闻,乃亟派员确查,该令反谓为不经。未及旬日,而危状已形。多委员绅,分投拯救,幸免饿毙滋事。银米并计,又续发五万余金,尚恐不敷。我公运来小银圆,已发去二十五万圆矣。此外亦尚有请益之区,但得岁事有秋,尚可敷衍。珂里自沈倅抵任,诸事渐有条理,省仓谷亦已运到,似可接济。如有不敷,自当续筹,俾霑溉大惠也。

赈捐减成一节,宝箴坚持不可。缘湘省无他事可作融销,账项出入,官绅

---

① 陈宝箴.陈宝箴致文卿[M]//李昭安.笃斋藏清代百家书札.北京:国家图书馆出版社,2019:256.

共见共闻。近年湘中吏治败坏已极，不能不激浊扬清，示以趋向之的。而积重之势，盗憎主人，惟以蹈瑕抵隙为事，非自立于寡过之涂（途）、不败之地，未有不为所持者。虽云事出因公，究为法所不许。从井救人，其何能淑？如果非此无以为赈，至时再当据情入告，以光明磊落行之耳。兹承来示，贷款五万，已以义捐，并设法弥补，尤宝箴所感刻肺腑、永言无斁者矣。又获读致禹翁函，意亦不以减成抢收为然。四顾茫茫，仅得我公此言于群言淆乱中耳，既感且佩，言之慨然。

目昏，不能作楷，缕布区区，伏惟鉴谅。

岭南酷热，惟为时千万葆卫。

宝箴谨拜上
五月十八日①

三、释读

光绪二十一年（1895）入夏后，湖南省长沙、衡州、宝庆等府雨泽愆期，"被灾州县二十余，浏阳、醴陵、衡山最巨"，②"灾民纷纷就食省城，并逐渐转徙邻境，情事极为可虑"。③ 七月，陈宝箴奉旨补授湖南巡抚；九月，朝廷深以湖南旱灾为忧，命陈宝箴即赴新任，"毋庸来京请训"；十月，陈宝箴抵任。④

陈宝箴此札所称"昨岁邂逅旱荒"，即上一年（光绪二十一年，1895）湖南发生的大旱灾，据而可知此札写于光绪二十二年五月十八日（1896 年 6 月 28 日）。该札以赈济湖南旱灾为主要内容，所涉人物除收信人谭钟麟外，另有曾国荃（1890 年卒，谥"忠襄"）、朱昌琳、欧阳中鹄、刘坤一、张祖良、沈某等六人。

谭钟麟（1822—1905），字文卿，湖南茶陵人。光绪二十一年三月（1895 年

---

① 陈宝箴.陈宝箴致文卿[M]//李昭安.笃斋藏清代百家书札.北京：国家图书馆出版社,2019:256 - 261.

② 陈三立.湖南巡抚先府君行状[M]//汪叔子,张求会.陈宝箴集（下）.北京：中华书局,2005:2001.

③ 陈宝箴.灾民待抚孔亟急须开办赈捐折[M]//汪叔子,张求会.陈宝箴集（上）.北京：中华书局,2003:31.

④ 汪叔子,张求会.陈宝箴集（上）[M].北京：中华书局,2003:24,28.

4月),谭氏由四川总督改任两广总督,二十五年十一月(1899 年 12 月)解任召京。① 陈宝箴此札前称"文卿先生制帅"(总督例兼兵部尚书衔),后言"岭南酷热"云云,可见其时谭钟麟正在粤督任内。

在陈宝箴抵任之前,开缺湘抚吴大澂已于光绪二十一年九月奏请朝廷恩准"于粮道库储本年解部漕折项下截留银三万两","并请仿照直隶省现办赈捐章程,劝谕捐输,以资抚恤"。② 俟陈宝箴到任,"贫民粮尽乏食,日形窘急,已有茹草饿毙情形,流民散卒并道而驰"。③ 面对危境,接受关防刚满旬日的陈宝箴,会同湖北巡抚兼署湖广总督谭继洵上奏朝廷,恳请饬部迅速议覆吴大澂前折,"俾得早邀俞允,钦遵办理,以拯穷黎"。④ 然而,办捐缓不救急,陈宝箴不得已,"驰电告援邻近各省量拨巨款,以济急需"。⑤

各省接获湘省求助电讯后,纷纷有所行动:湖北巡抚谭继洵拨银两万两,又借拨浏阳平籴银二万两;两广总督谭钟麟拨银五万两;四川总督鹿传霖、浙江巡抚廖寿丰、山西巡抚胡聘之,各汇解银一万两;署两江总督张之洞拨银一万两,并在江宁设局劝办湘捐;钦差大臣、两江总督刘坤一垫解银四万两;直隶总督(兼充北洋大臣)王文韶拨解银四万两,捐廉银三千两,"复饬津海关道盛宣怀于就医上海时设法筹垫巨资,交义绅严作霖等来湘助赈"。⑥

驰援各督抚中,谭钟麟(茶陵人)、谭继洵(浏阳人)、刘坤一(新宁人,字岘庄,故称"岘帅")等"湘贤"确实发挥了急公好义的表率作用。谭钟麟考虑到"湘省钱少,赈给碎银,诸多窒碍",经与陈宝箴及办赈各绅商定,"于粤省赈捐,搭解半角、一角小银钱六十万枚,俾资周转"。因小银钱"较大银钱颇能行

陈寅恪家族研究论文集

---

① 钱实甫.清代职官年表(二)[M].北京:中华书局,1980:1494,1496.

② 陈宝箴.灾民待抚孔亟急须开办赈捐折[M]//汪叔子,张求会.陈宝箴集(上).北京:中华书局,2003:31.

③ 陈宝箴.奏陈各省拨款协济助赈情形片[M]//汪叔子,张求会.陈宝箴集(上).北京:中华书局,2003:352.

④ 陈宝箴.灾民待抚孔亟急须开办赈捐折[M]//汪叔子,张求会.陈宝箴集(上).北京:中华书局,2003:31.

⑤ 陈宝箴.奏陈各省拨款协济助赈情形片[M]//汪叔子,张求会.陈宝箴集(上).北京:中华书局,2003:352.

⑥ 陈宝箴.奏陈各省拨款协济助赈情形片[M]//汪叔子,张求会.陈宝箴集(上).北京:中华书局,2003:352 - 356.

用",除发交外县赈局外,"亦有制钱缺乏州县来省兑换,以便民间零用者"。①陈札所称"发去二十五万圆",即来源于广东所解小银钱。

因缘若此,陈宝箴才会在写给谭钟麟的这封信中,既感念"我公宏愿大力,不匮于施",又追述往昔与曾国荃之论议——"支拄危局,尤恃湘贤,设湘中有事,湘人自能了之"。显而易见,陈氏所言虽难免揄扬之意,却也不乏感佩之诚。

在赈灾中"绸缪补救"之"朱禹田翁",即长沙巨富朱昌琳(1822—1912),字雨田。早在光绪三年丁丑至四年戊寅(1877—1878),北方多省因持续特大旱灾而暴发"丁戊奇荒"时,朱昌琳就曾接受山西巡抚曾国荃、陕西巡抚谭钟麟之邀,前往当地办赈。② 至陈宝箴抚湘,朱昌琳虽年过七旬,以老谢客,仍勉为陈氏而出,赈灾倡捐之余,又执掌官钱局、铸钱局、铸洋圆局。

"潜弭祸萌""立挽危机,得不遽至溃决"云云,则是陈宝箴对其重要幕僚欧阳中鹄的高度肯定。欧阳中鹄(1849—1911),字节吾,浏阳人,曾以举人考授内阁中书,故陈宝箴称之以"中翰"。光绪二十一年(1895),在湖南众多受灾州县中,陈宝箴首先赈济受灾最重的浏阳、醴陵、衡山三县,"浏阳伏匪倚灾数倡乱,用县人欧阳君中鹄领振,得无事"。③

陈札中的"衡山张令祖良",即张祖良,原任长沙县知县,后调署衡山县,光绪二十一年(1895)正月到任。④ 衡山灾情稍有纾缓后,又因青黄不接,"旧谷既尽,典质已空,向之似能自给者,此时亦同束手待毙",署理知县张祖良此次明显处置欠妥,险些酿成新祸。一波未平,一波又起,"浏阳又忽请续款三万金",攸县、清泉也是"续请甚急",虽事出仓促,"皆意计所不及而又实不可缓

---

① 陈宝箴.湖南试铸小银钱片(稿三)[M]//汪叔子,张求会.陈宝箴集(上).北京:中华书局,2003:509-510.

② 张金荣,田胜均.近代湖南富商朱昌琳的经营思想[J].文史博览(理论版),2011(2).

③ 陈三立.湖南巡抚先府君行状[M]//汪叔子,张求会.陈宝箴集(下).北京:中华书局,2005:2001.

④ 陈宝箴.部分州县调署、补署各员到任清单[M]//汪叔子,张求会.陈宝箴集(下).北京:中华书局,2005:1923.

者"。①

谭钟麟籍隶长沙府茶陵州,其时因本任知州周廷相调省,遂由沈皋署理,沈皋于光绪二十二年(1896)四月十六日到任。② 陈札所称"珂里自沈倅抵任",似即指此。

此外,周廷相、张祖良因未能如期完成光绪二十一年(1895)应缴钱粮,"均经请旨交部议处在案",至二十二年(1896)八月全数完解,始得免议、减议。③ 光绪二十三年(1897)正月,张祖良再由衡山县改署邵阳县。④ 长沙为首县、要缺,衡山为要缺,邵阳为中缺⑤,之所以如此调署,或许与张祖良任内乏善可陈存在一定的关联。

四、释读(续)

陈宝箴此札的另一项重要内容,是重申反对"赈捐减成"的做法,并且对同持此议的谭钟麟深表赞赏,引为同调。此事涉及晚清赈捐制度的演变,亦可借此管窥陈宝箴澄清吏治之志,迄无专文论及,故有必要结合相关史料稍做疏证。

赈捐,既是一种救灾制度,又是一种捐纳制度。政府以赈灾为目的的捐纳、捐输活动,在中国历史上,至少可以追溯到秦汉时期的纳粟赐爵之举,其后历朝历代多曾开办。清朝的捐纳制度行之二百余年,"创于康熙,备于雍、乾、嘉、道因袭之,咸、同以后遂加滥焉"。⑥ 朝野上下皆知捐纳为"百弊丛生、藏垢纳污"之"秕政",停捐之谕亦屡见不鲜,"然至清亡并未停止,是此制实与清代相终始也"。⑦

① 陈宝箴.致盛宣怀(九)[M]//汪叔子,张求会.陈宝箴集(下).北京:中华书局,2005:1704-1705.

② 陈宝箴.部分州县调署、补署各员到任清单[M]//汪叔子,张求会.陈宝箴集(下).北京:中华书局,2005:1923.

③ 汪叔子,张求会.陈宝箴集(上)[M].北京:中华书局,2003:286-288.

④ 陈宝箴.毛隆章、张祖良分别调署南洲、邵阳片[M]//汪叔子,张求会.陈宝箴集(上).北京:中华书局,2003:371-372.

⑤ 张友鹤.清代的官制[M]//李宝嘉.官场现形记(下).张友鹤,校注.北京:人民文学出版社,1957:1066-1067.

⑥ 许大龄.清代捐纳制度[M].北京:燕京大学出版社,1950:13.

⑦ 许大龄.清代捐纳制度:序[M].北京:燕京大学出版社,1950:1-2.

清初实行捐纳制度,原以捐虚衔、封典、贡监等为限,后来演变为也可以捐实官(名曰"实官捐")。咸丰、同治之后,捐例大开,捐纳一跃而为做官的终南捷径。捐官的,到京城交银,叫作"上兑"。由户部填发取得某官资格的证明,叫作"执照"(部照)。在外省捐官的,由布政司发给"实收"作为收款凭证,再咨请户部发给"执照"。捐纳所筹款项,表面上是为了解决军需、河工、赈灾或营田之急需,实际上大部分收入进了各级官吏或放赈者的腰包,政府所得往往十分有限。①

在光绪二十一年(1895)湘省因灾开赈之前,影响较大的全国性赈捐至少有以下三次:光绪十年(1884)中法战争时期,海防重要,需饷浩繁,于是有"海防事例"之规定;十三年(1887),河南郑州黄河决口,治河需款,遂颁布"郑工事例";十五年(1889),因筹办海防,又颁布"新海防事例"。② 而各省的赈捐活动,此前层出不穷,此后也并未歇息。③ 但凡事出有因、有章可循,一省办赈,他省效仿,兼之赈局可以跨省而设,每逢荒灾之年,数省同时举赈,一省之内赈局林立,难免因利益而出现竞争,减成收捐于是成为抢占捐纳资源的重要手段之一,却也因此滋生出绝大弊端:其一,损"名器"而伤"吏道";其二,办赈之官吏士绅狼狈为奸。

早在康熙年间,已有大臣提请朝廷防范捐纳"滥伤名器""为累地方"的风险。④ 此后,捐纳开开停停、停停开开,周而复始,恶性循环。光绪初年,"议者谓乾隆间常例,每岁贡监封典、杂职捐收,约三百万,今捐例折减,岁入转不及百五十万",据而可证,"名器重,虽虚衔亦觉其荣,多费而有所不惜;名器轻,则实职不难骤获,减数而未必乐输",两相比较,"所得无几,所伤实多",故而建议以"停捐"为便。光绪五年(1879),"帝以捐例无补饷需,实伤吏道,明诏停止"。可惜,内忧外患交替登场,天灾人祸连绵不绝,捐纳不但未能废止,反倒于光绪十年(1884)开海防捐时"如筹饷例,减二成核收","常例捐数并核

① 张友鹤.清代的官制[M]//李宝嘉.官场现形记(下).张友鹤,校注.北京:人民文学出版社,1957:1063-1064.
② 许大龄.清代捐纳制度[M].北京:燕京大学出版社,1950:77,129,154-160.
③ 许大龄.清代捐纳制度[M].北京:燕京大学出版社,1950:78-79.
④ 许大龄.清代捐纳制度[M].北京:燕京大学出版社,1950:3,5,12.

减"。①

及至光绪二十一年(1895),湖南等省相继因灾开赈,两广总督谭钟麟"于粤省设五省振捐总局,冀弥垫项,乃月只千余金,只好另行设法弥补"。陈宝箴闻讯后为之感慨:"以岭南多宝之乡,而所获止此,可知近时虚衔、封典非减成所可招徕,殆为通义矣。"②当时,"各省赈捐层见叠出,已成强弩之末"真实不虚,而"除劝捐赈济外,别无救荒之策"同样不假。③ 对于地方官吏而言,损"名器"、伤"吏道"云云毕竟是尚显虚无的远虑,安抚饥馑以免激成民变才是真正的近忧。因此,核减成数以广招徕,几乎成了各地不约而同的首选之策。④

湖南此次开办赈捐,除了在省内广加劝谕,更主要的是依托外部力量——"咨请直隶、广东、福建、浙江、贵州、山西、陕西、四川、江宁、江西、江苏等省,及由筹赈局咨请两淮盐运司、湖北荆州府转饬湘人之服官各省者量力报捐请奖"。⑤ 身为湖南巡抚的陈宝箴亲自寄给湖北巡抚谭继洵实收 800 份,其幕僚欧阳中鹄也给学生谭嗣同寄去 30 份实收,主宾都希望谭氏父子念及乡情大力劝办湘捐。然而,湖北此时也已因本省灾情告急而开办赈捐,甘肃等省在湖北亦设局办赈,自顾不暇之际,谭氏父子很自然地希望陈宝箴顺应形势核减成数。谭嗣同于光绪二十一年十二月二十九日(1896 年 2 月 12 日)答复老师欧阳中鹄的一封信,既为后人还原了当时的真实场景,也为研究晚清赈捐制度留下了宝贵的史料。谭嗣同在信里这样写道:

> 承交下实收等三十分,自往捐局查问一切。海防例捐实官只须三成,若买盐商捐款尤便宜,大约只得一成有余。湖北亦开办赈捐,奏请虽系三成,实在只作一成七,旋因山东赈捐已减至一成六,此间遂不得已改为一成五,然虚衔、封典,谁有此闲钱来捐?唐季告身,至谋一醉而不可得,几

① 许大龄. 清代捐纳制度[M]. 北京:燕京大学出版社,1950:159.

② 陈宝箴. 致盛宣怀(四)[M]//汪叔子,张求会. 陈宝箴集(下). 北京:中华书局,2005:1700.

③ 吴大澂. 湖南灾区甚广拟照直隶章程劝捐助赈折[M]//汪叔子,张求会. 陈宝箴集(上). 北京:中华书局,2003:34.

④ 许大龄. 清代捐纳制度[M]. 北京:燕京大学出版社,1950:15 - 16,27 - 29,32 - 34,62 - 67,71 - 72,86,100 - 104,157,169.

⑤ 陈宝箴. 湘省赈捐展缓造册请奖片[M]//汪叔子,张求会. 陈宝箴集(上). 北京:中华书局,2003:370.

似之矣。甘肃亦在此劝捐，成数尚未悉。今湖南赈捐章程系三成，如何能办？陈右帅寄到实收八百分，家严因李正则现办鄂捐，并交其办理，至应如何核减成数，尚未商定。嗣同急思揽生意归浏阳，拟径将实收三十分（将来设法报销）作一成五开捐，并交正则办理。正则谓鄂捐一成五犹劝不动，惟转寄上海可求速售。嗣同屡禀家严请照办，家严终以未经贵局核减成数，未便擅减；并命以此意函知大家兄，昨日发去，务请乞速示（请专函，不言他事）。①

收到谭嗣同此信不久，欧阳中鹄在寄呈谭继洵的书信中呈报湖南"赈捐减成"难于实行，谭嗣同遂于复函时禀告欧阳老师，准备将老师寄来的30份实收托人带回湖南。② 欧阳身为湘抚的重要幕僚，他转达的应该是陈宝箴的意见和主张。从时间的前后来推测，谭钟麟致朱昌琳函、陈宝箴复谭钟麟函，这两封信皆不以减成抢收为然，两次讨论的极有可能都是湖北建议湘捐核减成数一事。

今天看来，陈宝箴之所以放弃大幅核减成数的普遍做法，可能另有一种担心，那就是经办者上下其手，滋生诸多弊端。尽管这方面的直接材料暂付阙如，却可以在谴责小说《官场现形记》中觅得蛛丝马迹。该书第三十四回《办义赈善人是富　盗虚声廉吏难为》，安排了两个角色——候补官员"磕头道台"与劝捐义绅"阎二先生"的这样一番对话：

> 磕头道台道："现在捐票什么折头？兄弟想请一个三代一品封典。"阎二先生道："有有有。某翁是自己人，我老实说。若是别人，就是出了钱我也不同他讲的。某翁要办这件事，姑且再等一两个月。这回山西义赈，极少要捐七八十万。有些捐整千整万的人，他们各人会替自己请奖，或者移奖子弟，我们想不到他的好处；就是请奖之外，有点盈余，也为数有限。其次，当铺钱业虽然由各府各县传谕各帮首董勒令派捐，将来他们这些捐票仍旧要出卖与人，希冀捞回两个。这种捐票都跟着大行大市走的，我们也占不到便宜。要拾便宜倒在零碎捐款上头：人家捐了一百、八十，十块、八块，谁还想什么好处？然而积少成多，这便是经手人的沾光。譬如有一百

---

① 谭嗣同.致欧阳中鹄（八）[M]//谭嗣同集：下册.杭州：浙江古籍出版社,2018:538.
② 谭嗣同.致欧阳中鹄（九）[M]//谭嗣同集：下册.杭州：浙江古籍出版社,2018:541.

万银子的捐款,照例请奖,人所共知的也不过十万、二十万,其余的都要等到凑齐整数。将要奏报出去的时候,那一省的事就由那一省的督抚同我们商量好了,定个折扣卖给人家,仍旧可以请奖。人家乐得便宜,谁不来买?而且这笔卖买(买卖)多半还是我们经手。"磕头道台道:"如此一来,就是打个六折、七折卖给人家,岂不是一百万银子的捐款又多出六七十万吗?倒可以救人不少!"阎二先生道:"你这人好呆!再拿这银子去赈济,我们一年辛苦到头,为的什么?果然如此,我为什么不叫你买捐票,倒叫你等两天呢?叫你等两天就有便宜给你。不过这里头也不是我兄弟一人之事。现在山西急等赈济,靠你观察的面子,只要能够经手募捐万把银子,于照例请奖之外,兄弟并且可以在别人名下想个法子再送你一个保举;不要说是一个三代一品封典,别的官还可以得好几个哩。"磕头道台听了,着实心动。不过要他募捐一万(两)银子,尚待踌躇。①

上引文字虽为小说家言,但是,胡适关于该书写实特征的论述至今依然值得重视。在胡适看来,"虽然传闻有不实不尽之处,然而就大体上论,我们不能不承认这部《官场现形记》里大部分的材料可以代表当日官场的实在情形。那些有名姓可考的,如华中堂之为荣禄,黑大叔之为李莲英,都是历史上的人物,不用说了。那无数无名的小官,从钱典史到黄二麻子,从那做贼的鲁总爷到那把女儿献媚上司的冒得官,也都不能说是完全虚构的人物。故《官场现形记》可算是一部社会史料"。② 因此,"磕头道台"指代何人并不重要,"阎二先生"(号佐之)是否影射江南义绅严作霖(字佑之)亦可存疑,但空穴来风,这番对话至少间接佐证了可能存在过的这样一种事实:经办赈捐之贪官、污吏、劣士、恶绅,狼狈为奸,通同作弊,利用核减成数等制度空隙,采取化零为整、移花接木等伎俩,串通谋获非法利益的最大化。

"赈捐减成"既难以真正奏效,又可能滋生多重弊病,因此,陈宝箴最终没有采纳谭氏父子的建议。为了确保满足救灾对于钱粮的迫切而持续之需求,陈宝箴寻找到了更为有效的措施:其一,如前所述,驰电告援邻近各省,请予量拨巨款,以济抚赈急需;其二,在全国十多个省份设立劝捐办赈机构,广为招

---

① 李宝嘉.官场现形记(下)[M].张友鹤,校注.北京:人民文学出版社,1957:580.
② 胡适.官场现形记序[M]//胡适.胡适文存:第三册.北京:华文出版社,2013:350.

徕;其三,重点依托粤督谭钟麟、直督王文韶等,又通过王文韶商请能吏盛宣怀与黄祖络、义绅谢家福与严作霖施以援手;其四,前后两次附片奏准湘省赈捐展缓造册请奖,既安抚众多缴款捐生,又隐喻潜弭祸萌之意。①

多管齐下,湖南此次办赈取得了不错的结果。② 出力各员,无论官吏绅民,也深受湘抚赞赏,皆在请奖之列。③

五、结语

光绪二十一年(1895)湖南大旱成灾,是陈宝箴抚湘后遭遇的第一场"大考"。陈宝箴充分利用游宦四方时结下的种种交情,获得了诸行省大员的及时援助,谭钟麟、刘坤一、谭继洵等湘籍督抚出力尤多,曾经两任湘抚的直督王文韶(浙江人)不但出手施救,而且引荐盛宣怀、黄祖络、谢家福、严作霖等能人代办湘赈。同心协力,多管齐下,内外之力交相作用,湘省灾情得以有效纾缓。光绪二十二年(1896)五月十八日,仍值赈济期间,陈宝箴致函谭钟麟,鸣谢谭氏等湘籍贤达,介绍救灾近况之余,再次表达自己坚决反对"赈捐减成"的主张。此札篇幅虽短,然小中见大,颇能彰显陈宝箴作为能吏、廉吏的优秀品质:积重难返之下,不忘激浊扬清;危如累卵之际,犹能抵瑕蹈隙,拼一己之力,示人以趋向之的。④

陈宝箴对于"赈捐减成"的排斥与拒绝,此前似从未有人提及,笔者虽勉力疏证如上,因学识有限,仍有四点疑窦:其一,谭、陈之外,其他督抚对于"赈捐减成"是否也有类似的看法和做法? 其二,国运日趋衰微,捐纳出于必然,减成亦为弦上之箭,在此大背景之下,杜绝"赈捐减成"是否可行? 其三,陈宝箴对于整个捐纳制度,或者说对于花样、铨叙班次、日期等其他方面的弊病,是否也有自己的见解? 其四,与陈宝箴同时代的朝臣如曾国藩、阎敬铭、左宗棠、丁日

① 汪叔子,张求会.陈宝箴集(上)[M].北京:中华书局,2003:370,612 – 613.

② 陈宝箴.汇报湘省赈捐各款数目并援案保奖折[M]//汪叔子,张求会.陈宝箴集(上).北京:中华书局,2003:681.

③ 陈宝箴.汇报湘省赈捐各款数目并援案保奖折[M]//汪叔子,张求会.陈宝箴集(上).北京:中华书局,2003:682.

④ 陈三立.湖南巡抚先府君行状[M]//汪叔子,张求会.陈宝箴集(下).北京:中华书局,2005:1997 – 1998,2001,2003.

昌、李鸿章、刘坤一等,名流如冯桂芬、薛福成、汤寿潜、郑观应、陈炽等,皆有言论涉及变革捐纳章程(制度)①,陈宝箴与这些人有着直接或间接的交往,他的主张是否受到他们的影响? 所有这些,无不在提醒着我们:对于晚清赈捐制度的研究,仍然亟待深化、细化。

（张求会,广东行政学院社会和文化教研部主任、教授,兼任广东演讲学会理事。）

---

① 许大龄.清代捐纳制度[M].北京:燕京大学出版社,1950:61 – 62,66 – 69,104,148 – 151,153 – 154,159 – 161,163,168.

从大山深处走出的文化世家

刘克敌

2020 年 11 月末,我前往江西省修水县,参加修水县人民政府承办的纪念陈寅恪先生 130 周年诞辰学术研讨会。因为新冠疫情,原本应在 2019 年召开的这次会议延期到 2020 年,又从上半年改到下半年,主题自然也由纪念陈寅恪逝世 50 周年改为纪念其 130 周年诞辰。

中国近代史上著名的文化世家

算起来,这是我第三次到修水了。第一次是在 20 世纪末,当时从县城到陈家大屋尚无可通机动车的道路,我和当地的一位朋友乘坐了一段汽车后,又在山林中步行了两个小时,才来到位于崇山峻岭中的竹塅,也就是陈氏家族的所在地。那所著名的陈家大屋就静静地坐落在一座小山脚下,周围有小溪流过。那一刻的感动,我至今记忆犹新,这里是陈宝箴、陈三立的故居,也是中国近代史上一个著名文化世家的出发地。

应陈氏后人的热情挽留,我们还在陈家大屋住了一夜,并品尝了陈家后人为招待贵宾才会做的当地美食“修水哨子”:它用芋头和红薯粉为皮,包着以虾米、腊肉、油豆腐和笋干做的馅,蒸熟后上桌,香味扑鼻。后来,我也吃过几次“哨子”,总感觉没有那一次的味道鲜美。在有些昏暗的灯光下,我们听陈家后人讲述当年陈家人在此艰难创业的故事,那是我一生难忘的体验。如今想重温旧梦已不可能,因为陈家大屋现为国家级文物保护单位,连住在里面的当地农民都搬了出来,更不允许游客在里面过夜。

记得在返回修水县城时,我们决定步行,选择了一条比较近却极为坎坷的山路。据朋友说,当年陈寅恪的祖辈如果要去县城,很可能走的就是这样的山路。我至今记得走那山路的艰险,因为很多地方根本没有路,要靠朋友用手里的竹竿拨开密密的草丛,顺便吓跑可能藏在里面的毒蛇。当时正值盛夏,我们没走多远就已大汗淋漓,随身携带的一瓶水很快就被喝完。也就在那一刻,我深刻地体会到一个家族走出深山的艰难。作为客家人,陈氏家族依靠他们的辛勤和智慧,由一个棚户之家到耕读之家,再由耕读之家到仕宦之家,最终成为中国近代史上著名的文化世家。陈家数代人为此付出了多少心血无法衡量,他们所走过的道路在某种程度上也是很多中国农民的梦想,只是能够让梦想变为现实者少之又少。

第二次去修水,则是应修水县政府的邀请,为他们修建陈寅恪纪念馆及维修陈家大屋等事提一些建议。当时去陈家大屋的路已经可以勉强让小汽车通过,但陈家大屋依然破破烂烂,如何尽快修复已经迫在眉睫。陈家大屋当时还不是国家级文物保护单位,修水又是一个国家级贫困县,因此在资金筹集方面面临着不小的困难。不过当地政府还是表示,他们为陈寅恪及其家族生活、成长在修水而自豪,而另一位值得他们自豪的是同样出生于修水的宋代大文豪黄庭坚。不管多么困难,他们一定要把陈家大屋保护好,让更多的人了解陈寅恪家族——这个从大山深处走出来的文化世家。

这一次,是我第三次来到修水。我明显感觉到当地人对我们的热情,以及他们在提及陈宝箴、陈三立和陈寅恪等名字时的自豪。他们对陈氏家族所表现出的敬佩和热爱,显然发自内心。会议之余,主办方邀请来自全国各地的100多位专家学者到陈家大屋参观考察,我惊喜地发现如今从县城到陈家大屋已经有了一条宽敞的沥青公路,乘车仅需半个小时就可到达。不但陈家大屋早已得到维修,当地还新建了一些纪念性场馆以及接待游客的设施。这些维修和新建设施整体而言没有影响原来的地理风貌和文物原貌,在对房屋等建筑进行修缮时也注意到了修旧如旧,尽量保持原貌。在各位专家学者看来,他们对当地政府为陈家大屋及有关文物所做的保护工作是满意的,也都为当地农民所表现出的热情而感动。

在返回县城的路上,我一直在想,究竟是什么力量一直在激励陈家数代人一定要读书识字,一定要走出大山。仅仅是为了光宗耀祖?显然不是。我想到了陈家大屋门外空地上那两对有名的举人旗杆石和进士礅——一对是因陈宝箴中举而设,一对是因陈三立中进士而设。它们的出现不仅标志着陈家的出人头地,更是陈家成功走出大山的象征。后来,陈宝箴、陈三立父子在湖南实行的新政,不仅有力地呼应了维新变法,更是在中国近代史上写下了重要的篇章。而陈氏父子之所以如此,正是源于他们对中国文化的深刻理解,源于他们的拳拳爱国之心,不愿祖国走向衰落乃至被列强瓜分的悲惨结局。他们一定要走出大山,就是为了获得一个救国救民的机会,就是要实现"修身齐家治国平天下"的中国文人一直以来的理想。

所以陈寅恪才会十几岁就走出国门,在海外留学 20 余年,广泛研究和了解西方文化却没有获得一个学位。因为他留学的目的不是镀金,而是寻找让中国文化重现辉煌的方法或途径。自 19 世纪中叶以来,伴随着西方文化的强行进入和步步紧逼,传统文化陷入日趋衰落的境地,中国社会也因此遭受一次次动荡以及外敌入侵。"中国向何处去""中国文化如何走出困境",就成为自龚自珍以来无数仁人志士努力思考、探索的问题。

大致而言,一个多世纪来,国人对于如何处理外来文化和传统文化的关系,有"中体西用"和"全盘西化"两条路径。前者以曾国藩、张之洞等人为代表,主张适当向外国学习,以渐进方式对外开放、维新变法;后者以胡适、陈独秀等人为代表,主张全盘引进外来文化,以激进乃至革命的手段批判和摧毁一切传统文化。对此显然不能简单判定孰是孰非,而且百年来的中国社会实践已经证明,一味闭关锁国当然不行,而门户洞开、全面西化也非正确的途径。也许从根本而言,坚持以中国文化为根本,并大胆吸收和借鉴外来文化中的有益成分,最终形成中西文化的有机融合,才能让中国文化焕发生机,并有可能重现辉煌。

陈寅恪、胡适和鲁迅等一代文化大师,都曾长期留学海外,对西方文化有着较为深刻的理解和认识,同时他们也都有极为深厚的国学功底,对传统文化的认知也是那个时代的佼佼者。尽管胡适、鲁迅等人在新文化运动时期也曾提出一些主张全面西化的过激口号,但很大程度上不过是一种与保守派斗争的策略,在对传统文化的整体态度上他们的认识其实大同小异。诚如钱穆在其《国史大纲》前言中所言:

凡读本书请先具下列诸信念:

一、当信任何一国之国民,尤其是自称知识水平线以上之国民,对其本国已往历史,应该略有所知。

二、所谓对其本国已往历史略有所知者,尤必附随有一种对其本国已往历史之温情与敬意。

三、所谓对其本国已往历史有一种温情与敬意者，至少不会对其本国已往历史抱一种偏激的虚无主义，亦至少不会感到现在我们是站在已往历史最高之顶点，而将我们当身种种罪恶与弱点，一切诿卸于古人。

四、当信每一国家必待其国民具备上列诸条件者比数渐多，其国家乃再有向前发展之希望。

不仅钱穆如此，再早如曾国藩、张之洞、李鸿章和郭嵩焘等人，也都明白当时的中国所面临之局面，是"三千年未有之大变局"，中国必须也只能对外开放，而且大门已经在洋枪洋炮的逼迫下被打开。所以曾国藩才会激赏俞樾的一句诗：花落春常在。只要中国文化这棵大树的根不死，尽管有花落之时，但他们相信春天还会再来。

这不就是我们今天倡导的文化自信？而且他们的自信绝不是虚无缥缈的自高自大，而是建立在对中外文化特征的深刻把握之上的。据此，他们也提出了一些迄今依然有价值的处理中西文化交流和融合的方法和途径，诸如张之洞的"中体西用"、陈寅恪的"新瓶装旧酒""取珠还椟"以及鲁迅的"拿来主义"，等等。在这里，我们只简单谈一下陈寅恪的观点。

1961年，吴宓自重庆到广州看望陈寅恪，在日记中写道："寅恪兄之思想及主张毫未改变，即仍遵守昔年'中学为体，西学为用'之说。"可见对"中体西用"之说，陈寅恪一直持赞同态度，但他只是借用这一术语表明自己对如何接受外来文化、如何对待传统文化的态度，即应以我为主、外来文化应当为我所用，也即吴宓在上述一段引文后所加的"中国文化本位论"。

陈寅恪认为，当佛教传入中土时，由于中国文化已发展至相当高度，故佛教只有被改造才能适应中国社会之特性。因儒家思想在中国占正统地位，所以佛教为求立足，就极力谋求用儒家学说阐释内典，证明二者有相通相同乃至可以相互补充之处。但唐初僧徒一味袭用儒家，其佛教真义反而迷失。至新禅宗出现，才提出直指人心见性成佛之旨，一扫烦琐章句之弊。韩愈受其影响，才效禅宗之举直指华夏之特性。韩愈发现，《小戴记》中《大学》一篇，其思想内容非常适合用来重新阐释儒家思想及佛教学说，因为此篇对内讲谈心说性，对外讲济世安民，既合乎佛教意旨，也符合儒家理想，既以佛教思想修身养性,又以儒家思想济世安民,这就是所谓"天竺为体,华夏为用"的意旨所在。陈寅恪认为,韩愈正是受到新禅宗的影响,才奠定了后来宋代新儒学的基础。

在陈寅恪看来,所谓"中学为体,西学为用",就是在吸收外来文化时坚持以我为主,所谓"体"有主体、基础、主干之义;而所谓"用"则既有实际之用途,同时也有抽象之用,即可以用来对"中学"主体进行改造,禅宗的产生与流传即为一例。张之洞等早期"中体西用"论者认为"中学为体"这一点不可改变,西学只有实用价值,不能进入中学主体内部,显然陈寅恪的认识早已超越他们。

但陈寅恪为何依然采用"中体西用"这一说法呢?可能有两个理由:第一,他不满于当时成为主流的以西学为坐标而非参照系的观点(此可能是在暗批胡适);第二,他认为"中体西用"说虽容易产生误解,但在无更好的术语之前仍不失为解释中外文化交流原则的较好的说法。而且,对"中体西用"说固然可以有不同的解释,这说明概念的不严谨性,但也表明它有极其丰富的内涵和阐释空间,从而可以具有更长久的生命力。这一概念提出至今已一个多世纪,但人们对它依然兴趣不减。

由此,在涉及现实问题时,陈寅恪提出了一些极有价值的中外文化交流的具体方法和方式。首先,对于外来文化,陈寅恪指出不外乎有两种引进方式:直接引进与间接引进。对此陈寅恪进行了分析:"间接传播文化,有利亦有害。利者,如植物移植,因易环境之故,转可发挥其特性而为本土所不能者,如基督教移植欧洲,与希腊哲学接触,而成欧洲中世纪之神学、哲学及文艺是也。其害,则辗转间接,致失原来精意,如吾国自日本、美国贩运文化中之不良部分,皆其近例。然其所以致此不良之果者,皆在不能直接研究其文化本原。"

他认为,对外来文化的引进关键在于确定该文化是否对本民族文化有益。倘如此,则必须直接研究其文化本原,而通达其语言是前提。至于引进方式,倘对外来文化有清楚理解,则直接、间接均无妨,问题在于以往的引进往往把其不良部分误作精华,以致对中国现代文化发展产生负面影响。陈寅恪特地点出日本、美国两处,而对中国近代史发生重大影响的外来思想基本上是从这两个国家间接引进的,早期如梁启超、孙中山等,晚期如胡适等,均为代表性人物,陈寅恪对他们的不满显而易见。

在他看来,对外来文化的引进,必须要解决这样几个问题:第一,所引进的是不是"原装"的;第二,即使是"原装"、还没有丧失本来精意的,但是否对中国文化之改造有益;第三,即使有益,在引进时是否也需要对其进行改造,以适应中国之特殊国情,以及如何改造;第四,其改造之后的结局如何? 陈寅恪认为,所有外来文化无论在其本土多么优良和有影响,在输入中国后都应有所改造以适应中国文化,事实也是如此:

> 输入之后,若久不变易,则决难保持。是以佛教学说,能于吾国思想史上,发生重大久远之影响者,皆经国人吸收改造之过程。其忠实输入不改本来面目者,若玄奘唯识之学,虽震动一时之人心,而卒归于消沉歇绝。近虽有人焉,欲燃其死灰,疑终不能复振。其故匪他,以性质与环境互相方圆凿枘,势不得不然也。

陈寅恪认为,中体西用作为中外文化交流的原则是不可变的,但在具体交流过程中,如何善于引进精华、拒绝糟粕,如何进行加工改造以及怎样把外来文化与本民族文化融合,这仍然需要认真考虑。针对当时人们提出的“旧瓶装新酒”说,他提出了自己的“新瓶装旧酒”说。所谓瓶与酒的说法,只不过是一个比喻,它们之间实质上属于内容与形式的关系。在一些正统的文化保守主义者看来,中国文化正如一只古老的酒瓶,既可装“旧酒”,也可装“新酒”。如果说过去是“天不变,道亦不变”,那么在西方文化大举进入时则可“以不变应万变”,这“不变”的就是张之洞所谓“中学为体”,倘若不得不变时,也要以渐变代速变,以少变代多变,这就是文化保守主义者的基本立场。

然而,倘若具体到把中外文化分别归之于瓶与酒,而认为酒可变而瓶不可换的话,则显然是片面之见。那么,陈寅恪所谓的“新瓶装旧酒”是什么意思呢? 他是在 20 世纪 30 年代初为冯友兰的《中国哲学史》写审查报告时提出这一观点的:

> 寅恪平生为不古不今之学,思想囿于咸丰同治之世,议论近乎湘乡南皮之间,承审查此书,草此报告,陈述所见,殆所谓“以新瓶而装旧酒”者。诚知旧酒味酸,而人莫肯酤,姑注于新瓶之底,以求一尝,可乎?

从上述引文可知,陈寅恪的“新瓶装旧酒”说是直接承曾国藩、张之洞的“中体西用”说而来的。换言之,他认为“中体西用”虽不错,但在新形势下,有必要为传统之酒制造新瓶。冯友兰的《中国哲学史》在这方面做得不错,才得到他的肯定。中国固有的制度风俗、三纲五常等是“旧酒”,而宋明儒学在吸收佛教后形成的新义理系统是“新瓶”,陈寅恪认为这一“新瓶”制作得不错,使中国文化得以成功地又延续了数百年。现在,冯友兰在建立"新理学"体系时,声称要对旧理学"接着讲",也即依然要像宋明儒学一样,在新时代的条件下再次制造新瓶,这当然会受到陈寅恪的赞许。

其次,陈寅恪又提出了接受外来文化的一个具体方法——"避名具实、取珠还椟"。这与他的"新瓶旧酒"说相呼应、相补充,更可看出他在这方面的远见卓识。"取珠还椟"这一比喻显然也是指内容与形式的关系,不过一般专指外来文化,这也是对"中体西用"说的引申与发展。陈寅恪强调要吸收外来文化中的精华,而拒绝那些华而不实、不符合中国国情的成分。

当然,具体操作起来并不容易。首先,判定何为珠、何为椟就相当有难度,彼时彼地为珠者,此时此地则未必。何况椟本身虽华而不实,毕竟还有一点儿形式美的价值,而在特定情势下,形式之引进也可能成为第一需要。那么,标准就只能是站在中国文化的立场上,以我之需要与否为是非。如果我们将"取珠还椟"和"新瓶旧酒"结合起来看,就会理解陈寅恪的深刻所在,特别是联系到陈寅恪所生活的那个时代,他不为时代潮流所动,能从本质上把握中外文化的见解的确深刻。

当陈寅恪提出"取珠还椟"时,正是"五四"时期;当他提出"新瓶旧酒"时,是 20 世纪 30 年代初期。事实上,在 20 世纪 30 年代真正提出有价值的思想并足以对抗"全盘西化"论者是代表新传统主义的新儒家。虽然新儒家也强调要站在中国文化本位的立场上,但他们心目中的"本位"有一个具体的内涵,即传统的伦理道德规范及其内在的哲学精神。而且,新儒家在论证传统文化有继续延续的必要性时,能够站在历史与哲学的高度,以人类发展和文化演变的普遍规律来论证继承传统的合理性,强调继承传统不是为了延续传统,而是为了重建民族文化,重塑民族精神。所以他们当中如冯友兰就提出对传统文化的"抽象继承法",显然他们的用意就在于要在现代社会中重新阐释并建立新的文化规范,而其内涵与精神是承接传统文化的,也即为传统文化之"旧酒"制造一个恰当的"新瓶"。对此,陈寅恪非常赞同,才欣然把自己的"旧酒"注入冯友兰的"新瓶",希望冯友兰等人的尝试能够成功。

历史总是充满了偶然和吊诡,时至今日,我们看到伴随着全球化的退潮和民族主义思潮的重新兴起,对传统文化给予充分重视并对其进行富有创造性的转化,已经成为迫在眉睫之事。在这个意义上,重温陈寅恪等一代文化大师对中西文化关系的阐释,不仅具有学术价值也有现实意义。

陈三立故乡纪行

胡迎建

用陈三立长沙返义宁韵（四首）

大屋添新院，辉光笼故居。
浚溪交汇响，摇竹乐迎予。
男女歌扬抑，主宾集密疏。
雍容隆礼节，开展更何如。

宽坦水泥路，新开到古村。
云屯知有意，溪活欲寻源。
文物彬彬盛，客人济济喧。
诗书能济世，官宦出斯门。

文明关国运，百载几升沉。
独立恒多虑，自由有苦吟。
诗书求启迪，经史探渊深。
久乏传灯者，谁知往哲心。

呦呦有鹿鸣，明日惜分征。
客去山仍静，云凝树未晴。
材奇觇气运，溪响恍书声。
摇曳青松竹，依依不舍情。

《陈寅恪授史图》初探[*]

张求会

摘　要:20 世纪 50 年代陈寅恪在中山大学寓宅二楼走廊上为学生讲课的一幅照片,多年来广为流传。照片中听课的学生到底有哪些人,却一直无人提及。2018 年 3 月 31 日,洪光华与张求会采访了照片中的一位听课学生汪廷奎。汪廷奎简要介绍了自己和照片中另外五名同学的基本情况,部分还原了当年陈寅恪为他们讲课的情景。将汪廷奎的回忆与相关史料结合在一起进行考察,极大地丰富了这幅珍贵照片的历史内涵。

关键词:陈寅恪　授课　照片　汪廷奎　口述　考证

　　《陈寅恪授史图》其实只是一幅陈先生给学生上课的照片,此前一直没有名称,我之所以代取了这样一个名字,除了"授史"比"授课""讲课"稍显古雅之外,主要还是受到陈先生的启发——他有一句诗是"群趋东邻受国史",又有一首诗的标题是《题冼玉清教授修史图》。不少著作、文章都曾将这张照片作为插图,然而,无论作者还是读者,对它的了解其实都十分有限。除了拍摄地点可以确定之外,拍摄时间有不同的说法,听课者的身份也从未确认,拍摄者的信息更是长期付诸阙如。

一、目前已知信息的汇总

　　今天看来,《陈寅恪授史图》的传播,有可能起始于它作为宣传照片刊登在中山大学的内部报刊上。目前能够确定的此照片最早一次公开发表,似乎是作为插图刊登在 1980 年 6 月上海古籍出版社出版的《陈寅恪文集·寒柳堂集》卷首,文字说明是这样的:"作者在广州中大寓宅廊中授课。"1995 年 12 月,生活·读书·新知三联书店出版的《陈寅恪的最后二十年》也刊登了此照

---

　　* 本文首发于《关东学刊》2020 年第 5 期。

片,该书作者陆键东先生为之配文如下:"陈寅恪将家中二楼的阳台走廊辟作课室。图为陈寅恪向选修'元白诗证史'一课的同学授课。"2002年5月,生活·读书·新知三联书店出版的《陈寅恪集·讲义及杂稿》,卷首所配插图仍有该照片,文字说明为:"于广州中山大学东南区一号楼上寓所走廊内授课(一九五七年三月八日)。"2005年3月,湖北教育出版社出版的《陈寅恪"元白诗证史"讲席侧记》,卷首也配有此图,该书整理者刘隆凯先生在前言和后记中两次提到照片由陈美延女士"特意提供",文字说明也一并承接:"1957年3月8日,陈先生在寓所走廊内讲授'元白诗证史'时留影。"

众所周知,上海古籍出版社版《陈寅恪文集》的编者蒋天枢教授是陈寅恪先生最为信任的弟子,他的编辑工作得到了陈寅恪女儿们的支持,故而可以推测,这张照片应该是陈先生的家属提供的。陆键东先生为了撰写《陈寅恪的最后二十年》,大量使用了广东省档案馆、中山大学档案馆的有关资料,很有可能在尚未公开的历史档案中见过这幅照片。其后,三联书店版《陈寅恪集》推出,编者陈美延女士是陈寅恪三女,新编较之旧编,青出于蓝而胜于蓝原本在情理之中,而配图更加丰富、文字说明更趋准确也是后出转精的具体体现之一。因此,尽管《陈寅恪集·讲义及杂稿》同样没有交代这张照片的出处,授课日期从何而来亦未见说明,但应该具有较高的可信度。

若将上引四处文字说明汇合在一起,可以得出如下看似完整的信息:这是一张陈寅恪先生为选修了"元白诗证史"课程的学生授课的照片,时间是1957年3月8日,地点在广州中山大学东南区一号二楼陈先生寓宅的走廊上。

然而,照片里的人物,除了讲课的陈寅恪先生之外,听课的到底有哪些人,数十年来,似乎从来无人提及。避而不谈听课人,无形中也就成为该照片上述四次公开发表时的共同选择。

二、听课人汪廷奎的口述

2018年3月31日,澳门城市大学《社会经济发展研究》副主编洪光华博士,和我一起登门拜访了广东省社会科学院退休副研究员汪廷奎先生。这位汪老先生,正是《陈寅恪授史图》中的听课学生之一。于是,围绕着这张照片的人物身份之谜,在尘封多年之后,终于开启了破解之路。

洪光华的另一个身份,是已故中山大学历史系教授刘节先生的外甥。近年来,他与刘节教授之子显曾、颂曾昆仲一起,致力于整理刘节遗稿、研究其生平。我则较长时间关注陈寅恪家族史料的搜集、整理,对于和陈寅恪相关的人物也有所留意,而刘节教授恰是陈寅恪先生的重要弟子,因此,我也曾经写过两篇与刘节教授相关的文章。因缘如此,这才得以先结识洪光华,再拜识刘显曾、颂曾二老。此次结伴拜晤汪老,正是颂曾先生牵的线。

那天上午,汪先生一口气和我们谈了三个小时。除了双耳重听,他的精神和动作看起来根本不像90岁的老人,他说话声音洪亮、中气十足,并不时发出爽朗的笑声。因为听力欠佳,绝大多数时间是他说给我们听,遇到不太好懂的乡音、容易混淆的人名之类,则以纸笔辅助口述。汪老所言,既涉及刘节,也涉及陈寅恪,还牵涉其他许多人和许多事。现仅将与《陈寅恪授史图》相关的内容整理如下:

> 我是安徽芜湖人,1928年出生,今年90岁。1954年到1958年,我在中山大学历史系学习。我读大学读得迟,到中大读书时,已经26岁了,年纪算是比较大的。在读大学前,我在一所大学的图书馆里做过七年职员,读了很多书才考大学。不是我自夸,我的知识比一般同学高,古文也比一般同学好,当时在中大历史系算是有点儿名气的一个学生,成绩也比较好。大学毕业后,我被分配到广西玉林专区(今玉林市)教育系统,教育部门的人说暂时还不适合给我安排具体工作,就把我下放到北流市的一个水泥厂去劳动。后来,我又回到安徽老家拉了十年板车,刻了几年蜡纸,前前后后一共耽误了21年。我直到1979年才回到正轨,后来在淮北煤炭师范学院(今淮北师范大学)教了几年书。那个时候,以前的知识差不多丢完了,一切从头开始,一天工作十几个小时,拼命干——读书,讲课,写文章。再后来,1984年,我的同班同学把我从安徽调到广东省社科院,那一年我已经56岁了,那个年龄调进广州,非常不容易。到了新单位,我继续拼命地干,一直到1989年退休。我这一辈子命途多舛,好在后面这些年没有继续荒废,在历史研究方面还是做了一些工作。关于我个人的情况,就讲这么多。

> 这张照片,据我了解,是现在保存的、陈寅恪先生唯一一张教课的照片。听过陈寅恪先生的课、现在还活着的人,恐怕不超过五个了。

> 我在中大学习期间,只听过陈寅恪先生一门课,就是"元白诗证史"。

我们大三开始有选修课，我前前后后选了五门，包括陈寅恪先生的"元白诗证史"，你舅舅（刘节教授）的"中国史学史"，岑仲勉先生的"隋唐史"，商承祚先生的"古文字学"，还有一门"日本语"。选"元白诗证史"这门课的，都是我们班上的人。大家都是慕名而来，因为陈先生已经有好几年没有开课了，我们在校期间，这是他第一次开课。一开始，我们班有 39 个同学选修了这门课，中途跑了一大半，最后只剩下 13 个。你们看这张照片，前后两排，加起来不过十来个人吧，就是因为中途走了好多人。

前排左边第一个，叫蔺存方，河南人。左边第二个，是张映秋，后来成了胡守为（也是陈寅恪的学生，做过陈寅恪的助手，后来当了中大副校长）的夫人，已经死了。左边第三个，叫高守真，比我还大一岁，陈寅恪先生想让她做助手，大概是陈先生跟她的先辈有关系。左边第四个，叫庄礼伦，广东潮汕人，成绩比较好，毕业后也和我一样被分配到广西，现在在泰国。我唯一一次出国，就是去泰国，在曼谷和庄礼伦见过一面。现在还活着的人，我就知道他了。右边第一个，叫郑宗琳，可能已经死了。这个人年龄也偏大，古文程度也不好。我在哪里呢？你们找不到的。我坐在右边第二个位子上，正在埋着头做笔记。前面我说过了，我读大学前读的书比较多，所以基础比一般同学要好一些，古文程度也要高一些，陈寅恪先生讲这门课时，只有我一个人基本上能够把他讲的内容记下来。在大多数同学抬头望着他的时候，只有我一直在埋首疾书，头都顾不上抬。同学们坐的是带扶手的椅子，我坐的是一张小饭桌，这个是我的固定座位。后面一排的同学，我就记不得了。这就是照片里的主要人物，现在能够辨识的人也不多了。

我们选了这门课的同学，一开始是坐在客厅里等陈先生，后来是坐在座位上等他。上课地点在陈先生家二楼的走廊上，除了他坐的藤椅、学生坐的带扶手的椅子，藤椅后面还有一块黑板。这边是个小房子，这里有一条过道，连着一个小房子，小房子这边连着他的卧室。这门课每个星期两节，分两次上，一次一个钟头。陈先生家里装了电铃，电铃一响，他就拄着拐杖，从卧室出来，经过小房子，走到走廊上来。"笃笃笃"，"笃"到藤椅前，他止步了，坐下来，马上就开口，非常准时。下课了，铃一响，他马上住口。天气冷的时候，他会戴着瓜皮帽子，上身穿着马褂。

陈先生讲课，也不是很生动，但是课讲得比较好。你舅舅讲课不行，照本宣科，没有陈先生讲得好！陈先生与众不同的是，他随口讲，一坐下来就开讲。岑仲勉先生讲课也不行，他那个广州官话，很难听懂。

"元白诗证史"这门课很特殊，是用元稹、白居易的诗做证据，来讲唐朝的历史。他讲课，主要是引中国古书里的各种资料，这门课引的主要是唐代的书籍。但是，他偶尔也岔开话题，讲他过去在美国、德国、瑞士等地到处跑，有时候也会插几句外国文——英文、法文、德文、俄文，有时还会冒出两句突厥文甚至梵文。他懂十几国语言，这些外文我们就听不懂了，我也没办法记下来。

陈先生讲课有个特点，我来简单说一下。他上这门课时，很注重引史料。引这个史料，引那个史料，一条条的。东一下，西一下，南一下，北一下，你不晓得他到底要讲什么。但是，搞了老半天后，他忽然归结到某一点，一下子你就会觉得所有的材料都只能归结到这一点，甚至之前所有的研究都只能归纳出这个结论，而且这个结论在前面引材料时已经得到了证实。我就学到了这么一点点方法。这需要多么广博的知识啊！这是他讲课的基本特点，我自己受益最大的就是这种研究方法，其他的谈不上了。讲课内容，早就不记得了。其他同学是不是有我这样的体会，我就不知道了。我当时是竖着耳朵听的啊！

你舅舅当年在清华读研究生，开始并不是追随他的，而是跟梁启超、王国维两位导师的。但是你舅舅对陈先生执弟子礼十分恭敬，后来在中大的时候，每年都要给他下跪拜年。你舅舅有一次和我们几个学生谈话，亲口告诉我们：当时在清华，除了上课之外，他们做学生的，受益最大的是听几位导师闲谈（聊天）。遇到这个情况，他们当学生的就会自动地坐到角落里，像小鬼一样，竖着耳朵听。这是他亲口讲给我听的。

陈先生这门课，我听了一年，当时做的笔记，有厚厚的一本。可惜，这个笔记本后来被一个叫程万里的同学借走了，没有还给我，不知下落。不然，整理出来就是一本书。程万里也是中大历史系的学生，比我低一届，参加过抗美援朝战争。程万里是江西鄱阳人，去年我还给他写过信，他没有回我，不知道还在不在世。

那个陆键东，当年写《陈寅恪的最后二十年》的时候访问过我，也是在这里。不过，他那本书里没有提到我，也就是说，他没有选择我讲的内容。

三、其他几位听课者的情况

访谈当日，汪廷奎老人身体之康健、思维之缜密、性格之爽直，给洪光华和我留下了十分深刻的印象。时隔两年，2020 年 4 月，当我将一帧更为清晰的《陈寅恪授史图》转发给汪先生后，老人迅速用电子邮件回复我："寄来的照片，是寅老现存唯一的授课照片，非常珍贵。这一张比《寒柳堂集》中的清楚多了。我已下载保存。附带将照片上的学生介绍一下：前排左起依次是蔺存方、张映秋、高守真、庄礼伦。方桌旁的白衣者为郑宗琳，郑旁低头记笔记者是我。最初选课时为 39 人，这时只剩下 13 人。"不难看出，92 岁的汪老，和 90 岁时一样，依然对关键信息点——六十多年前同班同学们的姓名——记得非常清晰。仅凭这一点，我就对他的口述倍感兴趣、充满信心。

按图索骥，我试着搜索了一番另外五名听课学生的情况，不得已时又向好几位师友伸手求援。多管齐下，几经努力，所得信息虽然有限，至少可以将相关探索再往前推进一步：

蔺存方，男，河南人，出生年不详。1958 年自中山大学历史系毕业后，去向待查。

张映秋，女，广东普宁人，1934 年生。1958 年毕业后，留校任教于历史系亚洲史教研室（1979 年扩建为东南亚研究所），1984—1990 年任该所所长，1991 年晋升为教授。主要研究方向为泰国史、泰国华侨华人史以及东南亚现代史等。2003 年 12 月去世。

高守真，又名高守贞，女，广东澄海人，1927 年生，卒年待考。高守真 1954 年入读中大前，在澄海中学担任教师；1958 年大学毕业后，被分配到广西一所中学当历史教员，1961 年调回澄海县（今澄海区）中学。高守真因《陈寅恪的最后二十年》一书而走入公众视野，相关情况留待下文再做补充。

庄礼伦，男，广东普宁人，1929 年生。据汪廷奎回忆，庄礼伦 1958 年从中大毕业后，也被分配到了广西。从现有资料来看，至少在 20 世纪 70 年代，庄礼伦已经在广西壮族自治区博物馆任职，并且开始了对中国古代铜鼓的研究。庄礼伦长期从事文博工作，主要研究方向为古代铜鼓，是中国古代铜鼓研究会主要代表人物之一。除担任广西博物馆研究员的本职工作之外，庄礼伦还曾兼任广西华侨历史学会副秘书长。1983年,庄礼伦作为广西侨联的代表之一,应邀赴泰国首都曼谷,出席该年5月10日世界广西同乡联谊会成立大典和5月12日曼谷广西会馆落成典礼。1985年7月,他利用在泰国探亲的机会参观了泰国国家博物馆所陈列的铜鼓,对其中几面古代铜鼓做了摄影和实测记录,后撰成专文,与同行交流。广东普宁是著名的侨乡,庄礼伦后来侨居(或移民)泰国,似乎与他来自侨乡、在泰国有亲人有一定的关系。

郑宗琳,男,广西平南人,1928年(一说1923年)生,中学教师。1949年6月参加工作,1958年中山大学历史系毕业后,在融水县中学从事历史课的教学工作,兼任柳州地区历史教学研究会副理事长。

四、拍摄时间和拍摄者

汪廷奎先生的回忆,不仅首次披露了《陈寅恪授史图》中六个听课者的身份,而且部分还原了陈寅恪教授讲课、治学的特点。寥寥数语,虽无法弥补听课笔记本散失的巨大损失,依然可以对另外三位听课人——陈寅恪夫人唐篔女士、中大历史系1954级学生高守真、1955级学生刘隆凯的记录起到一定的补证作用。限于篇幅,本文暂不赘述,留待将来另撰专文。

《陈寅恪授史图》的拍摄时间,迄今为止,只有《陈寅恪集·讲义及杂稿》确切地标注为1957年3月8日。陆键东先生的《陈寅恪的最后二十年》修订再版于2013年,从时间上讲,完全可以参考、借鉴2002年所出《陈寅恪集·讲义及杂稿》及2005年所出《陈寅恪"元白诗证史"讲席侧记》的图片说明,但是,陆著修订本只是将初版本文字说明中的"《元白诗证史》"改成"'元白诗证史'",并未增添时间要素,看来陆键东先生对于"1957年3月8日"这一上课时间似乎并不怎么认同。

据陆键东先生调查、研究,1956年1月14日,关于知识分子问题的中央会议在北京隆重开幕,各省市的负责人、在京的中央领导以及科教文卫等有关部门的负责人参加了会议。2月24日,中共中央政治局通过了《中共中央关于知识分子问题的指示》,宣告了知识分子政策已成为一项关系到我国建设成败的重大政策。陈寅恪所在的中山大学迅速响应,为落实知识分子政策制定了多项照顾性措施,"最重要的部分,几乎全都专为陈寅恪而设":其一,"学校为四户专家住宅修建了专用通道,陈寅恪最先得益";其二,"《中山大学学报》专为陈寅恪等人设了一个'特级稿费'制度,每千字稿费可达二十元","而一般的稿费千字十二元";其三,"学校再次向陈寅恪表达了可以为其多配备一名助手的意思","但没有得到陈寅恪的回应";其四,"学校专门制定了一条规定,凡是陈寅恪、姜立夫两人需要用车,随时可调学校的小汽车"。

正是在1955—1956学年,早几年"曾只为一个学生上课"的陈寅恪教授,在诸多利好条件下,"继续在家中开'元白诗证史'的选修课"。1955年秋天,高守真成为慕名选修这门课程的"三十多个同学中很普通的一个"。若按陈寅恪晚年授课惯例,1955—1956学年他开设了"元白诗证史"一课,1957学年休息一年,则1958—1959学年应该是他又开设新课的学年。然而,1958年陈寅恪在无比悲愤中毅然决定"永别讲坛","他的教学生涯终于在这年永远停了下来"。于是,为高守真等人开设"元白诗证史"选修课,在陈寅恪三十多年教学经历中,可谓"空前"又"绝后"。

从1956年1月开始,广大知识分子迎来了春天。同年6月,高守真将乃翁新作《听雨楼杂笔》转赠陈寅恪,显示出双方已经比较熟络。循着陆键东先生频频征引、细细演绎、层层铺垫的写作路径,隐而未发的推论呼之欲出:这张授课照应该拍摄于1956年春。

然而,中大历史系1955级学生刘隆凯及其同班同学姜伯勤的回忆,与1954级学生高守真的回忆并不一致。两相比较,《陈寅恪授史图》拍摄于1956年春的说法很难站得住脚。

刘隆凯,男,江西高安人,1935年出生。1959年从中山大学历史系毕业后,他走上了中学的教学岗位,后成为中学语文特级教师。曾担任武汉市第一中学教科室主任、武汉市中学语文研究会副会长。

据刘隆凯老师自述,1957年秋至1958年夏,他曾在中山大学东南区一号陈寅恪先生二楼寓宅走廊课室听过"元白诗证史"选修课,并且用三个练习本做了"接近八万字"的听课记录。2003年,在姜伯勤教授的推荐下,刘隆凯老师摘选其中部分内容,以单篇论文的形式首次予以披露;2005年,刘老师又整理、出版了全部听课记录——《陈寅恪"元白诗证史"讲席侧记》,而作为这门选修课"见证者"的蔡鸿生、姜伯勤教授,分别为此书"撰写了专文"以示支持。

为慎重起见,有必要将刘隆凯先生的忆述摘录于此:

我于1955年秋走进中山大学所在的康乐园。历史系为新生介绍老师时,在群星闪耀的教授群中,最显出异样光亮的是这两位:家学渊源、学识惊世的盲者陈寅恪先生,中年治史、蔚然大家的聋者岑仲勉先生。……两年以后,我在进入三年级后终于如愿地选修了二老的课:陈先生的"元白诗证史"和岑先生的"隋唐史"。当时,别的先生的选修课都是在教室里上,只有陈先生的课是安排在他的家中。如今人们都很熟悉那座位于校园中心的二层小楼了,陈先生住在楼上。二楼小客厅连着一条宽宽的内走廊,那便临时当作教室使用。靠窗那边摆了十来张课椅,课椅对面放一张藤椅,旁边安置一块小黑板。

选修课开始的时间已难记清,大约是在 1957 年的 9 月底 10 月初吧。选修课一周两节,一般是连堂讲授。陈先生因健康缘故,一周分两次上,一次只上一节课。我记忆当中他的课都是在上午第三节,一次应该在星期三,还有一次不太记得是星期一还是星期五,我印象中有些倾向于后者。我的笔记,上学期记录了三十五次听课的内容,恰合十七周半之数。下学期记录的是三十次听课的内容,只合十五周之数。

选修课结束于 1958 年。我清楚地记得,我们年级到东莞一个叫篁村的地方,参加双抢之类的劳动,大约入冬以后才回到学校。上课是恢复了,可原来中断的选修课却一律不再续开。所以,"元白诗证史"的中断乃是共有的不幸。它具体中断的时间,应当是在 1958 年的夏天。我查看了笔记,恰好在记录《黑潭龙》的内容时,我附记了一个时间:6 月 29 日。而此后的《天可度》只刚刚开了个头,整个讲授就中断了。查看内容,它们显然是属于同一节课。因此,我可以确切判定:"元白诗证史"的讲课是在 1958 年的 6 月 29 日画上了句号,这同时也是给陈先生的授课生涯画上了句号。

我毕业离校后,听说系里师生一再敦请陈先生继续开课,但他始终未答应。此后,他住所的长走廊上,不再出现弦歌不辍的景象。亲聆过先生最后一课的我们,真正感受到的,是自身的幸运,还是学术的不幸呢?

"好记性不如烂笔头",虽为俗语,亦是真理。经过认真查对《陈寅恪"元白诗证史"讲席侧记》,刘隆凯先生昔日所做听课记录的确真实可信,理应较一般性回忆更加可靠,而学长蔡鸿生、同班同学姜伯勤妙手加持,无疑增大了三册笔记本的历史含金量。因此,"陈寅恪先生平生授课的最后一次,又是最后未能终篇的一次"，应该起于 1957 年秋，止于 1958 年夏。而《陈寅恪授史图》的拍摄时间，基本上可以确定为 1957 年春，极有可能正是 1957 年 3 月 8 日——那一天正逢星期五，越发给这一时间的确定增添了更多可靠性。

至此，隐藏在《陈寅恪授史图》中的历史信息，更加趋于完整和准确：这是一张陈寅恪先生为中山大学历史系 1954 级学生开设"元白诗证史"选修课的照片，上课时间是 1957 年 3 月 8 日，地点在中山大学东南区一号二楼陈先生寓宅的走廊上。

当然，历史拼图尚有残缺，遗失的最后一块是《陈寅恪授史图》由谁摄制。以常理推测，这张照片的拍摄者很有可能是中山大学党委宣传部的工作人员，拍摄、报道的主题应该和当时中大落实知识分子政策直接相关。我之所以只能"推测"而不去查阅档案，非不为也，实不能也。陆键东先生因"擅自公布档案"而侵害某人名誉权，被对方家属告上法庭，最终败诉。此案的标本意义在于，它是在《中华人民共和国档案法》实施以后很长一段时间内，"因利用和引用档案而引发的唯一一起司法案件"。从此以后，去某校查阅相关档案，几乎成了一项不可能完成的任务。

五、永远的"陈寅恪的学生"

《陈寅恪授史图》中身份得到确认的六名学生（蔺存方先生暂且不论），若用世俗的眼光来衡量，张映秋教授无疑名气最大、成就最高，庄礼伦研究员紧随其后，汪廷奎副研究员也是科研机构的高级知识分子，而高守真老师、郑宗琳老师只是中学历史教员，并没有走上专业史学研究的道路，学术成就、社会名声确实很难与张、庄、汪三人相提并论。

高守真老师一生"苦寒"，倘若没有《陈寅恪的最后二十年》这本书，她的名字估计很难再被人提起。平心而论，在同班同学中，高守真不是天资最高、潜力最大的学生，当年陈寅恪、唐筼夫妇何以对她青眼有加，陈寅恪甚至在 1957 年底"向学校表达了希望高守真毕业后能留校当自己助手的愿望"，至今仍令人费解。

从已有材料来分析，陈寅恪与高家先辈有交情的说法很难成立。勉强谈得上有关联的，仅仅是这样两件平常的小事：其一，20 世纪初，澄海高氏家族有一位高八爷，与吴昌硕、陈衡恪（陈寅恪长兄）等书画名家往来密切，为人豪爽的高八爷,"给陈衡恪等人的润金就比常例要多一倍";其二,1956年,高伯雨托女儿转送陈寅恪一本自己写的《听雨楼杂笔》,1958年高守真毕业,"陈寅恪亲手赠予高守真两本刚再版重印的《元白诗笺证稿》,吩咐一本是送给高伯雨的"。

高守真何以深受陈寅恪夫妇的"喜爱与信赖",答案或许在陆键东2013年接受采访时的自述中:

> 1993年,在掌握了一定的材料后,我将主要精力放在追寻知情者上。高守真是一个快被湮没的普通中学老师,历史系的现职教授从未有人提起过她,我只是有一次听端木正老师说过一句"陈师母唐篔很喜欢一个叫高守真的女生",便从此追寻她的下落。我费了很大的力气,才获得她在广东澄海的情况。首先和她通电话,记得首提陈寅恪,我明显感到电话那边的她要把在脑海里已经封存的记忆重新"拉回来"。我印象中她没有当场答复我,而是说你第二天再打电话来。她给自己留了一个时间,以便重新返回那个世界。第二次、第三次、第四次……就完全不同了。一进入陈寅恪的世界,她一生所感好像泉水一样汩汩而涌,才华在那一刻展现。让我最难忘的是,她只谈先生的好,其谦恭让我震惊。直到见面时,我才知老人其实不太善言辞。再后来,少数与她中大同班的老人提起她,只说她是个普通的学生。但恰恰是在对陈寅恪老师的"谦恭"上,高守真是我在岭南地区见到的极少数人之一。
>
> 邓广铭先生一提起陈寅恪,脸上就放着光,王永兴先生基本上也是这个情形。王、邓二老是名教授,陈先生是他们的学术指路人,他们谈先生是理所当然的。老师与学生都成就了学术史上的佳话。高守真却没有这些光环,但从她身上完全可以看出知识分子修身带来的烙印。为什么陈氏夫妇那么喜欢她,只有一个解释最接近真实:高守真非常忠厚。陈寅恪夫妇看重的不一定是所谓的才华,而是在她身上可以感触到优良的传统家风与道德习气。
>
> 中国传统知识分子有一套自我认知的价值标准,在这个标准里"修身"是第一位的。我研究陈寅恪最大的收获,是在寻找先生的好友、学生的过程中,从这些前辈的追忆里看到了知识分子修身的作用。
>
> 另一个被遗忘的,是同样在中学教书的郑宗琳老师。郑先生是融水

县中学的历史教师,而他的籍贯是广西平南县。融水县中学的前身,是创办于 1924 年的"融县县立初级中学校"。1952 年 11 月,融县分为融安县与大苗山苗族自治州,校名随即改为"大苗山中学"。1955 年,大苗山苗族自治州改称自治县。1966 年,大苗山苗族自治县又改名为融水苗族自治县,"大苗山中学"遂更名为"融水苗族自治县中学"。因此,我推测,郑先生应该和他的同事谭嗣雄老师一样,虽然不是大苗山人,"大学毕业时响应国家号召,来到了一贫如洗的大苗山,然后就把自己的一生都奉献给了这块贫瘠的土地"。

为谭嗣雄老师写下上述这句话的,是一位网名叫作"丑丑的小丫"的中学语文老师。她在融水县中学就读时,英语老师谭嗣雄是她的班主任。学生们后来一直心怀感激,念念不忘这位"永远的谭老师"。而历史老师郑宗琳,也给包括"丑丑的小丫"在内的许多同学留下了美好而深刻的回忆。据"丑丑的小丫"回忆:

"高中阶段我感觉读得最好的科目是历史,高考填志愿时,我在选专业时是没有任何犹豫的,第一是历史系,其次才是中文系(可不知为何,在录取时,中文系却把我给留下了)。我选择历史,没有什么特别的原因,只是觉得历史容易学。我并不是特别聪明的学生,能在一个科目上表现得比较突出,毫无疑问,只能把功劳归于我的历史老师。

"我的历史老师叫郑宗琳,他上我们课时已白发苍苍,听口音不是本地人。那时我们学校还有一些外地来的优秀老师,他们大多知识渊博,才华横溢。郑老师年纪虽大,可脑子清醒之极,历史事件捋得清清楚楚,让人感觉你只要跟着他,就可以从古代从容地走到今天。我跟他学了两年,学到一门本事,就是可以顺着历史年代清晰地记下所有历史事件。至今我都是一个对未来缺乏分析与判断能力的人,但我对曾经经历的事情有着超出普通人的记忆力,我常觉得这是'历史'课带给我的影响。

"郑老师身材不高,脸微圆,喜欢戴副圆框眼镜,常给人亲切的感觉。他喜欢笑,笑起来的模样很慈祥。记忆中他没骂过我们,那时学生挨老师骂是很平常的事,一日为师,终身为父,一个父亲责骂自己的孩子,自然是天经地义的,所以对于老师的训斥我们大都默然接受。可是我们的郑老师是极有风度的,郑老师的温和让我们全班同学都爱戴他。那时我们的考试不多，有限的几次测验总让我们如临大敌。不过对历史是个例外，因为每次测验发卷对我们来说都是一种成长的经历，我们会很安静地坐在座位上等着郑老师拖长声调念我们的名字，我们会很从容地走到讲台上双手接过我们的试卷，然后会很坦然地把试卷平摊在书桌上，不管试卷上是怎样的一个分数。虽然我们会为试卷上的九十分而惊喜，也会为不及格而伤神，但这一切都是放在心里的，因为郑老师总是那样微笑着，他的微笑让你感觉很安全，让你坚信'面包会有的，一切都会有的'。

"关于测验，我还记得一件小事。那天发试卷时，我们还是像往常一样安静地坐在座位上等着郑老师拖长声调念我们的名字，然后一个个很从容地领走卷子。最后一个念的是'苏红萍'，郑老师习惯把'苏'字念成'sī'音。换作以往，几个调皮的男同学也会跟着他喊'sī红萍'，可那天没有，因为大家都听出老师的声调不对了，由悠长突然变得短促，而且他刚一看到苏红萍从座位上站起来，就马上快步走下讲台，亲自把卷子送到苏红萍手中，吓得苏红萍愣了好长一会儿回不过神来。后来郑老师解释说他的孙子不小心把水洒在试卷上，匆忙擦拭时把试卷给弄模糊了。他说了好几次对不起，说得我们大伙儿心里暖洋洋的，苏红萍都不知所措了。后来苏红萍在高考中历史有超常的发挥，不知与这事是否有关系。

"郑老师的微笑一直陪伴我们到高考结束，我不知道我们的高考成绩是否给他的教学生涯画上圆满的句号（后来听说我们这一届学生是郑老师的关门弟子），但我知道，不管生活发生怎样的改变，老师的微笑是永远不会变的。

"今天，我也是一个老师了，我尽心尽力地教着一拨又一拨的学生，我努力引领着这些文学圣殿旁的驻足者一步步走进这座金碧辉煌的圣殿。我承认，我在乎这前行过程的美丽，但我同样也很在乎目的地的耀眼光芒。所以我常想，郑老师对经过艰辛跋涉到达终点后所表现出的从容淡定是我终生都无法达到的境界，这是需要阅历，需要风度，更需要智慧的。我仰慕我的老师！"

"身材不高，脸微圆，喜欢戴副圆框眼镜，常给人亲切的感觉"，郑宗琳老师在学生笔下的形象，让我相信他就是《陈寅恪授史图》的那位年轻的郑宗琳同学。岁月肯定会改变容颜，岁月改变不了的，是做人的谦恭、忠厚、温和，是做事的严谨、负责、从容。与学生们的感恩戴德不同,"奋进中的融水中学"似乎不知道怎样表达对于前辈教工的温情和敬意,而百年名校澄海中学似乎也早已忘却那位两度任教、名叫高守真的平凡女教师。不过,无论被怀念或者被遗忘,也无论被尊重或者被忽视,郑宗琳、高守真和他们的同学一样,永远无愧于"陈寅恪的学生"这个共同的历史标签。

本文在写作过程中,先后得到洪光华、汪惟定、刘小磊、黄仕忠、陆键东、李开军、吕瑞哲等师友的无私帮助,初稿承汪廷奎先生亲自审订并赐示关键性修改意见,谨此一并致以诚挚的谢意!